R 31828

Paris
1843

Clarke, Samuel

Œuvres philosophiques de Samuel Clarke

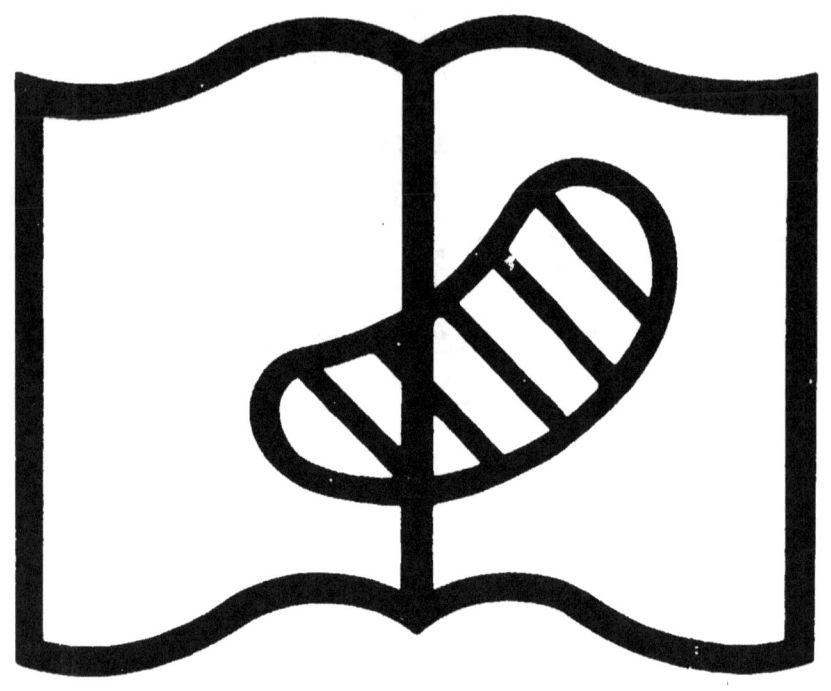

Symbole applicable
pour tout, ou partie
des documents microfilmés

Original illisible
NF Z 43-120-10

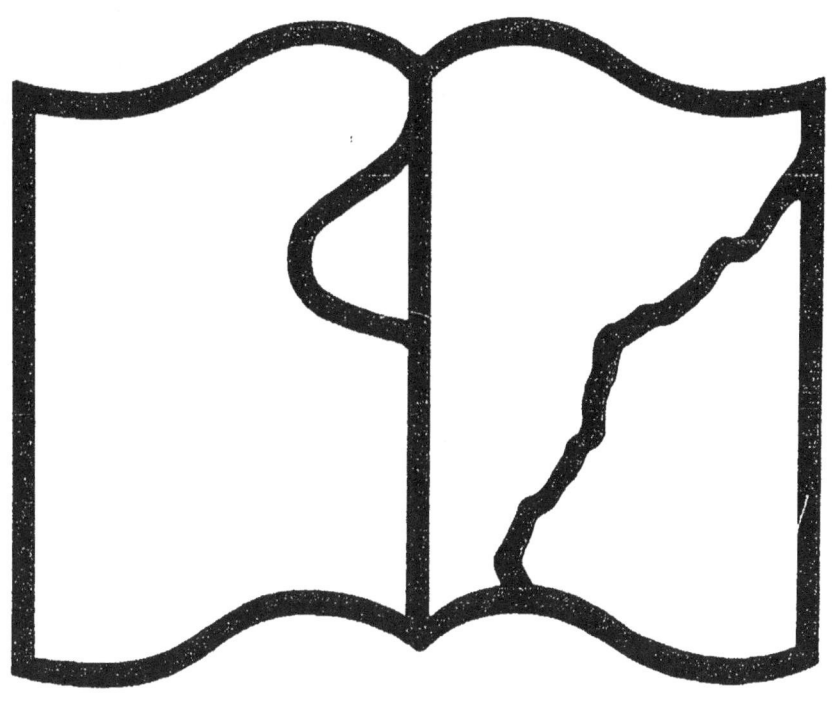

Symbole applicable
pour tout, ou partie
des documents microfilmés

Texte détérioré — reliure défectueuse

NF Z 43-120-11

# OEUVRES PHILOSOPHIQUES

DE

SAMUEL CLARKE

IMPRIMERIE DE CHAPELET, 9, RUE DE VAUGIRARD.

OEUVRES PHILOSOPHIQUES

DE

SAMUEL CLARKE

NOUVELLE ÉDITION

COLLATIONNÉE SUR LES MEILLEURS TEXTES

Et précédée d'une introduction

PAR AMÉDÉE JACQUES

Professeur de Philosophie à l'École Normale.

PARIS
CHARPENTIER, LIBRAIRE ÉDITEUR
29, RUE DE SEINE

1843

INTRODUCTION.

L'Angleterre est, dans les temps modernes, la vraie patrie de cette philosophie qu'on appelle *l'empirisme*. Il y est né au commencement du dix-septième siècle; il y a porté, en s'y développant régulièrement, toutes les conséquences dont il est gros; il y vit encore à présent, comme l'expression la plus exacte du génie britannique. En effet, cette persistance opiniâtre dans les mêmes voies, cette fidélité d'une philosophie nationale à son caractère et à ses origines, prouve, entre beaucoup d'autres faits de la même espèce, une vérité générale, d'ailleurs abondamment démontrée, savoir, que chaque peuple a son génie propre, fortifié sans doute par l'habitude, maintenu par l'éducation et la tradition, mais avant tout qui lui est départi par la nature et qui se peint visiblement dans sa philosophie, comme dans ses mœurs et ses lois, comme dans sa littérature et ses arts. Que le principe soit vrai ou faux, le fait que nous signalons ici, est incontestable. A quoi se réduit toute la philosophie de Bacon? à la méthode dont il a tracé les règles. Et quelle est cette méthode? la méthode empirique, avec ses mérites et ses excès, dans tout ce qu'elle a de fécond, et aussi, dans tout ce qu'elle comporte d'exclusif. Ce que Bacon avait exprimé sous forme de préceptes, Locke le propose sous forme de vérités psychologiques, remontant ainsi plus haut que le maître, pour trouver au fond de l'entendement humain, étudié dans la nature et l'origine de toutes ses idées, c'est-à-dire dans ses pouvoirs, dans leur étendue et leurs limites, l'explication et, autant que cela est possible, la justification des règles du nouvel organum. Avant Locke, sans s'arrêter aussi longtemps à la métaphysique du système, qu'il avait cependant fortement esquissée à sa manière[1], Hobbes lui faisait rendre cette morale qui propose à l'homme le bien-être personnel, le plaisir ou l'intérêt comme sa fin et sa règle; et cette politique, déjà connue des anciens sophistes, selon laquelle la force fait le droit[2]. Autour de Locke, se groupent une foule de personnages secondaires, qui comme plus tard chez nous les disciples de Condillac, nient au nom de ses principes, ceux-ci Dieu, ceux-là l'âme humaine, d'autres le libre arbitre, tous le devoir; il nous suffira de citer Collins et Dodwell. Nous n'oublions pas l'honorable protestation de la philosophie du *sens moral*; mais en y regardant de près, on n'y verra que la tentative de quelques âmes droites et honnêtes, blessées dans leur délicatesse, désireuses d'échapper à la honte du sensualisme, mais incapables par faiblesse d'esprit, de s'élever jusqu'au désintéressement; tentative impuissante, qui aboutit finalement à laisser la philosophie dans une région moyenne entre le principe de l'intérêt et celui du devoir, autant et peut-être plus voisine du premier que du second. Après l'égoïsme, le matérialisme et l'athéisme, il ne manquait à la doctrine fondée par Bacon, pour avoir épuisé sa carrière, qu'une seule conséquence, le scepticisme; David Hume se chargea de l'y

---

[1] Voyez M. Damiron, *Mémoire sur Hobbes, considéré comme métaphysicien;* dans les Mémoires de l'Académie des sciences morales et politiques.

[2] Voyez Jouffroy, *Cours de droit naturel*, leçons 11 et 12.

conduire, et l'on sait s'il a bien rempli cette tâche. Berkeley la lui avait simplifiée, en niant déjà les corps ; et si, pour établir l'idéalisme, Berkeley avait eu recours à Malebranche, c'est que le propre du scepticisme est d'emprunter à tous les systèmes de quoi tous les confondre. On croira que le réformateur du scepticisme de Hume, que le fondateur de l'école écossaise, que Reid est venu pour tout changer. Il n'en est rien ; la philosophie écossaise, c'est encore et toujours l'empirisme dans le domaine de la pure psychologie ; c'est un empirisme moins systématique et plus savant que celui de Locke, qui touche souvent au doigt, sans presque le soupçonner, les fondements d'une doctrine toute contraire; mais il est bien reconnaissable à ce culte exclusif de l'observation et des faits, à cette timidité spéculative dont Reid et Stewart se font un rigoureux devoir, et à ce mépris mal déguisé qu'ils ressentent pour tous les grands hommes de l'école française. La pusillanimité de l'école écossaise, ses dédains pour la métaphysique, l'impuissance, qu'elle accepte et où elle se complaît, de dépasser le fait, tout cela érigé en système, discuté avec la plus pénétrante dialectique, et fortement organisé, c'est Kant. Il n'est donc pas étonnant que l'école écossaise ait récemment tourné au Kantisme ; et voilà pourquoi son dernier représentant, le savant M. Hamilton, a pu se faire allemand, sans cesser d'être écossais. L'empirisme est donc vraiment, en fait de philosophie, la doctrine par excellence de l'Angleterre, qui s'honore d'avoir porté, à deux siècles de distance, Hobbes et Bentham. Ajoutez à cela la pauvreté d'une littérature sans grandeur, telle qu'il appartenait à l'empirisme de la produire, à l'empirisme, qui, transporté en

France à la fin du siècle dernier, y a obtenu le triste pouvoir d'étouffer chez nous, avec la philosophie cartésienne, l'inspiration partie d'elle qui avait animé tant de chefs-d'œuvre. Ajoutez-y enfin la préférence sans mesure accordée aux arts industriels sur les arts libéraux, c'est-à-dire le dédain du beau et la passion de l'utile.

Au milieu de ce règne à peu près exclusif de l'empirisme, il s'est rencontré cependant, à de rares intervalles, quelques âmes généreuses qui ont protesté. Ces défenseurs des saines et saintes croyances contre l'envahissement, signalé par Leibniz[1], du matérialisme et de l'athéisme en Angleterre, furent peu goûtés, point suivis, attaqués par tous et réduits pour se défendre à eux-mêmes. Samuel Clarke est du nombre. Né en 1675, à Noorwich, dans le comté de Norfolk, il fit ses premières études à l'Université de Cambridge, où l'on enseignait alors la philosophie de Descartes. Un livre de Newton, tombé par hasard entre ses mains, le séduisit à d'autres principes. Mais, soit que son esprit l'y portât, soit qu'il eût reçu de sa première éducation, une impression plus profonde et plus durable qu'il ne le croyait lui-même, et probablement par ces deux causes réunies, il garda, pour les transporter plus tard dans ses écrits, les nobles tendances du cartésianisme. Au moins, ses intentions philosophiques ont-elles toujours été pures; tout ce qu'il avait de force et de talent, il l'a consacré à la bonne cause; et ce n'est pas sa faute si elle n'a pas triomphé dans son pays. Tel est le rôle de Clarke, adversaire courageux et dévoué d'une

---

[1] Voyez *Lettres entre Leibniz et Clarke*. La première lettre de Leibniz commence ainsi : « Il paraît que la religion, naturelle même, s'affaiblit extrêmement en Angleterre. »

philosophie dominante, trop faible pour la renverser, trop honnête pour y céder. A ce dernier titre, Clarke mérite toutes nos sympathies; sa défense du libre arbitre, de l'immortalité de l'âme et des perfections divines lui marquait une place dans cette publication.

Les écrits de Clarke sont clairs et d'une lecture facile, même aux écoliers en philosophie. L'abondance, et quelquefois même la diffusion des développements, dispensent l'éditeur de commentaire. Il ne s'agit plus ici ni d'orienter le lecteur dans les tâtonnements laborieux de la pensée de Descartes, ni de le préparer aux singularités de Malebranche, ni de lui éclairer les obscurités de Spinoza, ni enfin de le conduire dans les tortueux circuits des livres de Leibniz. On nous pardonnera donc de donner très-peu à l'exposition et beaucoup à la critique; et comme la critique suppose une doctrine déjà formée, qui sert de mesure, nous expliquerons d'abord cette doctrine avec quelque détail. C'est des preuves de l'existence de Dieu, c'est-à-dire du point qui a principalement occupé Clarke, et auquel il subordonne tous les autres, que nous voulons parler.

L'esprit humain n'a pas attendu les tardifs efforts de la philosophie pour concevoir un Dieu, pour croire à son existence, pour se composer une idée quelconque, confuse ou claire et vraie ou fausse, de sa nature et de ses attributs. Cette croyance et cette idée sont comme un fruit naturel de notre constitution pensante; la réflexion peut bien le mûrir, mais elle le trouve tout formé. Il est né en nous et s'y est développé d'abord par la seule vertu de notre nature intellectuelle, de l'activité toute spontanée qui lui est propre, et des lois irrésistibles qui la gouvernent. Autrement, une inspiration primitive révèle Dieu à l'homme, et cette inspiration, qui s'ignore elle-même, est le fond éternel de toute philosophie religieuse. La réflexion, quand elle s'éveille, tâche d'abord d'en démêler les ressorts cachés, pour ensuite la diriger et la contenir; elle en retrace la marche et s'efforce de la discipliner; simple, elle la divise, et, après qu'elle en a décomposé le produit, elle exprime sous ses formes propres et ce produit, et tout le travail intérieur qui l'engendre, désormais élevé à la conscience de lui-même et distingué dans ses divers moments. De là, ce qu'on nomme *les preuves de l'existence de Dieu*. Leur diversité est l'œuvre de l'analyse, leur forme n'est qu'un vêtement que la réflexion applique aux procédés de la raison; leur source est cette raison même dont la philosophie se borne à recueillir et à interpréter les oracles. Or, cette image réfléchie de la vérité naturelle peut être inexacte, cette analyse défectueuse, ce vêtement mal approprié, ce commentaire trompeur. Alors, il faut revenir à la raison, comparer la copie à son modèle, les parties au tout primitif d'où elles sont détachées, la forme au corps, la traduction au texte. Là seulement, mais là certainement est la lumière; je veux dire dans l'exposé simple et vrai des lois sous l'empire desquelles l'esprit s'élève naturellement à Dieu; et ce n'est qu'en les rapportant à leur source qu'on obtient l'intelligence et qu'on prépare la critique des preuves philosophiques de l'existence de Dieu.

Je suis et je sais que je suis, mais je sais clairement aussi qu'étant, je pourrais ne pas être, que j'ai dû commencer et que je pourrai finir; je sais, en d'autres termes, que je n'ai pas en moi la raison de mon existence. Traduisez : Je sais que la raison de mon existence, qui n'est pas en moi, est en un autre que moi-même ; et cet autre, il faut qu'il ait en soi sa raison d'être, sans quoi, ne s'expliquant pas par lui-même, il ne suffirait pas à m'expliquer, et je demeurerais aussi peu avancé qu'auparavant. Cet autre est donc nécessaire, absolu, existant par soi. Ainsi, l'inévitable sentiment que j'ai de la contingence de mon être, appelle, inévitablement aussi, dans mon esprit, la conception de la nécessité d'un être sans lequel je ne serais pas, et sans la notion duquel, me sachant ainsi insuffisant à me donner comme à me conserver l'être, je ne puis me comprendre. Et ceci n'est pas un raisonnement, mais un fait ; c'est l'histoire de ce qui se passe dans toute intelligence humaine par la force d'une loi commune de notre uniforme constitution. Il n'y a de différence, sous ce rapport, entre les esprits, que dans le plus ou moins de lumière qui accompagne et éclaire en chacun de nous, et l'opération intime en laquelle consiste cette sorte de révélation naturelle, et la conception qu'elle apporte à nos âmes. Claire ou confuse, elle est en tous, et en tous elle est l'effet d'un acte simple et rapide, d'une suggestion involontaire, d'une intuition immédiate de nos esprits. La philosophie, pour exprimer ce caractère de l'acte, le qualifie de conception *a priori*, et elle appelle *raison pure* la faculté intellectuelle dont il est l'opération.

Être contingent, être dépendant, être imparfait, être borné, c'est tout un ; et je n'ai pas plus vite ni plus clairement le sentiment de ma contingence que celui de mon imperfection et de ma faiblesse. Par contre, l'être que je conçois comme nécessaire, je le conçois aussi comme absolument parfait et infini ; il existe sans bornes, puisqu'il existe sans conditions ; il est éternel, puisqu'il ne peut pas ne pas être ; il est immense, puisque rien ne le limite, ni par conséquent ne le mesure ; il est parfait, puisque rien ne lui manque. Il faut peut-être quelque attention pour découvrir ces attributs de sa nature dans l'idée de l'absolue existence ; il en faut surtout pour ne pas mêler inconsidérément à la pure lumière de cette idée et de ce qu'elle implique, les fausses lueurs de mon imagination. Trop jeune ou mal contenue, elle obscurcira de ses chimères ma raison troublée ; et ce n'est pas en un jour que l'esprit parvient à dégager de cet impur alliage la notion qu'il se forme de l'Être parfait. Mais cette attention, nécessaire assurément, difficile peut-être, est suffisante, sans le raisonnement, pour nous faire apercevoir, dans la nécessité de l'être par soi, son infinitude et sa perfection, et pour écarter toute assimilation trompeuse de son éternité et de son immensité, avec la durée successive et l'étendue composée de notre existence mortelle et fluide[1]. C'est encore la raison, la raison bien consultée, la raison soustraite aux séductions de l'imagination et des sens, qui affirmera alors, avec la nécessité de l'être par soi, la perfection, l'infinitude, l'immutabilité, l'éternité, l'immensité, l'unité de ce même être.

Et cet être absolu, parfait, infini, que je conçois immédiatement, en même temps que j'ai conscience de moi, je le connais, immédiatement aussi, comme actuel et réel ; autrement, je ne commence pas par l'imaginer comme simplement possible, pour ensuite chercher si réellement il est, et conclure, par la vertu de je ne sais quelle déduc-

---

[1] Voyez FÉNELON, *Traité de l'Existence de Dieu*, part. II, ch. art. 3 et 4.

tion logique dont je n'ai nulle conscience et nul besoin, de son existence possible, son existence réelle. Je ne vais pas de la pensée à l'être, de l'idée à l'objet. Ces distinctions et ces détours ne sont que subtilités philosophiques, étrangères aux procédés de la nature. Dans le fait, je crois à l'être nécessaire du même coup que je le conçois. Il en est de cette croyance comme de ma croyance au monde extérieur ; celle-ci est immédiate et intuitive [1] ; la perception des corps est un fait simple, qui contient ensemble, dans une indivisible unité, et la notion que j'en acquiers et l'affirmation, mentale au moins, de l'existence de son objet. Quiconque brise, sous prétexte de l'expliquer, l'unité de ce fait, tombe forcément dans *l'idéalisme*, conséquence nécessaire du *réalisme hypothétique*. C'est de même une sorte de *théisme hypothétique*, si l'on peut dire ainsi, que la doctrine, si orthodoxe qu'elle paraisse, qui, mettant à part l'idée de Dieu d'un côté, sa réalité de l'autre, fait de l'existence de Dieu un problème d'abord, et ensuite une conclusion ; cette doctrine mènera droit à l'athéisme un esprit conséquent, parce que, ici comme là, la connaissance est, en fait, convertible avec l'existence, et qu'on ne tente pas impunément de substituer d'autres voies à celles de la nature. Il est vrai que je ne touche ni ne vois Dieu, par la grande raison qu'il n'est ni visible ni tangible ; je n'en ai pas non plus conscience, à proprement parler, parce qu'il n'est pas moi ; mais, le concevant, je connais qu'il est, comme je sais que je suis, et comme je perçois que la matière existe. Il serait étrange d'ailleurs que l'être nécessaire ne me fût donné que comme possible, tandis

---

[1] Voyez *Fragments de Philosophie de W. Hamilton*, trad. Peisse ; art. Reid et Brown.

que l'être contingent qu'il m'explique est bien réellement actuel ; mon esprit irait donc chercher dans une existence problématique la raison d'une existence certaine.

Voilà en peu de mots, non pas la preuve de l'existence de Dieu, mais l'histoire du procédé tout à fait simple suivant lequel l'esprit humain, de lui-même et sous la seule direction de ses lois, s'élève à propos du fini à l'infini, et conçoit Dieu au-dessus du monde. Cette histoire resterait cependant trop incomplète, et dans ce Dieu absolu et parfait, on ne reconnaîtrait pas encore le Dieu des religions antiques, si nous n'ajoutions les remarques suivantes : Dieu existe nécessairement, et par suite, infiniment ; il possède donc tout l'être, et il semble qu'aucun mode d'existence, réel ou possible, ne puisse lui être refusé ; d'ailleurs, il est la raison de ce monde, et pour en être la raison, il faut qu'il contienne en soi au moins tout ce qui est de ce monde ; il doit y avoir dans la cause autant ou plus que dans l'effet. Guidé, peut-être à son insu, par ce principe qui peut n'être longtemps qu'un vague soupçon à peine exprimé, le genre humain compose à ses dieux un assemblage variable, et d'abord informe, d'attributs souvent contradictoires. Tout ce que l'homme connaît d'existant, il l'élève comme instinctivement à l'infinité, pour le rapporter à Dieu : se sentant cause et force, il fait de Dieu une force très-puissante à laquelle rien ne résiste ; intelligent, il attribue à Dieu une infaillible sagesse ; juste lui-même par moments, il le fait juste et saint par essence ; passionné, il lui prête ses passions ; durant d'une durée successive et bornée, il place l'existence divine dans une durée inépuisable, qui n'a ni commencement ni fin; s'agitant dans un coin du monde, par delà les limites duquel il conçoit à l'infini des espaces sans bornes, il étend la présence divine dans cette immensité; assujetti pour agir à des organes, il va quelquefois jusqu'à soumettre Dieu à la même condition, lui forgeant, dans son imagination, des membres et un corps pareils aux siens, et seulement plus puissants. Ainsi, l'homme fait Dieu à son image et à l'image du monde, parce qu'il pressent que lui-même, ainsi que le monde, a été fait à l'image de Dieu. Ainsi s'entassent confusément, sous le mot de Dieu, autant de diverses idées que l'expérience en suggère qui semblent pouvoir s'allier entre elles et avec la notion de l'être nécessaire. Dans la première enfance intellectuelle des peuples, on ne songe pas à établir régulièrement cette concordance; la critique n'est pas née encore; et l'enfance se contente aisément d'un Dieu plus humain que divin, chargé d'attributs incompatibles, mais qui, à défaut de régularité logique, a le mérite de se laisser mieux comprendre à l'imagination et aux sens, toujours éveillés avant la raison. De là, le fétichisme; de là, l'anthropomorphisme et toutes les chimères des religions purement humaines. Peu à peu cependant, et naturellement encore, par la force même des choses et sous la loi du progrès, ces notions grossières s'épurent; ce chaos se débrouille et la lumière commence à y luire. A mesure en effet que la raison humaine croît et mûrit, les notions de nécessité, de perfection, d'infinitude, d'abord enveloppées de ténèbres, se dégagent et s'éclaircissent; plus sûr d'elles, l'esprit voit mieux ce qui leur convient ou non; et le Dieu qu'il adore, perdant chaque jour quelqu'un de ses attributs supposés, tandis que ses vrais attributs apparaissent avec plus de clarté, ressemble de plus en plus au vrai Dieu de l'univers.

C'est ainsi formée, composée d'éléments hétérogènes, quelquefois discordants, plus ou moins épurée d'ailleurs suivant les temps et les lieux, que se trouve établie dans les esprits et souvent consacrée par un culte public, la notion de Dieu, quand la réflexion s'éveille et que naît la philosophie. La philosophie recueille donc cet héritage du travail intellectuel des générations antérieures, et c'est le fond sur lequel elle va travailler. C'est elle qui présidera dès lors, avec la prétention de le régler, au développement, désormais réfléchi, des idées religieuses, de celles-là, voulons-nous dire qui, n'étant pas fixées à jamais par l'autorité inflexible d'une révélation divine, relèvent de l'esprit humain, participent en conséquence de sa mobilité et suivent ses progrès. Or, quelle est ici la tâche de la philosophie et de la réflexion? que peut-elle et que doit-elle faire de ce droit d'intervention qu'elle prend dans l'avancement de la religion naturelle? Si nous ne nous trompons, sa tâche est fixée, l'emploi de ses pouvoirs réglé, les limites de ses droits tracées par les considérations qui précèdent. Car en ceci, comme en tout, la philosophie n'a et ne peut avoir d'autre tâche, d'autre devoir, d'autre droit que de suivre la nature, pour la conduire sans doute, pour en corriger les écarts, pour en redresser les déviations, pour en prévenir les chutes, mais toujours à la condition de la connaître d'abord, et ensuite de ne la point violer. La nature humaine est en cela comme la nature extérieure, dont Bacon disait très-bien que, pour lui commander, il faut commencer par lui obéir. En d'autres termes, il y a en nous, pour connaître, autant de facultés distinctes qu'il y a de sortes de choses qu'il nous faut connaître; Dieu nous les a données, parfaitement bien appropriées chacune à son but; les changer est impossible, et s'il était possible, serait insensé; substituer l'une à l'autre dans la recherche des choses, demander par exemple à l'expérience ce que révèle la raison ou à la raison ce que constate l'expérience, c'est vouloir entendre par les yeux ou voir par les oreilles. Consultez chaque faculté sur son objet propre, et point sur d'autres; voilà tout ce que vous pouvez faire. Sur Dieu, demandez d'abord à la raison; elle vous le livrait toute seule, agissant en vous, sans vous, et comme à l'insu de vous-même; pénétrez le secret de ses opérations; amenez l'esprit à la conscience nette de lui-même et des procédés qu'il suivait sans s'en douter d'abord; alors, il les gouvernera; il pourra en contenir la précipitation naturelle; il en surveillera la marche et en contrôlera les produits. Ces produits eux-mêmes, examinez-les une fois obtenus; discutez-les; tirez-les de leur obscurité primitive, et, par la puissance de la réflexion, entourez-les de toute la clarté possible; fixez-les enfin dans des formes simples et bien appropriées. Voilà, encore une fois, tout ce que la philosophie peut faire. Au sujet de Dieu, de sa nature et de ses attributs, voici donc à quoi se réduit sa tâche :

Premièrement, étudier, décrire, exprimer cette opération par laquelle, à propos du monde, l'esprit conçoit Dieu; opération rapide, accompagnée d'une croyance immédiate, et dont le résultat est la notion, formée *a priori*, d'un être nécessaire, de Dieu et d'un Dieu actuel. Poser ce résultat, l'analyser, s'il est complexe; discerner les caractères de cette notion et en sonder le contenu; l'éprouver par la critique ; chercher si ce ne serait pas par hasard une forme vide, une création arbitraire de notre esprit. Bien décrite, l'opération est légitimée par sa réalité même ; bien constaté, le produit est justifié par le seul fait de sa présence naturelle dans l'entendement. Il n'y a pas, il ne peut pas y avoir d'autre *démonstration de l'existence de Dieu ;*

Secondement, étant suggérée par la raison, la notion de l'être nécessaire, infini et parfait, comme en fait, et par une induction légitime et irrésistible, l'esprit humain revêt cet être des attributs, connus par expérience, de sa créature bornée, refaire cette induction, qui s'accomplira sous la règle suivante : attribuer à Dieu, de la nature humaine, ce qu'il y a en elle qui comporte la perfection et ne se détruit pas par l'infinitude, et ne lui en attribuer que cela. L'idée de l'infinitude, qui constitue l'essence même de Dieu, bien éclaircie, devient alors un criterium à la lumière duquel sont retirés à la nature divine les chimériques attributs que l'imagination lui avait prêtés, et sont attachés solidement à cette même nature ses attributs véritables. Ainsi s'épure, en se réduisant, la liste *des attributs de Dieu ;*

Troisièmement, enfin, concilier ces attributs entre eux et avec les faits de l'expérience, justifiant et vérifiant par l'expérience, quand elle y est conforme, les résultats posés ; dissipant, lorsqu'elle y semble contraire, les apparentes oppositions qui naissent d'une observation superficielle ou inattentive de ce monde ; répondre aux *objections.*

La philosophie ne s'est pas ordinairement contentée de ces humbles fonctions, qui la réduisent à n'être que l'in-

terprète de la nature, et bornent son rôle à traduire, en
un langage précis et savant, ce que tout homme pense
confusément au dedans de lui, sans l'exprimer, ce que
les mythes religieux proposent sous la forme de symboles,
dont l'imagination offusque et voile la raison, ce que toute
âme méditative conçoit clairement et sans effort. La philosophie forme une entreprise plus haute, qu'elle croit
indispensable, que nous croyons inutile et même impossible : celle de découvrir Dieu, en quelque sorte, de le
prouver, de le *démontrer*. Elle s'est, pour cela, armée
de logique, a construit cent arguments divers que l'école
a recueillis, et qui sont le fruit de ses louables, mais vains
efforts. On cherche Dieu, c'est donc qu'on le suppose inconnu ; on le prouve, c'est donc que son existence est
douteuse ; on le démontre, c'est qu'il en est question.
Mais la question, c'est la philosophie qui l'a gratuitement
instituée pour se donner la peine de la résoudre ; elle
n'existe pas pour le sens commun, ou elle est résolue en
fait, avant que d'avoir été posée, par toute intelligence
saine que n'égarent pas de misérables préjugés. Dieu n'est
pas inconnu, il n'est que mal et imparfaitement connu ;
son existence n'est pas douteuse, elle est enfermée dans
l'idée que j'ai de lui, et elle ne se cache pas dans cette
idée, en sorte qu'il faille l'en extraire et la mettre au jour
par la force du raisonnement ; l'acte intellectuel qui me
donne la notion de Dieu, est un acte de foi en son existence et la conception n'y est pas séparée de la croyance.
La philosophie brise cette unité ; elle met à part l'idée,
pure modification et peut-être création chimérique du
sujet pensant ; à part l'objet, l'être, l'existence ; puis, elle
cherche, entre ces deux termes, un lien logique qui les

puisse réunir, et alors, ou bien désespérant de découvrir ce lien, elle tombe dans un incurable scepticisme, ou bien, s'imaginant l'avoir trouvé, elle entoure sa reconstruction d'un appareil logique qui repousse les faibles et s'écroule, parce qu'il est artificiel, sous les attaques des forts. Cet attirail de syllogismes n'est-il qu'une affaire de forme? Alors, pourquoi dissimuler sous les formes trompeuses du raisonnement discursif une suggestion immédiate de la raison, une vérité d'évidence, une certitude intuitive? Ou bien, raisonne-t-on sérieusement au fond comme dans la forme; va-t-on du connu à l'inconnu; tire-t-on d'un principe déjà admis une vérité nouvelle cachée dans ses replis; déduit-on l'existence de Dieu de son idée, comme de la notion d'un triangle on déduit laborieusement l'égalité de ses trois angles à deux droits? Alors, je nie la valeur du raisonnement, et d'avance, je l'accuse de n'être qu'un cercle. Car, quel sera le principe? Apparemment quelque décision de la raison recueillie par la philosophie et érigée par elle en maxime universelle. Mais la raison qui prononce cette maxime ne la donne pas d'abord sous forme de principe abstrait et général; elle la donne appliquée à des êtres réels et concrets; le fait, tel qu'il se passe est celui-ci : je perçois un phénomène réel et je conçois sa cause réelle aussi; je conçois une cause réelle, mais contingente, et aussitôt je conçois encore par delà la cause, réelle encore, mais nécessaire de cette cause contingente; je conçois Dieu, en un mot, et un Dieu actuel, réel, existant aussi bien et mieux encore, pour ainsi dire, que l'être contingent à propos duquel je l'ai conçu. Ensuite, parce que j'aperçois que cette conception de l'absolu en présence du relatif est une nécessité inévitable de ma constitution intellectuelle, j'énonce cette nécessité en manière de principe abstrait : « Tout phénomène suppose une cause, » et « il ne peut y avoir un progrès de causes secondes à l'infini. » Mais je n'aurais ni énoncé ni même pensé ce principe, sans les faits dans lesquels il s'est manifesté à moi, et chacun de ces faits était déjà, à lui seul, la connaissance d'un Dieu. Donc, quand pour trouver ce Dieu, je raisonne au nom de ce principe, je fais un pur cercle; ôtez le fait de la conception de Dieu, il n'y a plus de principe; ôtez le principe, il n'y a plus de raisonnement; je cherche donc ce que j'ai et je ne sais ce que je cherche. Les mêmes remarques conviennent à toutes les maximes par lesquelles on prétend prouver l'existence de Dieu, et frappent d'impuissance tous les raisonnements qui s'y appuient. Le raisonnement ne donne pas l'existence : il aide bien à découvrir certains rapports secrets et éloignés que les êtres ont entre eux; il fait bien pénétrer à l'esprit les ressorts cachés des choses; mais les êtres et les choses mêmes se voient et ne se démontrent pas; l'existence n'est pas un rapport et elle ne doit pas être un mystère; le scepticisme aurait trop beau jeu; il faut qu'elle frappe et se manifeste par sa propre évidence. D'ailleurs, comment le raisonnement pourrait-il prouver qu'une chose est, si toute la force de ses conclusions réside, comme on le sait, dans la vertu seule de la forme; le syllogisme conclut nécessairement, *vi formæ*, du général au particulier, sans préjudice et abstraction faite de la valeur ontologique ou métaphysique du concept donné comme principe : ce concept est-il celui d'un être réel, actuel, certainement existant ? Le syllogisme conclura légitimement du concept de cet être, le concept de ses qualités réelles, actuelles, véritables ; mais est-ce l'idée d'un être conçu, possible, douteux ? Ce caractère du principe affectera, sans que la rigueur du raisonnement en souffre rien, toutes les conséquences : du contingent, du certain, du nécessaire, du probable, du problématique, le raisonnement ne peut que conduire à une ou plusieurs propriétés du contingent, du certain, du nécessaire, du probable, du problématique ; si vous mettez l'existence et la certitude dans les prémisses, vous la retrouverez dans les conclusions ; mais si vous ne l'y mettez pas, le raisonnement ne saurait l'y ajouter. On n'essaye plus de démontrer l'existence des corps, depuis que la dialectique de Berkeley a fait justice des vains arguments que certains préjugés philosophiques avaient forcé de substituer à l'évidence de la perception directe, intuitive, immédiate que nous en avons ; la critique de Kant n'a pas laissé plus de chances de succès aux preuves syllogistiques que l'école allègue encore à l'appui de l'existence de Dieu [1]. Hâtons-nous de dire que c'est la scolastique, beaucoup plus que la philosophie elle-même, qui porte le tort de ces preuves ou plutôt de leur forme. Ni Aristote, ni surtout Platon ne procédaient, en cette matière, par voie de syllogisme ; celui-ci affirmait l'existence absolue d'un bien souverain, d'une justice immuable, d'une beauté parfaite, d'un Dieu, en un mot, autrefois contemplé face à face par l'âme encore pure, aujourd'hui rappelé à l'esprit capable de se dégager des sens et de s'élancer, porté par la raison, au-dessus de ce monde ; celui-là, à propos du mouvement, affirmait un moteur immobile ; tous deux racontaient diversement

---

[1] Voyez *Cours sur la Philosophie de Kant*, par V. Cousin, 6e leçon.

l'apparition de Dieu à nos esprits, plutôt qu'ils ne le prouvaient. C'est la scolastique du moyen âge qui a mis en forme ces simples récits et les a accommodés en syllogismes. Descartes, pressé d'objections, argumente pour s'en délivrer; au raisonnement, il oppose le raisonnement; mais, laissé à lui-même, il semble bien plus expliquer cette idée innée de Dieu « en laquelle est enfermée l'existence » qu'en démontrer la valeur. Et si Leibniz a perfectionné le syllogisme cartésien, il faut aussi se souvenir qu'au début de la *Théodicée*, il pose sans preuves l'existence de Dieu, sur la seule obligation « de chercher « la raison de l'existence du monde, qui est l'assemblage « entier des choses contingentes, dans la substance qui « porte la raison de son existence avec elle. »

Ces reproches s'adressent, sans exception, à toutes les preuves de l'existence de Dieu; mais parmi elles, il y en a qui supportent encore d'autres critiques, ce sont les preuves *a posteriori*. Tout le tort de la preuve *a priori* est d'être une démonstration, et d'affecter la forme d'un argument; débarrassée de cette enveloppe, elle a toute la force de la raison, prononçant au dedans de chacun de nous cet irrécusable arrêt : que le contingent, le fini, l'imparfait, qui de fait existent, ne sont ni ne se comprennent sans l'absolu, sans l'infini, sans le parfait, qui en conséquence ne peuvent pas ne pas être. Quant à la preuve *a posteriori*, abstraction faite de sa forme, elle est encore radicalement vicieuse et impuissante. C'est en effet une prétention ridicule et cent fois démontrée vaine, que de vouloir tirer de l'imparfait et du fini, même la notion et, à plus forte raison, l'existence de l'infini et du parfait. Aucune accumulation de choses finies ne s'égalera jamais à l'infinité; et quelque loin qu'on la pousse, elle restera toujours infiniment au-dessous de l'infinitude véritable. Or, si Dieu n'est pas infini et parfait, il n'est pas; prouver qu'il est, sans prouver qu'il est absolu et illimité, c'est ne rien prouver du tout. L'expérience fait bien voir ce qui est; mais de ce qui doit être, elle ne fait rien savoir. Or, la preuve *a posteriori* a pour caractère de se fonder sur l'expérience; elle ne signifie rien toute seule. On convient du reste ordinairement que toute preuve *a posteriori* réclame, pour se construire, un principe *a priori*, qu'elle sous-entend ou qu'elle exprime, mais qui, en tout cas, fait sa force et sans lequel l'échafaudage tout entier tombe et s'écroule. C'est tantôt le principe de causalité, avec l'impossibilité du progrès des causes à l'infini; tantôt le principe des causes finales ou tout autre axiome de cet ordre, qui sert de postulat indispensable à la démonstration. Mais comme ces principes dépassent l'expérience et proviennent de la raison, nous retombons dans le précédent cas. Le fait soit du mouvement, soit de telle ou telle harmonie de la nature est bien l'occasion, si l'on veut indispensable, de la conception de l'infini; mais l'esprit passe par le fait, sans s'y arrêter et s'élance aussitôt à la conception qu'il suggère et qu'il ne fonde pas. Étudiées plus attentivement, les beautés de cet univers peuvent nous éclaircir et affermir en nous l'idée de la sagesse divine; mais si c'est une preuve que cette observation des harmonies du monde, ce sera une preuve aussi forte en sens contraire, que l'existence incontestable de ce qu'il y a de mal et de désordre ici-bas. On répond, il est vrai, que ce mal n'est qu'apparent, que ce désordre couvre un ordre profond. Mais que signifie cette réponse, sinon que d'avance, sans l'expérience et au besoin contre elle, nous sommes persuadés de la perfection de cette sagesse qui, étant parfaite, n'a pas pu faillir, et résolus à sacrifier à cette conviction, en les traitant de pures apparences, les démentis de l'observation? Ainsi, nous écoutons l'expérience quand elle justifie la raison; nous fermons les oreilles, quand elle la contredit; la raison et ses idées sont donc les juges de l'expérience, loin qu'elles en viennent.

Il est bien temps d'arriver à Clarke, mais sans le nommer, nous l'avons d'avance comme exposé et jugé. Clarke a très-bien vu et parfaitement signalé l'insuffisance de la preuve *a posteriori;* il lui assigne sa vraie valeur, en disant qu'elle est à tout le moins morale et raisonnable, et que d'ailleurs, très-facile à comprendre, peu s'en faut à la portée de chacun, elle suffit pour le vulgaire étranger aux habitudes méditatives, et que déconcerte l'appareil des raisons *a priori*. Mais elle n'établit point l'existence de Dieu avec une certitude métaphysique, et surtout, elle est impuissante à démontrer aucun des attributs essentiels de Dieu. Elle n'en donne point l'éternité : « les « phénomènes naturels prouvent à la vérité, démons-« trativement *a posteriori* qu'il y a eu, depuis que ces « phénomènes ont commencé, et qu'il y a encore un « être assez puissant et assez sage pour les produire et « pour les conserver. Mais que cette cause première « ait existé de toute éternité, et qu'elle doive exister « éternellement, c'est ce que ces phénomènes ne prou-« vent pas, » ni l'immensité, ni l'infinité, ni la toute présence, ni l'unité; car, au nom des faits, « il n'est ni moins

« probable, ni moins possible, ni moins raisonnable de sup-
« poser qu'il y a des causes premières sans nombre, finies,
« indépendantes et coexistantes dans les différentes parties
« de l'immense univers, toutes de même nature et de
« même substance, ou toutes de différente nature et de
« différente substance[1]. » Si cela est vrai, ou si c'est le
contraire, on ne peut le décider que sur des preuves tirées
de la nature intrinsèque de l'être nécessaire.

La nécessité, voilà donc, selon Clarke, le fondement de
l'existence de Dieu. « L'existence de la cause première, est
« nécessaire, nécessaire, dis-je, absolument et en elle-
« même. Cette nécessité, par conséquent, est *a priori* et dans
« l'ordre de la nature, le fondement et la raison de son
« existence. Car ce qui existe nécessairement ou, pour
« m'exprimer en d'autres termes, ce qui rassemble in-
« séparablement dans son idée l'existence et la nécessité,
« cela, dis-je, doit être nécessaire, pour l'une ou l'autre
« de ces deux raisons, ou parce qu'il existe en effet, ou
« parce que son existence est nécessaire. Mais s'il était
« nécessaire uniquement à cause qu'il existe, par la même
« raison tout être qui existe, existera nécessairement, et
« par conséquent, ou chaque être sera la cause première,
« ou le néant le sera, ce qui est absurde. A l'opposite, si
« la cause première existe par la raison que son existence
« est nécessaire, il en résultera que la nécessité est le fon-
« dement et la raison de cette existence. Remarquez, au
« reste, que de l'existence on n'infère pas la nécessité
« d'exister, c'est-à-dire qu'*a priori* et dans l'ordre de la
« nature, l'existence n'est pas antécédente à la nécessité

---

[1] Voyez *Lettres*, p. 101 et 181 ; spécialement la Lettre à un ecclésiastique sur l'argument *a priori*.

« d'exister. C'est tout le contraire, l'existence est une
« suite de la nécessité d'exister, c'est-à-dire qu'*a priori*
« et dans l'ordre naturel la nécessité d'exister va devant
« la supposition de l'existence. » Nous accordons sans
peine le fond de cet argument; mais nous ne pouvons en
goûter la forme. Il est très-vrai que le monde étant contingent, ne serait pas sans un être nécessaire; il est très-vrai que nous ne percevons pas celui-là, sans concevoir aussitôt celui-ci. Mais ni d'une part, ni de l'autre, l'existence n'est séparée, soit dans la réalité, soit dans nos esprits, ici de la perception du contingent, là de la conception du nécessaire. C'est une analyse tardive, c'est une abstraction ultérieure qui distingue ces deux choses : la nécessité, considérée indépendamment de l'être nécessaire dans lequel elle est conçue, n'est rien qu'une idée abstraite que nous n'aurions pas si nous ne l'avions prise de cet être; il en est de cela comme de la solidité, qui n'est rien sans le solide d'où nous l'avons tirée. Ces abstractions sont assurément permises; mais il est absurde de les employer ensuite à prouver précisément l'existence des choses où nous les avons puisées. D'abord, c'est un paralogisme; ensuite, il ne donne que l'existence abstraite, et point l'existence réelle. Tout ce qu'on a dit très-bien contre la théorie du jugement comparatif, s'applique ici avec la plus parfaite rigueur.

Nous avons donné l'argument de Clarke sous sa forme la plus abrégée, tel qu'il le produit dans ses *Lettres*, c'est-à-dire en un temps où il était devenu maître de sa pensée, sous l'influence de ces contradictions toujours utiles aux systèmes, en ce qu'elles forcent les auteurs à s'en rendre un compte exact et à les amener au dernier point de rigueur et de précision. On en trouvera le développement dans les premiers chapitres du *Traité de l'Existence de Dieu*, et dans l'enchaînement des propositions suivantes, qui y sont expliquées : 1°. quelque chose a existé de toute éternité, puisque quelque chose existe aujourd'hui; 2°. un Être indépendant et immuable a existé de toute éternité. Car le monde étant un assemblage de choses contingentes, qui n'a pas en soi la raison de son existence, il faut que cette raison se trouve ailleurs, dans un être distingué de l'ensemble des choses produites, par conséquent indépendant, par conséquent immuable; 3°. cet Être indépendant et immuable, qui a existé de toute éternité, existe aussi par lui-même. Car il ne peut être sorti du néant, et il n'a pas été produit par aucune cause externe. Si nous en jugeons bien, cette suite de théorèmes se réduit à une proposition très-simple et très-vraie : le contingent suppose le nécessaire; le contingent existe, car nous le percevons, et nous-mêmes qui le percevons, nous avons le sentiment de notre contingence; le nécessaire existe donc aussi. Ce n'est pas là argumenter *a posteriori*, mais bien *a priori*, ou plutôt ce n'est pas argumenter du tout, puisque ce n'est que traduire un jugement immédiat de la raison. Et, il faut le dire à son honneur, Clarke a souvent bien aperçu la simplicité du fait qu'il développait en forme de preuve :

« L'idée d'un être qui existe nécessairement, dit-il, s'em-
« pare de nos esprits, malgré que nous en ayons, et lors
« même que nous nous efforçons de supposer qu'il n'y a
« point d'être qui existe de cette manière.... Et si on de-
« mande maintenant quelle espèce d'idée c'est que celle
« d'un être dont on ne saurait nier l'existence sans tomber
« dans une manifeste contradiction, je réponds que c'est

« la première et la plus simple de toutes nos idées, une
« idée qu'il ne nous est pas possible d'arracher de notre
« âme, et à laquelle nous ne saurions renoncer sans re-
« noncer tout à fait à la faculté de penser [1]. »

Jusqu'ici, on n'a vu dans le *Traité de l'Existence de Dieu* rien de bien original ni de bien profond, mais non plus rien de bien faux. C'est que nous n'avons point encore touché ce qui peut, à certains égards, être compté comme le point capital de cet écrit et de toute la philosophie de Clarke : nous voulons parler de l'argument célèbre auquel son nom demeure attaché, qui est comme sa propriété et son titre philosophique, qui lui a particulièrement attiré les querelles de Leibniz, et par l'invention duquel il est surtout connu dans l'histoire; c'est l'argument tout nouveau qui conclut Dieu des idées de temps et d'espace. On peut, en prenant les dernières expressions de Clarke, l'exposer à peu près ainsi : « Nous concevons un espace sans bornes, ainsi qu'une durée sans commencement ni fin. Or, ni la durée, ni l'espace ne sont des substances, mais bien des propriétés, des attributs; et toute propriété est la propriété de quelque chose, tout attribut appartient à un sujet. Il y a donc un être réel, nécessaire, infini, dont l'espace et le temps, nécessaires et infinis, sont les propriétés, qui est le *substratum* ou le fondement de la durée et de l'espace. Cet être est Dieu [2]. »
Il s'en faut que Clarke l'ait proposé du premier coup sous cette forme; il n'avait fait d'abord que l'insinuer en quelque sorte, et, sans le détacher du corps de cette argu-

---

[1] Ajoutez à ces passages une critique, selon nous très-juste, de l'argument cartésien; *Traité de l'Existence de Dieu*, ch. 4, p. 24, 25.

[2] Voyez *Lettres*, p. 117, 118, 152, et *passim*.

mentation dont la notion de nécessité fait les frais, il l'ajoutait, comme en passant, à sa preuve principale, pour la fortifier et y suppléer auprès de ceux qu'elle aurait laissés incrédules. Il avait parlé ainsi dans le quatrième chapitre du *Traité de l'Existence de Dieu* : « Je trouve, « quoi que je fasse, les idées de l'infinité et de l'éternité « si bien imprimées en mon âme, que je ne puis pas sup- « poser, sans tomber dans une contradiction dans les termes « mêmes, qu'il n'y a point d'êtres dans l'univers en qui « ces attributs soient nécessairement inhérents ; car les « attributs ou les modes n'existent que par l'existence de « la substance dont ils sont les attributs et les modes. Or, « tout homme qui est capable de supposer qu'il n'y a dans « l'univers ni éternité, ni immensité, et par conséquent « qu'il n'y a point de substance par l'existence de laquelle « ces attributs ou ces modes existent, pourra, s'il lui « plaît, anéantir avec la même facilité la relation d'égalité « entre deux fois deux et quatre. » Un peu plus loin il ajoute : « Je fais voir que nous avons des idées, comme « celles de l'éternité et de l'immensité, qu'il nous est ab- « solument impossible d'anéantir ou de bannir de notre « esprit ; idées qui doivent être, par conséquent, les at- « tributs d'un être nécessaire actuellement existant. » As- surément ces expressions sont claires ; Clarke est cependant si loin encore de leur attribuer la valeur et l'autorité d'une preuve absolue, qu'il ne se croit pas dispensé de démon- trer plus loin [1] l'éternité et l'immensité de Dieu, et cela, par l'idée de sa nécessité ; ou plutôt, il pose ces deux notions, celle de l'éternité et de l'immensité d'une part,

---

[1] Chap. 6 et 7.

et celle de la nécessité de Dieu de l'autre, comme contemporaines, et parce qu'elles s'impliquent mutuellement, il veut qu'on puisse aller indifféremment de celle-ci à celle-là ou de la première à la seconde, au moins dans l'ordre d'exposition, sinon dans l'ordre de nature. « L'idée de « l'éternité et celle de l'existence par soi-même, ont en-« tre elles une connexion si intime, que si vous posez « l'éternité d'un être indépendant, qui n'a aucune cause « extérieure de son existence, vous posez par le même « moyen son existence par lui-même ; et si vous posez la « nécessité d'un être existant par lui-même, vous établis-« sez aussi qu'il doit être nécessairement éternel. » Et plus bas : « L'idée de l'infinité ou de l'immensité, aussi bien « que celle de l'éternité, est si étroitement liée avec l'idée « de l'existence par soi-même, que qui pose l'une pose « nécessairement l'autre. » Fort bien ; mais l'immensité n'est point l'espace, ni l'éternité n'est pas le temps. Or, d'une part, Clarke substitue insensiblement ces derniers termes aux premiers ; de l'autre, il articule avec une précision toujours plus rigoureuse, cette prétendue preuve, d'abord assez indécise, et dans son livre, et sans doute aussi dans son esprit. Il l'avait jetée là un peu au hasard ; on l'attaque sur ce point ; il répond, et, dans sa défense, il est obligé de prendre tout à fait au sérieux ce qu'il avait dit presque à l'aventure ; le voilà dans l'alternative ou de renier son langage, ou de donner aux termes qu'il a employés un sens et une portée qu'il n'avait pas d'abord soupçonnés. Ajoutez que Clarke avait à cœur de soutenir l'opinion, combattue en même temps que la sienne, de son maître Newton, que l'espace est comme le *sensorium* de Dieu. Et c'est ainsi que, l'énergie de la résistance se proportionnant à la vivacité des attaques, et l'écrivain critiqué se passionnant d'autant plus pour sa doctrine qu'on la lui conteste avec plus de force, la preuve de l'existence de Dieu par les idées de temps et d'espace devient un argument formel, une preuve de premier ordre, décisive à elle seule, le titre de Clarke, comme nous l'avons dit déjà, et un titre assez médiocrement glorieux.

Leibniz est le redoutable adversaire qui a poussé Clarke à cette extrémité, pour lui montrer ensuite le vide de son argumentation. Armé d'une dialectique impitoyable, il commence par retirer à l'espace et à la durée le rang d'attributs de Dieu, puis celui d'êtres réels et distincts, indépendants des événements et du monde; il ne leur laisse enfin de place que dans nos esprits, dont il en fait une abstraction tout idéale, à peu près comme Kant en a fait plus tard une condition *a priori*, mais purement subjective, de l'expérience des phénomènes et des corps. Il n'est pas de notre sujet d'apprécier les résultats positifs de cette critique; mais nous en acceptons toute la partie négative, et c'est en la prenant sous notre responsabilité personnelle que nous en reproduirons ici, contre Clarke, les traits principaux[1].

D'abord, ni l'espace ni la durée ne sont une propriété de Dieu. L'espace a des parties, et Dieu est un; son unité est l'unité parfaite, absolue, qui exclut non-seulement la division actuelle, mais la division possible et mentale. Il ne sert donc de rien de répondre, comme le fait Clarke, que l'espace infini n'est pas véritablement divisible; tout ce qu'on peut dire, c'est qu'il n'est pas divisé; c'est que

[1] Voyez *Lettres entre Leibniz et Clarke*.

ses parties ne sont point séparables et ne sauraient être éloignées les unes des autres par discerption. Mais séparables ou non, l'espace a des parties que l'on peut assigner, soit par le moyen des corps qui s'y trouvent, soit par les lignes ou les surfaces qu'on y peut mener. Prétendre que l'espace infini est sans parties, c'est prétendre que les espaces finis ne le composent point, et que l'espace infini pourrait subsister quand tous les espaces finis seraient réduits à rien. Voilà donc une étrange imagination que de dire que l'espace est une propriété de Dieu, c'est-à-dire qu'il entre dans l'essence de Dieu. L'espace a des parties, donc il y aurait des parties dans l'essence de Dieu; *spectatum admissi*. De plus, les espaces sont tantôt vides, tantôt remplis; donc il y aura dans l'essence de Dieu des parties tantôt vides, tantôt remplies, et par conséquent sujettes à un changement perpétuel. Les corps remplissant l'espace, rempliraient une partie de l'essence de Dieu, et y seraient commensurés; et, dans la supposition du vide, une partie de l'essence de Dieu sera dans le récipient. Ce dieu à parties ressemblera fort au dieu stoïcien, qui était l'univers tout entier, considéré comme un animal divin. Et encore, l'immensité de Dieu fait que Dieu est dans tous les espaces. Mais, si Dieu est dans l'espace, comment peut-on dire que l'espace est en Dieu, ou qu'il est sa propriété? On a bien ouï dire que la propriété soit dans le sujet, mais on n'a jamais ouï dire que le sujet soit dans sa propriété. Les mêmes choses peuvent être alléguées, et à plus forte raison contre la durée, propriété de Dieu; car non-seulement la durée est multiple, mais elle est de plus successive, et par conséquent incompatible avec l'immutabilité divine; tout ce qui existe du temps et de la duration étant successif, périt continuellement; du temps, n'existent jamais que des instants, et l'instant n'est pas même une partie du temps.

En second lieu, l'espace et la durée ne sont point des êtres réels hors de Dieu. Car, si l'espace est une réalité absolue, bien loin d'être une propriété ou accidentalité opposée à la substance, il sera plus subsistant que les substances. Dieu ne le saurait détruire, ni même changer en rien. Il est non-seulement immense dans le tout, mais encore immuable et éternel en chaque partie. Il y aura donc une infinité de choses éternelles hors de Dieu. Et puis cette doctrine fait de l'espace la place de Dieu, en sorte que voilà une chose coéternelle à Dieu et indépendante de lui, et même de laquelle il dépendrait s'il a besoin de place. Il aura de même besoin du temps, s'il est dans le temps. D'ailleurs on dit que l'espace est une propriété; il vient d'être prouvé qu'il ne pouvait être la propriété de Dieu; de quelle substance sera-t-il donc l'attribut, quand il y aura un vide borné entre deux corps? Vide, il sera un attribut sans sujet, une étendue d'aucun étendu. Enfin, mettre le monde dans un temps et dans un espace distincts du monde et indépendants de Dieu, c'est susciter cette question à laquelle il sera toujours impossible de répondre: Pourquoi Dieu n'a-t-il pas créé l'univers plus tôt ou plus tard qu'il ne l'a fait? Pourquoi l'a-t-il placé dans tel coin de l'espace infini plutôt que dans tout autre? Si c'est sans raison, la sagesse de Dieu est en défaut, puisqu'il a choisi par un pur caprice l'époque et le lieu de la création; et, de raison, il n'en peut avoir aucune, tous les points de cette durée et de cet espace uniformes étant indifférents et absolument indiscernables.

L'espace n'est donc ni une propriété de Dieu, ni un être réel hors de Dieu; il ne peut pas être davantage une propriété des corps, puisque le même espace étant successivement occupé par plusieurs corps différents, ce serait une affection qui passerait de sujet en sujet, en sorte que les sujets quitteraient leurs accidents comme un habit, afin que d'autres s'en puissent revêtir. Il reste donc que l'espace, ainsi que la durée, soient quelque chose de purement idéal, à savoir : l'espace un ordre des coexistants, un rapport de situation et de distance apprécié et calculé par la comparaison de plusieurs coexistants à l'un d'entre eux pris comme terme commun de cette comparaison, variable d'ailleurs, et dont les changements sont encore estimés par la variété successive des relations diverses de chacun des coexistants ou de tous à l'un d'entre eux, supposé ou reconnu fixe ; ce rapport, cette relation, cet ordre, d'abord saisis dans le concret et dans le réel, mais dégagés ensuite par l'esprit, et envisagés comme l'ordre et la relation purement possibles des coexistences conçues elles-mêmes comme possibles, deviennent la notion d'espace qui n'est plus alors qu'une abstraction, savoir : la simple possibilité de mettre des corps possibles dans de certaines relations conçues ; et comme l'on conçoit la possibilité d'en mettre ainsi sans fin et sans terme, l'espace est dit infini ; au regard de Dieu, il n'est, comme pour nous, qu'une pure possibilité dans les idées. Ce que l'espace est aux coexistants, la durée l'est aux successifs; elle est un ordre, une relation des successifs, relation perçue comme réelle dans la succession des événements réels, conçue comme idéale par la force de l'abstraction, et alors pure possibilité de concevoir des événements sans fin. Si donc il n'y avait point de créatures, il n'y aurait ni temps, ni lieux. C'est l'imagination qui réalise ces abstractions, c'est-à-dire ces chimères, et se crée ainsi des *idoles*. Ce n'est pas à dire que Dieu ne soit ni éternel, ni immense; mais, dit très-bien Leibniz : « L'immensité de Dieu est indépendante de l'espace, « comme l'éternité de Dieu est indépendante du temps. « Elles portent seulement, à l'égard de ces deux ordres de « choses, que Dieu serait présent et coexistant à toutes les « choses qui existeraient. L'immensité et l'éternité de « Dieu sont quelque chose de plus éminent que la durée et « l'étendue des créatures, non-seulement par rapport à la « grandeur, mais encore par rapport à la nature de la « chose. Ces vérités ont été assez reconnues par les théo- « logiens et par les philosophes. »

Encore une fois, nous ne prétendons pas attaquer ni soutenir ces hardies conclusions de Leibniz; nous lui en laissons l'honneur ou la responsabilité : on ne décide pas, en quelques mots, de si épineuses questions. Encore moins nous est-il permis de rapporter ici ce que Kant a ajouté, retranché ou modifié, soit à l'argumentation de Leibniz, soit à ses résultats théoriques. Nous affirmons seulement que cette argumentation établit, contre Clarke, décisivement et sans réplique, les propositions suivantes : 1°. autre chose est l'espace, autre chose l'immensité de Dieu ; autre chose est le temps, autre chose l'éternité divine ; 2°. l'espace et le temps ne sont pas des êtres réels hors de Dieu ; 3°. ils ne sont pas surtout des attributs de Dieu. Dieu est immuable, donc il n'est pas dans le temps; Dieu est un, donc il n'est point dans l'espace.

A part la doctrine dont nous venons de livrer l'exposition et la critique, il n'y a rien, dans le *Traité de l'Exis-*

tence de *Dieu* et dans les autres écrits philosophiques de Clarke, qui ne fasse beaucoup d'honneur à sa sagesse et à son bon sens, mais rien non plus qui doive spécialement fixer notre attention. Il établit très-solidement, dans une suite de propositions bien enchaînées, l'unité de Dieu, sa liberté, sa toute-puissance, son intelligence parfaite, sa justice immuable. Il expose avec beaucoup de sens et de justesse les raisons de l'immortalité de l'âme. Il plaide enfin, avec un incontestable succès, la cause de la liberté humaine contre Collins, se rencontrant avec Leibniz dans la réfutation de l'objection qui se tire de la prescience divine, réfutant beaucoup mieux que ce dernier la prétendue influence des motifs, montrant clairement, non-seulement la vérité du libre arbitre, mais encore sa nécessité, et ce que l'être humain y gagne en dignité morale. Mais, sur tous ces points, il n'y a aucune obscurité qui appelle nos commentaires, aucune bizarrerie qui veuille être expliquée, aucune question enfin qui puisse nous suggérer des remarques de quelque intérêt.

Sa morale mérite peut-être cependant une mention particulière ; elle est inspirée de ce même esprit qui anime déjà sa *Théodicée*, et dirigée aussi contre la doctrine de Hobbes, contre cette apologie monstrueuse de l'égoïsme qui était, pour Hobbes, avec l'athéisme, une conséquence également nécessaire de ses principes métaphysiques. Clarke a parfaitement justifié le désintéressement posé comme un fait et prescrit comme un devoir ; il en pousse avec raison la défense jusqu'à dire que la loi morale serait également sacrée, également inviolable, alors même qu'il n'y aurait, pour les mauvaises et les bonnes actions, ni peines ni récompenses, ou présentes ou futures. C'est un honneur à lui d'avoir, comme Platon dans l'*Euthyphron*, comme Leibniz dans la *Théodicée*, marqué la justice de ce caractère d'immutabilité absolue qui la rend indépendante même du décret de Dieu auquel elle est préexistante, puisqu'elle le règle, étant la nature même et l'essence de Dieu, non pas une décision purement arbitraire de sa volonté, et de lui à nous une loi qu'il nous propose de suivre comme il la suit lui-même, non pas un ordre sans raison émané de sa toute-puissance. Mais, après cela, Clarke se fourvoie quand, à cette simple exposition des caractères de la justice, et à cette belle défense de la sainteté du devoir, il veut joindre une définition du bien ; tentative déjà faite, souvent renouvelée depuis, et, si nous ne nous trompons, toujours impuissante. Selon Clarke, la notion du bien moral se résout dans l'idée des rapports réels et immuables qui existent entre les choses, en vertu de leur nature ; conforme à ces rapports, la conduite humaine est bonne, mauvaise, si elle y est contraire. On a déjà bien fait voir [1] que cette définition est trop étendue ; en effet, il y des rapports et très-réels et très-permanents des choses, auxquels il est indifférent de conformer ou non sa conduite ; il y en a auxquels il serait coupable de l'accommoder. Il faut donc faire un choix de ces relations, et lesquelles choisir ? apparemment les relations morales, c'est-à-dire que les relations morales sont et resteront toujours des relations d'un ordre spécial, *sui generis*, irréductibles à toute autre. On les désigne par leurs caractères ; on les compte ; la conscience les reconnaît entre toutes à l'obligation qu'elles entraînent ; mais

---

[1] Voyez JOUFFROY, *Cours de Droit naturel*, 24ᵉ leçon, t. II, p. 376.

on ne peut les définir. Donc, la définition de Clarke, prise en son entier, est trop vaste et devient fausse dans l'application ; réduite à ses justes limites, elle n'est plus qu'un cercle, une frivole tautologie : elle revient, en effet, à ceci : le bien moral est la conformité de notre conduite avec les relations morales, qui sont immuables; c'est bien là définir *idem per idem*.

En somme, Clarke n'est pas un philosophe du premier ordre; ce n'est pas un de ces esprits féconds et hardis, qui changent, en philosophie, la face des choses, soit en apportant de nouveaux principes, soit en poussant les principes déjà posés à des conséquences inconnues. Il n'a eu guère qu'une idée neuve, et cette nouveauté s'est trouvée fausse. Il a fait une double et honorable opposition aux excès du sensualisme, comme aux extravagances du rationalisme, à Collins, à Dodwell, à Hobbes d'une part, à Spinoza de l'autre; mais parce que ses arguments n'allaient pas jusqu'au fond des choses, ils n'ont suffi à renverser ni l'une ni l'autre des deux doctrines attaquées, ni Locke en Angleterre, ni ce cartésianisme outré qui régnait alors en France. Clarke a bien pu gagner à sa cause quelques bons esprits, quelques âmes bien faites, qui répugnaient par nature à l'athéisme et à la morale de l'intérêt; mais il n'a pas opéré de révolution. Ses livres se recommandent plus par la pureté des intentions, par l'élévation d'âme qui s'y montre, par la générosité des sentiments qui les animent que par la profondeur et la pénétration métaphysiques. Esprit, s'il faut le dire, assez médiocre, il a eu la vertu des esprits médiocres, je veux dire cette modération qui se refuse à tous les excès, cette fermeté de bon sens qui suffit à sentir le ridicule ou le danger des égarements systématiques, qui ne suffit pas toujours à en démêler les causes, ni par suite à leur fermer le retour. Les grands esprits donnent volontiers dans l'abus, parce qu'il y a peu de grands esprits tout à fait complets; telle est en effet la faiblesse de notre nature, que la supériorité intellectuelle tient presque toujours, chez nous, à l'exaltation naturelle de quelqu'une des facultés de l'esprit, qui n'atteint ce haut degré de puissance qu'au détriment des autres; développée par l'habitude, cette disposition s'exagérant parfois jusqu'à devenir une sorte de démence, les plus étranges erreurs sont ainsi le plus souvent l'œuvre des plus hauts génies. Au contraire, la puissance intelligente, en se partageant, s'affaiblit; et la pensée perd ordinairement en vigueur ce qu'elle gagne en étendue. Clarke appartient à cette classe d'intelligences droites, mais un peu faibles, et moins pénétrantes que sûres. Aussi, et c'est le sort habituel de ceux qui jouent le rôle, difficile d'ailleurs, de la modération, il n'a contenté personne, et a soulevé contre lui tous les partis. Il tenait à Descartes par sa première éducation, et il s'était volontairement attaché à Newton, dont il faisait servir la physique à corriger celle de Rohault; par là, il a pu avoir à la fois pour adversaires les hommes les plus opposés, les philosophes anglais qui sortaient de la même souche que Newton, et les plus illustres cartésiens. Il avait pris du reste l'initiative dans sa polémique persévérante contre deux doctrines si différentes à leur point de départ, quoiqu'elles eussent l'air de se rencontrer, au terme, dans la même négation des grandes vérités de sens commun, la doctrine de Spinoza et celle de Hobbes.

La vie entière de Clarke a été une guerre constante

contre toute violation flagrante du bon sens et de la dignité morale de l'homme. Tel est le rôle de Clarke dans l'histoire; il le désigne à notre estime, sinon à notre admiration. Du reste, la lecture de ses livres, sans fortifier beaucoup l'esprit, calme et rassure l'âme, quelquefois troublée et épouvantée par ces prodigieux égarements de l'esprit philosophique, dont l'histoire de la philosophie nous déroule le triste spectacle. Si l'on peut apprendre, par l'exemple, avec Spinoza ou Hobbes, cette pénétration d'analyse et cette rigueur de logique qui pousse tout principe à bout et ne s'arrête que dans l'extrême absurdité, on apprend, en lisant Clarke, que la folie n'est pas l'accompagnement obligé de toute spéculation philosophique, et qu'on peut garder la raison en touchant aux problèmes de la métaphysique. A l'une de ces lectures, l'esprit gagne de la force, de l'étendue à l'autre; et de toutes les deux ensemble, il retire cette leçon: que le bon sens et la logique, que l'exactitude et la profondeur ne valent rien séparément, et qu'il faut, en conséquence, les allier. Leçon plus facile assurément à donner qu'à suivre, mais à la pratique de laquelle l'étude de l'histoire de la philosophie, la lecture patiente de tous ses grands monuments, est la seule préparation efficace. A cause de cela surtout, l'histoire de la philosophie est l'indispensable moyen d'une forte et véritable éducation philosophique.

Clarke a été traduit en français par Ricotier, dans la première moitié du dix-huitième siècle; cette estimable traduction, sans être irréprochable, suffisait à notre but, et nous l'avons réimprimée, sans y changer rien. Seulement, nous avons ajouté au contenu de l'édition de Ricotier, une lettre intéressante de Clarke sur l'immortalité de l'âme, et nous en avons retranché tout ce qui est exclusivement théologique. Il ne nous appartient pas de juger des preuves de fait alléguées à l'appui de l'authenticité des livres saints et nous voulions nous en tenir au pur philosophique. Pour cela, il ne nous a fallu faire à Clarke aucune violence; la séparation que nous avons effectuée est toujours très-nettement marquée par lui-même dans ses écrits. Il ne mêle jamais les principes de la religion naturelle aux dogmes de la religion révélée; il regarde la raison comme indépendante de la foi, et même comme antérieure à la foi, puisqu'il démontre presque constamment la nécessité et la vérité de celle-ci, par l'autorité et les décisions de celle-là.

Amédée JACQUES.

TRAITÉ

DE L'EXISTENCE ET DES ATTRIBUTS

DE DIEU

PRÉFACE
DE L'AUTEUR.

Le grand nombre de beaux livres qu'on a déjà publiés sur l'existence et les attributs de Dieu m'oblige à me resserrer ici dans des bornes assez étroites, et m'a fait prendre le parti d'exprimer ce que j'ai médité sur ce sujet en aussi peu de paroles qu'il me sera possible, sans me rendre obscur. C'est aussi la raison du choix que j'ai fait de la méthode à laquelle je me suis borné, qui consiste à n'employer pour l'établissement de ma thèse qu'une chaîne suivie d'arguments dépendants l'un de l'autre. Je me suis attaché à leur donner toute l'évidence mathématique que la nature du sujet m'a pu permettre, et c'est pour cela que j'ai mis à quartier quelques arguments dont la conséquence ne m'a pas paru assez évidente. J'ai toujours cru, en effet, que c'était mal soutenir les intérêts de la vérité que d'employer pour la défendre des arguments suspects, fondés sur des hypothèses, dont les adversaires ne conviennent pas. Mais quoique je n'aie voulu faire aucun usage de ces arguments, je ne me suis pourtant pas mis en peine de les réfuter. C'est, à mon avis, une très-pauvre manière de se faire valoir que de le faire aux dépens du prochain, et que de chercher à donner du lustre à ses productions en relevant les bévues de ceux qui ont couru avant nous dans la même carrière pour la défense de la religion et de la vertu. Mais d'un autre côté je crois fermement qu'un homme qui écrit ne doit rien avancer qui ne lui paraisse clair et solide. Du reste c'est au lecteur à qui il appartient de juger si cet homme prouve bien ce qu'il a entrepris d'établir.

DÉMONSTRATION

DE

L'EXISTENCE ET DES ATTRIBUTS

DE DIEU,

POUR SERVIR DE RÉPONSE A HOBBES, SPINOZA,
ET A LEURS SECTATEURS.

CHAPITRE PREMIER.

Des causes de l'athéisme.

Tous ceux qui nient l'existence de Dieu appartiennent à quelqu'une de ces trois classes : les uns ne croient pas que Dieu soit; les autres affectent de passer pour incrédules sur cet article; les autres enfin, peu différents des premiers, nient les principaux attributs de la nature divine, et supposent que Dieu est un être sans intelligence, qui agit purement par nécessité; c'est-à-dire un être qui, à parler proprement, n'agit point du tout, mais qui est toujours passif. L'erreur de ces gens-là vient nécessairement de quelqu'une de ces trois sources.

Elle vient premièrement de l'ignorance et de la stupidité. Il y a des gens dans le monde qui n'ont jamais rien examiné avec attention, qui n'ont jamais fait un bon usage de leu lumières naturelles, non pas même pour acquérir la connaissance des vérités les plus claires et les plus faciles à trouver.

Ils passent leur vie dans une oisiveté d'esprit qui les abaisse, peu s'en faut, à la condition des bêtes.

La seconde source de l'athéisme, c'est la débauche et la corruption des mœurs. On trouve des gens qui, à force de vices et de déréglements, ont presque éteint leurs lumières naturelles et corrompu leur raison. Au lieu de s'appliquer à la recherche de la vérité d'une manière impartiale, et de s'informer avec soin des règles et des devoirs que la nature prescrit, ils s'accoutument à tourner la religion en ridicule. Soumis à la puissance de leurs mauvaises habitudes, esclaves de leurs passions déréglées auxquelles ils s'abandonnent, ils sont résolus de fermer l'oreille à toutes les raisons qui les obligeraient à renoncer à des vices qui leur sont chers.

Il y a enfin des athées de spéculation et de raisonnement, qui, se fondant sur des principes de philosophie, soutiennent que les arguments contre l'existence et les attributs de Dieu, après l'examen le plus mûr et le plus exact dont ils sont capables, leur paraissent plus forts et plus concluants que ceux qu'on emploie pour établir ces grandes vérités.

Ce sont là, je pense, les seules causes qu'on puisse imaginer de la rejection que les hommes font du dogme de l'existence de Dieu et de ses attributs; et l'on ne saurait supposer d'athée qui ne le soit pour l'une ou pour l'autre de ces trois raisons. Je n'en veux point, dans ce discours, à ceux du premier ni du second ordre, je veux dire à ceux qui le sont par ignorance et par stupidité, ni à ceux qui, par le train de débauche qu'ils ont pris, se sont fait une coutume de plaisanter sur la religion, qui en font le sujet ordinaire de leurs railleries, et qui ferment l'oreille aux raisonnements solides qu'on leur propose.

Les premiers ont besoin d'être instruits sur les premiers principes de la raison, aussi bien que sur ceux de la religion. Les autres, aveuglés par un faux intérêt présent, ne veulent pas croire ce qu'on leur dit, parce qu'ils souhaitent qu'il ne soit pas véritable. Les premiers ne font point d'usage de leurs facultés naturelles; les autres y ont renoncé, et déclarent qu'on ne doit pas argumenter avec eux comme avec des créatures raisonnables. Ce ne sont donc que les athées de la troisième espèce que j'ai en vue, c'est-à-dire ceux qui le sont par voie de raisonnement, et qui, fondés sur les principes de la philosophie, soutiennent que leurs arguments contre l'existence de Dieu, leur paraissent, après l'examen le plus exact et le plus sévère, et plus forts et plus concluants que ceux par lesquels on s'efforce de prouver ces grandes vérités. Ces derniers sont les seuls athées que je puisse prendre à partie dans ce discours, puisque ce sont les seuls avec lesquels on puisse raisonner.

Mais avant de commencer à argumenter contre eux, il est bon de leur mettre devant les yeux quelques concessions préliminaires qu'ils sont indispensablement obligés de faire dans leurs propres principes.

Car premièrement, il faut qu'ils avouent de toute nécessité que, quand bien même l'existence d'un Dieu, c'est-à-dire d'un être sage, intelligent, juste et bon, par qui le monde est gouverné, serait une chose impossible à prouver, il serait au moins fort à souhaiter qu'elle fût vraie, et qu'il n'y a point d'homme sage qui n'en dût être ravi pour le bien et pour la félicité commune du genre humain. Que pour bannir du monde Dieu et la Providence, ils se forgent telles hypothèses qu'il leur plaira, qu'ils inventent de nouveaux arguments, ces hypothèses, ces arguments les conduiront nécessairement à faire cet aveu. Diront-ils que l'idée que nous avons de Dieu, ne nous vient ni de la raison ni de la nature; que cette idée doit son origine aux artifices et aux desseins des politiques? Mais en parlant ainsi, ne confessent-ils pas que l'intérêt du genre humain demande manifestement que les hommes s'accordent à croire qu'il y a un Dieu? Supposeront-ils que le monde est l'ouvrage du hasard, et que le même hasard qui l'a fait, le peut à chaque moment détruire? Mais il n'y a point d'homme qui porte l'extravagance jusqu'à soutenir qu'il ne valût infiniment mieux, et qu'il ne fût par conséquent plus souhaitable de vivre sous la protection et sous la conduite d'un Dieu bon, puissant et sage, que d'être dans un état d'incertitude continuelle, sujet à tous moments à périr [1] sans espérance de retour. Opposeront-ils à l'existence de Dieu le peu d'ordre et de sagesse qu'ils s'imaginent de trouver dans la fabrique du monde et dans l'assemblage de toutes les créatures visibles? Cette supposition les engage à reconnaître qu'il aurait mieux valu que le monde eût été fait par un Être intelligent et sage, capable de prévenir toutes ces imperfections et tous ces désordres. La considération des désordres et de l'inégalité qu'ils prétendent trouver dans la conduite du monde moral, leur fournit-elle des armes pour combattre la Providence? Par là ils confessent clairement qu'il serait bien meilleur et plus souhaitable que le monde fût gouverné par un Être juste et bon, que de le voir abandonné à une nécessité sans intelligence et aux caprices d'un pur hasard. S'ils supposent enfin que l'univers existe par lui-même éternellement et nécessairement, et par conséquent que toutes les choses qui y sont s'y maintiennent par une aveugle et éternelle fatalité, il n'y a point d'homme raisonnable qui ne doive convenir que le pouvoir d'agir librement et avec choix ne soit préférable à la contrainte d'un destin absolu et inévitable, qui détermine nos actions de la même manière qu'une pierre est déterminée à se mouvoir vers le bas plutôt que vers le haut. En un mot, de quelque côté qu'ils se tournent et quelque choix qu'ils fassent d'une hypothèse sur l'origine et sur l'ar-

---

[1]   « Maria ac terras cœlumque —
Una dies dabit exitio, multosque per annos
Sustentata ruet moles et machina mundi.
— Dictis dabit ipsa fidem res
Forsitan, et graviter terrarum motibus orbis
Omnia conquassari in parvo tempore cernes. »
LUCRET., lib. V, 93, 96, 97, 105.

rangement de l'univers, rien n'est plus clair et plus incontestable que ceci : c'est que l'homme abandonné à lui-même, qui n'est ni protégé, ni conduit par un Être suprême, est dans un état plus malheureux et plus triste qu'il ne serait dans la supposition de l'existence d'un Dieu qui le gouverne et qui l'honore particulièrement de sa protection et de sa faveur. De lui-même, l'homme est entièrement incapable de faire sa propre félicité.[1] « Il est en butte à plusieurs maux « qu'il ne saurait prévenir ni corriger. Il est plein de besoins « auxquels il ne trouve pas moyen de satisfaire ; il est envi-« ronné d'infirmités qu'il ne lui est pas possible d'éloigner, « et exposé à des périls contre lesquels il ne peut jamais se « précautionner suffisamment. Sans la protection et la con-« duite invisible d'un Être supérieur, l'homme n'a pas lieu « de compter le moins du monde sur aucune des choses dont « il jouit actuellement, ni de se promettre la jouissance de « quoi que ce soit qu'il espère. Il est sujet à se chagriner « de ce à quoi il ne saurait remédier en aucune manière, « et à former des désirs ardents qui, selon toutes les appa-« rences, ne seront jamais remplis. » Il est évident que l'unique consolation qui nous reste au milieu de tant de calamités si réelles, c'est la persuasion de l'existence d'un Dieu bon et sage, et les glorieuses espérances que la véritable religion nous donne. Que l'existence de Dieu donc, que ses attributs soient ou ne soient pas du nombre des choses démontrables, il est certain au moins qu'il n'y a point d'homme sage et raisonnable qui ne doive confesser que de toutes les vérités, il n'y en a point qui l'intéresse davantage, ni qu'il doive plus ardemment souhaiter de voir démontrée, que celle de l'existence d'un Être intelligent, sage, juste et bon, qui préside sur l'univers et qui le gouverne.

De tout ce que je viens de dire je conclus que, puisque ceux contre qui je dispute sont contraints d'avouer que l'exis-

---

[1] V. Tillotson, Sermon I, sur Job, xxviii, 28, p. 85, 86, de la trad. de M. Barbeyrac, imprimée en 1713.

tence de Dieu est au moins une chose très-désirable, leurs propres principes les portent à souhaiter par-dessus toutes choses que quelqu'un les convainque de la fausseté de l'opinion qu'ils ont embrassée, et leur donne une bonne démonstration qui les persuade de la vérité du sentiment contraire. Ils sont obligés par conséquent d'examiner avec toute l'attention, l'exactitude et l'impartialité dont ils sont capables, le poids des arguments qu'on leur propose pour prouver l'existence et les attributs de Dieu.

Je dis en second lieu que les personnes dont je parle, qui fondent leur athéisme sur le raisonnement et sur la philosophie, que l'intérêt ou la passion n'a pas rendues incrédules, sont obligées par leurs principes de reconnaître que tous ceux qui affectent de se moquer de la religion et de tourner en ridicule les arguments pris de la raison, sont les gens du monde les plus malhonnêtes et les plus déraisonnables. Il est de leur intérêt de déclarer qu'ils ne veulent avoir rien de commun avec ces mauvais plaisants qui se moquent de tout, qui ne veulent entendre raison sur rien et qui refusent les moyens de s'instruire et de se défaire de leurs erreurs; ils doivent les regarder comme des gens qui, n'ayant point de principes et refusant d'écouter la raison, ne méritent pas qu'on perde le temps à raisonner avec eux. Écouter patiemment et sans préjugé les raisons qu'on peut alléguer sur un cas proposé, est ce à quoi nous sommes obligés en équité à l'égard de toutes les vérités qui nous intéressent, de quelque nature qu'elles soient; c'est par là qu'on découvre les erreurs de toutes les espèces; or, si telle doit être notre disposition à l'égard des moindres vérités, combien plus la devons-nous avoir dans les choses de la dernière importance!

En troisième lieu, puisque les personnes à qui ce discours s'adresse sont obligées d'avouer que la supposition de l'existence de Dieu est la chose du monde la plus désirable, et que (quand bien même elle ne serait point vraie) l'intérêt du genre humain demanderait pourtant qu'elle le fût, il faut nécessairement qu'elles en viennent à un troisième aveu ; car il faut qu'elles avouent que quand même on mettrait l'existence et les attributs de Dieu au nombre de ces choses dont il n'est pas possible de donner de démonstration, pourvu seulement qu'on les suppose possibles et telles qu'il n'y ait point de démonstration du contraire (comme certainement il ne saurait y en avoir), il s'ensuivra évidemment de cette supposition que toutes sortes de raisons doivent porter les hommes à vivre suivant les règles de la piété et de la vertu, et que la dépravation des mœurs, de quelque côté qu'on l'envisage et quelque hypothèse qu'on suive, est la chose du monde la plus absurde et la plus inexcusable. La conséquence sera plus évidente et plus forte, si à la possibilité on ajoute la probabilité, et si on suppose ces doctrines plus approchantes de la vérité que de la fausseté.

Après ces réflexions préliminaires auxquelles *tout athée*, j'entends celui qui fait profession d'examiner les choses et de les peser à la balance de la raison, doit nécessairement souscrire (car pour ce qui regarde les autres, ce sont des gens, comme je l'ai déjà dit, qui ne méritent pas qu'on leur fasse l'honneur de disputer avec eux, puisqu'ils ne sont pas moins ennemis de la raison que de la religion) ; après ces réflexions préliminaires, dis-je, je viens au point principal que je me suis proposé, et j'entreprends de prouver à cet ordre d'incrédules qui se piquent de raisonner, que l'existence et les attributs de Dieu sont des choses non-seulement possibles ou simplement probables, mais des vérités qui peuvent être démontrées par les principes les plus incontestables de la droite raison, d'une manière à convaincre tout esprit libre de préjugés. Or, puisque les personnes à qui j'ai affaire rejettent la révélation et ne veulent reconnaître d'autre tribunal que celui de la raison, je serai obligé de mettre à quartier tous les témoignages de l'Écriture, toutes les autorités et tous les arguments populaires dont on se sert ordinairement, pour me renfermer dans les bornes étroites et sévères de l'argumentation par les seuls principes de la raison.

On a entrepris de prouver l'existence de Dieu et ses attributs par plusieurs arguments différents, et peut-être que la plupart de ces arguments, s'ils étaient mis dans tout leur jour et dégagés des raisonnements faux et incertains dont on les a quelquefois embarrassés, paraîtraient concluants et solides; mais comme j'ai dessein d'éviter, autant qu'il me sera possible, toute sorte d'embarras et de confusion, je renonce dès à présent à cette diversité d'arguments, et je ne ferai usage que d'une chaîne suivie de propositions liées étroitement et nécessairement dépendantes les unes des autres, par lesquelles je démontrerai la certitude de l'existence de Dieu, et dont je déduirai ensuite l'un après l'autre les attributs essentiels de sa nature, que notre raison bornée est capable de découvrir. Il est aussi bon d'avertir que je ne me propose pas de donner à cette matière un tour plus intelligible en faveur de ceux qui croient déjà qu'il y a un Dieu; je ne travaille ici qu'à convaincre les incrédules et à leur faire voir par des raisons fortes et incontestables, qu'il n'est rien de plus mal fondé que leurs doutes. Je ne mettrai donc rien en avant dont tout le monde ne convienne, et je ne supposerai rien qui soit en dispute; je ne veux appuyer que sur des principes clairs, et que sur des propositions qui ne peuvent être niées sans renoncer à la raison sur laquelle les athées dont je parle fondent leur incrédulité. De leur côté, il faut nécessairement qu'avant toutes choses, ils consentent à mettre à quartier toutes sortes de préjugés, et principalement ceux qui viennent de l'usage trop fréquent de certains termes d'art, qui au fond ne signifient rien, et qu'ils renoncent à recevoir pour véritables certaines maximes de philosophie qui n'ont absolument aucun sens.

CHAPITRE II.

Ire Proposition. Que quelque chose a existé de toute éternité.

Ma première proposition, qui ne peut être révoquée en doute, c'est qu'il est absolument nécessaire, *que quelque chose ait existé de toute éternité*. Cette proposition est si évidente et si incontestable, qu'aucun athée n'a jamais eu le front de soutenir le contraire; de sorte qu'il est peu nécessaire que je m'arrête longtemps à la prouver. En effet, puisque quelque chose existe aujourd'hui, il est clair que quelque chose a toujours existé; autrement il faudrait dire que les choses qui sont maintenant sont sorties du néant et n'ont absolument point de cause de leur existence, ce qui est une pure contradiction dans les termes; car si l'on dit qu'une chose est produite, et que cependant on ne veuille reconnaître aucune cause de sa production, c'est comme si l'on disait qu'une chose est produite et n'est pas produite. Tout ce qui existe doit avoir une cause de son existence, une raison ou un fondement sur lequel son existence est appuyée, un fondement, une raison pourquoi il existe plutôt qu'il n'existe pas, car il existe ou en vertu d'une nécessité qu'il trouve dans sa nature même, auquel cas il est éternel par soi-même, ou en conséquence de la volonté de quelque autre être; et alors il faut que cet autre être ait existé avant lui, au moins d'une priorité de nature, et comme la cause est conçue être avant l'effet.

C'est donc une des vérités les plus certaines et les plus évidentes qu'il y ait au monde, *qu'il faut que quelque chose ait existé réellement de toute éternité*. Tous les hommes aussi s'accordent à la recevoir. Mais cette vérité si claire et si évidente par elle-même, est pourtant la chose du monde la plus difficile à concevoir, lorsqu'on s'avise d'en vouloir approfondir la manière. Ces questions : *Comment une chose peut-elle avoir existé éternellement? Comment une durée éternelle peut-elle être actuellement écoulée?* ces questions, dis-je, sont de toutes les choses qui ne sont pas des contradictions manifestes, celles qui surpassent le plus la portée de notre esprit fini et borné. Cependant on ne saurait nier la vérité de cette proposition : *Une durée éternelle est actuellement écoulée,* sans mettre en avant des choses mille fois plus inintelligibles que celles que l'on nie, et sans tomber dans une contradiction sensible et réelle. Or, voici l'usage que je prétends faire de cette observation. J'infère de là que puisque dans toutes les questions qui regardent la nature de Dieu et ses perfections, et auxquelles les idées d'éternité ou d'infinité se trouvent jointes, il y a des propositions dont on peut démontrer la vérité sans qu'il soit possible de s'en faire une idée juste, ni de concevoir comment elles peuvent être : il doit nous suffire de savoir que la chose est, sans nous embarrasser de la manière. Pourvu qu'on nous donne une démonstration claire de la vérité d'une proposition, nous ne devons pas nous mettre beaucoup en peine des objections embarrassantes qu'on y oppose, et qui ne sont difficiles à résoudre qu'à cause que nous n'avons pas d'idée complète de la chose démontrée. J'avoue que s'il était possible de démontrer également le oui et le non d'une proposition, ou si l'on pouvait prouver que l'un et l'autre implique contradiction, comme quelques-uns l'ont dit fort inconsidérément; j'avoue, dis-je, qu'alors ce serait tout autre chose. Dans cette absurde supposition, les bornes qui séparent le vrai d'avec le faux seraient renversées, et la pensée, le raisonnement, l'usage en un mot de toutes nos facultés, seraient des pièces entièrement hors d'œuvre. Mais lorsqu'on n'oppose à une bonne démonstration que des objections qui naissent du manque d'idée parfaite de la chose dont il s'agit, ces objections ne doivent pas être prises pour des difficultés réelles.

On démontre d'une manière claire et directe que quelque chose a existé éternellement; par conséquent toutes les ob-

CHAPITRE II. 15

jections qu'on fait en général contre l'éternité de quelque chose que ce soit, sont vaines et n'ont aucune réelle solidité. Il en va de même dans les autres cas semblables. Par exemple, on prouve démonstrativement, que quelque chose doit être actuellement infinie. On oppose d'un autre côté à cette vérité plusieurs difficultés métaphysiques qui ne viennent que de ce qu'on applique à l'infini les mesures et les relations des choses finies, ce qui est absurde. On suppose que le fini est partie aliquote de l'infini, ce qui n'est pas, puisqu'il n'est à l'infini que comme le point mathématique est à la quantité, avec laquelle il n'a point de proportion. On s'imagine encore que tous les infinis sont égaux, ce qui est manifestement faux dans les disparates, puisqu'une ligne infinie est infiniment moindre qu'une surface infinie ; et qu'une surface infinie est infiniment moindre qu'un espace infini, suivant toutes ses dimensions. Il est donc clair que toutes les difficultés métaphysiques, fondées sur de fausses suppositions de la nature de celles que je viens de rapporter, n'ont aucune force et ne méritent pas qu'on s'y arrête. De plus, on démontre mathématiquement que la quantité est divisible à l'infini. Il faut donc rejeter comme entièrement faibles et vaines toutes les objections qu'on fait sur cette vérité démontrée, tant celles qui supposent que les sommes totales de tous les infinis sont égales, ce qui est manifestement faux à l'égard des parties disparates, que celles que l'on tire de la prétendue égalité ou inégalité numérique des parties des quantités inégales, puisque ces parties n'ont, à proprement parler, point de nombre déterminé, qu'au contraire, elles ont toutes des parties sans nombre. Demander si les parties des quantités inégales, qui n'ont absolument point de nombre, sont égales en nombre, ou si elles ne le sont pas, c'est à peu près comme si l'on demandait si deux lignes infinies sont également longues ou si elles ne le sont pas ; c'est-à-dire si deux lignes qu'on suppose n'être point terminées se terminent au même point, ce qui est une question ridicule.

CHAPITRE III.

II° Prop. Qu'un Être indépendant et immuable a existé de toute éternité.

La seconde proposition que je mets en avant, c'est qu'*un Être indépendant et immuable doit avoir existé de toute éternité* [1]. En effet, si quelque Être a nécessairement existé de toute éternité, comme je viens de le prouver, et comme tout le monde en convient, il faut que cet Être qui a toujours existé soit un Être immuable et indépendant, duquel tous les autres êtres qui sont ou qui ont été dans l'univers tirent leur origine, ou qu'il y ait eu une succession infinie d'êtres dépendants et sujets au changement, qui se soient produits les uns les autres dans un progrès à l'infini sans avoir eu aucune cause originale de leur existence. Mais cette dernière supposition est si absurde, qu'encore que les athées soient obligés d'y avoir recours en bien des occasions (comme je le ferai voir dans la suite), il y en a pourtant très-peu, comme je crois, qui osent la soutenir ouvertement ; car cette gradation à l'infini est impossible et visiblement contradictoire. Je ne me servirai pas maintenant, pour la détruire, de la raison prise de l'impossibilité d'une succession infinie, considérée en elle-même simplement et absolument, et cela pour des raisons que je dirai dans la suite. Mais je dis que si l'on envisage ce progrès à l'infini comme une chaîne infinie d'êtres dépendants qui tiennent les uns aux autres, il est évident que tout cet assemblage d'êtres ne saurait avoir aucune cause externe de son existence, puisqu'on suppose que tous les êtres qui sont et qui ont été dans l'univers y entrent.

---

[1] Le sens de cette proposition est, qu'il faut nécessairement qu'il y ait eu toujours quelque être indépendant, à tout le moins un. L'argument présent ne va pas plus loin. On prouvera dans la VII° proposition qu'il doit nécessairement être unique.

Il est évident d'un autre côté qu'il ne peut avoir aucune cause interne de son existence, parce que dans cette chaîne infinie d'êtres, il n'y en a aucun qui ne dépende de celui qui le précède, et qu'aucun n'est supposé exister par lui-même et nécessairement, ce qui pourtant est la seule cause intérieure d'existence qu'il soit possible d'imaginer, comme je le ferai voir amplement tout à l'heure. Or si aucune des parties n'existe nécessairement, il est clair que le tout ne peut exister nécessairement, la nécessité absolue d'exister n'étant pas une chose extérieure relative et accidentelle, mais une propriété essentielle de l'être qui existe nécessairement. Une succession infinie d'êtres dépendants, sans cause originale et indépendante, est donc la chose du monde la plus impossible. C'est supposer un assemblage d'êtres qui n'ont ni cause intérieure ni cause extérieure de leur existence, c'est-à-dire des êtres qui, considérés séparément, auront été produits par une cause (car on avoue qu'aucun d'eux n'existe nécessairement et par lui-même), et qui, considérés conjointement, n'auront pourtant été produits par rien; ce qui implique contradiction. Or, s'il y a de la contradiction à s'imaginer qu'il en est ainsi maintenant, il n'y en a pas moins à supposer que les choses ont été ainsi de toute éternité, puisque le temps ne fait rien à l'affaire. Il s'ensuit donc qu'il faut de toute nécessité qu'un Être immuable et indépendant ait existé de toute éternité.

Supposer une succession infinie d'êtres dépendants et sujets au changement, dont l'un a été produit par l'autre dans une progression à l'infini, sans aucune cause originale, n'est autre chose que reculer l'objection pas après pas, et faire perdre de vue la question touchant le fondement et la raison de l'existence des choses. C'est réellement et en fait d'argumentation, la même supposition que si on supposait un être continu, d'une durée sans commencement et sans fin, qui ne serait ni nécessaire ni existant par lui-même, et dont l'existence ne serait fondée sur aucune cause existante par elle-même. Ce qui est directement absurde et contradictoire.

J'argumente d'une autre manière, et je dis qu'il faut ou reconnaître qu'il y a toujours eu un Être indépendant et immuable, de qui tous les autres êtres tirent leur origine, ou admettre une succession infinie d'êtres dépendants et sujets au changement, qui se sont produits les uns les autres dans un progrès à l'infini, sans aucune cause première et originale. Suivant cette dernière supposition, il n'y a rien dans l'univers qui existe par lui-même et nécessairement. Or, si rien n'existe nécessairement, il est évident qu'il est tout aussi possible que rien n'ait existé de toute éternité, qu'il est possible que cette succession d'êtres changeants et muables aient eu l'existence. Mais cela supposé, je voudrais bien qu'on me dît par qui et comment cette succession d'êtres a été de toute éternité plutôt déterminée à être qu'à n'être pas. Ce n'a pas été une affaire de nécessité, puisque, par la supposition même, ces êtres ont aussi bien pu n'exister pas qu'exister. Ce n'a pas été un coup du hasard ; car le hasard est un nom vide de sens, un grand mot qui ne signifie rien. Ce n'a pas été enfin l'ouvrage de quelque autre être, puisqu'on suppose qu'il n'y en avait auparavant aucun. Puis donc qu'ils n'existent point par aucune nécessité de nature et d'essence (car aucun d'eux n'est supposé exister par lui-même), et puisque aucun autre être n'a pu les déterminer à exister, comme je viens de le dire, il s'ensuit que rien ne les a déterminés à exister. C'est-à-dire que de deux choses également possibles (savoir, l'existence ou la non-existence éternelle de quelque chose), l'une est arrivée plutôt que l'autre par la détermination du pur néant, ce qui est absurde et contradictoire. D'où je conclus, comme ci-dessus, qu'il faut nécessairement qu'un Être immuable et indépendant ait existé de toute éternité. Je vais, dans le chapitre suivant, commencer à rechercher ce qu'il est.

CHAPITRE IV.

IIIᵉ Prop. Que cet Être immuable et indépendant, qui a existé de toute éternité, existe aussi par lui-même.

J'ai démontré, dans le chapitre précédent, l'existence éternelle d'un Être indépendant; maintenant, il faut que je prouve que *cet Être indépendant et immuable, qui a existé de toute éternité* sans avoir eu de cause externe de son existence, *que cet Être*, dis-je, *existe nécessairement par lui-même.* Car tout ce qui existe est ou sorti du néant sans avoir été produit par aucune cause que ce soit, ou il a été produit par quelque cause extérieure, ou il existe par lui-même. Or, nous avons déjà montré qu'il y a une contradiction formelle à dire qu'une chose est sortie du néant sans avoir été produite par aucune cause. D'ailleurs, il n'est pas possible que tout ce qui existe ait été produit par des causes externes, puisque nous avons aussi prouvé, dans la proposition précédente, qu'il faut que quelque Être indépendant ait existé éternellement. Que reste-t-il donc, sinon que cet Être éternel et indépendant existe nécessairement par lui-même? Or, exister par soi-même ne signifie pas s'être produit soi-même : ce serait une contradiction manifeste. Ce terme signifie exister en vertu d'une nécessité absolue, originairement antécédente dans la nature même de la chose qui existe. Cette nécessité, au reste, doit être inhérente à l'existence de l'Être lui-même, non pas à la vérité d'une antériorité de temps, puisqu'il est éternel, mais seulement dans l'ordre naturel de nos idées et suivant notre manière de concevoir. Je m'explique, et je dis que cette nécessité ne doit pas être regardée comme une simple conséquence de la supposition de l'existence d'un tel Être (car alors la nécessité ne serait pas absolue, et ne pourrait pas être le fondement de l'existence d'aucune chose que ce soit); il faut la concevoir, au contraire, antécédemment à cette supposition. En effet, l'idée d'un Être qui existe nécessairement s'empare de notre esprit, malgré que nous en ayons, et lors même que nous nous efforçons de supposer qu'il n'y a point d'Être qui existe de cette manière. Par exemple, j'ai beau tâcher de me persuader qu'il n'y a point d'Être dans l'univers qui existe nécessairement, je trouve toujours (outre qu'il a été démontré ci-dessus qu'il doit y avoir un Être existant par lui-même, puisqu'il est impossible que tous les êtres qui existent soient des êtres dépendants), je trouve, dis-je, toujours, quoi que je fasse, les idées de l'infinité et de l'éternité si bien imprimées dans mon âme, que je ne puis m'en défaire, c'est-à-dire que je ne puis pas supposer, sans tomber dans une contradiction dans les termes mêmes, qu'il n'y a point d'êtres dans l'univers en qui ces attributs soient nécessairement inhérents; car les attributs ou les modes n'existent que par l'existence de la substance dont ils sont les attributs et les modes. Or, tout homme qui est capable de supposer qu'il n'y a dans l'univers ni éternité, ni immensité, et par conséquent qu'il n'y a point de substance par l'existence de laquelle ces attributs ou ces modes existent, pourra, s'il lui plaît, anéantir avec la même facilité la relation d'égalité entre deux fois deux et quatre.

Supposer l'immensité bannie de l'univers, ou qu'elle n'est pas éternelle, est une supposition contradictoire. C'est ce que tout homme, qui fait attention à ses propres idées et à la nature essentielle des choses, aperçoit évidemment. Supposer une partie de l'espace ôtée hors de sa place, c'est supposer cette partie [1] ôtée hors d'elle-même, c'est-à-dire ôtée et ne pas ôtée, ce qui est une contradiction dans les termes. Cet argument ne peut être obscur qu'à ceux qui traitent l'espace immense de pur néant, ce qui est aussi une

---

[1] « Moveantur partes spatii de locis suis, et movebuntur (ut ita dicam) de seipsis. » NEWTON, *Princip.*, lib. I, Schol. ad definit. 8.

notion formellement contradictoire ; car le néant est ce qui n'a ni modes ni propriétés, c'est-à-dire ce dont on ne peut rien affirmer avec vérité, et dont on peut tout nier véritablement. Or, ce n'est pas là le cas de l'immensité ou de l'espace.

De cette troisième proposition, je conclus premièrement que la seule idée juste d'un Être qui existe nécessairement, et par lui-même, est précisément l'idée d'un Être dont on ne peut nier l'existence sans une expresse contradiction ; car, puisqu'il est absolument nécessaire que quelque chose existe par soi-même, c'est-à-dire en vertu d'une nécessité essentielle et naturelle, il est clair que cette nécessité doit être absolue à tous égards, et non pas une nécessité dépendante de quelque supposition ; car que peut-on imaginer d'antérieur à l'Être existant par lui-même? Rien au monde ne peut être conçu avant lui, non pas même sa propre volonté. Or, une nécessité qui n'est ni relative ni conséquente, mais qui est absolument essentielle et naturelle, est une chose dont la négative implique contradiction, et renferme une impossibilité manifeste. Par exemple, la relation d'égalité entre ces deux nombres deux fois deux et quatre, est d'une nécessité absolue, parce qu'on ne saurait supposer ces nombres inégaux sans une contradiction formelle dans les termes. C'est la seule idée que nous ayons d'une nécessité absolue. Employer ce terme dans un autre sens, c'est parler sans savoir ce que l'on dit.

Si on demande maintenant quelle espèce d'idée c'est que l'idée d'un Être dont on ne saurait nier l'existence sans tomber dans une manifeste contradiction, je réponds que c'est la première et la plus simple de toutes nos idées, une idée qu'il ne nous est pas possible d'arracher de notre âme, et à laquelle nous ne saurions renoncer sans renoncer tout à fait à la faculté de penser; en un mot, c'est l'idée d'un Être très-simple, éternel, infini, original et indépendant; car nous avons fait voir ci-dessus que supposer qu'il n'y a point dans l'univers d'Être original indépendant, est supposer une contradiction. D'ailleurs, il est évident qu'il y a pareillement de la contradiction à nier l'existence d'un Être éternel et infini ; car (outre que ces deux attributs découlent nécessairement de son indépendance, comme on le fera voir ci-dessous), outre cela, dis-je, il est clair qu'après avoir fait tous nos efforts pour nous persuader que rien d'éternel et d'infini n'existe, nous ne pouvons nous empêcher d'imaginer je ne sais quel néant éternel et infini. Ainsi, nous sommes réduits à dire le oui et le non, à affirmer qu'il y a quelque chose de réel dans les idées de l'éternité et de l'immensité, et à nier en même temps qu'il y ait de la réalité dans ces idées.

Cet argument a terriblement embarrassé les cartésiens, qui établissent que l'idée de l'immensité est l'idée de la matière ; car (outre les contradictions dans lesquelles ils sont tombés), ne pouvant se défaire de l'idée de l'immensité, et forcés de l'envisager comme une chose nécessairement existante et inséparable de l'éternité, ils ont été réduits à cette absurdité insupportable que d'avouer l'existence nécessaire de la matière [1]. Cette étrange absurdité et les embarras inex-

---

[1] « Mais peut-être que je raisonne mal, quand je conclus que la pro-
« priété que mon idée a de représenter l'étendue, vient de l'étendue
« même, comme de sa cause ; car qui est-ce qui m'empêche de croire,
« que si cette propriété ne vient pas de moi, elle ne vienne au moins
« d'un esprit supérieur au mien, qui produit en moi l'idée de l'étendue,
« bien que l'étendue ne soit pas actuellement existante. Toutefois quand
« j'y fais réflexion, je vois bien que ma conséquence est bonne, et qu'un
« esprit, quelque excellent qu'il soit, ne peut faire que l'idée que j'ai de
« l'étendue, me présente l'étendue plutôt qu'une autre chose, si l'é-
« tendue n'existe pas : parce que s'il le faisait, l'idée que j'aurais de
« l'étendue ne serait pas une représentation de l'étendue, mais une re-
« présentation du néant ; ce qui est impossible. »

Et plus bas : « Mais peut-être que je me trompe encore quand je dis
« que l'idée que j'ai de l'étendue suppose un objet actuellement existant;
« car il semble que j'ai des idées qui n'en supposent aucun. J'ai, par
« exemple, l'idée d'un palais enchanté, et il n'y a point de palais en-
« chanté qui existe. Toutefois quand je considère la difficulté avec plus

tricables, où les a jetés l'idée de l'immensité, nous montrent que c'est une idée nécessaire qu'il n'est pas possible de bannir de notre esprit. Mais les cartésiens ont eu tort d'appliquer à la matière l'idée de l'immensité, puisqu'elle ne lui convient absolument point. En effet, je vais démontrer tout à l'heure qu'il est absolument impossible et contradictoire de supposer que la matière existe nécessairement.

Il s'ensuit en second lieu de ce principe qu'il n'y a point d'homme qui, faisant usage de sa raison, ne puisse s'assurer plus facilement de l'existence d'une cause suprême et indépendante que de l'existence d'aucune autre chose que ce soit, excepté la sienne propre. J'avoue que, comme les vérités les plus certaines des mathématiques sont quelquefois difficiles à démontrer, il se peut faire aussi qu'il y ait de la difficulté à démontrer les autres attributs de l'Être suprême; mais il n'en est pas ainsi de son existence; car une des premières et des plus naturelles conclusions qu'un homme qui pense puisse tirer, est celle-ci : Qu'il y a un Être éternel, infini, existant par lui-même, qui est la cause et l'original de tous les autres êtres. Il n'y a point d'homme qui puisse révoquer en doute cette vérité, à moins qu'il ne renonce à toute certitude, et qu'il ne veuille révoquer aussi en doute l'égalité entre deux fois deux et quatre. Il est vrai qu'un homme entièrement stupide et qui ne pense point du tout, pourra peut-être ignorer cette dernière vérité, si claire et si sen-

---

« d'attention, je vois bien qu'il y a cette différence, entre l'idée de l'é-
« tendue et celle d'un palais enchanté, que la première étant naturelle,
« c'est-à-dire indépendante de ma volonté, elle suppose un objet qui
est nécessairement tel qu'elle l'exprime. Au lieu que l'autre étant arti-
«ficielle, elle suppose aussi un objet, mais il n'est pas nécessaire que
«cet objet soit absolument tel qu'elle le représente, parce que la volonté
« peut ajouter à cet objet, ou en diminuer ce qu'elle veut, comme on l'a
« dit, etc. » Régis, *Metaph.*, liv. I, Part. I, ch. 3.

« Puto implicare contradictionem, ut mundus sit finitus. » Cartes. *Epist.*, 69, 1 Part.

sible. Peut-être n'y aura-t-il jamais fait attention ; peut-être n'aura-t-il jamais laissé rouler ses pensées là-dessus. Mais qu'il s'imagine le contraire, qu'il décide positivement que deux et deux ne font pas quatre : c'est ce que je crois absolument impossible. Quoi qu'il en soit, je pose en fait qu'un homme qui pense et qui raisonne peut avoir une plus grande certitude de l'existence d'un Être éternel, infini et existant par lui-même que de l'existence d'aucune autre chose que ce soit.

Je remarque en troisième lieu que la première certitude que nous ayons de l'existence de Dieu, ne vient pas de ce que nous faisons entrer l'existence par soi-même, dans l'idée que nous en avons, ou plutôt dans la définition que nous donnons de ce mot Dieu, en tant qu'il signifie un être qui possède toutes les perfections possibles. Cette certitude nous vient de ce que nous démontrons d'un côté négativement que tout ce qui existe ne peut pas être sorti du néant, ni s'être produit l'un l'autre dans un progrès à l'infini, et de l'autre positivement qu'il doit y avoir dans l'univers un Être qui existe actuellement hors de nous, et dont on ne saurait nier l'existence sans tomber dans une contradiction manifeste. Je ne veux pas prononcer positivement contre l'argument pris de ce que l'existence par soi-même entre dans l'idée de Dieu, ou de ce que cette existence est renfermée dans la définition de l'Être qui a toutes les perfections. Je ne déciderai pas si c'est à juste titre qu'on infère de là son existence actuelle, ou si cet argument est un sophisme ; mais je dis qu'il paraît par les disputes éternelles des savants qui n'ont pu encore ni s'entendre ni s'accorder là-dessus, que ce n'est pas un argument clair et démonstratif, propre à convaincre un athée et à le réduire au silence. Il me semble que l'obscurité et le défaut de cet argument consiste en ceci : c'est qu'il ne porte que sur l'idée nominale ou sur la définition de l'Être qui existe par lui-même, et que la liaison entre cette idée nominale et l'idée réelle d'un être actuellement existant hors de nous, n'y est pas assez clairement développée pour qu'on puisse conclure de l'un à l'autre; car il ne suffit pas que j'aie dans mon esprit l'idée de cette proposition : « Il y a « un Être en qui toutes les perfections se trouvent; » ou « il y a « un Être qui existe par lui-même. » Mais il faut aussi que j'aie quelque idée de la chose. Il faut que j'aie l'idée de quelque chose existante actuellement hors de moi ; il faut que j'aie raisonné sur l'impossibilité absolue d'anéantir cette idée, et que je me sois convaincu de l'absurdité qu'il y aurait à supposer que cette chose n'existe pas ; il faut, dis-je, que toutes ces opérations soient faites avant que je puisse raisonner de cette manière : « J'ai l'idée d'une telle chose, donc cette « chose existe actuellement. » L'idée simple et nue de cette proposition : « Il y a un Être existant par lui-même, » prouve, à la vérité, que la chose n'est pas impossible (car, à parler proprement, on n'a pas d'idée des propositions impossibles); mais je n'en puis pas conclure son existence actuelle, à moins que je ne puisse faire voir qu'en ce point il y a une liaison si intime entre la possibilité et la certitude, que l'une suit nécessairement de l'autre. C'est ce que plusieurs savants hommes ont cru, et peut-être que les arguments subtils qu'ils ont employés pour prouver leur assertion, ne sont pas si faciles à réfuter que l'on pense. Quoi qu'il en soit, ma manière d'argumenter est beaucoup plus claire et plus convaincante. Je prouve l'existence actuelle d'un Être existant nécessairement et par lui-même, en deux manières. Premièrement, je démontre que la supposition du contraire renferme une contradiction manifeste, et c'est ce que j'ai fait voir ci-dessus. Ensuite je fais voir que nous avons des idées, comme celles de l'éternité et de l'immensité, qu'il nous est absolument impossible d'anéantir ou de bannir de notre esprit; idées qui doivent être par conséquent les attributs d'un Être nécessaire actuellement existant; car si je trouve dans mon esprit l'idée d'une chose, et qu'il me soit aussi impossible de me défaire de cette idée qu'il m'est impossible de me défaire de l'idée d'égalité entre deux fois deux et quatre; il est clair que la certitude de l'existence de cette chose est la même, et s'appuie sur le même fondement que la certitude de la relation entre deux fois deux et quatre. Car la relation d'égalité entre deux fois deux et quatre, n'a d'autre certitude que ceci : qu'il est impossible de changer ou d'abolir l'idée de cette relation sans tomber dans une contradiction réelle. L'existence d'un Être suprême et indépendant est donc une vérité certaine, puisqu'on peut démontrer qu'il y a quelque chose dans l'univers actuellement existante hors de nous, dont la non-existence est une supposition qui implique contradiction.

Quelques auteurs ont prétendu que la cause première n'ayant et ne pouvant avoir rien avant elle, elle doit de toute nécessité exister absolument sans cause, et qu'ainsi c'est perdre son temps que de s'amuser à chercher les fondements ou les raisons de son existence. J'avoue qu'il ne peut y avoir d'être existant avant la cause première, de qui la cause première ait reçu l'existence. Cela est évident ; mais dire qu'originairement, absolument et antécédemment à toute supposition d'existence, il n'y a ni fondement ni raison nécessaire de l'existence de la cause première plutôt que de sa non-existence ; dire qu'on peut affirmer véritablement de la cause première qu'elle existe sans fondement ni raison quelconque de son existence, c'est ce qui est absurde [1]; car il suivrait inévitablement de là qu'il est possible que la cause première cesse aussi d'exister sans fondement ni raison de cette cessation. Il est donc évident que la raison, quelle qu'elle soit, qui fait que la cause première ne peut jamais cesser d'exister, est aussi et a toujours été la raison véritable pourquoi elle a toujours existé, et ne peut qu'exister : c'est-à-dire que cette raison est précisément le fondement et la raison véritable de son existence.

[1] Voyez, à la fin de ce Traité, la lettre sur l'argument qui prouve l'existence de Dieu *a priori*.

La quatrième conséquence que je tire de ce principe, c'est que le monde matériel ne peut pas être cet Être premier, original, incréé, indépendant et éternel par lui-même; car il a été déjà démontré que tout être qui a existé de toute éternité, qui est indépendant et qui n'a point de cause externe de son existence, doit avoir existé par lui-même. On a démontré ensuite que tout ce qui existe par soi-même doit nécessairement exister en vertu d'une nécessité naturelle et essentielle. Or, de tout cela il suit évidemment que le monde matériel ne peut être indépendant et éternel par lui-même, à moins qu'il n'existe nécessairement et d'une nécessité si absolue et si naturelle, que la supposition même qu'il n'existe pas soit une contradiction formelle et manifeste. Mais il est de la dernière évidence que le monde matériel n'existe pas de la sorte; car la nécessité absolue d'exister et la possibilité de n'exister pas étant des idées contradictoires, il est évident que le monde matériel ne peut pas exister nécessairement, si je puis sans contradiction concevoir ou qu'il pourrait ne pas être, ou qu'il pourrait être tout autre qu'il n'est aujourd'hui. Or qu'y a-t-il de plus facile à concevoir que cela? Soit que je considère la forme de l'univers avec la disposition et le mouvement de ses parties, soit que je fasse attention à la matière dont il est composé, sans aucun égard à la forme qu'il a maintenant, je n'y vois rien que d'arbitraire. L'entier composé et chacune de ses parties, leur situation, leur mouvement, leur matière et leur forme, tout en un mot m'y paraît très-dépendant et aussi éloigné de l'existence nécessaire qu'aucune chose puisse être. J'y trouve à la vérité une nécessité de convenance, c'est-à-dire que je reconnais qu'afin que l'univers fût bien, il fallait que ses parties fussent dans l'ordre où nous les voyons aujourd'hui. Mais je ne vois pas la moindre apparence à cette nécessité de nature et d'essence pour laquelle les athées combattent. On ne saurait imaginer rien de plus absurde que de dire dans ce dernier sens (comme tous les athées sont obligés de faire) que la forme de l'univers, ou tout au moins sa matière et son mouvement, sont des choses nécessaires.

L'athée dira-t-il que la forme particulière de chaque être est nécessaire, c'est-à-dire que le monde et toutes les choses qui y sont existent par une nécessité de nature? Il faudra donc qu'il soutienne qu'il y a de la contradiction à supposer que la moindre partie du monde puisse être autrement faite qu'elle n'est aujourd'hui. Ce sera une contradiction que de supposer qu'il eût pu y avoir plus ou moins d'étoiles, plus ou moins de planètes, ou que leur grandeur, leur figure, leur mouvement eussent pu être autres qu'ils ne sont maintenant. Ce sera encore une contradiction que de supposer sur la terre plus ou moins de plantes et d'animaux qu'il n'y en a, ou de s'imaginer ce qui y est différent de ce qu'il est en figure et en grandeur. Il est vrai pourtant que tout cela est fort arbitraire, eu égard au pouvoir et à la possibilité, quelque nécessaire qu'il puisse être d'ailleurs, eu égard à la sagesse, et pour entretenir la beauté et l'harmonie de tout le composé.

Dira-t-il que le mouvement général de la matière est nécessaire? Il faudra donc qu'il avoue que c'est une contradiction dans les termes que de supposer aucune partie de la matière en repos, ce qui est si ridicule et si absurde, que j'ai de la peine à croire qu'aucun athée, soit ancien, soit moderne, ait eu le front de le soutenir directement. Il est vrai qu'un auteur moderne [1] s'est hasardé de dire, et a prétendu prouver, que le mouvement, c'est-à-dire le *conatus*, la tendance au mouvement était nécessaire à la matière; il me suffit de cette seule considération pour faire voir combien sa philosophie est pitoyable. Dans le plein infini que cet auteur imagine, il faut que ce *conatus*, cet effort vers le mouvement, qu'il prétend être essentiel à la matière, soit un effort par lequel, ou chaque partie de la matière, ou toutes

---

[1] Toland, *Lett.* 3.

ensemble, soient déterminées à se mouvoir ou d'un certain côté ou de tous les côtés à la fois. Le *conatus* au mouvement d'un côté déterminé ne peut être essentiel à aucune partie de la matière, il faut qu'il vienne du dehors, puisqu'il n'y a rien dans la nature d'aucune des parties de la matière, qui puisse la déterminer à se mouvoir d'un côté plutôt que d'un autre nécessairement et essentiellement. Si l'on dit que ce *conatus* est un effort vers le mouvement qui se fait également de tous côtés, et dans tous les sens, on dit une chose qui implique contradiction, ou qui est pour le moins directement contraire à la supposition, puisqu'un tel *conatus* ne serait propre à produire dans la matière qu'un repos éternel de toutes ses parties.

Je poursuis, et je dis que si l'athée suppose le mouvement essentiel et nécessaire à quelque partie de la matière seulement, et non pas à toute la matière, la même difficulté touchant la détermination du mouvement revient; il retombe dans la même absurdité. Il se charge même d'une absurdité de plus, puisqu'il suppose une nécessité absolue qui n'est pas universelle, c'est-à-dire que, selon lui, le mouvement sera si essentiel à certaine partie de la matière, que la supposer en repos, ce sera tomber en contradiction, pendant qu'il est obligé de reconnaître que l'autre partie de la matière est actuellement en repos.

Se contentera-t-il de dire que la simple matière existe nécessairement? Mais outre que dans cette supposition, il faudra qu'il attribue le mouvement et la forme de l'univers au pur hasard (opinion si absurde et si extravagante, que tous les athées modernes l'ont, je pense, abandonnée; c'est pourquoi je n'en parlerai point dans la suite de ce discours); outre cela, dis-je, nous avons plusieurs arguments pris de la nature même et des propriétés de la matière, qui prouvent qu'elle n'est pas un être nécessaire. Par exemple, j'argumente ainsi : Si la matière existe nécessairement, il faut que dans son existence nécessaire elle renferme le pouvoir de gravitation, ou qu'elle ne le renferme pas. Si elle ne l'a pas, il s'ensuivra que le mouvement n'aura pu entrer dans un monde purement matériel, à la formation duquel aucun être intelligent n'a présidé, puisque le mouvement n'est pas nécessaire par lui-même, comme il a été prouvé, et comme ceux contre qui je dispute maintenant le supposent. S'ils disent que le pouvoir de gravitation est compris dans la prétendue existence de la matière, il faudra nécessairement qu'ils admettent le vide, comme l'incomparable chevalier Isaac Newton l'a prouvé démonstrativement. Or, s'ils admettent le vide, il faut qu'ils avouent que la matière n'existe pas nécessairement; car si le vide existe actuellement, il est plus que possible que la matière n'existe pas. Si les athées prétendent que la matière peut être nécessairement, encore qu'elle ne soit pas partout nécessairement, je réponds qu'ils se contredisent formellement; car une nécessité absolue est absolue nécessité également partout, et s'il est possible que la matière soit absente d'un lieu, il n'y a point d'impossibilité qu'elle se trouve absente de tout lieu : j'entends une impossibilité absolue et naturelle; car c'est de celle-là seule dont il s'agit ici, et non pas d'une nécessité de relation ou de conséquence dont il n'est pas question dans cet argument.

Spinoza, le plus célèbre défenseur de l'athéisme de notre temps (qui enseigne qu'il n'y a point de différence de substances, mais que le monde matériel dans son tout et dans chacune de ses parties est un être qui existe par lui-même, et qu'il n'y a point d'autre Dieu que l'univers)[1], Spinoza, dis-je, pour donner le change sur les nombreuses absurdités

---

[1] « Una substantia non potest produci ab alia substantia. » Spin., *Eth.* Par. I, Prop. VI.

« Omnis substantia est necessario infinita. » Id., *Ibid.*, Prop. VIII.

« Ad naturam substantiæ pertinet existere. » *Ibid.*, Prop. VII.

« Præter Deum nulla dari neque concipi potest substantia. » *Ibid.*, Prop. XIV.

que son opinion entraîne après elle, s'enveloppe, dans la suite de son discours, dans l'obscurité de ses expressions ambiguës, à dessein d'éluder les arguments par lesquels il a prévu que son système serait attaqué. Car après avoir avancé sans détour, que toute [1] substance existe nécessairement, on dirait qu'il a eu peur d'en avoir trop dit, et que sous prétexte de s'expliquer, il se rétracte; car il ajoute que la raison pour laquelle chaque chose [2] existe nécessairement, et n'a pu être, à aucun égard, autre qu'elle est maintenant, c'est parce que chaque chose découle nécessairement de la nature divine. Le lecteur qui n'est pas sur ses gardes pourrait peut-être s'imaginer qu'il entend par là que, si les choses sont nécessairement ce que nous les voyons aujourd'hui, c'est parce qu'une sagesse et une bonté infinies n'ont pu les faire que dans l'ordre le plus convenable et le plus sage. Mais ce n'est là nullement la pensée de Spinoza. Car une nécessité semblable n'est pas une nécessité naturelle, ce n'est qu'une nécessité morale, une nécessité de conséquence, directement contraire aux vues et aux véritables intentions de cet auteur. Mais peut-être a-t-il voulu dire que Dieu a été déterminé à faire l'univers tel qu'il est aujourd'hui, non pas par une nécessité de bonté et de sagesse, mais par une nécessité purement naturelle, sans liberté et sans choix? C'est bien une partie de sa pensée, mais ce n'est pas encore tout ce qu'il a voulu dire. Car dans ce sentiment, tout absurde qu'il est, Dieu est au moins supposé distinct du monde matériel, ce que Spinoza nie en termes exprès [3]. Je poursuis et je dis que l'on se tromperait encore, si l'on croyait que sa

---

[1] « Ad naturam substantiæ pertinet existere, » *ubi sup.*
[2] « Res nullo alio ordine neque alio modo a Deo produci potuerunt, quam productæ sunt. » Prop. XXXIII.
« Ex necessitate divinæ naturæ, infinita infinitis modis (hoc est omnia quæ sub intellectum infinitum cadere possunt) sequi debent. » Prop. XVI.
[3] « Vid. *loc. sup. citat.* »

pensée ait été d'enseigner que toutes les substances qui sont dans le monde, ne sont que des modifications de l'essence divine : ce n'est pas encore tout. Car dans cette supposition, Dieu serait un agent qui agirait au moins sur lui-même, et qui se manifesterait en différentes manières, conformément à sa volonté propre, ce que Spinoza ne veut pas [1]. On aperçoit, au travers de ses expressions obscures et ambiguës, que s'il a voulu dire quelque chose, et s'il a eu quelque chose de suivi dans son sentiment, ce doit être ceci : « Qu'une « substance ne pouvant être produite par une substance, et « Dieu n'ayant pu produire les choses autrement, ni dans « un autre ordre, qu'elles sont maintenant [2] : » il faut que chaque chose qui existe soit nécessairement une partie de la substance divine, et cela en vertu d'une nécessité absolue à tous égards, et non pas simplement en tant qu'elle est une modification produite par une cause douée de volonté, de bon plaisir ou de sagesse. Ainsi l'opinion de Spinoza, exprimée en termes clairs et suivis, revient évidemment à ceci : c'est que tout le monde matériel et chacune de ses parties, aussi bien que leur ordre et leur manière d'exister, que tout cela, dis-je, est l'unique Être, qui existe nécessairement et par lui-même. Il faut donc qu'il se charge de toutes les absurdités dont je viens de parler, et que j'ai prouvé démonstrativement être des suites de l'opinion de l'existence nécessaire du monde. Il faut qu'il avoue que les choses de ce monde ont dû nécessairement être ce qu'elles sont, et qu'il y a de la contradiction à dire ou à s'imaginer le contraire, j'entends une contradiction réelle, une contradiction dans les termes mêmes, et non pas « eu « égard aux perfections de Dieu, » comme Spinoza le dit. Car cette expression venant d'un homme comme lui, qui soutient que l'univers n'est qu'un seul et même Être, ne si-

---

[1] « Deum non operari ex libertate voluntatis. » SPIN., Prop. XXXII, Corol. I, et Schol. ad Prop. XVII.

[2] « SPIN., locis supra citatis. »

gnifie rien et n'est mise là que pour donner le change. Il faut qu'il dise que c'est une contradiction de supposer que les principales parties de l'univers aient pu être autres que nous ne les voyons aujourd'hui, soit en nombre, soit en figure, soit en arrangement. Il faut qu'il soutienne que le mouvement est nécessaire par lui-même, et par conséquent, qu'il y a une contradiction formelle à supposer qu'aucune partie de la matière est en repos. Il ne saurait éviter cette absurdité, qu'il ne se précipite dans une autre qui est encore pire, comme je l'ai fait voir dans la démonstration de ma seconde proposition générale : car il faut qu'il soutienne que le mouvement (considéré comme un être dépendant) a été communiqué de toute éternité d'une partie de la matière à l'autre, sans avoir eu aucune cause originale de son existence, ni interne ni externe. Ce parti cependant, tout absurde qu'il est, est celui que [1] Spinoza a cru devoir prendre. Ce sont là les conséquences absurdes que l'opinion de Spinoza entraîne nécessairement après elle. Or c'est, à mon avis, avoir réfuté suffisamment une opinion, que d'avoir démontré que de pareilles absurdités en découlent inévitablement. De sorte qu'il n'est pas besoin d'autres preuves pour faire voir la fausseté de cette proposition, « que le monde entier est l'Être qui existe nécessairement et par soi-même. »

On a pu s'apercevoir qu'en prouvant qu'il n'est pas possible que le monde matériel soit « l'Être incréé, indépendant, existant par lui-même, etc., » j'ai laissé à quartier l'argument ordinaire, pris de l'impossibilité naturelle et absolue que le monde ait été de toute éternité, c'est-à-dire qu'il ait existé successivement depuis un temps infini, je ne l'ai pas fait sans dessein. Je n'ai pas voulu me servir de cet argument pour deux raisons que voici : Premièrement, parce

---

[1] « Corpus motum, vel quiescens, ad motum debuit determinari, vel quietem, ab alio corpore, quod etiam ad motum vel quietem determinatum fuit ab alio, et illud iterum ab alio, et sic in infinitum. » Spin., *Eth.* Part. II, Prop. XII, Lem. 3.

qu'il ne s'agit pas entre nous et les athées de savoir « s'il est possible que le monde soit éternel : » mais « s'il est possible qu'il soit l'Être original, indépendant, existant par lui-même. » Ce sont deux questions très-différentes. Plusieurs de ceux qui ont embrassé la première se sont déclarés sans détour contre la seconde. La plupart des anciens philosophes, dont nos athées modernes vantent si fort l'autorité, et dont ils étalent les raisons d'une manière si triomphante, croyaient bien à l'éternité du monde, mais les arguments dont ils se servaient montrent qu'encore qu'ils aient cru le monde éternel, ils n'ont pas cru pourtant qu'il fût l'Être original, indépendant et existant par lui-même. Ils n'ont pas nié pour cela l'existence d'une intelligence suprême qui préside sur l'univers et qui le gouverne, qui est précisément ce que nous appelons Dieu. De sorte que, quand bien même il nous serait impossible de répondre aux arguments qu'on allègue pour établir l'opinion de l'éternité du monde, les athées n'y gagneraient rien, et leur cause n'en deviendrait pas pour cela meilleure. En effet, presque tous les anciens philosophes, qui ont cru le monde éternel, ne l'ont pas cru pour cela indépendant et existant par lui-même. Il n'y a, comme je viens de le dire, qu'à considérer leurs arguments, pour voir que ce n'a pas été leur pensée. Les uns se contentent de prouver que quelque chose doit avoir été de toute éternité, et que l'univers n'a pu sortir du néant : c'est à quoi aboutissent tous les arguments d'Ocellus Lucanus. Les autres se sont représenté le monde comme une production éternelle et nécessaire, qui est sortie de la toute-puissance essentielle et immuable de la nature divine ; cette seconde opinion paraît avoir été celle d'Aristote. Les autres enfin ont dit que le monde était une émanation éternelle et volontaire de la cause suprême et infiniment sage ; c'est le sentiment d'un grand nombre de platoniciens. Il est clair qu'aucune de ces opinions n'accommode nos athées modernes, qui nient sans détour l'existence d'un esprit, d'une intelligence suprême. Je

CHAPITRE IV.

conviens que l'opinion de l'éternité du monde est incompatible avec le sentiment commun : cependant, puisque les défenseurs de cette opinion ne l'ont pas crue incompatible avec la croyance d'un Être éternel, tout-puissant et tout sage, auteur et créateur de l'univers; et puisque les arguments dont ils se sont servis pour défendre leur sentiment sont beaucoup plus propres à renverser l'existence nécessaire et l'indépendance du monde matériel, qu'à l'établir : qu'y a-t-il de plus injuste et de plus déraisonnable que la prétention de nos athées modernes qui se parent de l'autorité de ces anciens auteurs, et qui les allèguent, comme ayant été de leur parti? Qui ne voit en effet, que c'est en vain qu'ils allégueront ce que ces anciens ont dit de l'éternité du monde, tandis qu'ils ne pourront pas faire voir qu'ils ont aussi nié l'existence et le pouvoir suprême d'une intelligence éternelle?

Ocellus Lucanus, un des plus anciens défenseurs de l'éternité du monde, que M. Blount fait aller de pair avec Moïse pour son antiquité et pour son autorité, Ocellus Lucanus, dis-je, s'exprime, il est vrai, en certains endroits, comme aurait pu faire un homme qui aurait cru que le monde matériel existe par lui-même. Car il dit « qu'il ne « peut ni être engendré ni se corrompre [1]; qu'il n'a ni « commencement ni fin [2]; qu'il est éternel par lui-même, « parfait et permanent à jamais [3]; » il ajoute enfin que « la « forme et les parties de l'univers doivent nécessairement « être éternelles aussi bien que sa substance et sa matière [4]. » Mais quand il vient à produire les raisons qu'il a eues d'embrasser cette opinion, elles sont si pitoyables et si

---

[1] Ἀγένητον τὸ πᾶν καὶ ἀνώλεθρον.

[2] Ἄναρχον καὶ ἀτελεύτητον.

[3] Κόσμος αὐτὸς ἐξ ἑαυτοῦ ἀΐδιός ἐστι καὶ αὐτοτελὴς καὶ διαμένων τὸν πάντα αἰῶνα.

[4] Ἀεὶ ὄντος τοῦ κόσμου, ἀναγκαῖον καὶ τὰ μέρη αὐτοῦ συνυπάρχειν. Λέγω δὲ μέρη, οὐρανὸν, γῆν, etc. OCELL. LUC., Περὶ τῆς τοῦ παντὸς φύσεως.

ridicules, qu'il n'y a point d'athée dans ce siècle qui n'eût honte de les proposer sérieusement. Qui ne rirait, par exemple, de lui entendre prouver « que le monde doit être « éternel, sans commencement ni fin, par cette raison « qu'il est d'une figure sphérique, et que son mouvement « est circulaire, et que le cercle n'a ni commencement, ni « fin [1]. » Il s'attache aussi à prouver des choses que personne n'a jamais contestées : il prouve, par exemple, que quelque chose a dû être de toute éternité, parce qu'il est impossible que tout ce qui existe soit sorti du néant ou tombe dans le néant. Il ajoute que « le monde est éternel, « parce qu'il y a de la contradiction à dire que l'univers a « ou un commencement, puisque, s'il avait eu un commen-« cement, quelqu'autre chose le lui aurait donné, ce qui « est impossible, puisque, qui dit l'univers, dit tout, n'y « ayant rien au delà. » Tout ce qu'il dit dans son livre se réduit à ce seul argument. De sorte que tout ce qu'il prouve réellement n'est autre chose que ceci : c'est qu'il doit nécessairement y avoir dans l'univers un Être éternel ; mais il ne prouve pas que la matière soit existante par elle-même, par opposition à l'esprit et à l'intelligence. Il est vrai qu'il avance que « l'ordre et les parties de l'univers sont néces-« saires d'une nécessité absolue ; » mais ce qu'il dit là-dessus est tout à fait ridicule, et ne prouve absolument rien. Outre cela, on trouve, dans ce même livre, où il débite ces pauvretés, aussi bien que dans quelques autres fragments que nous avons de lui, on y trouve, dis-je, des endroits où il est obligé de reconnaître que toutes les choses de ce monde, quelque éternelles et nécessaires qu'on les imagine, sont pourtant la production « d'un esprit éternel et « intelligent [2] ; » que c'est aux perfections de cette intelli-

[1] Ὅτι γὰρ τοῦ σχήματος ἰδέα, κύκλος οὗτος δὲ πάντοθεν ἴσος καὶ ὅμοιος, διόπερ ἄναρχος καὶ ἀτελεύτητος. Id., *ibid.*

[2] Τὸ ἀεικίνητον θεῖον μὲν καὶ λόγον ἔχον καὶ ἔμφρον. Oc. Luc., *de Log. Fragm.*

gence « que le monde doit sa beauté et son harmonie[1], » et que c'est de là en particulier que viennent « les organes des sens, « les facultés et les appétits de l'homme[2], » toutes choses qui ont leur dessein, et qui se rapportent visiblement à une fin.

Aristote a été aussi un grand défenseur de l'éternité du monde; jamais pourtant il n'a nié l'existence de Dieu, ni prétendu donner la moindre atteinte à son pouvoir, à sa bonté ou à sa sagesse. Au contraire, il ne s'est rangé à cette opinion de l'éternité du monde que parce qu'il s'était imaginé qu'un si bel ouvrage devait nécessairement être la production éternelle d'une cause éternelle aussi excellente qu'est Dieu. Il était si éloigné de croire que la matière fût la première et originale cause de toutes choses que dans la description qu'il donne de Dieu, il le représente, au contraire, « comme un Être intelligent et immatériel[3]; le pre-« mier moteur de toutes choses qui ne peut être mû lui-« même[4], » et qu'il décide en termes exprès « que, s'il n'y « avait dans l'univers que matière, il n'y aurait point de « cause première et originale, mais une[5] progression de cau-« ses à l'infini, ce qui est absurde. »

Je sais qu'il y a d'autres philosophes qui ont enseigné clairement et sans détour, que la matière était non-seulement éternelle, mais aussi existante par elle-même et entièrement indépendante, et qui en ont fait un second principe coexistant de toute éternité avec Dieu, et indépendant aussi bien que lui. Mais j'ai déjà fait voir, dès le commencement

---

[1] Συνέχει τὸν κόσμον ἁρμονία. Ταύτης δ' αἴτιος ὁ Θεός. Oc. Luc., de Log. Frag.

[2] Τὰς δυνάμεις καὶ τὰ ὄργανα, καὶ τὰς ὀρέξεις ὑπὸ Θεοῦ δεδόμενας ἀνθρώποις, οὐχ ἡδονῆς ἕνεκα δέδοσθαι συμβέβηκεν, κτλ. Idem., Περὶ τῆς, κτλ.

[3] Νοῦς Θεὸν ἀσώματον ἀπέφηνε. Diog., in vita Aristot.

[4] Τὸ πρῶτον κινοῦν, ἀκίνητον. Arist., Metaph.

[5] Εἰ μὴ ἔσται παρὰ τὰ αἰσθητὰ ἄλλα, οὐκ ἔσται ἀρχὴ καὶ τάξις, ἀλλ' ἀεὶ τῆς ἀρχῆς ἀρχή, Id., ibid.

de ce chapitre, l'absurdité de cette opinion, lorsque j'ai démontré qu'il est impossible que la matière existe par elle-même, et j'en démontrerai plus amplement la fausseté lorsque je traiterai de l'unité de l'Être existant par lui-même.

Quel que puisse avoir été le sentiment de Platon sur l'origine de la matière, ce philosophe s'est expliqué sur la formation du monde d'une manière très-ample et très-nette. Il dit que le monde a été créé et formé par un Dieu intelligent et sage. Il n'y a même aucun des philosophes anciens qui ait parlé de la nature de Dieu et de ses attributs en de plus beaux termes [1], et d'une manière plus sage qu'il le fait dans tous ses ouvrages. Il semble cependant qu'il renvoie l'époque de la formation du monde à un temps indéfini, lorsqu'il dit dans son Timée : « Que le monde [2] doit être nécessairement une ressemblance éternelle de l'idée éternelle. » Quoi qu'il en soit, ceux de ses disciples qui sont venus après lui, ont prétendu que, par la création du monde, il ne fallait pas entendre une création arrivée dans le temps, mais une création faite de toute éternité. Platon a voulu dire, selon eux, que Dieu n'est pas avant le monde, d'une priorité de temps, mais seulement d'une priorité de nature. C'est le tour qu'ils ont donné à sa pensée et le sens qu'ils ont cru devoir assigner à ses expressions [3]. Ils ont supposé que la volonté de

[1] Ὁ ποιητὴς καὶ πατὴρ τοῦδε τοῦ παντός.

Ὁ γῆν, οὐρανὸν καὶ Θεούς, καὶ πάντα τὰ ἐν οὐρανῷ, καὶ τὰ ἐν ᾅδου, καὶ ὑπὸ γῆς ἅπαντα ἐργασάμενος. De Republ., Livre. 10.

[2] Πᾶσα ἀνάγκη τόνδε κόσμον εἰκόνα τινὸς εἶναι. PLAT. in Tim. Voici comment Cicéron rapporte ce passage, qui dans les exemplaires de Platon, est très-imparfait :

« Si ergo generatus est (*mundus*) ad id effectus est, quod ratione sapientiaque comprehenditur, atque immutabili æternitate continetur. Ex quo efficitur, ut sit *necesse hunc, quem cernimus, mundum, simulachrum æternum esse alicujus æterni.* » Cic., *de Univers.*

[3] « Qui autem a Deo quidem factum fatentur, non tamen volunt eum *temporis* habere, sed suæ creationis initium ; ut modo quodam vix intelligibili, semper sit factus. » August., *de Civit. Dei*, lib. II, cap. 4.

« De mundo, et de his quos in mundo deos a deo factos scribit Plato,

CHAPITRE IV.

Dieu et le pouvoir qu'il a d'agir étant nécessairement de toute éternité, aussi bien que son essence, les effets de cette volonté et de cette puissance doivent avoir été aussi de toute éternité, ni plus ni moins que la volonté et la puissance même[1], de la même manière que la lumière doit être conçue coéternelle au soleil, l'ombre à l'interposition du corps opaque, et l'empreinte du sceau au sceau même, supposé que les causes de ces effets soient éternelles.

De tout ce que je viens de dire, il paraît très-clairement que c'est à tort que nos athées modernes se glorifient du consentement de ces anciens philosophes, qui ont enseigné l'éternité du monde, et qu'ils n'ont aucune raison de se parer de leur autorité. Car, puisque ces anciens auteurs n'ont jamais ni prouvé, ni entrepris de prouver que le monde matériel est indépendant, existant nécessairement et par lui-même; qu'ils ont, au contraire, enseigné qu'il était un effet éternel d'une cause éternelle, et que cette cause est Dieu ; il est évident que, supposé même qu'il ne fût pas possible de réfuter leur opinion, la cause des athées de nos jours n'y

---

apertissime dicit eos cœpisse esse, et habere initium. — Verum id quomodo intelligant, invenerunt (*Platonici*) non esse hoc videlicet *temporis*, sed *substitutionis* initium. » Lib. X, cap. 31.

« Sed mundum quidem fuisse semper, philosophia auctor est; conditore quidem Deo, sed non ex tempore. » MACROB., *in Somm. Scip.*, lib. II, cap. 10.

[1] Καὶ εἰ βούλει, παραδείγματί σέ τινι τῶν γνωρίμων, ξεναγήσω πρός τὸ ζητούμενον· φασὶ γὰρ ὅτι καθάπερ αἴτιον τὸ σῶμα τοῦ ἑκάστου σκιᾶς γίνεται. Ὁμόχρονος δὲ τῷ σώματι ἡ σκιὰ καὶ οὐχ ὁμότιμος. Οὕτω δὴ καὶ ὅδε ὁ κόσμος παρακολούθημά ἐστι τοῦ Θεοῦ αἰτίου ὄντος αὐτῷ τοῦ εἶναι, καὶ Συναΐδιός ἐστι τῷ Θεῷ· οὐκέτι δὲ καὶ ὁμότιμος. Zachar. Scholast. Disputa.

« Sicut enim, inquiunt (*Platonici*) si pes ex æternitate semper fuisset in pulvere, semper ei subesset vestigium ; quod tamen vestigium a calcante factum nemo dubitaret ; nec alterum altero prius esset, quamvis alterum ab altero factum esset : sic, inquiunt, et mundus atque in illo dii creati, et semper fuerunt, semper existente qui fecit, et tamen facti sunt. » AUGUST., *de Civitat. Dei*, lib. X, cap. 31.

gagnerait rien ; puisqu'ils ne veulent point reconnaître dans l'univers d'intelligence suprême, et qu'ils n'admettent pour cause suprême et originale de toutes choses que la pure matière, et je ne sais quelle aveugle nécessité.

La seconde raison qui m'a déterminé à ne pas porter en ligne de compte l'argument ordinaire pris de l'absolue impossibilité, que le monde ait été de toute éternité, ou qu'il ait existé depuis une succession de temps infinie ; la raison, dis-je, qui m'a fait omettre cet argument de la démonstration de cette proposition : « que le monde matériel ne peut pas « être l'Être premier, l'Être original, incréé, indépendant et « existant par lui-même, » c'est que je ne le crois pas propre à convaincre un athée, ni à faire aucune impression sur un esprit qui ne serait pas rempli par avance de l'idée transcendante de l'éternité de Dieu. L'athée, en effet, qui ne se paye pas des distinctions subtiles de l'école, ne manquera pas de rétorquer contre l'éternité de quelqu'être que ce soit, tout ce qu'on mettra en avant pour réfuter la possibilité de l'éternité du monde. Il dira que c'est un argument qui ne prouve rien, puisqu'il prouve trop ; que ce n'est qu'une difficulté qui vient de ce que nous ne pouvons pas concevoir au juste la notion de l'éternité. J'ai déjà fait voir qu'on peut, par les seules lumières de la droite raison, prouver démonstrativement contre l'athée le plus déterminé, que le monde matériel n'existe ni nécessairement ni par lui-même, et qu'il est l'ouvrage d'un agent supérieur distinct de la matière. Mais ces questions, en quel temps le monde a-t-il été créé ? la création a-t-elle été faite, à proprement parler, dans le temps ? ces questions, dis-je, ne sont nullement faciles à décider par la raison (comme il paraît par la diversité des opinions que les anciens philosophes ont eues sur cette matière), ce sont des choses dont il faut aller chercher la décision dans la révélation. Ceux qui s'efforcent de prouver qu'un espace infini ou une durée infinie sont des chimères fondées sur l'impossibilité, qu'une addition de parties finies compose ou épuise jamais l'infini[1], qui objectent l'inégalité imaginaire du nombre des années, des jours et des heures contenus dans un temps infini, ou l'inégalité des lieues, des toises et des pieds contenus dans un espace infini; ces gens-là, dis-je, errent parce qu'ils supposent faux. Ils supposent que les infinis sont composés de parties finies, c'est-à-dire que les quantités finies sont des parties aliquotes ou parties constituantes de l'infini, ce qui n'est pas. Car toutes les quantités finies, quelles qu'elles soient, petites ou grandes, unies ensemble ou séparées, ont justement avec l'infini la même proportion que les points mathématiques ont avec la ligne, les lignes avec les surfaces, et les moments avec le temps, c'est-à-dire qu'elles n'ont ensemble aucune proportion. C'est donc se moquer des gens que de nier la possibilité d'un espace ou d'un temps infini, uniquement à cause de l'inégalité imaginaire du nombre de leurs parties finies, puisque ces parties n'en sont pas les parties constituantes, et qu'elles ne sont à leur égard que de purs néants. C'est tout comme comme si je niais la possibilité et l'existence d'une quantité finie et déterminée, sous prétexte de l'égalité ou de l'inégalité imaginaire du nombre des points et des lignes mathématiques que cette quantité contient, puisque tant ces lignes que ces points sont, à proprement parler, absolument sans nombre. Il n'y a ni nombre ni quantité qui puisse être partie aliquote de l'infini; il n'y en a point qui puisse entrer en comparaison avec l'infini, ni avoir aucune proportion avec lui, ni servir de fondement aux arguments où il est question de l'infini.

---

[1] CUDWORTH, *System.*, p. 643.

CHAPITRE V.

IVe Prop. L'essence de l'Être qui existe par lui-même est incompréhensible.

Nous n'avons point d'idée de la substance ou de l'essence de l'Être qui existe nécessairement et par lui-même, et c'est une chose qu'il nous est absolument impossible de comprendre. Nous sommes bien assurés que cet Être existe actuellement hors de nous; nous venons de le démontrer d'une manière à ne laisser aucun doute. Nous avons démontré aussi ce qu'il n'est pas, je veux dire que le monde matériel n'est pas cet Être en question, comme nos athées modernes le prétendent. Jusque-là tout va de plain-pied. Mais lorsqu'il s'agit de déterminer ce qu'il est par rapport à son essence, nous demeurons courts, et c'est pour nous un mystère incompréhensible. Cela ne fait pourtant aucun tort à la certitude de la démonstration de son existence. Car autre chose est de savoir certainement qu'une chose existe, et autre chose de connaître en quoi consiste son essence. La première de ces choses peut être prouvée démonstrativement, mais la seconde est absolument au-dessus de la portée de notre esprit. Je pose en fait qu'un sourd, qu'un aveugle de naissance ont infiniment plus de raison de nier l'existence et la possibilité du son et de la lumière que n'en a l'athée pour révoquer en doute l'existence de Dieu. Toute la certitude que le sourd et l'aveugle peuvent avoir de l'existence du son et de la lumière se réduit au témoignage de personnes croyables; du reste, il est absolument impossible qu'ils aient la moindre idée, je ne dis pas seulement de leur essence, mais même de leurs effets et de leurs propriétés. Il ne faut, au contraire, à l'athée qu'un peu de raisonnement pour avoir une certitude entière de l'existence d'un Être suprême, et pour connaître plusieurs de ses attributs, quelque incompréhensible que soit son essence, comme je me propose de le faire voir dans les propositions suivantes. La conduite de l'athée qui nie l'existence de Dieu, par la raison que son esprit faible et fini ne saurait se former une idée juste de l'essence de cette première et suprême cause, est donc la chose du monde la plus faible et la plus déraisonnable. La substance ou l'essence de toutes les autres choses nous est entièrement inconnue; je n'en excepte pas même les choses que nous voyons, que nous touchons et que nous croyons le mieux connaître. Il n'y a point de plante, tant petite et méprisable soit elle, point de vil animal qui ne pousse à bout et ne confonde le génie le plus profond et le plus sublime; que dis-je, l'essence des êtres inanimés les plus simples et les plus communs a pour nous des profondeurs et des ténèbres impénétrables. Quelle extravagance donc de faire servir l'incompréhensibilité de la nature de Dieu à combattre son existence? Quelle absurdité de se récrier si fort sur l'existence d'une substance immatérielle dont l'essence n'est pas compréhensible, et d'en parler comme de la chose du monde la plus étrange et la plus incroyable? N'est-il pas mille fois plus étrange de voir qu'il y ait un si grand nombre d'objets que nos sens aperçoivent, que nous manions tous les jours et que nous pouvons tourner de tous côtés pour les examiner, et qu'avec tous ces avantages nous soyons encore incapables de connaître l'essence réelle du moindre de ces êtres?

Cependant il est nécessaire de remarquer ici en passant, que de là il ne suit pas qu'il puisse y avoir réellement de la contradiction entre nos idées claires et la substance inconnue ou l'essence de Dieu. Car, comme un aveugle qui n'a aucune idée de la lumière et des couleurs, ne laisse pourtant pas d'avoir une connaissance certaine et infaillible qu'il est impossible qu'il y ait une espèce de lumière qui ne soit pas lumière, et de couleur qui ne soit pas couleur, nous, de même, bien que nous n'ayons aucune idée de la substance de Dieu ni de la substance d'aucun autre être, nous savons certainement qu'il est impossible qu'il y ait des modes ou des propriétés contradictoires dans l'une ou dans l'autre, et la certitude que nous en avons est aussi infaillible que si nous avions des idées distinctes de ces substances.

Ce que je viens de dire sur ce sujet me donne lieu de faire ces deux remarques : la première, sur le peu de justesse d'esprit de ceux qui se sont imaginé d'avoir trouvé dans l'espace infini une juste représentation ou une idée adéquate de l'essence de la cause suprême. C'est la plus pauvre imagination du monde. Elle vient de la mauvaise coutume que les hommes ont de faire leurs sens les juges de tout ; ce qui fait qu'ils se figurent les substances immatérielles et spirituelles comme de purs néants, à cause qu'elles ne tombent point sous leurs sens : semblables aux enfants qui s'imaginent l'air sur le pied d'un vide ou d'un néant, parce qu'ils ne le peuvent pas voir. Mais l'erreur est trop grossière et trop puérile pour mériter que nous nous y arrêtions plus longtemps. Peut-être y a-t-il dans le monde un nombre innombrable de substances dont les essences sont aussi peu connues et aussi peu capables d'être représentées à notre imagination, que les couleurs à celle d'un aveugle-né, et les sons à celle d'un homme qui a été sourd toute sa vie. Je dis plus, il n'y a point de substance dans l'univers qui nous soit connue autrement que par quelqu'une de ses propriétés ou de ses attributs. Nous connaissons plus de propriétés de l'une que nous n'en connaissons de l'autre ; mais voilà tout, notre science ne s'étend pas au delà. L'espace infini n'est, après tout, qu'une idée abstraite de l'immensité, de la même manière que la durée infinie est une idée abstraite de l'éternité ; de sorte qu'on pourrait aussi vraisemblablement faire consister l'essence de la cause suprême dans l'éternité que dans l'immensité. La vérité est que l'une et l'autre ne sont que des attributs d'une essence qui nous est incompréhensible. Toutes les fois que notre imagination faible entreprend de se représenter la substance réelle de quelque être que ce soit, elle tombe dans la même erreur à peu près que je viens de reprendre.

Ma seconde remarque regarde les philosophes scolastiques et la vanité de leurs spéculations sur la nature de l'Être qui existe par lui-même. Ici, comme partout ailleurs, viennent-ils à trouver sur leur chemin des choses qu'ils ne peuvent ni expliquer ni comprendre, plutôt que d'avouer humblement et de bonne foi qu'il y a des choses qu'ils ignorent, ils payent leurs lecteurs de quelque terme d'art et de paroles amusantes qui, au fond, ne signifient rien, et c'est ce qui s'appelle chez eux expliquer une matière. C'est ainsi qu'en parlant de l'essence de Dieu, ils nous disent qu'il est *purus actus, mera forma*, et telles autres bagatelles [1]; car, ou ces termes n'ont aucun sens, ou, s'ils en ont un, ils signifient seulement la souveraine puissance de Dieu ou quelqu'autre de ses attributs, ce qui est bien différent de ce qu'ils ont voulu dire.

CHAPITRE VI.

Ve Prop. Que l'Être qui existe par lui-même est nécessairement éternel.

Mais bien que la substance ou l'essence de l'Être suprême soit en elle-même absolument incompréhensible, nous pouvons cependant démontrer plusieurs de ses attributs essentiels aussi bien que son existence. Et premièrement, il est certain que « l'Être existant par lui-même doit nécessaire- « ment être éternel. » L'idée de l'éternité et celle de l'existence par soi-même, ont entre elles une connexion si intime,

---

[1] « Puderet me dicere non intelligere, si ipsi intelligerent qui tractarunt. » *Melch. Can.*, lib. II, cap. 7.

que si vous posez l'éternité d'un être indépendant, qui n'a aucune cause extérieure de son existence, vous posez par le même moyen son existence par lui-même; et si vous établissez la nécessité d'un Être existant par lui-même, vous établissez aussi qu'il doit être nécessairement éternel. Nous avons fait voir ci-dessus qu'exister par soi-même, c'est exister d'une nécessité absolue, d'une nécessité de nature; or cette nécessité étant absolue, et ne dépendant d'aucune cause extérieure, il est clair qu'elle doit être toujours la même, et que rien n'est capable de la changer, tout ce qui est sujet au changement ne l'étant que par l'impression qui lui vient de la part de quelque agent extérieur. Il est donc évident qu'un être qui existe par une nécessité de nature, et qui ne reconnaît d'autre cause de son existence que soi-même, doit nécessairement avoir existé de toute éternité, n'avoir point eu de commencement, et continuer à exister encore aux siècles des siècles, sans qu'il y ait jamais de fin à son existence. Il est bon au reste d'avertir qu'il faut concevoir une différence infinie entre la manière dont Dieu existe éternellement, et la manière d'exister de tous les autres êtres, de ceux-là même qui sont destinés à durer éternellement; car au lieu que ceux-ci, à cause des bornes étroites de leur esprit, ne peuvent ni embrasser tout le passé, ni connaître parfaitement le présent, ni prévoir tout ce qui est à venir, ni disposer de cet avenir à leur bon plaisir; au lieu que leurs pensées, leur connaissance et leur puissance ont leurs limites au delà desquelles il ne leur est pas possible d'aller, et qu'elles sont de plus successives et passagères aussi bien que les choses sur quoi elles s'exercent; l'Être éternel, au contraire, la cause suprême (supposé que ce soit un être intelligent, comme on le fera voir dans la suite de ce discours); l'Être éternel, dis-je, doit nécessairement avoir une connaissance de toutes choses si parfaite, si indépendante, si immuable, qu'il n'y a point d'instant dans sa durée éternelle, où le passé, le présent et l'avenir ne lui soient parfaitement connus, et où tout ce qui existe, les choses à venir aussi bien que les présentes, ne soient aussi soumises à son pouvoir suprême, que s'il n'y avait point de succession réelle, et qu'elles fussent toutes actuellement présentes. Jusque-là, il n'y a rien dans ce que nous disons de la durée éternelle de l'Être existant par lui-même, qui ne soit très-intelligible, et l'athée ne peut pas dire que nous ayons avancé rien d'impossible ou d'absurde. Cette durée éternelle est, à parler proprement et dans le sens le plus naturel et le plus excellent, *interminabilis vitæ tota simul et perfecta possessio*, c'est-à-dire la jouissance entière et parfaite d'une vie sans fin.

D'autres ont dit que la différence entre la manière d'exister de la cause suprême et celle des êtres créés consiste en ceci : c'est qu'au lieu que la manière d'exister des derniers est une succession continuelle, une durée qui s'écoule, celle de la cause suprême n'est qu'un point ou un instant qui renferme toute l'éternité, et dans lequel toutes choses coexistent réellement. Je n'insisterai pas maintenant sur cette distinction, elle ne m'est d'aucun usage dans cette dispute. Quand on la supposerait juste et véritable, je ne crois pas qu'il fût possible de la mettre dans un assez grand jour pour convaincre un athée, et pour empêcher qu'il ne la regarde comme un véritable jeu de mots ; à quoi j'ajoute que si d'un côté l'on voit la généralité des scolastiques en faire cas, et faire tous leurs efforts pour la défendre, on trouve d'un autre côté des personnes qui ne leur cèdent en rien ni en savoir, ni en pénétration, ni en jugement, qui la rejettent et qui s'en moquent [1].

---

[1] « Crucem ingenio figere ; ut rem capiat fugientem captum. — Tam fieri non potest, ut instans (*temporis*) coexistat rei successivæ, quam impossibile est punctum coexistere (*coextendi*) lineæ. — Usus merus non intellectorum verborum. » GASSENDUS, *Phys.*, lib. I.

« Je n'ai pas dessein de vous parler des notions obscures et peu so-
« lides des scolastiques, qui disent que (l'éternité de Dieu) est *duratio*
« *tota simul*, une durée dans laquelle il ne faut pas concevoir de succes-
« sion, mais qu'il faut imaginer comme un instant. J'aimerais autant

CHAPITRE VII.

VI° Prop. Que l'Être qui existe par lui-même doit être infini et présent partout.

L'idée de l'infinité ou de l'immensité, aussi bien que celle de l'éternité, est si étroitement liée avec l'idée de l'existence par soi-même, que qui pose l'une pose nécessairement l'autre; car puisqu'il est absolument nécessaire qu'il y ait un infini indépendamment et par lui-même (et peut-il y en avoir d'autre, à moins qu'on ne suppose un effet plus parfait que sa cause?), puisque, dis-je, il doit y avoir un tel infini, il s'ensuit qu'il faut nécessairement qu'il existe par lui-même, et s'il existe naturellement par lui-même, il faut réciproquement qu'il soit infini. J'ai déjà fait voir qu'exister par soi-même, c'est exister en vertu d'une néces-

---

« concevoir l'immensité de Dieu comme un point, que de m'imaginer
« son éternité, comme un instant. — Conçoive qui pourra, comment des
« choses qu'on doit nécessairement supposer coexistantes à d'autres, qui
« se succèdent, peuvent exister sans succession. (Voyez les *Sermons de*
« *l'archevêque Tillotson*, vol. VII, Serm. XIII.)

« Dieu, disent quelques autres, voit et connaît les choses futures, par
« la *présentialité* et la coexistence de toutes choses dans l'éternité; car,
« disent-ils, les choses futures existent réellement à l'égard de Dieu et
« lui sont actuellement présentes, non pas à la vérité *in mensura propria*,
« mais *in mensura aliena*. Vous trouverez à chaque pas des exemples
« de ce jargon et de ces phrases impertinentes dans les livres des scolas-
« tiques. Je ne leur envie point l'intelligence de ces termes. Dans mon
« idée ce sont des mots qui ne signifient rien, inventés par des gens
« remplis d'une trop haute opinion d'eux-mêmes, et répétés dans la suite
« par un grand nombre d'autres qui, de peur de passer pour ignorants,
« ont fait semblant de les entendre. Ce qui me paraît le plus admirable,
« c'est qu'après s'être donné à eux-mêmes bien de la peine pour inventer
« ces grands mots, et avoir mis les autres à la gêne pour les entendre, ils
« aient eu l'impudence de donner à ce jargon le beau nom d'explication
« des choses. » *Tillotson*, vol. VI, Serm. VI.

sité absolue, essentielle et naturelle. Or, cette nécessité étant à tous égards absolue, et ne dépendant d'aucune cause extérieure, il est évident qu'elle est d'une manière inaltérable la même partout aussi bien que toujours; car une nécessité qui ne serait pas nécessité partout, ne serait pas une nécessité absolue de sa nature, ce ne serait qu'une nécessité de conséquence et dans la dépendance de quelque cause externe. En effet, une nécessité absolue en elle-même, n'a de relation ni au temps, ni au lieu, ni à aucune autre chose que ce soit. Par conséquent, tout ce qui existe en vertu d'une nécessité absolue en elle-même, doit nécessairement être infini aussi bien qu'éternel. Si je suppose un être fini, existant par lui-même, je ne puis, sans une contradiction formelle, poser qu'il soit possible que cet être n'existe pas, et cependant il est clair que je ne le puis concevoir non existant sans contradiction. C'est donc la plus grande de toutes les absurdités que de supposer qu'un être fini puisse exister par lui-même. Si, sans contradiction, je puis concevoir un être absent d'un lieu, je puis sans contradiction aussi le concevoir absent d'un autre lieu, et puis d'un autre encore et enfin de tout lieu. Ainsi, quelque nécessité d'exister qu'il ait, il doit l'avoir reçue de quelque cause extérieure, il ne saurait l'avoir tirée de son propre fonds, et par conséquent il n'existe point par lui-même.

De là, je conclus premièrement, que l'infinité de l'Être existant par lui-même, doit être une infinité de plénitude aussi bien que d'immensité, c'est-à-dire, que comme elle n'a point de bornes, elle n'est sujette ni à aucune diversité, ni à aucun défaut, ni à aucune interruption. Par exemple, qu'on suppose, si l'on veut, la matière illimitée, il ne s'ensuivra pas pour cela qu'elle soit infinie dans un sens de plénitude, puisqu'elle pourrait n'avoir point de bornes, et qu'il pourrait pourtant s'y rencontrer des vides. Mais ce qui existe par soi-même doit nécessairement exister également en tous lieux, et être présent également partout. Il a donc une infinité véritable, une infinité absolue de plénitude aussi bien que d'immensité.

Je conclus, en second lieu, que l'Être existant par lui-même doit être un Être simple, immuable et incorruptible, sans parties, sans figure, sans mouvement et sans divisibilité, et pour tout dire, en un mot, un Être en qui ne se rencontre aucune des propriétés de la matière ; car toutes ces propriétés nous donnent clairement et nécessairement l'idée de quelque chose de fini, et se trouvent entièrement incompatibles avec l'infinité parfaite. La divisibilité est une séparation de parties, soit qu'on la fasse réellement soit qu'on la fasse mentalement. J'entends par la séparation mentale non pas l'acte de mon esprit, par lequel je conçois les choses en les envisageant partie après partie, mais celui de mon imagination, qui me représente les parties d'un tout désunies et séparées l'une de l'autre. Or, cette séparation de parties, de quelque manière qu'elle se fasse réellement ou mentalement, suppose des bornes dans la chose ainsi divisée, ce qui détruit l'idée de l'infini. Le mouvement suppose aussi des bornes dans l'être qui est mû. Avoir des parties, signifie, à proprement parler, ou que les choses diffèrent dans leur manière d'exister, ce qui est incompatible avec la nécessité, ou qu'elles sont divisibles, ce qui renverse l'infinité parfaite. La corruption ou le changement, quel qu'il soit, suppose le mouvement et la séparation des parties, et ces deux choses, comme je viens de le faire voir, ne peuvent se rencontrer que dans des êtres finis. Toute sorte de composition enfin, en tant qu'elle est opposée à la simplicité parfaite, suppose de la diversité dans la manière d'exister, ce qui détruit l'idée de la nécessité.

Il est donc de la dernière évidence que l'Être existant par lui-même doit être infini dans le sens propre et le plus parfait qu'on puisse donner à ce terme. Mais s'agit-il de déterminer la manière de son infinité et comment il peut être présent partout, c'est ce que nos entendements bornés ne sauraient ni expliquer ni comprendre. La chose est cependant très-véritable. Il est actuellement présent partout, et la certitude que nous avons de sa toute-présence va de pair avec celle de son infinité qui ne peut être niée par ceux qui font usage de leur raison, et qui ont médité sur ces choses. Il est vrai que les scolastiques ont eu la présomption d'avancer que l'immensité de Dieu est un point, comme son éternité, disent-ils, est un instant; mais cette expression est tout à fait inintelligible. Ce qu'on peut dire là-dessus avec plus de certitude, qu'on ne craint pas que l'athée ose traiter d'absurde, et qui pourtant renferme tout ce qu'il nous importe de savoir, revient à ceci : qu'au lieu que les êtres créés et finis ne peuvent être présents que dans un seul lieu à la fois, et qu'au lieu que les êtres corporels ne sont dans ce lieu-là même que d'une manière très-imparfaite et très-inégale par rapport à leur pouvoir et à leur activité, qui ne se fait sentir que par le mouvement successif de leurs membres ou de leurs organes; la cause suprême, au contraire (qui possède une essence infinie et parfaitement simple et qui comprend en soi-même toutes choses d'une manière très-éminente); la cause suprême, dis-je, est en tous temps également présente à chaque point de l'immensité, tout comme si l'immensité ne consistait réellement que dans un seul point, présente, au reste, en deux manières, et par son essence très-simple, et par l'exercice immédiat de tous ses attributs.

CHAPITRE VIII.

VIIe Prop. Que l'Être existant par lui-même doit nécessairement être unique.

La vérité de cette proposition se démontre facilement. L'unité de l'Être suprême est une conséquence naturelle de son existence nécessaire; car la nécessité absolue est simple et uniforme, et elle ne reconnaît ni différence ni variété quelle qu'elle soit, et toute différence ou variété d'existence procède nécessairement de quelque cause extérieure de qui elle dépend, à proportion qu'elle est plus ou moins efficiente. Or, il y a une contradiction manifeste à supposer deux ou plusieurs natures différentes, existantes par elles-mêmes nécessairement et indépendamment; car chacune de ces natures étant indépendante de l'autre, on peut fort bien supposer que chacune d'elles existe toute seule, et il n'y aura point de contradiction à imaginer que l'autre n'existe pas; d'où il s'ensuit que l'une ni l'autre n'existera nécessairement [1]. Il n'y a donc que l'essence simple et unique de l'Être existant par lui-même, qui existe nécessairement, et tout ce qui est différent de cette essence ne saurait exister nécessairement, puisque l'absolue nécessité n'admet ni différence ni diversité d'existence. Qu'on multiplie tant qu'on voudra le nombre des êtres, il n'y en a qu'un seul qui puisse être infini et exister par lui-même. S'il y en avait un autre, il s'ensuivrait qu'il serait tout ensemble et différent du premier et individuellement le même, ce qui est absurde. Or, de là, il s'ensuit :

Premièrement, que l'unité de Dieu est une unité réelle et véritable, et non pas une unité figurative. Je parle ailleurs, en son lieu, du dogme de la Trinité. J'ai tâché en particulier de faire voir que les décisions de l'Écriture sur ce dogme sont parfaitement d'accord avec celui de l'unité de l'Être existant par lui-même, qui est le premier fondement de la religion naturelle.

Je conclus de là en second lieu qu'il n'est rien de plus absurde et de plus faux que l'opinion que quelques philosophes ont débitée, touchant deux principes différents, tous deux indépendants et existants par eux-mêmes, savoir : Dieu et la matière; car, puisqu'exister par soi-même, c'est exister né-

[1] Voyez à la fin de ce Traité la réponse à la première lettre d'un gentilhomme, etc.

cessairement, et puisqu'il y a une contradiction expresse à imaginer deux natures différentes, existantes toutes deux nécessairement, comme nous l'avons prouvé ci-dessus, il suit évidemment qu'il est absolument impossible qu'il y ait deux différents principes existants par eux-mêmes, et indépendants l'un de l'autre, tels qu'on prétend que sont Dieu et la matière.

Je conclus enfin troisièmement que l'opinion de Spinoza est la chose du monde la plus extravagante et la plus faible. Sous prétexte qu'il est absolument nécessaire que l'Être existant par lui-même soit unique, il conclut « que l'univers en-« tier et tout ce qu'il renferme, n'est qu'une seule substance « uniforme, éternelle, incréée et nécessaire¹. » Il aurait infiniment mieux raisonné, s'il avait conclu justement le contraire; car puisque toutes les choses du monde sont très-différentes les unes des autres, puisqu'on y remarque une variété infinie, et que bien loin qu'on y trouve le moindre caractère de nécessité, elles ont au contraire des caractères bien marqués de mutabilité et de dépendance d'une volonté arbitraire, puisqu'on les voit revêtues de qualités très-différentes qui se rapportent à des fins très-différentes aussi ; et enfin puisqu'elles sont distinguées les unes des autres par la diversité non-seulement de leurs modes, mais aussi de leurs attributs essentiels et même de leurs substances, autant que nous en pouvons juger par la connaissance que nous en avons ; puisque, dis-je, tout cela se rencontre dans les diverses choses dont l'univers est composé, il est aisé de conclure qu'il n'y en a aucune qui existe nécessairement et par elle-même, mais qu'elles dépendent toutes d'une cause extérieure, c'est-à-dire de l'Être suprême, immuable et existant par lui-même. La grande source des erreurs de Spinoza, le fondement de son opinion extravagante, sur quoi il a bâti son malheureux

---

¹ « Una substantia non potest produci ab alia. » Spin., *Ethic.*, pars I, Prop. VI.

« Ad naturam substantiæ pertinet existere. » *Id.*, Prop. VII. « Præter Deum nulla dari, neque concipi potest substantia. » Prop. XIV, *ibid.*

système, c'est sa définition absurde de la substance. « J'en-
« tends par substance, dit-il, ce qui est en soi et qui est conçu
« par soi-même, c'est-à-dire ce dont la conception n'a pas
« besoin de la conception d'une autre chose dont elle doive
« être formée [1]. » Ou cette définition de Spinoza est fausse
et n'a point de sens, auquel cas tout son système dont elle
est le fondement, tombe nécessairement en ruine, ou, si elle
signifie quelque chose et qu'elle soit vraie, il s'ensuit que ni
la matière, ni l'esprit, ni aucun être fini, quel qu'il puisse
être, ne peut être en ce sens, à parler proprement, une substance, comme on l'a fait voir ci-dessus ; il n'y aura que
(le ὁ ὤν) l'Être existant par lui-même, à qui le nom de substance puisse convenir en ce sens-là. Or, cela étant ainsi,
voilà Spinoza déchu de sa grande prétention qui est de nous
persuader qu'il n'y a dans l'univers ni liberté ni puissance,
et que chaque chose est précisément ce qu'elle est par une
absolue nécessité [2], sans qu'il soit possible qu'elle soit autrement. Quand donc on lui passerait sa définition de la substance, il n'y gagnerait rien par rapport à son but principal
qui est d'établir l'absolue nécessité de toutes choses ; car,
puisque suivant sa propre définition, ni la matière ni l'esprit, ni aucun être infini ne peut être une substance, mais
seulement un mode de la substance, comment fera-t-il pour
prouver que la substance existant par elle-même, ces modes
doivent pareillement exister par eux-mêmes ? « C'est, dit-il,
« qu'une cause infinie [3] doit nécessairement produire des ef-

---

[1] « Per substantiam intelligo id, quod in se est, et per se concipitur,
hoc est, cujus conceptus non indiget conceptu alterius rei, a quo for-
mari debeat. » Ce qu'il explique plus bas en disant : « Ad naturam substantiæ pertinet existere ; hoc est, ipsius essentia involvit necessario
existentiam. » SPIN., *Eth.*, Pars I, Prop. VII.

[2] « Res nullo alio modo, neque alio ordine, a Deo potuerunt produci,
quam productæ sunt. » In, *ibid.*, Prop. XXXIII.

[3] « Ex necessitate divinæ naturæ infinita infinitis modis (hoc est
omnia quæ sub intellectum infinitum cadere possunt) sequi debent. »
Ibid., Prop. XVI.

« fets infinis. » Fort bien ! mais c'est en supposant que cette cause infinie existante par elle-même, n'est pas un agent qui agisse librement et volontairement, mais un agent poussé à agir par une aveugle et absolue nécessité. Or c'est là supposer ce qui est en question. Il ne faut pas dissimuler qu'il allègue quelques raisons pour prouver sa supposition ; mais ce n'est pas ici le lieu de les examiner : nous le ferons plus à propos dans la suite.

CHAPITRE IX.

VIII° Prop. Que l'Être existant par lui-même est un Être intelligent.

C'est sur cette proposition que roule le fort de la dispute entre les athées et nous. Qu'il y ait un Être existant par lui-même, et que cet Être existant par lui-même soit éternel, infini et la cause originale de toute chose, ce sont toutes propositions qui ne souffrent pas grandes contestations. Mais il n'y a point d'athée, soit qu'il croie le monde éternel, eu égard à la forme aussi bien qu'à la matière, soit qu'il se retranche à dire que la matière seule est nécessaire et que la forme est contingente ; il n'y a point d'athée, dis-je, quelque hypothèse qu'il adopte, qui n'ait toujours soutenu et qui ne soit obligé de soutenir directement ou indirectement que l'Être existant par lui-même n'est pas un être intelligent, et qui ne doive le concevoir sur le pied d'un être purement matériel et sans action, ou comme un agent nécessaire, ce qui revient au fond à la même chose ; car un agent qui n'agit pas librement mais nécessairement, doit être ou dépourvu de toute intelligence, et c'est dans ce sens grossier que les anciens athées l'ont entendu, ou son intelligence doit être sans choix, sans volonté et sans liberté. C'est le parti que Spinoza et quelques modernes ont cru devoir prendre. Mais le sens commun nous dicte qu'autant vaudrait-il ne lui point donner d'intelligence, que de lui en attribuer une avec ces restrictions. J'avoue qu'il n'est pas possible de démontrer d'une manière directe *a priori*, que l'Être existant par lui-même n'agit pas par cette nécessité aveugle et sans la connaissance dont je viens de parler, ni que ce soit un être, à parler dans toute la propriété et l'exactitude des termes, intelligent et réellement actif. La raison en est que nous ignorons en quoi l'intelligence consiste, et que nous ne pouvons pas voir qu'il y ait entre l'existence par soi-même et l'intelligence la même connexion immédiate et nécessaire qui se trouve entre cette même existence et l'éternité, l'unité, l'infinité, etc. ; mais *a posteriori*, il n'y a presque rien dans le monde qui ne nous démontre cette grande vérité, et qui ne nous fournisse des arguments incontestables qui prouvent que le monde et tout ce qu'il contient est l'effet d'une cause souverainement intelligente et souverainement sage.

Je dis en premier lieu que puisqu'il y a manifestement dans les diverses parties dont l'univers est composé, des qualités différentes, différentes beautés et différents degrés de perfection, et que puisque dans l'ordre naturel des choses, la cause doit être toujours plus excellente que l'effet, c'est une conséquence nécessaire, qu'il faut que l'Être existant par lui-même, (étant, quel qu'il soit, l'original de toutes choses), possède dans le plus haut degré d'éminence toutes les perfections de tous les êtres. Je ne me servirai pas, pour le prouver, de cette raison, que ce qui existe par soi-même, doit être revêtu de toutes les perfections possibles ; la chose en elle-même est très-certaine, mais elle est d'une nature à ne pouvoir être bien démontrée *a priori*. Je n'insisterai donc que sur ceci : qu'il est impossible que l'effet soit revêtu d'aucune perfection, qui ne se trouve aussi dans la cause. S'il était possible que cela fût, il faudrait dire que cette perfection n'aurait été produite par rien, ce qui implique visiblement contradiction. Or, il est évident qu'un être qui n'est pas intelligent, ne possède pas toutes les perfections de tous les êtres qui sont dans l'univers, puisque l'intelligence est une de ces perfections. Donc toutes choses n'ont pu tirer leur origine d'un être sans intelligence; et par conséquent l'Être qui existe par lui-même et à qui toutes choses doivent leur origine, doit nécessairement être intelligent.

Je ne vois pas que l'athée puisse éluder la force victorieuse de cet argument, qu'en avançant l'une ou l'autre de ces deux choses : ou qu'il n'y a dans l'univers aucun Être intelligent; ou que l'intelligence n'est pas une perfection distincte de la matière, mais un composé je ne sais quel, de figure et de mouvement, comme sont dans l'idée vulgaire les sons et les couleurs. Je n'ai besoin pour réfuter la première de ces évasions que d'en appeler à la conscience d'un chacun; ceux même qui ont fait tous leurs efforts pour prouver que les bêtes ne sont que de simples machines, n'ont pourtant jamais osé en dire autant de l'homme non pas même par voie de conjecture. La seconde de ces évasions (le grand fort pourtant de l'athéisme) est absurde et impossible au dernier point, comme je le ferai voir dans le paragraphe suivant. Mais supposé même que ce fût une vérité, il ne laisserait pas de suivre inévitablement de cette supposition, que l'Être par lui-même devrait nécessairement être un Être intelligent; j'en donnerai la preuve à la fin de ce chapitre. En attendant que j'en vienne là, je vais prouver qu'il n'est rien de plus absurde et de plus ridicule, que de dire que l'intelligence n'est pas, à parler proprement, une perfection distincte de la matière, que ce n'est qu'un simple composé de matière et de mouvement sans intelligence.

Je dis donc en second lieu, que puisque l'homme en particulier est revêtu incontestablement d'une faculté que nous appelons pensée, intelligence, perception ou connaissance; il faut de toute nécessité que cette faculté lui soit venue par l'une ou par l'autre de ces trois voies, ou par la voie de la génération, et alors il faudra supposer une succession éternelle de générations, une gradation d'hommes à l'infini sans cause première et originale, dont aucun n'existera nécessairement, mais qui auront tous un être dépendant et emprunté; ou bien il faudra supposer que ces êtres doués de connaissance et de réflexion, sont sortis du sein d'une matière, en qui aucune de ces qualités ne se trouve, c'est-à-dire qui n'est pas capable de connaissance ni de réflexion; ou il faudra reconnaître enfin, qu'ils sont la production d'un Être supérieur et intelligent. Il n'y a point d'athée qui n'avoue que de ces trois suppositions, il faut nécessairement qu'il y en ait une de véritable. Si donc je prouve que les deux premières sont fausses et impossibles, j'aurai par le même moyen prouvé démonstrativement la vérité de la troisième; or j'ai déjà démontré dans ma seconde proposition l'absurdité et l'impossibilité de la première. La seconde n'est ni moins absurde ni moins impossible. Je le démontre de cette manière. Si la connaissance et la réflexion sont des qualités ou des perfections distinctes de la matière, et non pas un pur composé de figure et de mouvement, il est évident que des êtres doués de connaissance et de réflexion, n'ont pu être tirés du sein d'une matière, en qui ces qualités ne se trouvent pas; puisqu'il n'est pas possible qu'une chose communique à une autre une perfection qu'elle ne possède, ni actuellement, ni éminemment. Or la connaissance et la réflexion sont des qualités ou des perfections distinctes de la matière, et non pas un simple composé de figure et de mouvement. Donc la connaissance et la réflexion n'ont pu sortir du sein de la matière destituée d'intelligence. Cette conséquence est de la dernière évidence; car si une chose pouvait donner à une autre une perfection qu'elle n'a pas elle-même, il s'ensuivrait que cette perfection n'aurait été produite par rien : ce qui est manifestement contradictoire. On répliquera peut-être, comme a fait M. Gildon dans sa lettre à M. Blount [1],

---

[1] *Oracles de la raison*, page 186. Voyez aussi la Lettre de l'auteur à M. Dodwell, sur l'immortalité de l'âme, avec les Réponses et les Répliques.

que les couleurs, les sons, le goût et telles autres choses semblables, proviennent bien de la figure et du mouvement, qui de soi-même ne possèdent pas ces qualités ; ou que la figure, la divisibilité et telles autres qualités, sont des choses que Dieu, de l'aveu de tout le monde, a communiquées à la matière, bien qu'il n'y ait en lui ni divisibilité ni figure, et que ce soit même un énorme blasphème que de lui attribuer aucune de ces qualités. Ainsi, dira-t-on, la connaissance a pu de la même manière sortir d'un fonds sans intelligence [1]. La réponse à ces objections est très-facile ; car premièrement il n'est pas vrai, que les couleurs, les sons, les goûts, etc., soient des effets produits par la figure et le mouvement simple. Il n'y a rien dans les corps, qui sont les objets des sens, qui ait le moindre rapport avec ces qualités. Il est clair que ce sont des pensées ou des modifications de l'âme, qui est un être intelligent ; et que les impressions de la figure et du mouvement n'en sont point, à parler proprement, la cause, mais seulement l'occasion. Quand nous porterions la complaisance envers l'athée jusqu'à lui passer cette supposition absurde, que l'âme est purement matérielle, cela ne lui servirait de rien pour la question présente. Car il faut nécessairement qu'il avoue, que c'est au moins une matière douée de raison et d'intelligence ; et cet aveu me suffit pour la décision de la thèse en question ; qu'il est aussi impossible que les couleurs, les sons, etc., qui sont des perceptions de l'âme et non pas des qualités d'un corps sans intelligence, qu'il est, dis-je, aussi impossible que les sons et les couleurs soient la production d'un être sans connaissance,

[1] Le raisonnement est de M. Toland. Si l'on infère, dit-il, comme fait un des interlocuteurs de Cicéron, que le tout doit être intelligent, puisque quelques parties le sont : nous rétorquerons l'argument, et nous répondrons avec l'autre interlocuteur dans Cicéron ; qu'il en faudra aussi conclure, que le tout doit être courtisan, musicien, maître à danser, ou philosophe, puisque plusieurs de ses parties le sont. Voyez Tol. *Lett.*, où il prétend prouver, *que le mouvement est essentiel à la matière.*

qu'il est impossible qu'une couleur soit un triangle, un son, un carré, ou que le néant ait produit quelque chose. La réponse à la seconde partie de l'objection, qui porte que puisque Dieu (à qui, de notre propre aveu, on ne peut, sans blasphème, attribuer ni divisibilité, ni figure), a pourtant communiqué ces qualités à la matière, rien n'empêche que la connaissance ne puisse sortir de même du fonds d'une matière inintelligente; la réponse, dis-je, à cette partie de l'objection est plus facile encore. Car la figure, la divisibilité et telles autres qualités de la matière, ne sont pas des puissances réelles, propres, distinctes et positives, ce ne sont que des qualités négatives et des imperfections. Or, quoiqu'aucune cause ne puisse communiquer à son effet aucune perfection réelle qu'elle n'a pas elle-même, il est pourtant vrai qu'il peut y avoir dans l'effet des imperfections, des défectuosités, et des qualités négatives qui ne sont pas dans la cause. Ainsi quoique la figure et la divisibilité (qui sont des négations pures, comme sont toutes les limitations) puissent se rencontrer dans l'effet sans être dans la cause; il ne s'ensuit pas que cela doive se rencontrer aussi dans l'intelligence, que nous supposons ici être une qualité distincte de la matière. Mais ce n'est pas assez de le supposer, il faut le prouver. Or que la perception ou l'intelligence soit réellement une qualité ou une perfection distincte de la matière, et non pas un simple composé de figure et de mouvement sans intelligence, c'est ce que je prouve par cette raison évidente, que l'intelligence n'est pas une figure, ni la perception un mouvement. Tout ce qui est fait ou composé d'une chose, est toujours cette même chose dont il est composé. Qu'on la compose, qu'on la divise à l'infini, elle demeurera éternellement la même. Par exemple, tous les changements, toutes les compositions, toutes les divisions possibles de la figure, ne sont pourtant autre chose que figure; et toutes les compositions, tous les effets possibles du mouvement, ne seront jamais autre chose qu'un pur mouvement. Si donc il y a eu un temps, où il n'y ait eu dans l'univers autre chose que matière et que mouvement, il faudra dire qu'il est impossible que jamais il y ait pu avoir dans l'univers autre chose que mouvement et que matière. Dans cette supposition, il est aussi impossible que l'intelligence, la réflexion, et même ce que nous appelons les qualités secondaires de la matière, comme la lumière, la chaleur, les sons et les couleurs, il est dis-je, aussi impossible que toutes ces choses aient jamais commencé à exister, qu'il est maintenant impossible, que le mouvement soit bleu ou rouge, et que le triangle soit transformé en un son. Ce qui a trompé les gens en ce point, c'est qu'ils se sont imaginé que les composés sont réellement différents des choses, dont ils sont les composés. Il en est tout autrement. Car si les choses que l'on croit être composées, se trouvent réellement différentes de celles dont on s'imagine qu'elles sont composées, il faut conclure qu'on s'est trompé lorsqu'on a jugé qu'elles en étaient effectivement composées. C'est ainsi que le vulgaire se représente faussement les couleurs et les sons, qui ne sont à parler proprement, que des pensées de l'âme, comme des propriétés inhérentes dans les corps. Mais si les choses qu'on croit composées, le sont réellement, elles ne seront point différentes de celles qui entrent dans leur composition, elles demeureront toujours malgré leur composition précisément les mêmes. Partagez un carré en deux triangles, ces deux triangles ne sont autre chose que les deux moitiés du carré. Mettez au contraire ensemble deux triangles égaux et rectangles, ils composeront un carré, mais ce carré ne sera pourtant autre chose que ces deux triangles mis ensemble. Le mélange du bleu et du jaune, compose la couleur verte ; le vert pourtant n'est autre chose après tout, que du bleu et du jaune mêlés ensemble, comme on le découvre clairement par le moyen des microscopes. En un mot la composition, la division, ou le mouvement ne changent absolument rien dans la nature des choses composées, divisées ou mues ;

elles demeurent les mêmes qu'elles étaient avant ces changements. C'est ce que Hobbes paraît avoir très-bien compris ; et c'est ce qui lui a fait imaginer un autre subterfuge, mais si pitoyable qu'il paraît en avoir eu honte lui-même, puisqu'il passe légèrement là-dessus et ne s'explique qu'à demi. Ne pouvant se débarrasser des difficultés, qui ne lui permettaient pas de croire que la perception et la pensée puissent être des effets ainsi proprement dits de la figure et du mouvement ; ne trouvant d'ailleurs point son compte dans la supposition, (dont j'aurai occasion de parler dans la suite) qui porte que Dieu, par un acte immédiat et volontaire de sa toute-puissance, a communiqué à certaines portions de la matière la connaissance et la pensée ; il est obligé d'avoir recours à l'hypothèse la plus absurde et la plus surprenante, qui ait peut-être jamais été avancée ; que la matière, en tant que matière, n'est pas seulement capable de figure et de mouvement, mais aussi de sentiment et de perception, et qu'il ne lui manque pour exprimer ses sensations, que des organes et une mémoire, comme on en voit aux animaux[1].

Je prouve en troisième lieu, que l'Être existant par lui-même, et à qui toutes choses doivent leur origine, est un Être intelligent : par la beauté, la variété, l'ordre et la symétrie qui éclatent dans l'univers, et surtout par la justesse merveilleuse avec laquelle chaque chose se rapporte à sa fin. Cet argument a été si souvent rebattu, et manié si savamment par une infinité d'auteurs tant anciens que modernes, que je ne ferai que l'indiquer. Je remarquerai seu-

---

[1] « Scio fuisse philosophos, eosde aque viros doctos, qui corpora omnia sensu prædita esse sustinuerunt : nec video, si natura sensionis in reactione sola collocaretur, quomodo refutari possint. Sed et si ex reactione etiam corporum aliorum, phantasma aliquod nasceretur, illud tamen remoto objecto statim cessaret : nam nisi ad retinendum motum impressum, etiam remoto objecto, apta habeant organa, ut habent animalia ; ita tamen sentiunt, ut numquam sensisse se recordentur. — Sensioni ergo, quæ vulgo ita appellatur, necessario adhæret memoria aliqua, etc. » Hobbes, Phil., c. xxv, sect. v.

lement, que si Descartes et ses sectateurs ont entrepris d'expliquer, comment par les lois seules du mouvement, le monde a pu être formé; entreprise non-seulement vaine, mais ridicule; ils n'ont pourtant jamais porté leurs prétentions plus loin qu'à imaginer un système de la formation possible de cette partie du monde, qui est inanimée, et qui par conséquent est la moins considérable. Pour ce qui est des plantes et des animaux, qui manifestent la sagesse du Créateur d'une manière plus sensible, ils n'ont point songé à expliquer la manière de leur formation par les lois du mouvement, ou s'ils l'ont fait, ils y ont si mal réussi, qu'il vaudrait mieux ne l'avoir pas entrepris. Les lois du mouvement ne servent en effet de rien, lorsqu'il s'agit des plantes et des animaux. Pour ce qui regarde l'hypothèse d'Épicure, qui porte qu'ils ont été formés de la terre par un pur hasard (outre que je la crois maintenant abandonnée par tous les athées), les découvertes qu'on a faites depuis quelque temps dans la philosophie, montrent évidemment qu'il n'est rien au monde de plus ridicule. Car on a trouvé que les moindres plantes et les plus vils de tous les animaux sont produits par leurs semblables, qu'il n'y a point en eux de génération équivoque, et que ni le soleil, ni la terre, ni l'eau, ni toutes les puissances de la nature unies ensemble, ne sont pas capables de produire un seul être vivant, non pas même de la vie végétable. Et à propos de cette excellente découverte, je remarquerai ici en passant qu'en matière même de religion, la philosophie naturelle et expérimentale est quelquefois d'un très-grand usage. Or les choses étant telles que je viens de le dire, il faut que l'athée le plus opiniâtre demeure d'accord malgré qu'il en ait: ou que les plantes et les animaux sont dans leur origine l'ouvrage d'un Être intelligent, qui les a créés dans le temps; ou qu'ayant été de toute éternité construits et arrangés comme nous les voyons aujourd'hui, ils sont une production éternelle d'une cause éternelle et intelligente, qui déploie sans relâche sa puissance et sa sagesse infinie ; ou enfin qu'ils dérivent de toute éternité les uns des autres, dans un progrès à l'infini de causes dépendantes, sans cause originale existante par elle-même. La première de ces assertions, est précisément ce que nous cherchons. La seconde revient au fond à la même chose et n'est d'aucun usage à l'athée. Et la troisième est absurde, impossible et contradictoire, comme je l'ai démontré dans ma seconde proposition générale.

Mais quand tout ce que je viens de dire ne serait pas, et quand on passerait à l'athée cette supposition, si absurde et si déraisonnable, que la forme de l'univers et toutes les choses visibles qui y sont, que l'ordre qui y règne, que la beauté et la proportion admirable de toutes ses parties qui se répondent les unes aux autres, que tout cela, dis-je, n'est pas l'ouvrage d'une intelligence souveraine ; quand on lui accorderait même qu'il n'est pas impossible que la connaissance, la réflexion et la pensée sortent du sein d'une matière sans intelligence, il n'en serait pas pour cela plus avancé ; car, malgré toutes ces concessions, il nous resterait toujours une démonstration incontestable de l'intelligence de l'Être existant par lui-même. En effet, comment veut-on que les principes mêmes, desquels on prétend que la pensée est sortie, je veux dire la figure et le mouvement, comment veut-on, dis-je, que ces principes aient pu exister, à moins qu'il n'y ait eu une cause intelligente préexistante ? Pour ne parler maintenant que du mouvement, il est évident qu'il y en a aujourd'hui dans l'univers. Or, il faut que ce mouvement ait eu un commencement, ou qu'il soit éternel. Si l'on avoue qu'il a eu un commencement, la question est vidée ; l'auteur de ce mouvement ne peut être qu'un Être intelligent. Car il est évident qu'une matière, sans intelligence, qui est en repos, ne se mouvra jamais d'elle-même. Si l'on prétend, au contraire, que le mouvement soit éternel, il faudra opter entre l'un ou l'autre de ces trois partis : il faudra dire, ou que le mouvement a été produit de toute éternité par un Être intelligent et éternel, ou qu'il existe nécessairement et par lui-même, ou bien enfin que, sans être nécessairement et par lui-même, et sans avoir de cause extérieure de son existence, il existe de toute éternité en vertu d'une communication et d'une succession à l'infini. Dira-t-on que le mouvement a été produit de toute éternité par une intelligence éternelle? Mais ce serait nous accorder tout ce que nous demandons, et décider en notre faveur le point maintenant en question. Dira-t-on qu'il existe nécessairement et par lui-même? Mais de là il s'ensuivrait qu'il y aurait une contradiction dans les termes à supposer la moindre portion de la matière en repos. Cependant, il ne pourrait résulter de la supposition d'un mouvement existan par lui-même qu'un repos éternel, puisque, alors, ce mouvement se trouverait déterminé de tous côtés en même temps. D'ailleurs (comme il n'y a point de fin aux absurdités, lorsqu'on commence par là), il s'ensuivrait encore que, sans une contradiction formelle, il n'est pas possible de supposer qu'originairement il y ait pu avoir dans le monde plus ou moins de mouvement qu'il y en a aujourd'hui ; conséquence si absurde, que Spinoza lui-même, qui prétend que toutes choses sont nécessairement ce qu'elles sont, n'a pourtant pas osé trancher le mot, et a mieux aimé se contredire sur la question de l'origine du mouvement que de dire rondement sa pensée [1]. Dira-on enfin que, sans avoir une existence nécessaire et naturelle, et sans être redevable de son existence à aucune cause extérieure, le mouvement a existé de toute éternité par communication dans un progrès à l'infini? Spinoza semble avoir embrassé ce parti [2]. Mais

---

[1] Vid. SPIN., *Ethic.*, Part. I, Prop. XXXIII, comparée avec Part. II, Prop. XIII, Lemme III.

[2] « Corpus motum vel quiescens, ad motum vel quietem determinari debuit ab alio corpore, quod etiam ad motum vel quietem determinatum fuit ab alio, et illud iterum ab alio, et sic in infinitum. » *Ethic.*, Part. II, Prop. XIII, Lemme III.

j'ai fait voir, dans la preuve de ma seconde proposition générale, que c'était une contradiction manifeste. Je conclus donc qu'il faut de toute nécessité que le mouvement ait été produit par un Être intelligent, puisque, si cela n'était pas, il n'y aurait jamais eu de mouvement dans le monde ; et, par conséquent, que l'Être existant par lui-même, qui est la cause originale de toutes choses, doit être nécessairement un Être intelligent. Je conclus encore, de tout ce que je viens de dire, que le monde matériel n'est pas l'Être qui existe par lui-même. Car, puisqu'il vient d'être démontré que l'Être existant par lui-même doit être intelligent, et que, d'un autre côté, il est clair que le monde matériel n'a point d'intelligence, il est aisé de conclure que le monde matériel ne peut pas exister par lui-même. Je sais qu'il y a des gens qui ont imaginé je ne sais quoi, qu'ils ont appelé l'âme du monde. Mais s'ils ont entendu par là un être créé et dépendant, mon argument subsiste toujours dans toute sa force. S'ils ont au contraire prétendu désigner par là un Être nécessaire et existant par lui-même, c'est au fond la notion de Dieu, mais une notion fausse, corrompue et imparfaite.

CHAPITRE X.

IXe Prop. *Que l'Être existant par lui-même doit être un agent libre.*

Spinoza et ses sectateurs soutiennent chaudement la négative de cette proposition. Ils prétendent *que l'Être existant par lui-même est un agent nécessaire, sans liberté et sans choix.* C'est le grand fondement de leur système sur la nature de Dieu. J'examinerai en peu de mots les raisons qu'ils allèguent en faveur de leur opinion, à mesure que je mettrai en avant les preuves de la proposition qui fait le sujet de ce chapitre.

Or, je dis, 1°. qu'elle est vraie, parce qu'elle est une

suite naturelle de la proposition précédente. Car une intelligence sans liberté n'est pas, à proprement parler, une intelligence. Otez la liberté à un être, vous lui ôtez le pouvoir d'agir. Il ne pourra être la cause de rien. Il n'y aura en lui rien d'actif : tout y sera purement passif. Car agir nécessairement, c'est, en effet, ne point agir du tout; c'est, à vrai dire, être patient et non pas agent. C'est donc se moquer des gens que de dire, comme font les spinozistes, que toutes les choses du monde ont été produites par la nécessité de la nature divine [1]. Ce sont de grands mots qui ne signifient rien, et qui ne servent qu'à jeter de la poudre aux yeux. Car, par la nécessité de la nature divine, ils n'entendent pas cette perfection et cette rectitude de la volonté divine, par laquelle Dieu se détermine toujours et immanquablement à faire ce qui est au fond et généralement le meilleur. Il n'y a rien en cela qui ne soit, comme chacun voit, entièrement compatible avec la plus parfaite liberté. Ils entendent, au contraire, une nécessité absolue, une nécessité naturelle, dans le sens le plus restreint, qu'on donne à ce terme. Or, de là il s'ensuit évidemment que, lorsqu'ils disent que Dieu, par la nécessité de sa nature, est l'auteur et la cause de tout ce qui existe, le titre de cause et d'agent qu'ils lui donnent n'est qu'un vain nom. C'est tout comme si on disait qu'une pierre est, par la nécessité de sa nature, la cause de sa propre chute et du bruit qu'elle fait en tombant à terre, ce qui, dans la réalité, n'est ni cause ni agent. Leur véritable opinion revient à ceci, que toutes les choses du monde existent également par elles-mêmes, et par conséquent que le monde matériel est Dieu, ce qui renferme une réelle contradiction, comme je l'ai prouvé dans ce qui précède. Il en est de même des termes d'intelligence et de connaissance, dont ils se servent en parlant de Dieu; ils ne lui attribuent ces facultés que

---

[1] « Ex necessitate divinæ naturæ, infinita infinitis modis sequi debent. » SPIN., *Eth.*, Pars I, Prop. XVI.

dans le sens des anciens hylozoïstes[1], à qui on a donné ce nom, parce qu'ils prétendaient que toute matière était douée de connaissance. C'est-à-dire qu'une pierre, lorsqu'elle tombe, a une sensation et une connaissance de sa chute; mais cette connaissance n'est rien moins qu'une cause ou un pouvoir d'agir. Or, qui ne voit qu'une intelligence semblable ne mérite pas, à parler proprement, le nom d'intelligence. Je conclus donc que les arguments qui prouvent que l'Être suprême est un Être intelligent et actif, prouvent par le même moyen, d'une manière incontestable, qu'il est aussi entièrement libre, et c'est de là que lui vient le pouvoir qu'il a d'agir.

En second lieu, je dis que, si vous concevez la cause suprême sans liberté et sans choix, et que vous en fassiez un agent purement nécessaire, dont les actions soient toutes aussi absolument et naturellement nécessaires que son existence, il faudra conclure qu'il est impossible qu'aucune chose qui n'existe pas actuellement ait pu exister, et que tout ce qui existe, existe si nécessairement qu'il ne saurait n'être pas, et enfin qu'il n'y a pas jusqu'aux manières d'être, et aux circonstances de l'existence des choses, qui n'aient dû être à tous égards précisément ce qu'elles sont aujourd'hui. Or, toutes ces conséquences étant évidemment fausses et absurdes, je tire une conséquence toute contraire à celle-là, je dis que la cause suprême, bien loin d'être un agent nécessaire, est un Être libre et qui agit par choix. Au reste, Spinoza admet, en termes exprès, ces conséquences dont je viens de parler, et il ne fait pas difficulté d'avouer qu'elles sont des suites naturelles de ses principes. Car il soutient[2]

---

[1] Voyez le passage de Hobbes cité ci-dessus, chap. IX.

[2] « Alii putant, Deum esse causam liberam, propterea quod potest, ut putant, ut ea quæ ex ejus natura sequi diximus (hoc est, quæ *in ejus potestate sunt*) non fiant. Sed hoc idem est ac si dicerent quod Deus potest efficere, ut ex natura trianguli non sequatur, ejus tres angulos æquales esse duobus rectis. — Ego me satis ostendisse puto a summa

« qu'aucune chose, ni aucune manière d'être de cette chose
« n'a pu être produite autrement, ni dans un autre ordre
« qu'elle a été produite. » Voici les raisons qu'il en allègue.
Il dit premièrement « que, d'une nature infiniment parfaite [1],
« une infinité de choses doivent nécessairement procéder,
« diversifiées en une infinité de manières. » Il ajoute en second lieu que, « s'il était possible qu'une chose fût autre
« qu'elle n'est, il faudrait supposer que la nature de Dieu est
« sujette au changement [2]. » Il dit enfin que, « si toutes les
« choses possibles n'existent pas toujours et nécessairement
« de toutes les manières possibles, elles ne pourront jamais
« exister toutes; alors, les choses qui ne sont point ne seront jamais que possibles, et n'existeront jamais actuellement, ce qui anéantit, » à ce qu'il prétend, « la toute-
« puissance de Dieu [3]. » Le premier de ces arguments suppose

---

Dei potentia *omnia* necessario effluxisse, vel semper eadem necessitate sequi ; eodem modo ex natura trianguli ab æterno et in æternum sequitur, ejus tres angulos æquari duobus rectis. » *Ethic.*, Part. I, Schol. ad Prop. XVII.

« Omnia ex necessitate naturæ divinæ determinata sunt, non tantum ad existendum, sed etiam ad certo modo existendum, et operandum, nullumque datur contingens. » ID., *ibid.*, ad demonst., Prop. XXIX.

« Si res alterius naturæ potuissent esse, vel alio modo ad operandum determinari, ut naturæ ordo alius esset ; ergo Dei etiam natura alia posset esse, quam jam est. » Prop. XXXIII, demonstrat.

« Quicquid concipimus in Dei potestate esse, id necessario est. » Prop. XXXV.

« Deum non operari ex libertate voluntatis. » Coroll. ad Prop. XXXII.

« Res nullo alio ordine, neque alio modo a Deo produci potuerunt, quam productæ sunt. » Prop. XXXIII.

[1] « Ex necessitate divinæ naturæ, infinita infinitis modis sequi debent. » Prop. XVI.

[2] « Si res alterius naturæ potuissent esse, vel alio modo ad operandum determinari ; ut naturæ ordo alius esset : ergo Dei alia etiam natura posset esse, quam jam est. » Prop. XXXIII.

[3] « Imo adversarii (qui negant, ex necessitate divinæ naturæ, omnia necessario fluere) Dei omnipotentiam negare videntur. Coguntur enim fateri, Deum infinita creabilia intelligere quæ tamen nunquam creare

évidemment ce qui est en question. Car il est très-vrai qu'une nature infiniment parfaite a le pouvoir de produire une infinité de choses diversifiées en une infinité de manières. Mais qu'elle soit nécessitée d'agir toujours en vertu d'une nécessité absolue et naturelle, sans liberté et sans choix, c'est ce qu'on ne prouvera jamais par la considération de ses perfections naturelles, à moins qu'on ne s'avise de supposer que cet Être souverainement parfait est un agent nécessaire, ce qui est prendre pour principe ce qui est en question, et supposer ce qu'il faudrait prouver. Le second argument de Spinoza est peut-être encore plus faible. Car, comment prouvera-t-il que la supposition d'un Dieu, qui, conformément à ses décrets éternels et à sa sagesse infinie, produit diverses choses en différents temps et en plusieurs manières différentes, comment prouvera-t-il, dis-je, que cette supposition entraîne nécessairement après elle que c'est un être dont la volonté et la nature sont sujettes au changement? Mais outre cela, il est facile de rétorquer son argument. Car si Dieu produit toujours et nécessairement toutes les différences possibles des choses, comme Spinoza le suppose, ne s'ensuivra-t-il pas aussi, suivant sa manière de raisonner, que sa nature est nécessairement et infiniment muable, inégale? Son troisième argument n'est qu'une pure vétille, qu'une subtilité métaphysique. C'est comme si un homme prétendait détruire l'éternité de Dieu par ce bel argument : Si toute durée possible n'est pas actuellement épuisée, jamais elle ne pourra être tout épuisée, ce qui, comme chacun voit, est une manière de raisonner pitoyable et ridicule. Mais quand les arguments de Spinoza seraient aussi plausibles qu'ils le sont peu, il est certain que la thèse à

poterit. Nam alias, si scilicet omnia, quæ intelligit, crearet, suam, juxta ipsos, exhauriret omnipotentiam et se imperfectum redderet. Ut igitur Deum perfectum statuant, eo rediguntur, ut simul statuere debeant, ipsum non posse omnia efficere, ad quæ ejus potentia se extendit. » Coroll. ad Prop. XVII.

laquelle ils servent de preuve, « qu'aucune chose ni aucune
« manière d'être de cette chose n'a pu être produite autre-
« ment ni dans un autre ordre que celui où elle est actuelle-
« ment, » que cette thèse, dis-je, est d'une absurdité et
d'une fausseté si palpables, si contraire à l'expérience et à
la nature des choses, si opposée aux règles les plus simples
et les plus claires du sens commun, qu'il suffit de la proposer
pour en faire voir l'extravagance. Parcourez toutes les choses
du monde, vous y trouverez partout des caractères qui
font voir, de la manière du monde la plus claire, qu'elles
sont l'ouvrage d'un agent libre. Vous n'y voyez aucune
ombre de nécessité; tout y prêche la liberté et la sagesse de
son auteur. Vous y remarquez une nécessité, il est vrai,
mais une nécessité de convenance, c'est-à-dire qu'on aperçoit sans peine que l'univers n'aurait pu être disposé autrement sans perdre de sa beauté et de son harmonie. Mais
cette nécessité de convenance accommode si peu les adversaires que je combats, qu'elle nous fournit une démonstration directe qui nous assure que toutes les choses du monde
ont été faites et arrangées par un agent libre et intelligent.
Je prendrai donc le contre-pied de la proposition de Spinoza,
et je dirai qu'il n'y a dans les choses du monde aucune
apparence de nécessité absolue et naturelle. Le mouvement
lui-même, sa quantité, ses déterminations, les lois de gravitation, tout cela, dis-je, est parfaitement arbitraire, et pourrait
être tout à fait différent de ce qu'il est aujourd'hui. Il n'y a rien
dans le nombre et dans le mouvement des corps célestes qui
autorise le moins du monde cette absolue nécessité des spinozistes. Le nombre des planètes aurait pu être plus grand;
il aurait aussi pu être plus petit. Leur mouvement sur leurs
axes pourrait être à proportion plus rapide ou plus lent.
Que dirai-je de l'uniformité du mouvement progressif des
planètes, tant principales que subalternes? Leur cours constant et uniforme de l'occident à l'orient ne marque-t-il
pas visiblement que c'est une affaire de choix et de sagesse,

puisqu'il paraît, par le mouvement des comètes [1], qu'elles auraient pu se mouvoir également dans tous les sens et de tous les côtés imaginables aussi bien que de l'occident à l'orient? Il n'y a en toutes ces choses aucune ombre de nécessité. Non-seulement elles pourraient être diversifiées à l'infini, mais les découvertes faites depuis peu dans l'astronomie nous font voir qu'actuellement elles sont sujettes à de très-grands changements. Toutes les choses qui sont sur la terre nous paraissent aussi l'ouvrage d'un Être libre, d'une manière d'autant plus évidente, qu'elles sont plus à notre portée. Il n'y en a aucune où vous n'aperceviez des caractères de sagesse, une volonté et un dessein ; elles n'ont rien au contraire qui sente tant soit peu la nécessité. Quelle absolue nécessité qu'il y eût justement un tel nombre d'espèces de plantes et d'animaux? Et qui est-ce qui n'aurait honte de dire que ni la forme, ni l'arrangement [2], ni la moindre circonstance des choses terrestres n'a pu être faite en rien autre qu'elle n'est par la cause suprême? Quelle nécessité, par exemple, qu'il y eût une si grande uniformité qu'est celle qu'on remarque dans la ressemblance et dans le nombre des parties dont les corps des plus grands animaux sont composés [3]? Croira-t-on, en bonne foi, qu'il y ait de la contradiction à supposer la possibilité d'une plus grande diversité? Il y aurait sans doute une contradiction réelle à supposer la continuation de ces monstres que le poëte Lucrèce prétend être péris faute des principaux organes de la vie.

---

[1] « Nam dum cometæ moventur in orbibus valde excentricis, undique et quoquoversum in omnes partes cœli; utique nullo modo fieri potuit, ut cæco fato tribuendum sit, quod planetæ in orbibus concentricis motu consimili ferantur omnes. Tam miram uniformitatem in planetarum systemate necessario fatendum est intelligentia et consilio fuisse effectam. » Newton, *Opt.*, page 345.

[2] Spin., *ub. sup.*, Prop. XXXIII.

[3] « Idemque dici possit de uniformitate illa, quæ in corporibus animalium : necessario fatendum est, intelligentia et consilio fuisse effectam. » Newton, *Optic.*, page 346.

Mais quelle contradiction trouvera-t-on à dire qu'il n'est nullement impossible qu'une espèce entière de chevaux ou de bœufs ait subsisté avec six pieds ou avec quatre yeux ? Mais j'ai honte de m'arrêter si longtems sur une chose si claire et si sensible [1].

Il y aurait eu plus d'apparence de raison à dire que la cause suprême ne peut être libre, parce qu'il faut qu'elle fasse toujours ce qui est en général le meilleur. Mais cette objection ne servirait de rien à Spinoza; car la nécessité dont il s'agirait en ce cas, ne serait pas une nécessité aveugle et naturelle, mais une nécessité de sagesse et de convenance, qui est entièrement compatible avec la plus parfaite liberté. Le fondement, en effet, de cette nécessité n'est autre chose que la rectitude de la volonté et la perfection de la sagesse de l'Être suprême qui le met dans une espèce de nécessité d'agir toujours sagement, et de se déterminer toujours pour le meilleur parti. C'est de quoi j'aurai occasion de parler plus amplement dans la suite, quand j'en serai venu à l'article des attributs moraux de la Divinité.

Je dis en troisième lieu que, s'il y a dans l'univers quelque fin, on ne peut se dispenser de conclure que la cause suprême n'est pas un agent nécessaire, mais un agent libre. Cette conséquence est si inévitable, que Spinoza est contraint de l'admettre. De sorte qu'il ne lui reste d'autre moyen de se tirer d'affaire, que de tourner en ridicule les causes [2] finales, et de les traiter, avec une impudence qui n'a point de pareille, d'inventions de gens ignorants et superstitieux. C'est avoir selon lui un grand fonds de simplicité et de folie que de s'imaginer que les yeux soient faits pour voir, les oreilles

---

[1] « Sed jam pudet me ista refellere, cum vos non puduerit ista sentire. Cum vero ausi sint etiam defendere, non jam eorum, sed ipsius generis humani me pudet, cujus aures hæc ferre potuerunt. » D. Augustr. Ep. 56.

[2] « Naturam nullum finem sibi præfixum habere; et omnes causas finales nihil nisi humana esse figmenta. » *Appendix* ad Prop. XXXVI.

pour ouïr, les dents pour mâcher les aliments, l'estomac pour les digérer, le soleil pour illuminer, et ainsi du reste[1]. Je ne crois pas qu'un homme qui est capable de soutenir de pareilles absurdités mérite qu'on s'amuse à disputer contre lui[2]. Pour en être pleinement convaincu, on n'a qu'à lire Galien, *de Usu partium*, Cicéron, *de Natura deorum*, M. Boyle, *des Causes finales*, et M. Ray, *de la Sagesse de Dieu dans la création*. J'ajouterai seulement que plus on avance dans les découvertes qu'on fait tous les jours en astronomie et en physique, plus on découvre d'arguments qui décident la question en notre faveur, et qui couvrent les athées de honte et de confusion.

Je dis, en quatrième lieu, que si la cause suprême était un agent purement nécessaire, il serait impossible qu'aucun effet de cette cause fût une chose finie; car un être qui agit nécessairement, n'est pas maître de ses actions pour les gouverner, ou les diriger comme il lui plaît : il faut de toute nécessité qu'il fasse tout ce que sa nature est capable de faire. Or, il est clair que chaque production d'une nature infinie (toujours uniforme et qui agit partout nécessaire-

---

[1] « Oculos ad videndum, dentes ad masticandum herbas et animantia ad alimentum, solem ad illuminandum, mare ad alendum pisces. » ID., *ibid.*

« Nullas unquam rationes circa res naturales a fine quem Deus aut natura in iis faciendis sibi proposuit desumemus. » CARTES. *Princip.*, part. I, 28.

[2]
　　Lumina ne facias oculorum clara creata
　　Prospicere ut possimus, et ut proferre viai
　　Proceros passus, ideo vestigia posse
　　Surarum ac feminum pedibus fundata plicari ;
　　Brachia tum porro validis exapta lacertis
　　Esse, manusque datas utraque ex parte ministras
　　Ut facere ad vitam possimus, quæ foret usus.
　　Cætera de genere hoc inter quæcunque pretantur.
　　Omnia perversa præpostera sunt ratione ;
　　Nil ideo natum est in nostro corpore ut uti
　　Possimus, sed quod natum est id procreat usum.
　　　　　　　　　　　　LUCRET. R. T.

ment de la même manière), il est, dis-je, clair que chaque production d'une telle nature doit de toute nécessité être immense ou infinie en extension. Et par conséquent qu'il n'y a point de créature dans l'univers qui puisse être finie : ce qui est de la dernière absurdité et contraire à l'expérience. Pour se débarrasser de cette absurdité, voici le tour que Spinoza donne à cette conséquence tirée de sa doctrine. Il dit, « que de la nécessité de la nature divine doivent procé-« der des choses infinies diversifiées en une infinité de ma-« nières[1], » et par les choses infinies, il entend des choses infinies en nombre. Mais quand on lit la démonstration de cette proposition avec attention, on remarque sans peine, pour peu qu'on soit accoutumé à ces sortes de spéculations, que si elle prouve quelque chose, elle prouve pareillement, « que de la nécessité de la nature divine il ne peut procéder « que des choses infinies, » d'une infinité d'extension. De sorte qu'il ne faut que sa propre démonstration, pour faire voir l'absurdité de l'opinion qu'il a dessein d'établir.

Je dis, en cinquième lieu, que si la cause suprême n'est pas un agent libre et volontaire, chaque effet suppose nécessairement un progrès de causes à l'infini, sans cause première et originale. Je le prouve à l'égard du mouvement. S'il n'y a point du tout de liberté, il n'y a point d'agent. Il n'y a ni moteur, ni cause, ni principe, ni commencement de mouvement. Il n'y a rien dans l'univers qui puisse être actif, tout y doit être passif. Tout sera mû, et il n'y aura point de moteur; tout sera effet et rien ne sera cause.

J'avoue que Spinoza nous parle de la nécessité de la nature divine, et qu'il la fait envisager comme la cause réelle, et la véritable origine de tout ce qui existe. Mais il se moque des gens quand il parle ainsi, et il cherche à leur en imposer par de grands mots qui ne signifient rien. Quand ils signifieraient quelque chose, la difficulté que je viens de propo-

---

[1] « Ex necessitate divinæ naturæ, infinita infinitis modis sequi debent. » SPIN., Prop. XVI, Part. I, *Eth.*

ser serait toujours la même; car, si par ces choses qui existent par la nécessité de la nature divine, il entend une absolue nécessité d'existence, en sorte que le monde et tout ce qui y est, existe nécessairement et par soi-même, il s'ensuivra alors (comme je l'ai montré ci-dessus) qu'il y a une contradiction réelle dans les termes à supposer que le mouvement, etc., pourrait ne pas exister : ce que Spinoza lui-même a eu honte de dire. Mais, si par la nécessité de la nature divine, il n'entend autre chose que cette autre nécessité qui fait que la cause produit nécessairement son effet, ou que l'effet suit nécessairement de sa cause, il est clair que cette nécessité suppose toujours quelque chose d'antécédent qui la détermine, et ainsi à l'infini. Or, quoique Spinoza semble pencher quelquefois vers le premier sens (qui n'est pas moins absurde que ce dernier), il se déclare pourtant en propres termes pour le dernier; car il dit, « qu'il n'y a point d'acte de la volonté qui ne soit produit « par une cause, celle-là derechef par une autre, et ainsi « de suite jusqu'à l'infini[1]. » Il ajoute, « que la volonté « n'est pas plus naturelle en Dieu que le mouvement ou « le repos : de sorte que dire que Dieu agit par la liberté de « sa volonté, est tout comme si l'on disait qu'il agit par la « liberté du mouvement ou du repos[2]. » Si on lui demande quelle est, selon lui, l'origine du mouvement ou du repos, il répond : « Que tout corps en mouvement ou en repos, a « dû être déterminé par un autre corps à se mouvoir ou à « être en repos; que celui-ci a dû pareillement être déter- « miné au mouvement ou au repos par un autre corps, cet

---

[1] « Unaquæque volitio non potest existere, neque ad operandum determinari, nisi ab alia causa determinetur, et hæc rursus ab alia, et sic porro in infinitum. » Spin., Prop. XXXII, Demonstr.

[2] « Voluntas ad Dei naturam non magis pertinet, quam reliqua naturalia; sed ad ipsam eodem modo sese habet, ut motus et quies.

« Deus non magis dici potest ex libertate voluntatis agere, quam dici potest ex libertate motus vel quietis agere. » Coroll. ad Prop. XXXII.

« autre derechef par un autre, et ainsi de suite à l'infini[1]. » Or, puisque le mouvement n'existe nécessairement et par lui-même dans aucun de ses degrés de communication, comme je l'ai démontré ci-dessus, il est évident que Spinoza, dans son opinion, doit admettre « une succession « infinie d'êtres dépendants, qui se sont produits les uns « les autres dans un progrès à l'infini, sans aucune cause « première et originale. » Mais j'ai prouvé dans la démonstration de ma seconde proposition générale, que c'était une contradiction formelle. Puis donc que le seul moyen d'éviter cette absurdité, c'est de reconnaître un principe d'action et de mouvement, je crois avoir prouvé démonstrativement que la cause suprême est sans contredit un Être libre et qui n'agit que par le mouvement de son bon plaisir.

De tout ce que je viens de dire dans ce chapitre, il paraît évidemment qu'il n'y a dans l'idée de la liberté ni impossibilité absolue, ni contradiction, comme le prétendent les partisans du destin; car ce qui est actuellement n'est certainement pas impossible. Or, il vient d'être prouvé, non-seulement qu'il y a une liberté, mais qu'elle doit nécessairement se rencontrer dans la cause première et suprême. Ceux qui nient la possibilité de la liberté et qui se déclarent pour un aveugle destin, appuient beaucoup sur cet argument, dont ils font leur plus grand fort. Ils disent que puisqu'il n'y a rien qui ne tire son origine de quelque cause, il faut nécessairement que chaque volition ou chaque détermination de la volonté [2] d'un Être intelligent procède de quelque cause, cette cause d'une autre, et ainsi à l'infini.

---

[1] « Corpus motum vel quiescens ad motum vel quietem determinari debuit ab alio corpore; quod etiam ad motum vel quietem determinatum fuit ab alio; et illud iterum ab alio, et sic in infinitum. » *Eth.*, Part. II, Prop. XII, Lem. III.

[2] « Mens ad hoc vel illud determinatur a causa, quæ etiam ab alia determinata est, et hæc iterum ab alia, et sic in infinitum. » SPIN., *Eth.*, Part. II, Prop. XLVIII.

Mais (outre qu'en raisonnant de cette manière ces gens-là confondent toujours grossièrement les motifs moraux avec les causes efficientes physiques, choses pourtant qui n'ont entre elles aucune relation) outre cela, dis-je, leur argument prouve précisément le contraire. Car puisque tout ce qui existe doit avoir une cause de son existence, soit externe soit interne, et puisque j'ai déjà fait voir que la supposition d'une chaîne infinie d'êtres dépendants, dont aucun n'existe nécessairement et par lui-même, est une chose tout à fait contradictoire, n'est-il pas évident qu'il faut, de toute nécessité, qu'il y ait dans l'univers un Être qui n'ait tiré son existence que de son propre fonds, et qui existe en vertu d'une nécessité d'essence et de nature, et n'est-il pas clair encore que cet Être doit nécessairement avoir en lui-même un principe d'action et le pouvoir de commencer le mouvement en quoi consiste en effet l'idée de la liberté? J'avoue que cet argument prouve seulement la liberté de la cause première et suprême, et qu'il ne conclut rien pour la liberté des êtres créés. Mais il prouve tout ce que j'ai dessein de prouver maintenant, que tant s'en faut que la liberté soit en elle-même impossible et contradictoire, qu'il est au contraire absolument nécessaire qu'elle se trouve quelque part. Or, ceci une fois posé, il me sera facile d'établir dans la suite que c'est une faculté qui peut être communiquée aux êtres créés. C'est ce que nous prouverons en son lieu.

CHAPITRE XI.

X° Prop. Que l'Être existant par lui-même, la cause suprême de toutes choses possède une puissance infinie.

Cette proposition est évidente et incontestable. Car, puisqu'il n'y a que Dieu seul qui existe par soi-même, comme nous l'avons prouvé ci-dessus, puisque tout ce qui existe dans l'univers a été fait par lui, et dépend absolument de lui : et enfin puisque tout ce qu'il y a de puissance dans le monde vient de lui, et lui est parfaitement soumis et subordonné : qui ne voit qu'il n'y a rien qui puisse s'opposer à l'exécution de sa volonté? Il faut donc, de toute nécessité, reconnaître qu'il a une puissance sans bornes; qu'il a le pouvoir de faire tout ce qu'il lui plaît, et cela avec la plus grande facilité, et de la manière la plus parfaite qu'il soit possible de concevoir. Il y a tant de force et de sublimité dans la description que l'Écriture nous fait de son pouvoir suprême, que je ne puis m'empêcher d'en rapporter ici quelques traits : « Il est sage de cœur et puissant en force, dit « Job au chap. IX. Qui est-ce qui s'est opposé à lui et s'en « est bien trouvé? Il transporte les montagnes et les ren- « verse en sa fureur. Il ébranle la terre de son lieu et il fait « trembler ses piliers. C'est lui qui parle au soleil et il ne se « lève point, il tient les étoiles sous son cachet. C'est lui seul « qui étend les cieux, et qui marche sur les ondes de la « mer; qui fait des choses si grandes qu'il n'est pas possible « de les sonder, et des merveilles en si grand nombre qu'il « n'est pas possible de les compter. » — « L'enfer, dit-il dans « un autre endroit, est nu devant lui, et le gouffre n'a point « de couverture; il étend sur le vide, et tient la terre sus- « pendue sur un rien : il enferme les eaux dans les nuées, « et la nuée ne s'éclate point sous elles. Les colonnes des « cieux s'ébranlent, et s'étonnent à sa menace. Il fend la « mer par sa vertu, et rompt par son adresse les flots quand « ils s'élèvent. Voilà tels sont les bords de ses voies, et com- « bien est petite la portion que nous en connaissons? Qui « est-ce qui comprendra tout le bruyant éclat de sa puis- « sance? » Job XXVI, v. 6, etc. — « Qui est-ce, dit aussi le « prophète Isaïe au chap. XL de ses Révélations, qui est-ce « qui a mesuré les eaux avec le creux de sa main, et qui a « compassé les cieux avec sa paume? Qui est-ce qui a me- « suré la poussière de la terre? Qui a pesé les montagnes au

« crochet et les coteaux à la balance? Voici, toutes les na-
« tions sont comme une goutte dégouttante d'un seau et sont
« réputées comme la menue poussière d'une balance. Toutes
« les nations sont devant lui comme un rien, il les tient pour
« moins que rien, et pour choses de néant. A qui donc
« ferez-vous ressembler le Dieu fort, et quelle ressemblance
« lui approprierez-vous? » Je n'ignore pas que toutes ces autorités ne sont d'aucun poids auprès des personnes contre
qui je dispute. Je ne prétends pas aussi m'en prévaloir contre
eux. Les seules lumières de la droite raison me suffisent pour
être persuadé que la cause suprême doit nécessairement
être infiniment puissante. S'il y a quelque chose qui ait besoin d'éclaircissement, c'est la question de l'étendue de ce
pouvoir absolu que la cause suprême possède incontestablement.

Je remarque d'abord qu'un pouvoir infini embrasse toutes
les choses possibles, mais qu'il ne s'étend pas à celles qui
impliquent contradiction. Il ne peut pas faire, par exemple,
qu'une chose soit ou ne soit pas en même temps; qu'elle ait
été et n'ait pas été, que deux fois deux ne fassent pas quatre,
que ce qui est nécessairement faux soit vrai, et telles autres
choses semblables. La raison en est évidente. Le pouvoir de
faire qu'une chose soit ou ne soit pas en même temps, n'est
pas un véritable pouvoir. Ce n'est rien de positif, c'est au
contraire une pure négation.

Je dis, en second lieu, qu'on ne peut pas dire qu'une
puissance infinie s'étende jusques aux choses qui supposent
une imperfection naturelle dans l'Être à qui cette puissance
est attribuée. Par exemple, on ne peut pas dire qu'un Être
infiniment puissant se puisse détruire lui-même, qu'il puisse
s'affaiblir, et ainsi du reste. Ce sont toutes choses qui mar-
quent une imperfection naturelle, et qui, par conséquent,
ne sauraient se rencontrer dans l'Être qui existe nécessairement et par lui-même. Il y a des imperfections d'une autre
espèce, je veux dire des imperfections morales. Mais il n'est

CHAPITRE XI.

pas nécessaire d'en parler maintenant, puisque les athées nient absolument la différence entre le bien et le mal moral. J'attendrai donc à en parler que j'en sois venu à l'article des attributs moraux de la Divinité.

Il n'y a, à proprement parler, aucune dispute sur les propositions que je viens de mettre en avant. Aussi ne les ai-je fait qu'indiquer. Il n'en va pas de même de celles qui suivent. Si vous en exceptez la question de l'intelligence de la *cause suprême*, il n'y en a point que les athées combattent plus ardemment et sur quoi ils se roidissent plus fortement. La première de ces propositions est, que le pouvoir de créer la matière est renfermé dans l'idée d'une puissance infinie. Tout ce qu'il y a jamais eu d'athées, tant anciens que modernes, a pris constamment la négative de cette proposition, et tous ceux qui ont cru l'existence d'un Dieu, et qui ont eu des idées saines de ses attributs, se sont déclarés au contraire pour l'affirmative. L'unique raison que l'athée puisse alléguer en faveur de son opinion, c'est que la chose est impossible, d'une impossibilité absolue et naturelle. Mais pourquoi leur paraît-elle si impossible? C'est, disent-ils, qu'il ne leur est pas possible de comprendre comment elle peut être. Pour la contradiction (qui est pourtant la seule impossibité réelle), il ne leur pas possible de démontrer qu'il y en ait aucune. Car quelle contradiction y a-t-il à dire, qu'une chose qui n'était pas auparavant, a commencé d'exister dans la suite? Il y a une grande différence entre ce langage et celui-ci, « une chose est et n'est pas en même temps. » Ce dernier est une contradiction directe et formelle, mais il n'y a dans l'autre ni contradiction directe ni indirecte. Il est vrai qu'accoutumés à ne voir que des choses qui viennent au monde par la voie de la génération ou d'autres qui périssent par voie de corruption, et n'ayant jamais vu de création, nous sommes sujets à nous faire une idée de la création toute semblable à celle de la formation. On s'imagine que comme toute formation suppose une matière préexistante, ainsi, il faut, malgré qu'on en ait, supposer en matière de création je ne sais quel néant préexistant, duquel, comme d'une matière réelle, les choses créées ont été tirées. Je conviens que cette notion a, en effet, un grand air de contradiction. Mais qui ne voit que ce n'est là qu'une pitoyable confusion d'idées? Il en est en ce point comme des enfants qui s'imaginent que l'obscurité est un être réel que la lumière chasse le matin, ou qui est transformé en lumière. Pour avoir une juste idée de la création, il ne faut pas se la figurer comme la formation d'une chose qui est tirée du néant, considéré comme cause matérielle. Créer, c'est donner l'existence à une chose qui ne l'avait pas auparavant; c'est faire qu'une chose qui n'existait pas auparavant, existe maintenant. Je défie qui que ce soit de me faire voir de la contradiction dans cette idée. Il n'y en a pas plus qu'il y en a dans la notion d'un être, qui, après avoir eu une forme, en revêt ensuite une nouvelle. Si les athées, après tout, étaient gens à avouer la vérité, il se trouverait que toutes leurs objections se réduisent à ce misérable argument : Que la matière n'a pu commencer à exister lorsqu'elle n'était pas, parce que ce serait supposer qu'elle était avant qu'elle fût. Et que, d'un autre côté, elle n'a pu commencer à exister dans le temps qu'elle était, parce que ce serait supposer qu'elle n'était pas après qu'elle était. Cet argument est tout semblable à celui de ce philosophe qui prétendait prouver qu'il n'y avait point de mouvement, parce que, disait-il, il n'est pas possible qu'un corps se meuve, « ni dans le lieu où il est, ni dans le lieu où il n'est pas. » Ces deux sophismes étant précisément les mêmes, la même réponse peut servir à l'un et à l'autre. La création de la matière, au reste, est si peu impossible, qu'elle est démontrable par la raison toute seule. En effet, j'ai fait voir ci-dessus que la supposition de l'existence nécessaire de la matière était une contradiction.

La seconde proposition que je mettrai en avant, c'est qu'une puissance infinie peut créer une substance immatérielle, une substance qui pense, revêtue du pouvoir de commencer le mouvement, et de la liberté de vouloir et de choisir. Tous les athées s'accordent à nier et à rejeter cette proposition. Or, comme c'est une proposition de la dernière importance en matière de religion et de morale, je me propose de la prouver, par parties, le plus solidement qu'il me sera possible.

Je dis donc 1°. qu'une puissance infinie a le pouvoir de créer une substance immatérielle qui pense. Tout le monde convient qu'une substance qui pense, c'est-à-dire une substance revêtue de la faculté de connaître et de penser, est une chose très-possible. Le moyen d'en douter, puisqu'il n'y a personne qui ne soit intérieurement convaincu par sa propre expérience, qu'il y a en lui une substance pensante. Je ne crois pas aussi que personne me dispute, qu'en cas qu'il y ait des substances immatérielles, il y a toutes les raisons du monde de croire que ces substances immatérielles sont celles en qui l'on trouve la connaissance et la pensée, qui sont les propriétés les plus éloignées et les moins ressemblantes aux propriétés connues de la matière qu'on puisse imaginer. Voici donc l'unique chose qu'il faut prouver : Que l'idée d'une substance immatérielle ne renferme aucune impossibilité, et n'implique point contradiction.

Ceux qui prétendent le contraire sont obligés de dire, que tout ce qui n'est pas matière n'est rien. Il faut qu'ils soutiennent que celui qui dit qu'une chose qui n'est pas matière existe, dit une aussi grande absurdité que s'il disait, qu'il y a quelque chose qui existe qui n'est pourtant rien. Ce qui exprimé d'une autre manière, revient à ceci : Que toutes les choses dont nous n'avons point d'idée ne sont que de pures impossibilités. Il n'y a point, en effet, d'autre voie de prouver que l'idée d'une chose immatérielle est une idée contradictoire, que de prouver qu'être immatériel et n'avoir point d'existence sont des phrases synonymes. Et toute la preuve qu'il soit possible d'en donner, c'est de poser pour une chose constante, que nous n'avons point d'idée de ce qui est immatériel, que tout ce dont nous n'avons point d'idée ni n'existe, ni ne saurait exister. Je ne veux pas me prévaloir ici de la fausseté insigne de la supposition que ceux contre qui je dispute sont obligés de faire : que nous avons une idée claire de l'essence de la matière, et que nous n'avons aucune idée de la substance immatérielle. Je dis seulement, que leur manière de raisonner est toute semblable à celle d'un aveugle-né qui soutiendrait que la lumière et les couleurs sont des choses impossibles et contradictoires, par cette belle raison qu'il n'en a, quant à lui, aucune idée. Car la lumière et les couleurs sont des choses aussi incompréhensibles, et aussi fort au-dessus des idées d'un aveugle-né, que le puissent être l'essence et les opérations d'une substance purement immatérielle. Si donc le défaut d'idée dans l'aveugle n'est pas une preuve suffisante de l'impossibilité de la lumière et des couleurs, de quel droit peut-on prétendre, que le défaut de nos idées soit une bonne preuve de l'impossibilité de l'existence des substances immatérielles? Mais un aveugle, dira-t-on, a le témoignage des autres hommes qui lui certifient que la lumière existe. Fort bien. Mais n'avons-nous pas aussi des témoignages pour l'existence des substances immatérielles? Qui ne voit d'ailleurs, que si l'athée en appelle au témoignage, il nous donne entièrement gain de cause? Nous avons de plus cet avantage-ci dans cette comparaison, que si l'on ôte à un aveugle le témoignage d'autrui, il ne trouvera, par son raisonnement, quoi qu'il fasse, ni apparence, ni probabilité à l'existence de la lumière et des couleurs : au lieu qu'outre le témoignage nous avons l'expérience et le raisonnement, qui nous fournissent des arguments pleins de force et de solidité pour l'existence des substances immatérielles, quoique nous ignorions en quoi consiste leur essence. C'est ce que nous découvre, dans les choses mêmes inanimées, le grand principe de la gravitation dont j'ai fait mention ci-dessus. Car, puisque cette cause quelle qu'elle soit, agit exactement sur les corps, proportionnellement à la quantité de leur matière solide, et non pas à proportion de leurs superficies [1] ; il est évident qu'elle ne peut pas venir de la matière qui n'agit ni ne peut agir que sur les superficies des corps, mais qu'elle doit venir de quelque chose qui pénètre continuellement la substance solide des corps. C'est ce qui paraît d'une manière encore plus évidente dans les animaux qui ont la faculté de se mouvoir eux-mêmes, et surtout dans ceux qui, étant plus parfaits que les autres, ont aussi de plus excellentes facultés. Nous voyons tous les jours, nous sentons, nous remarquons, et hors de nous et en nous-mêmes, des facultés, des perceptions et des opérations qui sont incontestablement des propriétés des substances immatérielles. On dira, peut-être, que nous avons aussi peu d'idée de la substance intérieure et des facultés essentielles de la matière que des êtres purement immatériels. Mais on ne saurait parler ainsi sans détruire l'objection que je réfute, sur la prétendue impossibilité d'une substance qui n'est pas matière. C'est de quoi nous parlerons plus amplement dans la suite.

Ce que j'ai dit jusqu'ici suffit pour dissiper les difficultés que les athées font sur la notion des âmes humaines, et pour répondre à toutes les objections qu'ils mettent en avant pour combattre ceux qui croient que ce sont des substances spirituelles distinctes du corps. Car, puisqu'il est possible qu'il y ait des substances immatérielles, et puisque toutes les raisons du monde nous portent à croire qu'en cas qu'il y ait des substances immatérielles, ce doit être des substances qui réfléchissent et qui pensent, la réflexion et la pensée étant des propriétés aussi éloignées des propriétés connues de la matière qu'il soit possible de concevoir, voilà le grand fondement des objections contre l'immatérialité de l'âme entièrement ruiné. Je ne m'arrêterai pas à réfuter ces objec-

---

[1] Vid. NEWTON *Princip.*, pag. ultim.

tions l'une après l'autre; c'est ce que plusieurs auteurs savants et judicieux ont fait avec beaucoup de solidité et d'élégance ; je n'en toucherai qu'une seule d'où les autres dépendent, et à laquelle elles viennent toutes aboutir. On dit que, puisque toutes nos idées viennent de nos sens, et que nos sens dépendent évidemment des organes de notre corps, il s'ensuit que notre âme n'a point d'idée indépendamment du corps, et par conséquent qu'elle n'est rien [1]. Je pourrais répondre à cela que, bien qu'il soit vrai que nos sens peuvent être interrompus dans leurs fonctions par des maladies corporelles, et qu'ainsi il n'y ait point de doute qu'ils ne dépendent des organes de notre corps, au moins dans ce qui regarde leurs fonctions, il est certain cependant que ce sont des facultés réellement et entièrement distinctes du corps, qui ne peuvent être sorties d'aucune des propriétés de la matière qui nous sont connues. Mais je laisse à part cette réponse, et je demande à ceux qui nous proposent cette objection, s'ils croient, en bonne foi, qu'il soit impossible, d'une impossibilité absolue et naturelle, qu'il y ait d'autres sens naturels que les cinq que nous possédons? Peut-on dire qu'il y ait de l'absurdité et de la contradiction à concevoir des êtres doués d'autres sens naturels, différents de ceux qui entrent dans notre constitution présente? Ne sont-ce pas au

---

[1] — Si immortalis natura animai est,
Et sentire potest secreta a corpore nostro
Quinque (ut opinor) eam faciundum est sensibus auctam.
Nec ratione alia nosmet proponere nobis,
Possumus infernas animas Acheronte vagare :
Pictores itaque et scriptorum sæcla priora
Sic animas introduxerunt sensibus auctas.
At neque seorsum oculi, neque nares, nec manus ipsa
Esse potest anima; neque seorsum lingua, nec aures
Absque anima per se possunt sentire, nec esse.
LUCRET., lib. III, 624 et seqq.

Ὅσων γάρ ἐστιν ἀρχῶν ἡ ἐνέργεια σωματική, δῆλον ὅτι ταύτας ἄνευ σώματος ἀδύνατον ὑπάρχειν· οἷον βαδίζειν ἄνευ ποδῶν. ARISTOTEL.

CHAPITRE XI.   87

contraire des choses purement arbitraires? La même puissance qui nous a donné les cinq sens que nous avons, ne peut-elle pas en avoir donné d'autres, tout différents des nôtres, à d'autres êtres que nous ne connaissons pas? N'aurait-elle pas pu, enfin, si tel avait été son bon plaisir, nous en donner d'autres à nous-mêmes dans l'état présent où nous nous trouvons, ou nous avoir rendus capables d'en avoir d'autres en nous mettant dans un autre état? Or, si ces voies de perception sont des choses purement arbitraires, qui ne voit qu'en les anéantissant on n'anéantit pourtant pas toute perception, puisque la même âme qui, dans l'état présent où elle se trouve, possède bien les facultés de réfléchir, de raisonner et de juger, qui sont des facultés entièrement différentes des sens, pourrait sans difficulté avoir, dans un autre état, d'autres moyens de perception différents de ceux que nous avons maintenant? On dira peut-être qu'il n'est pas possible qu'il y ait aucune autre voie de perception que celle que nous avons maintenant par la voie des sens. Mais ce n'est que le préjugé [1], qui vient de la mauvaise coutume que nous avons de nous en rapporter à ce que nous déposent nos sens plutôt qu'aux lumières de la raison, qui nous fait tenir ce langage. Supposons que les hommes eussent été créés avec quatre sens au lieu de cinq, et que l'usage de la vue leur fût inconnu, n'auraient-ils pas les mêmes raisons de soutenir que ces quatre sens sont les seules voies de perceptions possibles? Ne diraient-ils pas que la faculté de voir est une chose impossible et entièrement chimérique? C'est ainsi que raisonneraient sans doute, en pareil cas, ceux qui traitent ce qu'on dit des facultés des êtres immatériels, de vaines chimères. Les hommes devraient

---

[1] « Has tamen imagines (*mortuorum*) loqui volebant, quod fieri nec sine lingua, nec sine palato, nec sine faucium, laterum, pulmonum vi et figura potest. Nihil enim animo videre poterant : ad oculos omnia referebant. Magni autem ingenii est, revocare mentem a sensibus, et cogitationem a consuetudine abducere. » Cic., *Tuscul. Quæst.*, I.

avoir honte de cet excès de vanité, qui leur fait prendre leur ignorance pour principe, et qui les porte à nier, contre toute sorte d'apparence, la possibilité de l'existence des êtres immatériels, pendant que toutes les raisons du monde s'accordent à leur persuader qu'il y en a, et qu'ils ne sauraient alléguer d'autre raison de leur négation que l'impossibilité qu'ils trouvent à imaginer ce que c'est et à s'en faire une idée. Mais, dira-t-on encore, le moyen de concevoir la nature de l'union de l'âme avec le corps, et la manière dont elle se fait? Je réponds que ce sont là des choses qu'il nous est impossible de comprendre. Il en est en ce point tout comme de l'union ou de la cohésion des parties d'un corps toutes divisibles à l'infini dont personne ne doute et dont pourtant il n'est pas possible d'expliquer et de comprendre la manière. Comme donc notre ignorance en ce dernier point n'empêche pas que nous ne tenions la dernière de ces choses pour constante et indubitable, elle ne doit pas nous empêcher aussi d'être persuadés de la première.

Je dis, en second lieu, qu'une puissance infinie peut donner à une créature le pouvoir de commencer le mouvement. Tous les athées s'accordent à rejeter cette proposition, parce que la liberté de la volonté en est une suite nécessaire, comme j'aurai occasion de le faire voir dans le paragraphe suivant. Il faut donc la prouver. Voici comment : Si le pouvoir de commencer le mouvement est une chose possible en elle-même, et qui puisse aussi être communiquée, il est évident que la créature peut être revêtue de ce pouvoir. Or, le pouvoir de commencer le mouvement est une chose très-possible. C'est ce que j'ai prouvé ci-dessus dans l'endroit où j'ai fait voir qu'il faut de toute nécessité que le pouvoir de commencer le mouvement réside quelque part, puisque, autrement, il faudrait supposer que le mouvement est de toute éternité, et qu'il n'a point de cause extérieure de son existence. J'ai fait voir aussi que le mouvement est une chose qui ne renferme point en soi l'existence nécessaire :

de sorte que, si le pouvoir de commencer le mouvement ne se rencontre nulle part, il faudra dire que le mouvement existe sans avoir eu aucune cause de son existence, ni extérieure, ni intérieure, ce qui est contradictoire, comme je l'ai démontré dans ce qui précède. J'infère de là que le pouvoir de commencer le mouvement doit nécessairement être quelque part, et par conséquent que c'est une chose en elle-même très-possible. J'ajoute que, comme le pouvoir de commencer le mouvement n'est pas une chose impossible, puisqu'il est nécessaire dans la cause première, il se peut aussi très-bien faire que ce pouvoir soit communiqué à des êtres créés. La raison en est évidente; car il n'y a rien d'incommunicable que ce à quoi l'idée d'existence nécessaire et d'indépendance absolue se trouve jointe. Qu'un être subordonné existe par lui-même et soit indépendant, c'est ce qui est absurde et contradictoire; mais il n'y a nulle contradiction à le concevoir revêtu de facultés et de pouvoirs qui n'ont point de liaison avec ces attributs. Je sais que les fatalistes, si je puis les appeler ainsi, c'est-à-dire ceux qui attribuent tout à un aveugle destin, objectent avec beaucoup d'assurance que le pouvoir de commencer le mouvement renferme l'indépendance réelle, ou le pouvoir d'agir indépendamment d'aucune cause supérieure. Mais cette objection n'est qu'un pauvre jeu de mots; car il y a bien loin de ce pouvoir d'agir indépendamment, dont je viens de parler, que la cause suprême communique selon son bon plaisir, et qui ne dure qu'autant que ce bon plaisir dure; il y a, dis-je, bien loin de ce pouvoir-là à l'indépendance réelle et absolue. Il en est de cela comme de la faculté d'exister, de celle de réfléchir sur soi-même, et, pour tout dire, en un mot, comme de toutes les autres facultés qui sont en nous, et qui ne sont pourtant pas des preuves de notre indépendance. Je pose en fait qu'il n'y a pas moins de difficulté à concevoir comment la faculté de connaître et de réfléchir sur ce qu'on connaît peut être communiquée à un être créé, qu'il y en a à concevoir la communication du pouvoir de se mouvoir soi-même. A moins qu'on ne dise que la connaissance et la réflexion ne sont autre chose qu'une simple réception de l'impulsion extérieure. Mais à qui persuadera-t-on cette doctrine? J'aimerais autant qu'on me dît qu'un triangle est un son, et qu'un carré est une couleur. Or, comme il n'y a point d'homme qui doute qu'il ne soit véritablement revêtu de la faculté de connaître et de réfléchir, je suis persuadé pareillement qu'il n'y a point d'homme à examen qui ne demeure convaincu qu'il a actuellement le pouvoir de se mettre en mouvement, quelque difficulté qu'il ait à concevoir comment cela peut être. En effet, les arguments pris de l'expérience continuelle sont si forts pour prouver que nous avons ce pouvoir, que, pour nous faire avoir le moindre doute sur cet article, il ne faudrait pas moins qu'une démonstration en forme, qui nous fît voir que la chose est absolument impossible et qu'elle implique contradiction. En un mot, l'expérience et la raison s'accordent si bien à nous persuader que l'homme a, en effet, le pouvoir de se mouvoir lui-même, que je ne conçois pas comment il se trouve des gens qui ont le courage de dire, en dépit de la raison et de l'expérience, que les esprits qui mettent les membres de notre corps en mouvement, ou qui servent à arranger les pensées de notre âme, sont mis eux-mêmes en mouvement par l'air, ou par la matière subtile qui s'insinue dans notre corps; que cet air ou cette matière subtile reçoit son mouvement de quelque autre matière extérieure, et ainsi de suite, à peu près comme les roues d'une horloge sont mises en mouvement par les poids, les poids par la gravitation, et ainsi du reste. A moins d'avoir en main une démonstration dans toutes les formes, qui prouve que l'on ne saurait attribuer à l'homme le pouvoir de former une pensée, ou de mettre lui-même en mouvement les esprits, par le moyen desquels il remue les membres de son corps, sans tomber dans une contradiction aussi évidente qu'il est évident que deux fois deux ne font pas

CHAPITRE XI.

quinze, à moins, dis-je, d'une démonstration pareille, on devrait avoir honte de tenir un semblable langage. Je ne sais de quoi on ne devrait pas douter, plutôt que de douter d'une chose de sentiment, telle qu'est celle qui regarde le pouvoir que nous avons de penser et de nous remuer. Parmi ceux que je combats ici, il y en a qui ont pris une espèce de milieu; car, bien qu'ils nient que l'homme ait le pouvoir de commencer le mouvement, ils lui attribuent pourtant celui de le déterminer. Mais ce n'est qu'un misérable jeu de mots; car, si ce pouvoir de détermination du mouvement qu'ils assignent à l'homme n'est autre chose que le pouvoir qu'a une pierre de réfléchir une balle d'un certain côté, ce pouvoir et rien est la même chose. Mais si on lui attribue le pouvoir de déterminer le mouvement d'un côté plutôt que d'un autre, et comme il lui plaît, je ne vois pas qu'il y ait aucune différence entre ce pouvoir et celui de commencer le mouvement qui est celui sur lequel roule la dispute.

Je dis, en troisième lieu, qu'une puissance infinie peut revêtir une créature de la faculté de vouloir et de vouloir avec liberté. Je pourrais me contenter de renvoyer ici mon lecteur aux arguments que je viens de faire pour prouver que le pouvoir de commencer le mouvement, ou de se mouvoir soi-même, est une chose dont la créature est capable. En effet, les mêmes arguments qui prouvent que l'homme a le pouvoir de se mouvoir, prouvent aussi qu'il a une volonté libre. Premièrement, j'ai démontré fort au long, dans ma neuvième proposition générale, qu'il faut, de toute nécessité, que la cause suprême soit un agent libre, d'où il s'ensuit que la liberté n'est de sa nature ni impossible ni contradictoire. J'ai dit ensuite qu'il n'y a nulle contradiction à supposer que la cause suprême communique cette liberté à d'autres êtres, et qu'il n'y a dans cette communication rien de plus difficile à concevoir que dans la communication du pouvoir de commencer le mouvement dont je viens de parler. Enfin, j'ai dit que les arguments que l'expérience nous fournit pour prouver la liberté de l'homme, sont mille fois plus forts que toutes les objections qu'on peut faire sur la difficulté de concevoir la chose et d'en expliquer la manière. Je pourrais, si je voulais, en demeurer là; mais comme c'est ici une question de la dernière importance, et qui a une très-grande influence sur la religion et sur la conduite de la vie humaine, il ne sera pas mauvais de nous y arrêter un peu davantage pour dissiper les ténèbres que Spinoza, Hobbes et leurs sectateurs se sont efforcés de répandre sur cette matière, et pour faire voir la faiblesse des arguments, dont ils font tant de bruit, qu'ils allèguent avec de grands airs de confiance, et par lesquels ils prétendent démontrer que l'homme n'est point libre, et que la faculté qu'on lui attribue, de vouloir avec liberté, n'est qu'une faculté imaginaire. Il ne s'agit pas, au reste, de rechercher si, à parler proprement, on peut dire que la volonté soit le siége de la liberté, car la question entre ces messieurs et nous ne consiste pas à savoir où est le siége de la liberté; il est question de savoir s'il y a dans l'homme une liberté de choix, un pouvoir de déterminer ses propres actions, ou si ses actions sont aussi nécessaires que les mouvements d'une pendule. Nous pouvons réduire tous les arguments dont Spinoza et Hobbes se sont servis pour établir cette étrange hypothèse à ces deux :

Ils disent premièrement que, puisque tout effet présuppose une cause, et que, de la même manière que tout mouvement qui arrive dans un corps lui est causé par l'impulsion d'un autre corps, et le mouvement de ce second par l'impulsion d'un troisième, ainsi, chaque volition ou chaque détermination de la volonté de l'homme doit nécessairement être produite par quelque cause extérieure et celle-ci par une troisième, d'où ils concluent que la liberté de la volonté n'est qu'une chimère.

Ils disent en second lieu, que la pensée avec tous ses modes, comme la volonté et autres choses semblables, ne sont que des affections, ou des qualités de la matière, et par conséquent, qu'il n'y a point de liberté de volonté, puisqu'il est évident que la matière n'a pas en elle-même le pouvoir de commencer le mouvement ou de se donner à elle-même la moindre détermination.

J'opposerai à ces arguments les trois propositions suivantes, dont je donnerai la preuve le plus brièvement qu'il me sera possible :

Ma première proposition est, qu'il est faux que tout effet soit le produit de quelque cause externe : qu'au contraire il faut de toute nécessité reconnaitre un commencement d'action, c'est-à-dire un pouvoir d'agir indépendamment d'aucune action antécédente; et que ce pouvoir peut être et est effectivement dans l'homme.

Ma seconde proposition est, que la pensée et la volonté ne sont ni ne peuvent être des qualités ou des affections de la matière, et ne sont, par conséquent, point soumises à ses lois.

La troisième enfin, que quand bien même l'âme ne serait pas une substance distincte du corps, et qu'on supposerait que la pensée et la volonté ne sont que des qualités de la matière, cela même ne prouverait pas que la liberté de la volonté fût une chose impossible.

Je dis premièrement, que tout effet ne peut pas être produit par des causes externes, mais qu'il faut, de toute nécessité, reconnaître un commencement d'action, c'est-à-dire, un pouvoir d'agir indépendamment d'aucune action antécédente, et que ce pouvoir peut être et se trouve actuellement dans l'homme. Je n'ai pas besoin de m'arrêter ici à prouver les diverses branches de cette proposition. C'est ce que j'ai déjà fait par avance dans ma seconde et ma neuvième propositions générales, et dans cette partie de la proposition que j'ai présentement en main, où j'ai fait voir que le pouvoir de commencer le mouvement, et de se mouvoir soi-même, est une chose qui peut être communiquée aux êtres créés par la cause suprême. Je ne répéterai donc point les preuves déjà alléguées, je me contenterai d'en faire l'application à Spinoza et à Hobbes, et de faire voir la faiblesse des arguments dont ils se servent pour anéantir, s'il leur était possible, le dogme de la liberté de la volonté. Voici comment ils argumentent : ils disent, « que tout effet [1] suppose une cause qui le produit « nécessairement, parce que si la cause est suffisante elle « produira immanquablement son effet, et si elle n'était pas « suffisante, elle ne serait pas cause. » Ainsi, ajoutent-ils, « tout corps qui est mû, est mû par un autre corps, ce « second par un troisième [2], et ainsi de suite à l'infini. » Ils soutiennent qu'il en est de même de la volonté [3] ; ils disent, « qu'elle ne se détermine point elle-même en vertu d'une « faculté, qui lui soit inhérente, mais que sa détermination « lui vient de quelque cause externe : que cette cause « externe [4] est déterminée à son tour par une autre, celle-ci « par une troisième, et ainsi de suite à l'infini. » Je remarque d'abord, que tout ce que ces auteurs allèguent contre la

---

[1] « Quicunque unquam effectus productus sit, productus est a causa necessaria. Nam quod productum est causam habuit integram, hoc est omnia ea quibus suppositis effectum non sequi intelligi non possit, ea vero causa necessaria est. » Hobbes, *Philos. prima*, cap. 9.

[2] « Corpus motum vel quiescens, ad motum vel quietem determinari debuit ab alio corpore, quod etiam, etc. » *Ut supra*, Spin., *Eth.*, p. 2, Prop. XIII, Lem. III.

[3] « Unaquæque volitio non potest existere, neque ad operandum determinari, nisi ab alia causa determinetur, et hæc rursus ab alia, et sic porro in infinitum. » Id., *ibid.*, Prop. XXXII, Demonstr.

[4] Je conçois qu'il n'y a rien qui se soit donné à soi-même son commencement, mais qu'il l'a reçu de l'action de quelque agent immédiat hors de soi. Ainsi lorsqu'un homme commence à désirer, ou à vouloir quelque chose qu'il ne désirait ni ne voulait auparavant, la cause de cette volonté ne vient pas de la volonté même ; mais de quelque autre chose qui n'est nullement en sa disposition. Hobbes, *Debate with Ep. Bramhall*, p. 289.

« In mento nulla est absoluta sive libera voluntas : sed mens ad hoc vel illud volendum determinatur a causa quæ etiam ab alia determinata est, et hæc iterum ab alia et sic in infinitum. » Spin., *Eth.*, part. 2, Prop. XLVIII.

liberté de l'homme, attaque également la liberté de tous les autres êtres sans en excepter même celle de l'Être suprême, et Spinoza l'avoue[1] en propres termes. Voici donc à quoi aboutit cette prétendue démonstration, dont on fait tant de bruit. Il en résulte cette conclusion absurde et extravagante au dernier point : « Qu'il n'y a nulle part ni ne saurait y « avoir aucun principe de mouvement, ou commencement « d'action, mais que tout ce qui arrive, arrive nécessaire- « ment en vertu d'une chaîne éternelle de causes dépen- « dantes et d'effets à l'infini, sans cause indépendante et « originale. » J'ai donc réfuté tous leurs arguments par avance dans ma seconde proposition générale, et dans la neuvième, où j'ai prouvé qu'il faut nécessairement qu'il y ait un Être indépendant et original, et un principe libre de mouvement et d'action, et que la supposition d'une succession infinie de causes et d'effets dépendants l'un de l'autre, sans cause première et originale, est la chose du monde la plus absurde et la plus contradictoire. Outre que par surabondance de droit, j'ai démontré de plus dans le commencement de ce chapitre, que le pouvoir de commencer le mouvement est une chose non-seulement possible, mais aussi certaine, et que c'est un pouvoir qui peut être communiqué à des êtres finis, puisqu'il se trouve actuellement dans l'homme.

Je dis en second lieu que la pensée et la volonté n'étant point des qualités de la matière, elles ne peuvent pas, par conséquent, être soumises à ses lois. J'ai déjà prouvé dans ce chapitre, que la notion d'une substance immatérielle, n'ayant rien qui implique contradiction, il est très-possible qu'il y en ait. J'ai fait voir aussi, dans ma huitième proposition générale, que la pensée et la volonté sont des facultés entièrement distinctes de la matière, et que, puisqu'elles en sont distinctes, elles ne peuvent ni être sorties du sein de la matière ni en avoir été composées. Or, puisque la pensée et

---

[1] « Hinc sequitur, Deum non operari ex libertate voluntatis. » Spin., *Eth.*, p. Cor. ad Prop. XXXII.

la volonté ne sauraient être des qualités ou des affections de la matière, il est certain et indubitable que ce sont des facultés de la substance immatérielle. Il faut en convenir, à moins qu'on ne confonde les idées des choses, et qu'on ne donne au terme de matière un sens entièrement différent de l'usage commun. C'est-à-dire qu'au lieu que dans l'usage commun le terme de matière est employé pour signifier une substance solide, divisible, et capable de figure et de mouvement, il faudra entendre par cette expression, comme font quelques-uns, ou la substance en général, ou une substance inconnue, dont les propriétés sont toutes différentes de celles dont je viens de parler. Mais quand on admettrait ce dernier sens, nos adversaires n'en seraient pas plus avancés, comme je le ferai voir tout à l'heure. En attendant, je remarquerai qu'à prendre le terme de matière dans son sens propre et ordinaire, rien au monde ne peut être plus absurde que de supposer que la pensée et la volonté soient des qualités ou des affections de la matière. Je n'en veux point d'autre preuve que le système ridicule et insensé auquel Hobbes est obligé d'avoir recours, pour expliquer la nature et l'origine des sensations. « Voici, dit-il, en quoi consiste la cause im-
« médiate [1] de la sensation. L'objet vient presser la partie
« extérieure de l'organe et cette pression pénètre jusqu'à la
« partie intérieure : là se forme la représentation ou l'image

---

[1] « Ex quo intelligitur sensionis immediatam causam esse in eo, quo sensionis organum primum et tangit et premit. Si enim organi pars extima prematur, illa cedente prometur quoque pars quæ versus interiora illi proxima est, et ita propagabitur pressio, sive motus illo, per partes organi omnes usque ad intimam. — Quoniam autem motui ab objecto per media ad organi partem intimam propagato, sit aliqua totius organi resistentia sive reactio, per motum ipsius organi internum naturalem ; fit propterea conatui ab objecto, conatus ab organo contrarius : Ut cum conatus illo ad intima, ultimus actus sit eorum qui fiunt in actu sensionis, tum demum ex ea reactione aliquandiu durante, ipsum existet *phantasma*; quod propter conatum versus externa, semper videtur tanquam aliquid situm extra organum. » Hobbes, *de Sensione et Motu animali*.

« (*phantasma*), par la résistance de l'organe, ou par une
« espèce de réflexion, qui cause une pression vers la partie
« extérieure, toute contraire à la pression de l'objet, qui
« tend vers la partie intérieure. Cette représentation, ce
« *phantasma*, est, dit-il, la sensation [1] même. » Voici comment il parle dans un autre endroit[2] : « La cause de la sensa-
« tion est l'objet qui presse l'organe, cette pression pénètre
« jusqu'au cerveau par le moyen des nerfs, et de là elle est
« portée au cœur, de là au moyen de la résistance du cœur,
« qui s'efforce de renvoyer au dehors cette pression et de
« s'en délivrer, de là, dit-il, naît l'image, la représentation,
« et c'est ce qu'on appelle sensation. » A quoi bon tout ce
fatras, je vous prie; et de quel usage est-il pour expliquer la
nature des sensations? J'avoue que l'objet venant à frapper
le *sensorium* par le moyen de l'organe, excite une image, et
fait une impression sur le cerveau. Mais en quoi consiste la
faculté de connaître cette impression et de la sentir? Quel
rapport y a-t-il, je vous prie, entre cette impression et le
sentiment lui-même, c'est-à-dire, la pensée que cette impression excite dans l'âme? Il n'y a pas plus de rapport entre
ces deux choses, qu'il y en a entre un carré et du bleu,
entre un triangle et un son, entre une aiguille et le sentiment
de la douleur, ou entre la réflexion d'une balle dans un jeu
de paume, et l'entendement humain. De sorte que la définition que Hobbes donne de la sensation, qu'il prétend n'être
autre chose que l'image qui se forme dans le cerveau par
l'impression de l'objet, est aussi impertinente que si, pour

---

[1] « Phantasma est sentiendi actus. » HOBBES, *de Sens. et Mot. anim.*

[2] « Causa sensionis est externum corpus sive objectum quod premit organum proprium, et premendo (mediantibus nervis et membranis), continuum efficit motum introrsum, ad cerebrum et inde ad cor ; unde nascitur cordis resistentia et contrapressio, seu ἀντιτυπία, sive conatus cordis liberantis se a pressione per motum tendentem extrorsum; is motus propterea apparet tanquam aliquid externum : Atque apparitio hæc, sive phantasma, est id, quod vocamus sensionem. » *Levia-*

définir la couleur bleue, il avait dit que c'est l'image d'un carré, etc. On aurait tort de croire que je lui en impose; car ne dit-il pas lui-même, en termes exprès [1] : « Que toutes « les qualités sensibles, comme sont les couleurs, les sons « et ainsi du reste, ne sont dans l'objet même qu'un mouve- « ment de la matière : Et que, comme le mouvement ne « saurait produire autre chose que du mouvement, les per- « ceptions des qualités sensibles qui se font en nous ne sont « par conséquent que des mouvements diversifiés ? » Mais si l'image de l'objet qui s'imprime dans le cerveau au moyen de la figure et du mouvement est la sensation elle-même, comme Hobbes le prétend, ne faudra-t-il pas qu'il dise, suivant ses principes, que la sensation n'est après tout que pure figure et pur mouvement? Et ainsi ne se charge-t-il pas de toutes les absurdités que j'ai fait voir être les conséquences inévitables de cette opinion?

Hobbes (comme je l'ai remarqué dans un autre endroit), paraît avoir senti le poids de cette difficulté insurmontable; et de là vient qu'il affecte de la cacher à ses lecteurs, et de leur en imposer à la faveur de l'ambiguïté du terme de représentation (*phantasma*). Il se ménage même une échappatoire, et en cas qu'on le presse trop vivement, il insinue, à tout hasard, qu'il pourrait bien se faire qu'il y eût dans la sensation quelque chose de plus [2]. « Il ne sait s'il ne doit pas

---

[1] « Quæ qualitates omnes nominari solent sensibiles, et sunt in ipso objecto nihil aliud præter materiæ motum, quo objectum in organa sensuum diversimode operatur. Neque in nobis aliud sunt, quam diversi motus. Motus enim nihil generat præter motum. » *Leviathan*, cap. 1.

[2] « Scio fuisse philosophos quosdam, eosdemque viros doctos, qui corpora omnia sensu prædita esse sustinuerunt. Nec video si natura sensionis in reactione sola collocaretur, quomodo refutari possint. Sed et si ex reactione etiam corporum aliorum, phantasma aliquod nasceretur, illud tamen remoto objecto statim cessaret : Nam nisi ad retinendum motum impressum, etiam remoto objecto, apta habeant organa, ut habent animalia; ita tantum sentiunt ut numquam sensisse se recordentur. — Sensioni ergo, quæ vulgo appellatur, necessario adhæret memoria aliqua. » HOBBES, *Phys.*, cap. 25, sect. v.

« dire, à l'exemple de quelques philosophes, que toute ma-
« tière a naturellement et essentiellement la faculté de con-
« naître, et qu'il ne lui manque que les organes et la mé-
« moire des animaux pour exprimer au dehors ses sensa-
« tions. » Il ajoute, « que si l'on suppose [1] un homme qui
« ne possède d'autre sens que celui de la vue, qui ait ses
« yeux immobiles, et toujours attachés à un seul et même
« objet, lequel de son côté soit aussi invariable et sans le
« moindre changement; cet homme ne verra pas, à parler
« proprement, mais qu'il sera dans une espèce d'étonnement
« et d'extase incompréhensible. Ainsi, dit-il, il pourrait bien
« être que les corps qui ne sont pas organisés eussent des
« sensations, mais, comme faute d'organes, il ne s'y ren-
« contre ni variété, ni mémoire, ni aucun autre moyen
« d'exprimer ces sensations, ils ne nous paraissent pas en
« avoir. » Quoique Hobbes ne se déclare pas pour cette opinion, il la donne pourtant comme une chose possible. Mais
il le fait d'une manière si peu assurée et avec tant de ré-
serves, qu'il est aisé de voir que ce n'est qu'une porte de
derrière qu'il s'est ménagée à tout événement, en cas qu'il
se trouvât trop pressé par les absurdités dont fourmille la
supposition qui envisage la sensation comme un pur résultat
de figure et de mouvement. Il a raison de se tenir sur la
réserve. Ce n'est qu'un misérable subterfuge à tous égards,
aussi absurde que l'opinion qui fait consister la pensée dans
le mouvement; car qu'y a-t-il au monde de plus ridicule
que de s'imaginer que la connaissance est aussi essentielle à

---

[1] « Itaque sensioni adhæret proprie dictæ ut ei aliqua insita sit perpetua phantasmatum varietas; ita ut aliud ab alio discerni possit. Si
supponamus enim esse hominem, oculis quidem claris, cæterisque
videndi organis recte se habentibus compositum nullo autem alio sensu
præditum, eumque ad eamdem rem eodem semper colore et specie sine
ulla vel minima varietate apparentem obversum esse; mihi certe, quicquid dicant alii, non videre videretur. — Attonitum esse, et fortasse
aspectare eum, sed stupentem dicerem : adeo sentire semper idem, et
non sentire, ad idem recidunt. » Hobbes, *Phys.*, cap. 25, sect. v.

la matière que l'étendue? Quelle sera la conséquence de cette supposition? Il en faudra conclure qu'il y a, dans chaque portion de matière, autant d'êtres pensants qu'elle a de parties. Or, chaque portion de matière étant composée de parties divisibles à l'infini, c'est-à-dire de parties qui, malgré leur contiguïté, sont aussi distinctes que si elles étaient à une très-grande distance les unes des autres, elle sera aussi composée d'une infinité d'êtres pensants. Mais c'est trop arrêter mon lecteur sur les absurdités qui naissent de cette supposition monstrueuse. Il y en a d'autres qui ont imaginé une autre hypothèse. N'osant, par pure honte, prendre ni l'une ni l'autre de ces routes que Hobbes leur a tracées, et ne voulant pourtant pas renoncer à la supposition que la pensée est une affection de la matière, ils ont prétendu que Dieu, dont la puissance est infinie, revêt, par un effet de son bon plaisir, certaines portions de la matière de la faculté de penser. Mais c'est ne rien dire que cela. Je laisse à part l'absurdité qu'il y a de supposer que Dieu ne fasse de tout un assemblage innombrable d'êtres distincts, dont chaque portion de matière est composée, qu'il n'en fasse, dis-je, qu'un seul être individuel, qui connaisse et qui pense; et je dis qu'il faut de deux choses l'une, ou que l'idée que nous avons de la matière soit une idée véritable et distincte, ou qu'elle ne le soit pas. Si l'on dit que c'est une idée distincte et véritable, et que la matière n'est autre chose qu'une substance solide, divisible, capable de figure et de mouvement (telle qu'en effet elle nous paraît, après l'examen le plus exact que nous soyons capables de faire); il faudra dire aussi qu'il est absolument impossible que la pensée convienne à la matière. La raison en est évidente. C'est qu'il n'est pas possible que la pensée sorte d'aucune des modifications, ou des compositions des qualités de la matière dont je viens de parler. Mais si l'on dit que l'idée que nous avons de la matière, n'est pas juste, et qu'il ne faut pas entendre par la matière, comme on fait ordinairement, une substance solide, divisible, capable de figure, de mouvement, etc., qu'il faut au contraire entendre par là une substance inconnue, qui a la faculté de penser, et un très-grand nombre d'autres propriétés que nous ignorons : si, dis-je, l'on tient ce langage, on tombe dans un misérable jeu de mots. On donne au terme de matière un sens ambigu, et on l'emploie pour signifier ce que nous appelons substance; or, dans ce sens-là, il est clair que nos adversaires ne peuvent rien gagner à dire que la matière est capable de penser; car on ne leur nie pas qu'il y ait une substance qui pense. Ajoutez à cela, que ce langage est moins clair et moins intelligible que celui qui distingue entre la substance immatérielle et la substance matérielle, qui assigne à chacune ses propriétés, et qui empêche par conséquent qu'on ne les confonde.

Mais supposons, si l'on veut, en troisième lieu, que l'âme ne soit pas une substance réellement distincte du corps. Accordons à ces messieurs que la pensée et la volonté peuvent être et sont en effet des qualités des affections de la matière; tout cela ne déciderait point en leur faveur la question présente, qui roule sur la liberté, et ne prouverait pas qu'une volonté libre fût une chose impossible. Car, puisque nous avons déjà démontré que la pensée et la volonté ne peuvent pas être des productions de la figure et du mouvement, il est clair que tout homme qui suppose que la pensée et la volonté sont des qualités des affections de la matière doit supposer aussi que la matière est capable de certaines propriétés entièrement différentes de la figure et du mouvement. Or, si la matière est capable de propriétés entièrement différentes de la figure et du mouvement, comment prouvera-t-on que les effets de la figure et du mouvement, étant tous nécessaires, les effets des autres propriétés de la matière entièrement distinctes de celles-là, doivent être pareillement nécessaires? Il paraît par là que l'argument dont Hobbes et ses sectateurs font leur grand bouclier, n'est qu'un honteux sophisme. Car ils supposent d'un côté que la matière est capable de pensée et de volonté, d'où ils concluent que l'âme n'est que pure matière. Sachant, d'un autre côté, que les effets de la figure et du mouvement doivent tous être nécessaires, ils en concluent donc que toutes les opérations de l'âme sont nécessaires. C'est-à-dire, que lorsqu'il s'agit de prouver que l'âme n'est que pure matière, ils supposent la matière capable, non-seulement de figure et de mouvement, mais aussi d'autres propriétés inconnues. Au contraire, s'agit-il de prouver que la volonté et les autres opérations de l'âme sont des choses nécessaires, ils dépouillent la matière de toutes ces prétendues propriétés inconnues, et n'en font qu'un pur solide, composé de figure et de mouvement. Ainsi il n'y a qu'à distinguer l'usage ambigu et confus qu'ils font du terme de matière, et ils seront nécessairement obligés d'avouer l'une ou l'autre de ces choses. Car, si par le terme de matière ils entendent une substance solide revêtue seulement de figure et de mouvement, il faudra qu'ils avouent que l'âme ne peut pas être purement matérielle. En effet, Hobbes lui-même confesse que la figure et le mouvement ne sauraient produire autre chose que mouvement et que figure. Or, si la figure et le mouvement ne peuvent produire autre chose que mouvement et que figure, ils ne produiront pas même un son, une couleur, ni aucune autre qualité sensible, à plus forte raison ne produiront-ils pas la pensée et le raisonnement. D'où je conclus que l'âme étant certainement immatérielle, ils ne prouveront jamais qu'elle n'a pas la puissance de commencer le mouvement, ce qui est une preuve évidente de sa liberté. Mais, si par le terme de matière ils s'avisent d'entendre une substance inconnue à qui ils attribuent des propriétés entièrement différentes de la figure et du mouvement, il ne faut plus qu'ils parlent de la liberté comme d'une chose impossible, ni qu'ils allèguent les effets inévitablement nécessaires de la figure et du mouvement, comme une preuve de son impossibilité; puisqu'alors la liberté ne dépendra pas de la figure et du mouvement, mais de quelqu'une de ces propriétés inconnues de la matière, qui, par cela même qu'elles sont inconnues, ne peuvent ni être expliquées, ni servir de fondement à un raisonnement. Ce qu'il y a de certain, c'est que, pour donner quelque force aux arguments qu'ils mettent en avant contre la liberté, il faut qu'ils supposent que la pensée est un effet ou un composé de figure et de mouvement. Et alors il sera question de savoir, non pas si Dieu peut faire que la matière pense, ou s'il ne le peut pas (car cet état de question serait encore sujet à équivoque, puisque ces messieurs abusent du terme de matière, l'employant pour signifier la substance en général), mais il sera question de savoir, si la figure et le mouvement, quelque division ou quelque composition qu'on en fasse, peuvent produire la pensée ou la connaissance. Or, j'ai déjà fait voir que c'est une question aussi impertinente que si on demandait si un triangle peut être un son, ou un cercle une couleur. En un mot, je dis que tous les arguments de Hobbes contre la possibilité de la liberté, fondés sur les propriétés de la matière, tombent nécessairement et ne sont que de vains sophismes, supposé que l'âme soit une substance immatérielle, comme elle est en effet, si l'idée que nous avons de la matière est juste. Mais si nos adversaires veulent à quelque prix que ce soit, et malgré l'absurdité que ce sentiment entraîne après lui, si, dis-je, ils veulent soutenir que l'âme n'est que pure matière, il faut qu'ils prennent l'un ou l'autre de ces deux partis ; ou qu'ils entendent par le terme de matière une substance inconnue, en qui se rencontrent des propriétés actives aussi bien que passives, ce qui détruira tous leurs arguments contre la liberté, qu'ils fondent entièrement sur les propriétés connues de la matière ; ou qu'ils tranchent hardiment le mot, et qu'ils disent rondement ce qu'ils pensent, c'est-à-dire que la pensée et la volonté ne sont que des effets, ou des composés de la figure et du mouvement : et alors je les renvoie à la preuve de ma huitième proposition, où j'ai fait voir que c'est une contradiction réelle.

On fait encore quelques autres arguments contre la possibilité de la liberté, qui sont devenus considérables par l'honneur qu'on leur a fait d'y répondre, bien qu'au fond ils soient tout à fait hors de propos. Je mets dans ce rang ceux qu'on tire de cette maxime, que la volonté est nécessairement déterminée par le dernier dictamen de l'entendement, et ceux qu'on prend de la certitude de la prescience divine.

Les premiers, je veux dire ceux qui ont pour fondement la maxime, que la volonté suit toujours nécessairement le dernier dictamen de l'entendement, ne sont pas grand'chose. Car quelle est cette nécessité? c'est une nécessité qui n'est telle qu'en vertu d'une supposition, et qui revient à peu près à ceci : que, supposé qu'un homme veuille une chose, il est nécessaire qu'il la veuille. C'est tout comme si je disais, que tout ce qui est actuellement doit nécessairement être, parce que tandis qu'il est il ne saurait n'être pas. Car le dernier dictamen de l'entendement n'est autre chose que la détermination finale d'un homme qui se résout à choisir une chose, ou à ne la pas choisir, après avoir délibéré là-dessus. Or, qui ne voit que c'est là précisément la volition ou l'acte de vouloir. Ou, si l'on distingue l'acte de la volition du dernier jugement de l'entendement, alors l'acte de la volition, ou, pour mieux dire, le commencement d'action, ne sera pas déterminé ou causé par ce dernier jugement, considéré en tant que cause physique efficiente, mais seulement considéré en qualité de motif moral. Car dans l'homme, la cause efficiente physique véritable, immédiate, ainsi proprement dite, est le pouvoir de se mouvoir soi-même, pouvoir qui se déploie librement en conséquence du dernier jugement de l'entendement. Mais ce dernier jugement n'est pas lui-même une cause efficiente physique, ce n'est qu'un simple motif moral à l'occasion duquel la cause physique, ou le pouvoir soi-mouvant commence d'agir. De sorte que si le pouvoir d'agir suit nécessairement le jugement de l'entendement, la nécessité dont il s'agit n'est qu'une nécessité morale, c'est-à-dire, que ce n'est pas une nécessité, à prendre le terme de nécessité dans le sens que les ennemis de la liberté lui donnent. Car il est évident qu'une nécessité morale est très-compatible avec la liberté naturelle la plus parfaite. Par exemple : Un homme qui n'est tourmenté d'aucune douleur corporelle, et dont l'esprit est en bonne assiette, juge qu'il n'est pas raisonnable qu'il se blesse ou qu'il se tue lui-même. A moins que quelque tentation, ou quelque violence extérieure ne vienne à la traverse, il n'est pas possible qu'il agisse d'une manière opposée à ce jugement, non pas manque de pouvoir naturel, mais parce que ce serait une chose absurde et mauvaise, et qu'il est moralement impossible qu'il prenne ce parti. De là vient que les créatures raisonnables les plus parfaites ne peuvent pas mal faire. Elles ont toutes les facultés nécessaires pour faire l'action matérielle; mais, connaissant parfaitement ce qui est le meilleur, et n'ayant aucune tentation au mal, il est moralement impossible qu'elles se déterminent par choix à agir d'une manière déraisonnable et extravagante. Je sais que ceux qui combattent la liberté répliquent à cela, qu'il n'y a point de différence entre la nécessité morale et la nécessité physique. Un homme, disent-ils, dont le corps et l'esprit sont en bon état, est dans une impossibilité naturelle de se faire du mal à lui-même ou de se tuer, puisque, sans impulsion extérieure, il est aussi impossible que son jugement et sa volonté se déterminent à agir, qu'il est impossible qu'un corps commence à se mouvoir, sans qu'il soit poussé par un autre corps. Mais en parlant ainsi ils abandonnent l'argument pris de la nécessité où la volonté se trouve de suivre le dernier dictamen de l'entendement, et ils reviennent à leur premier argument, pris de l'impossibilité absolue qu'il y ait aucun premier principe du mouvement que je crois avoir solidement réfuté dans ce qui précède.

L'autre argument, qu'on nous allègue aussi très-fréquemment contre la possibilité de la liberté, est pris de la certitude de la prescience divine. Mais tout ce qu'on dit là-dessus ne fait rien du tout au sujet. Car à moins qu'on ne prouve avant toutes choses que toute action est nécessaire, il est certain que tous les raisonnements qu'on pourra faire ne prouveront pas que ce soit une conséquence nécessaire du dogme de la prescience. C'est-à-dire que si on ne prouve pas par d'autres raisons l'impossibilité de la liberté humaine, la seule considération de la certitude de la prescience divine ne sera pas capable de détruire cette liberté, ni de faire aucun changement dans la nature des actions humaines. Par conséquent, cet argument pris à part ne touche point à la question de la liberté. Pour ce qui est des autres arguments, qu'on entremêle ordinairement avec cette question, je ne pense pas qu'il y en ait aucun auquel je n'aie déjà répondu. Or, je dis qu'il est évident que la certitude de la prescience divine ne saurait toute seule fournir de preuve suffisante pour détruire la liberté, à moins qu'on n'appelle au secours les autres arguments dont on se sert pour prouver que la liberté des actions humaines est une chimère, une pure impossibilité. Car la prescience toute seule n'a aucune influence sur la manière de l'existence des choses. Tout ce que les plus grands ennemis de la liberté de l'homme ont dit, ou peuvent dire sur ce sujet, revient à ceci : que la prescience emporte la certitude, et la certitude la nécessité. Mais ni l'un ni l'autre n'est vrai. La certitude n'emporte pas la nécessité, et la prescience ne renferme point d'autre certitude que celle qui se rencontrerait également dans les choses, encore qu'il n'y eût point de prescience.

Je dis, premièrement, que la certitude de la prescience n'est pas la cause de la certitude des choses, mais qu'elle est fondée elle-même sur la réalité de leur existence. Tout ce qui existe aujourd'hui existe certainement, et il était hier et de toute éternité aussi certainement vrai qu'il existerait

CHAPITRE XI.

aujourd'hui, qu'il est maintenant certain qu'il existe. Cette certitude d'événement est toujours la même, et la prescience n'y change rien. Car, eu égard à l'événement, ce qui est aujourd'hui a dû certainement être de toute éternité, et cette certitude de chaque événement futur serait tout aussi grande, quand bien même il n'y aurait point de prescience. La prescience toute seule n'a donc aucune influence sur les choses, et ne les rend point du tout nécessaires. La considération de notre propre connaissance donnera peut-être quelque jour à ce que je dis sur la prescience divine. Nous savons très-certainement que certaines choses existent, et il n'est pas possible que les choses dont nous savons ainsi l'existence n'existent en effet. Il est pourtant de la dernière évidence que notre connaissance ne contribue en rien à leur existence, et qu'elle ne les rend ni plus certaines ni plus nécessaires. Or, la prescience en Dieu est la même chose que la connaissance. Si vous le considérez par rapport à sa connaissance et à sa puissance, toutes choses lui sont également présentes. Il connaît très-parfaitement tout ce qui est, et il prévoit, il sait par avance tout ce qui sera, aussi parfaitement qu'il connaît ce qui est. Comme donc sa connaissance n'influe en rien sur les choses qui sont actuellement, sa prescience aussi ne peut avoir aucune influence sur celles qui sont à venir. J'avoue qu'il n'est pas possible d'expliquer comment Dieu peut prévoir les choses futures, à moins de supposer une chaîne de causes nécessaires. Nous pouvons cependant nous en faire quelque espèce d'idée générale. Il peut arriver qu'un homme intelligent connaisse par avance ce qu'un autre homme, sur les actions duquel il n'a pourtant aucune influence, fera en certains cas. Un second, qui a plus de pénétration que le premier, peut prévoir plus probablement encore ce que fera, en certaines circonstances, une personne dont les dispositions lui sont parfaitement connues. Nous concevons qu'un ange peut pénétrer plus avant encore dans les actions futures de l'homme, et avec un plus grand degré de certitude. Or, cela étant ainsi, il est très-raisonnable de concevoir qu'à plus forte raison Dieu, dont la nature est infiniment plus parfaite, peut, par sa prévision, avoir une connaissance beaucoup plus certaine des événements libres qui sont à venir, que n'est celle que les hommes ou les anges sont capables d'en avoir. Il nous est impossible, à la vérité, d'expliquer distinctement comment il prévoit cet ordre d'événements. Mais n'en est-il pas de même d'une infinité d'autres choses, dont pourtant personne ne doute? Si cet argument était de quelque force, il porterait plutôt sur la prescience que sur la liberté. Car, supposé que ces deux choses fussent réellement incompatibles, et que l'une des deux dût être anéantie, qui ne voit que l'introduction d'un destin absolu et universel, le tombeau et l'extinction entière de la religion et de la morale, ferait une brèche à la gloire de Dieu bien plus considérable que ne ferait la négation de sa prescience, qui, dans cette supposition, serait impossible et contradictoire? En ce cas, un homme qui nierait la prescience de Dieu ne lui ravirait pas sa toute-science, de même qu'en niant qu'il ait le pouvoir de faire des choses contradictoires, on ne lui ôte pas pour cela sa toute-puissance. Mais nous n'en sommes pas logés là. Car, encore que nous ne puissions pas expliquer comment Dieu prévoit les actions des agents libres, nous en savons pourtant assez pour être persuadés que la simple prescience ne peut ni altérer ni diminuer la liberté d'une action qui, a tous autres égards, serait libre. Il est donc évident, en effet, que la prescience ne donne pas aux choses plus de certitude qu'elles en auraient, encore qu'il n'y eût point de prescience. A moins donc que nous ne soyons assurés avant toutes choses que rien ne peut être libre, et que la notion de la liberté est en elle-même absurde et contradictoire (ce qui est faux, comme je l'ai fait voir ci-dessus), à moins de cela, dis-je, il est clair que la simple prescience n'est point du tout incompatible avec la liberté, puisqu'elle ne produit aucun changement dans les choses, et que la difficulté d'en concevoir la manière, quelque grande qu'elle soit, ne nous doit pas embarrasser; car, si la liberté en elle-même est possible, la simple prescience d'une action libre, avant qu'elle soit faite, ne diffère en rien de la connaissance qu'on en a lorsqu'elle est actuellement faite. L'une et l'autre de ces connaissances ne suppose aucune nécessité d'exister dans la chose, mais seulement une certitude d'événement, qui ne laisserait pas d'être quand bien même ces connaissances ne seraient pas.

J'ajoute, en second lieu, que cette certitude d'événement dont je viens de parler n'est pas une preuve de la nécessité dont parlent les partisans d'un aveugle destin. Que le fataliste, en effet, suppose, s'il lui plaît, avec nous que l'homme a le pouvoir de commencer le mouvement, c'est-à-dire d'agir avec liberté; qu'il suppose encore, s'il veut, que ses actions ne peuvent être prévues, n'y aura-t-il pas toujours, malgré cette supposition, la même certitude d'événement dans la nature des choses, eu égard aux actions de cet homme, que si elles étaient conduites par une aveugle et fatale nécessité. Supposons, par exemple, que l'homme fasse aujourd'hui une action particulière en vertu d'un principe interne de mouvement et d'une liberté absolue de volonté, indépendamment d'aucune cause ou d'aucune impulsion extérieure; supposons, de plus, que cette action n'ait pu être prévue hier, ne sera-t-elle pas aussi certaine, eu égard à l'événement, que si elle avait été prévue? c'est-à-dire que, malgré la supposition de la liberté, il y a eu hier et de toute éternité une aussi grande certitude que cette action devait être faite aujourd'hui, qu'il y en a aujourd'hui qu'elle est actuellement faite. C'est donc mal raisonner que de conclure qu'une chose est nécessaire parce qu'elle doit certainement arriver. Ainsi, quelque grande que soit l'impossibilité de concevoir et d'expliquer la manière de la prescience divine, puisqu'après tout elle ne renferme d'autre certitude qu'une certitude d'événement qui ne laisserait pas de se trouver dans les choses, quand bien même elles n'auraient pas été prévues, il est évident qu'elle ne renferme aucune nécessité, et, par conséquent, qu'elle ne renverse pas le dogme de la possibilité de la liberté.

J'espère que les preuves alléguées dans ce chapitre paraîtront suffisantes pour établir et la possibilité et l'existence réelle de la liberté. Je n'en dirai donc pas davantage, et je finirai cet article par cette remarque, que ce que je viens de dire sur le sujet de la liberté nous met en état de répondre à cette question, aussi importante qu'ancienne : quelle est l'origine du mal?(Πόθεν τὸ κακόν.) Car, premièrement, il est certain que l'idée de la liberté suppose un pouvoir naturel de se tourner vers le mal tout comme de s'adonner au bien. En second lieu, il est clair que les êtres finis étant de leur nature imparfaits, il est très-possible qu'abusant de leur liberté, ils s'en servent à commettre actuellement le mal. Enfin je dis que l'ordre et la beauté de l'univers, aussi bien que la manifestation de la sagesse infinie du Créateur, demandent nécessairement qu'il y ait dans le monde divers ordres de créatures, dont les unes, par conséquent, soient moins parfaites que les autres. De ces trois principes découle nécessairement la possibilité du mal, encore que le Créateur soit infiniment bon ; car tout ce à quoi on donne le nom de mal se rapporte à quelqu'une de ces trois classes : les maux d'imperfection, et dans ce rang je mets le manque de certaines facultés et de certaines perfections que d'autres créatures possèdent ; les maux naturels, telles sont la douleur, les maladies, la mort et autres choses semblables ; et enfin, les maux moraux, comme sont les vices de toutes espèces. Le premier ordre de maux ne porte ce nom que très-improprement ; car, toutes les facultés et toutes les perfections que les créatures possèdent étant un don gratuit de Dieu, qu'il n'était pas plus obligé de leur donner qu'il n'était obligé de leur donner l'existence, il est clair que, comme ce serait parler fort improprement que d'appeler un mal le néant dans lequel il les aurait laissées, supposé qu'il ne leur eût pas donné l'existence, ainsi, on ne saurait appeler mal le manque de facultés ou de perfections qui n'ont jamais appartenu à leur nature. Le second genre de mal, à qui nous donnons le nom de mal naturel, est, ou une suite nécessaire du premier, telle est la mort à une créature qui n'a pas été faite pour être immortelle, et celui-ci porte le nom de mal aussi improprement que le premier : ou bien c'est un mal qui se trouve contre-balancé par des biens aussi grands et même plus grands que n'est le mal : de ce nombre sont les afflictions et les souffrances des gens de bien, *qui ne sont point à contre-peser avec la gloire qui doit être révélée en eux;* ce qui fait qu'à proprement parler aussi, elles ne sont point un mal : ou enfin ce mal est une punition, auquel cas il est une suite nécessaire de la troisième et dernière espèce de mal, c'est-à-dire du mal moral. Celui-ci tire son origine de l'abus que la créature fait de sa liberté. Dieu l'avait donnée aux hommes dans la vue qu'ils en fissent un bon usage, et parce que, sans elle, il semble que quelque chose aurait manqué à la perfection et au bel ordre de l'univers. Mais les hommes tenant une conduite toute contraire aux intentions de Dieu, et méprisant ses ordres, ont fait servir à leur corruption et à leur perte une faculté qui leur avait été donnée pour servir à l'embellissement et à la perfection des œuvres de la création. C'est ainsi que toutes sortes de maux sont entrés dans le monde sans faire aucune brèche à la bonté infinie de celui qui en est le Créateur et le souverain maître.

CHAPITRE XII.

XIe Prop. La Cause suprême, l'Auteur de toutes choses, doit être infiniment sage.

Cette proposition qui porte que la Cause suprême, l'Auteur de toutes choses, doit nécessairement posséder une sagesse infinie, cette proposition, dis-je, est une suite naturelle et évidente des propositions précédentes. De sorte que celles-là ayant été solidement établies, celle-ci ne doit pas nous arrêter longtemps; car n'est-il pas de la dernière évidence, qu'un Être qui est infini, présent partout, et souverainement intelligent, doit parfaitement connaître toutes choses? Lui qui est seul éternel et existant par lui-même, qui est la cause unique et l'auteur de tout ce qui existe, lui de qui seul, comme de sa source, dérive tout ce que les êtres ont de faculté et de puissance, lui enfin de qui toutes les choses du monde dépendent continuellement, ne doit-il pas connaître parfaitement toutes les conséquences des facultés dont il est lui-même l'auteur, c'est-à-dire toutes les possibilités des choses futures? Ne doit-il pas toujours savoir ce qui s'accorde le mieux avec les règles de sa bonté et de sa sagesse? Revêtu d'ailleurs d'une puissance infinie, qui est-ce qui peut s'opposer à sa volonté, ou l'empêcher de faire ce qu'il connaît être le meilleur et le plus sage? De tout cela il suit manifestement, que tout ce que la cause suprême fait ne peut être qu'infiniment sage. Je dis en particulier que l'Être suprême étant infini, il doit nécessairement être présent partout. Étant d'ailleurs un esprit infini, il est clair que partout où il est par son essence, là il est aussi par sa connaissance, qui en est inséparable, et par conséquent que sa connaissance est infinie aussi bien que son essence. Or, partout où sa connaissance infinie se trouve, elle doit nécessairement avoir une vue distincte et parfaite de tout ce qui existe, et il n'y a rien dans l'univers qui puisse échapper à sa pénétration. Comme par sa présence sans bornes il environne toutes choses, par ses regards, à qui rien n'échappe, il pénètre toutes les parties de leur substance. La nature de toutes choses et leur essence la plus intime sont nues et découvertes à ses yeux, et les pensées les plus profondes des êtres intelligents ne lui sont pas inconnues. Ajoutez à cela, que toutes choses lui étant non-seulement présentes, mais dépendant aussi entièrement de lui, et ayant reçu de lui l'existence même et toutes les facultés dont elles sont revêtues, il est évident que, comme il connaît toutes les choses qui sont, il doit pareillement aussi connaître toutes les choses possibles. Seul existant par lui-même, et seul auteur de toutes les facultés dont tous les différents êtres qui sont dans l'univers sont revêtus, il est clair qu'il doit parfaitement connaître tout ce que peut ou ne peut pas produire chacune de ces facultés, qu'il a lui-même données. Voyant d'ailleurs d'un seul point de vue toutes les compositions, toutes les divisions, tous les changements, toutes les circonstances et toutes les dépendances possibles des choses; instruit parfaitement de toutes les relations possibles qu'elles ont entre elles, et de tous les moyens qu'il faut mettre en usage pour qu'elles parviennent aux fins auxquelles elles sont destinées, il est certain qu'il doit avoir une connaissance infaillible de ce qui est et le meilleur et le plus propre, et cela dans tous les cas possibles; et qu'il doit parfaitement savoir les voies qu'il faut prendre, et les moyens qu'il faut employer, pour arriver aux fins qu'il se propose, qui sont toujours, à coup sûr, les plus justes et les meilleures. Voilà ce que nous entendons par une sagesse infinie. Or, ayant démontré dans ma dixième proposition, que l'Être suprême est aussi tout-puissant, et que, comme il n'y a point d'erreur ni de méprise qui puisse l'empêcher de prendre toujours le parti le meilleur et le plus sage, il n'y a point aussi de force qui puisse arrêter l'exécution de ses desseins, il est incontestable qu'il est en effet infiniment sage, dans le sens le plus relevé et le plus parfait qu'on puisse donner à cette expression, et par conséquent, que le monde et toutes les choses qui y sont doivent être et sont en effet l'ouvrage d'une sagesse infinie. C'est ce qu'on appelle dans l'école la démonstration *a priori*. Les arguments tirés de la perfection exquise et de l'ordre admirable qui règnent dans tous ses ouvrages, forment une démonstration *a posteriori* de sa sagesse, qui n'est pas moins forte ni moins incontestable. Je ne m'étendrai pourtant pas sur cette épreuve. Elle a été mise dans une si grande évidence, et maniée avec tant de solidité et de délicatesse (à la honte éternelle de l'athéisme) par les meilleures et les plus savantes plumes, tant de l'antiquité, que de ces derniers temps, qu'il n'est pas possible d'y rien ajouter. Je remarquerai seulement, que plus le monde vieillit [1] plus on étudie la nature, plus on apporte d'exactitude dans les recherches qu'on fait; plus enfin on pousse loin les découvertes, plus cet argument devient fort, marque certaine qu'il est fondé en vérité. Si tant de siècles avant nous, dans l'enfance de la médecine, si je puis m'exprimer ainsi, Galien [2] trouvait déjà, dans la construction du corps humain, et dans l'arrangement de ses parties, des caractères de sagesse si bien marqués, qu'il ne pouvait s'empêcher d'en être ravi en admiration, et de reconnaître qu'un si bel ouvrage ne pouvait être la production que d'un Être infiniment sage; que n'aurait-il pas dit, s'il avait eu connaissance des grandes découvertes que les modernes ont faites dans l'anatomie et dans la physique? Quelles exclamations n'aurait-il pas faites sur la circulation du sang, sur la structure du cœur et du cerveau, sur l'usage de ce grand nombre de glandes et de valvules qui servent à la séparation et au mouvement

---

[1] « Opinionum commenta delet dies, naturæ judicia confirmat. » Cic.
[2] Galenus, *de Usu partium*, passim. — Boyle, *of final Causes*. — « Rais of the Wisdom of God in the creation. » Derham, *Physico-Theology*, etc.

des humeurs, et sur ce grand nombre de veines et d'autres vaisseaux qui de son temps n'étaient pas seulement connus, et dont on a découvert depuis lui et le dessein et les usages ? Si dans un temps où la philosophie naturelle était encore dans son berceau, les arguments d'Épicure et de son interprète, le poëte Lucrèce, contre l'existence d'un Être infiniment sage, créateur et gouverneur de l'univers, si, dis-je, leurs arguments, pris des désordres qu'ils prétendaient avoir trouvés dans la fabrique du monde, ont paru à la plupart des hommes si faibles et si peu considérables qu'on les a généralement rejetés et méprisés, n'en auraient-ils pas eu honte eux-mêmes s'ils avaient vécu de nos jours, où l'on a découvert que ces choses mêmes, qu'ils regardaient comme des imperfections et des désordres, sont d'un très-grand usage pour la conservation et le bien-être de l'univers? Si Cicéron, en un mot, dans un temps où la science de l'astronomie était si mince et si imparfaite, a trouvé dans l'arrangement et dans le mouvement des corps célestes des traces si éclatantes de sagesse et d'intelligence, qu'il n'a pas fait difficulté de dire que [1] quiconque nie qu'il y en ait doit être dépourvu lui-même d'intelligence, que n'aurait-il pas dit, s'il eût eu connaissance des grandes découvertes que les modernes ont faites dans l'astronomie? Qu'aurait-il dit de la grandeur immense du monde (j'entends de cette partie seule jusqu'où nos observations pénètrent), dont l'étendue, suivant les nouvelles découvertes, a peut-être autant ou plus de disproportion avec le système d'alors que le système d'alors en avait avec la sphère d'Archimède [2] ? Que

---

[1] « Cœlestem ergo admirabilem ordinem incredibilemque constantiam, ex qua conservatio et salus omnium omnis oritur, qui vacare mente putat, is ipse mentis expers habendus est. » Cic., *de Nat. Deorum*, lib. II.

[2] Cette sphère artificielle d'Archimède représentait les mouvements des corps célestes. Cicéron en parle ainsi, *Tuscul.*, V : « Archimedes cum lunæ, solis, et quinque errantium motus in sphæram illigavit, effecit idem, quod ille, qui in Timæo mundum ædificavit Deus, ut tar-

dirait-il de la régularité admirable de tous les mouvements des planètes, sans épicycles, sans stations, sans rétrogradations, et sans la moindre déviation ou confusion? Que dirait-il de la justesse inexprimable de la proportion qu'on remarque entre la rapidité primitive et la direction originale du mouvement annuel des planètes, et entre leur distance du corps central et leur pouvoir de gravitation vers ce corps central? Que dirait-il de la régularité admirable du mouvement journalier de la terre et des autres planètes autour de leurs centres, qui nous donne tour à tour la lumière et les ténèbres, et qui nous épargne cette monstrueuse supposition du mouvement orbiculaire de tout le ciel autour de la terre, que les anciens étaient obligés d'admettre dans leur système? Que dirait-il de la proportion qui se trouve entre les grosseurs des planètes et leur éloignement du soleil [1], par où la chaleur est dispensée à chacune selon ses besoins, en sorte que les plus voisines de cet astre ne sont pas détruites par la chaleur, ni les plus éloignées par le froid, et que chacune jouit de la température qui lui est propre? Que dirait-il de l'ordre merveilleux, du nombre et des utilités des différentes lunes, auxquelles l'antiquité n'avait pas même songé, et que nous voyons maintenant, d'une manière claire et distincte, à la faveur des télescopes, tourner autour de leurs planètes, et dont les mouvements sont si réglés et si connus, que l'on calcule et prédit leurs éclipses aussi certainement que celles de notre lune? Qu'aurait-il dit enfin de la justesse étonnante du mouvement de notre lune, qui tourne une fois

ditate et celeritate, dissimillimos motus una regeret conversio. » — Sénèque l'appelle, en son style : « Parvam machinam, gravidam mundo, cœlum gestabile, compendium rerum, speculum naturæ. » SEN. *Epist.*

[1] « Planetarum densitates fere sunt, ut radices diametrorum apparentium applicatæ ad diametros veros, hoc est, reciproce ut distantiæ planetarum a sole, ductæ in radices diametrorum apparentium. Collocavit igitur Deus planetas in diversis distantiis a sole, ut quilibet pro gradu densitatis, calore solis majore vel minore fruatur. » NEWTON, *Principia*, lib. III, Prop. VIII.

tous les mois sur elle-même, et qui tourne autour de la terre dans le même période de temps, avec tant de précision, que par ce moyen elle présente toujours à la terre le même côté, la même face, sans aucune variation sensible? Si toutes ces choses et mille autres encore, qu'on a nouvellement découvertes, et par lesquelles on a mis dans un si grand jour la beauté et la sagesse inexprimables des œuvres de la création, si, dis-je, toutes ces choses avaient été connues du temps de Cicéron, ce grand maître dans l'art de raisonner, aurait parlé sans doute d'un ton plus assuré encore qu'il ne fait dans le passage que je viens de citer. Comment est-ce que l'athéisme, que Cicéron de son temps combattait si victorieusement, avec le peu de connaissance qu'il avait de la structure admirable du monde, pourrait tenir maintenant contre ce grand nombre de preuves, que les expériences des derniers siècles ont ajoutées à celles des anciens? Nous voyons maintenant qu'il n'est rien de mieux pensé que ce que dit l'auteur du livre de l'*Ecclésiastique*; après avoir parlé de la beauté du soleil et des étoiles, et de tous les autres ouvrages de Dieu au ciel et en la terre que l'on connaissait de son temps : « Il y a, dit-il, plusieurs choses cachées plus grandes « encore que celles-ci, et nous n'avons connu qu'un peu de « ses œuvres. » (*Ecclésiastique*, chapitre 43, ƒ. 32.) C'est le langage que nous devons tenir, nous aussi, malgré les grandes et belles découvertes des derniers siècles, puisque ce qu'on a découvert jusqu'ici n'est rien, au prix de ce qui reste à découvrir encore.

CHAPITRE XIII.

XIIe Prop. La Cause suprême, l'Auteur de toutes choses, doit nécessairement posséder une bonté, une justice et une vérité infinies, et toutes les autres perfections morales qui conviennent au souverain gouverneur et au souverain juge du monde.

C'est ici ma dernière proposition. Elle porte en substance « que l'Être suprême doit nécessairement être infiniment bon, juste et véritable. » C'est ce qui me reste à prouver pour conclure ce discours. Je dis donc, pour cet effet, qu'il est aussi certain que les choses ont entre elles des relations différentes, qu'il est certain qu'il y a dans le monde des choses qui diffèrent les unes des autres. De ces différentes relations que les choses ont entre elles résulte nécessairement l'accord ou le non accord de certaines choses avec d'autres. C'est ce qui est encore aussi certain, qu'il est certain qu'il y a de la différence dans la nature des choses, ou que des choses différentes existent. J'ajoute qu'il y a de certaines circonstances qui conviennent à de certaines personnes et qui ne conviennent pas à d'autres, le tout fondé sur la nature des choses et sur les qualifications des personnes, antécédemment à aucune volonté, ou à aucun établissement arbitraire ou positif. C'est de quoi il faut convenir malgré qu'on en ait, à moins qu'on ne s'avise de soutenir que dans la nature des choses et dans l'ordre de la raison, il est tout aussi convenable qu'un être innocent soit plongé dans une misère éternelle, qu'il est convenable qu'il en soit affranchi. Il y a donc, dans la nature des choses, des règles de convenance, et ces règles sont éternelles, nécessaires et immuables. C'est ainsi qu'en pensent toutes les créatures intelligentes, à la réserve de celles qui ont des idées fausses des choses, c'est-à-dire celles dont l'entendement est, ou imparfait, ou extrêmement dépravé. Or, c'est sur cette connaissance que les êtres intelligents ont des relations naturelles et nécessaires des choses, qu'ils règlent constamment toutes leurs actions, à moins que quelque intérêt particulier, ou quelque passion dominante ne vienne à la traverse séduire la volonté et l'entraîner dans le déréglement : et c'est ici, pour le dire en passant, que je trouve le vrai fondement de toute la morale. Après ces éclaircissements, je dis que l'Auteur de toutes choses étant (comme je l'ai déjà prouvé), infiniment intelligent et parfaitement sage, il est clair qu'il est absolument impossible qu'il puisse se tromper en rien, ni qu'il puisse ignorer les véritables relations, les véritables convenances des choses; ni que rien au monde soit capable de lui en imposer sur cet article. Je dis, outre cela, qu'étant aussi un Être existant par lui-même, absolument indépendant et infiniment puissant, il n'a besoin d'aucune chose que ce soit, de sorte que, comme il est impossible que rien fasse pencher sa volonté du mauvais côté; il est de même impossible qu'aucune force supérieure mette des bornes à sa puissance. Il suit donc évidemment de ces principes, que l'Être suprême doit toujours faire ce qu'il connaît être le meilleur, c'est-à-dire qu'il doit toujours agir conformément aux règles les plus sévères de la bonté, de la vérité, de la justice et des autres perfections morales. C'est une affaire de nécessité, à prendre ce terme, non pas dans le sens des fatalistes, pour une nécessité aveugle et absolue, mais pour une nécessité morale, dont j'ai fait voir ci-dessus l'entière compatibilité avec la liberté la plus parfaite. Pour descendre maintenant dans le détail, je dis premièrement que l'Être suprême doit être infiniment bon : c'est-à-dire qu'il doit avoir une disposition invariable à distribuer le bien et à faire des heureux. Seul suffisant à soi-même, et n'ayant besoin pour être heureux que de la jouissance éternelle de ses perfections infinies, il est clair que le seul motif qui l'a porté à créer des êtres, c'est afin d'avoir des sujets à qui il pût faire part de ses perfections, suivant leurs différentes capacités, provenantes de la diversité des natures qu'une sagesse infinie a dû produire, et suivant l'usage qu'ils feraient de leur liberté, cette faculté éminente qui entre nécessairement dans la constitution des créatures intelligentes et actives. Je prouve encore qu'il est infiniment bon, par la raison qu'il est seul suffisant à soi-même ; car étant nécessairement tel, il est évident qu'il doit être infiniment au-dessus de la malice, de l'envie, et de toutes les autres causes possibles de tentation au mal, qui tirent toutes, comme chacun sait, leur origine de l'indigence, de la faiblesse, de l'imperfection ou de la dépravation. Je poursuis et je dis que la Cause suprême, l'Auteur de toutes choses, doit être aussi infiniment juste ; car la règle de l'équité, n'étant autre que la nature même des choses et les relations nécessaires qu'elles ont entre elles ; et l'exercice de la justice consistant uniquement dans l'application des différentes circonstances des choses aux différentes qualifications des personnes, conformément à cette convenance originale dont j'ai déjà parlé, et que j'ai déjà prouvé être antécédente à toute volonté positive et à tout précepte positif ; tout cela, dis-je, étant tel, il est évident qu'un être à qui cette règle d'équité est parfaitement connue, qui juge toujours sainement des choses, qui, avec une connaissance parfaite de la justice, a tout le pouvoir nécessaire pour l'exercer, qui n'en peut être détourné le moins du monde par aucune tentation possible, sur lequel enfin, ni la fraude, ni la corruption, ni la crainte ne sauraient avoir aucune prise, il est, dis-je, évident qu'un être tel que je viens de le dépeindre doit nécessairement faire toujours ce qui est droit, sans iniquité, sans partialité, sans préjugé et sans aucun égard à l'apparence des personnes. Enfin je dis, qu'il est de la dernière évidence que l'Auteur de toutes choses, l'Être suprême, doit être véritable dans tout ce qu'il dit et fidèle à tout ce qu'il promet. Les sources de la tromperie sont ou la précipitation, ou l'oubli, ou l'inconstance, ou l'impuissance, ou la crainte du mal, ou l'espoir du gain.

Or, un Être infiniment sage, parfaitement bon et seul suffisant à soi-même, est, comme chacun voit, entièrement à l'abri de toutes ces choses, et par conséquent il est impossible qu'il trompe [1], ni qu'il soit trompé. En un mot, tout ce qu'il y a de maux et d'imperfections dans le monde est le fruit ou d'un entendement dont les lumières sont courtes, ou du manque de pouvoir, et souvent aussi du défaut de la volonté. C'est à l'impuissance et à la dépravation que ce défaut de la volonté doit évidemment son origine, puisqu'il ne consiste qu'à agir par choix et avec connaissance de cause contre les lumières de la raison et contre la nature des choses. Or, puisqu'il est manifeste que la cause suprême ou l'auteur de toutes choses, doit être infiniment au-dessus de toutes ces faiblesses, il est incontestable aussi que ce doit être nécessairement, « un Être infini en bonté, en vérité, en justice, et en toutes les autres perfections morales. »

Je ne sache qu'une seule objection qu'on puisse faire contre cet argument *a priori*. On peut dire *a posteriori* que l'expérience semble le démentir, puisqu'on remarque une grande inégalité dans la distribution des biens et des maux de la vie, et que cette inégalité se trouve fort souvent à l'avantage des méchants. Je laisse à part les réflexions judicieuses que Plutarque et les autres auteurs païens ont faites sur cette conduite de la Providence, et les raisons qu'ils en ont données pour faire l'apologie de la bonté et de la sagesse de Dieu, en se renfermant même dans la vie présente, sans porter leurs vues au delà; et je me contenterai de dire ici que cette objection est tout à fait hors de propos ; car lorsqu'il s'agit de juger de la sagesse et de la bonté, je ne dis pas de Dieu seulement, mais de quelque gouverneur que ce soit, il ne faut pas s'arrêter à la considération de quelque

---

[1] Οὐκ ἔστιν οὗ ἕνεκα ἂν θεὸς ψεύδοιτο. — Κομιδῇ ἄρα ὁ Θεὸς ἁπλοῦν καὶ ἀληθές, ἔν τε ἔργῳ καὶ ἐν λόγῳ. Καὶ αὐτὸς μεθίσταται, οὔτε ἄλλους ἐξαπατᾷ, οὔτε κατὰ φαντασίας, οὔτε κατὰ λόγους, οὔτε κατὰ σημείων πομπὰς, οὔθ' ὕπαρ οὐδ' ὄναρ. Plat., *de Repub.*, lib. II, sub finem.

action détachée ou de quelque événement particulier ; il faut faire attention en gros à toute sa conduite, et juger sur ce pied-là de sa sagesse et de sa bonté. Si à cela on ajoute la considération de la courte durée de cette vie, et qu'on mette de plus en ligne de compte et tout ce qui est passé, et tout ce qui est encore à venir, les difficultés s'évanouissent, et l'objection dont je viens de parler perd toute sa force.

De ce que je viens de dire sur les attributs moraux de Dieu je tire les conséquences suivantes. La première, qu'encore que toutes les actions de Dieu soient parfaitement libres, et que par conséquent il soit faux de dire que l'exercice de ses attributs moraux est nécessaire, dans le sens qu'on donne au terme de nécessaire lorsqu'on dit que l'existence en Dieu et son éternité sont des choses nécessaires, il est pourtant très-vrai que ces attributs moraux sont réellement nécessaires, d'une nécessité qui, quoique fort compatible avec la liberté, ne laisse pas pour cela d'être certaine et infaillible, tellement qu'on peut compter sur elle tout comme sur l'existence même et sur l'éternité de Dieu. J'ai déjà prouvé fort au long, dans ma neuvième proposition, que Dieu agit toujours volontairement et sans contrainte, qu'il a toujours en agissant des vues particulières, qu'il sait parfaitement qu'il fait bien et qu'il a intention de bien faire, qu'il y est porté librement et par choix, sans y être obligé par aucune loi que celle que sa propre bonté lui impose, sa bonté, dis-je, qui le porte à se communiquer lui-même à ses créatures et à leur faire du bien. J'ai fait voir aussi que la nature divine étant parfaitement libre, elle ne reconnaît d'autre nécessité que celle qui est compatible avec sa liberté; ce qui, pour le dire en passant, est le fondement de nos prières et de nos actions de grâces, et la raison qui fait que nous supplions Dieu de nous être bon et miséricordieux, et que nous le remercions des témoignages qu'il nous donne de sa justice et de sa bénignité, pendant que personne ne s'avise de le prier d'être présent partout, et de le remercier de sa toute-puissance et de sa connaissance infinie. Or, quoiqu'il n'y ait rien au monde de plus certain que tout ce que je viens de dire, et qu'il soit indubitable que Dieu est un agent libre, et non pas un agent nécessaire, il est pourtant certain qu'il est absolument impossible que Dieu n'agisse pas conformément à ses attributs moraux. L'impossibilité ne saurait être plus grande, quand même on supposerait que Dieu est un agent nécessaire. La raison en est évidente; car peut-on douter qu'une connaissance infinie, jointe à une puissance sans bornes et à une bonté souveraine, n'agisse toujours, nonobstant la plus parfaite liberté, avec autant de certitude et d'immutabilité, que si elle était entraînée à agir par une nécessité aveugle? je dis plus, il ne lui est pas possible d'agir autrement; car quelque grande que soit la liberté d'un Être, qui est tout ensemble infiniment intelligent, infiniment puissant et infiniment bon, il ne se déterminera jamais à agir d'une manière qui soit contraire à ses perfections. De sorte que le libre arbitre, dans un être revêtu de ces perfections, est un principe d'action aussi certain et aussi immuable, que la nécessité même des fatalistes. Nous pouvons donc nous appuyer sur les attributs moraux de Dieu, avec autant de certitude que sur ses attributs naturels; car il est tout aussi impossible qu'il agisse d'une manière contraire à ses attributs moraux, qu'il est impossible qu'il se dépouille de ses attributs naturels. Et il n'y a pas moins de contradiction à le supposer violant les règles de sa justice, de sa bonté et de sa vérité, qu'il y en a à le supposer dépouillé de son infinité, de son éternité et de sa toute-puissance. Cette dernière supposition anéantit la nécessité absolue et immédiate de sa nature; l'autre détruit la rectitude inaltérable de sa volonté. L'une est en elle-même une contradiction formelle dans les termes; l'autre contredit expressément la notion des perfections nécessaires de la nature divine. L'une est à tous égards aussi absurde que si l'on disait qu'une chose est et n'est pas en même temps; l'autre ne l'est pas moins, puisqu'elle suppose que l'ignorance se peut rencontrer dans une connaissance infinie, la faiblesse dans une puissance sans bornes, et qu'un Être infini en bonté et en sagesse peut tenir une conduite qui n'est ni bonne ni sage; toutes absurdités aussi grandes et manifestes les unes que les autres. Je me flatte que cette explication des attributs moraux de la Divinité, que je viens de donner, est très-intelligible, capable de contenter l'esprit, et sans embarras, ou confusion d'idées. J'aurais pu couper court et dire, en deux mots, que la bonté, la justice et les autres attributs moraux sont aussi essentiels à la nature divine, que l'éternité, l'infinité, la toute-puissance et que tous ses autres attributs qu'on appelle naturels, car rien n'est plus certain que cela. Mais parce que les athées, après qu'on leur a prouvé l'existence d'un Être éternel, nécessaire, infini et tout-puissant, sont encore assez déraisonnables pour soutenir qu'ils ne voient point de connexion nécessaire entre la bonté, la justice, et les autres attributs moraux, et les perfections naturelles dont je viens de parler, j'ai cru que je ne ferais pas mal de démontrer, comme j'ai fait, les attributs moraux par une déduction particulière.

Je dis ensuite, et c'est ma seconde conséquence, qu'encore que Dieu soit un agent parfaitement libre, il ne peut pourtant pas s'empêcher de faire toujours ce qui lui paraît être le meilleur en général et le plus sage. La raison en est évidente. Une bonté infinie et une sagesse parfaite sont des principes d'action aussi certains et aussi invariables que la nécessité même. De sorte qu'un Être infiniment bon et infiniment sage, qui est outre cela revêtu d'une parfaite liberté, se trouve aussi obligé d'agir conformément aux règles de sa sagesse et de sa bonté, qu'un être purement nécessaire est obligé de subir la loi de la nécessité qui l'entraîne; car en matière de choix, il est tout aussi absurde et impossible qu'une sagesse infinie se détermine à agir follement, ou qu'une bonté infinie prenne le parti de mal faire, qu'il est absurde et impossible en fait de nature qu'une nécessité absolue manque à produire son effet. J'avoue que Dieu étant infiniment heureux, et seul suffisant à soi-même, nulle nécessité de nature ne l'obligeait à créer des êtres tels que ceux qu'il a créés, et qu'il pouvait même se dispenser de créer la moindre chose. Je sais encore qu'aucune nécessité de nature ne l'oblige à préserver les êtres qu'il a créés, et à leur conserver l'existence, parce qu'il serait tout aussi heureux sans eux qu'il l'était avant leur création; mais je dis qu'il était pourtant convenable que la sagesse infinie se manifestât, et que la bonté infinie se communiquât. Ainsi il était nécessaire (dans le sens que je viens d'assigner au terme de nécessité); il était, dis-je, nécessaire que les choses qui sont, fussent faites dans le temps que la sagesse et la bonté infinie jugeraient le plus propre, et qu'elles fussent ornées de perfections différentes, chacune selon son rang. Ces mêmes perfections morales demandent aussi nécessairement que, tandis que les choses continuent d'être, elles soient arrangées et gouvernées conformément aux lois immuables de la justice, de la bonté, et de la vérité éternelle. En effet, tandis que les choses avec leurs relations différentes subsistent, elles ne sauraient être autrement qu'elles sont; or, un Être infiniment sage les connaissant parfaitement, et jugeant toujours sainement de leurs relations et de leurs convenances, se déterminera toujours à agir conformément à ces relations et à ces convenances, d'autant plus qu'à une sagesse parfaite, il joint une bonté infinie. En un mot, il est aussi impossible qu'un agent libre qui ne peut ni être trompé ni corrompu se détermine à détruire ses propres perfections, en agissant d'une manière contraire aux lois dont je viens de parler, qu'il est impossible qu'un être qui existe nécessairement s'anéantisse lui-même.

J'ajoute, en troisième lieu, qu'encore que Dieu soit et parfaitement libre et infiniment puissant, il lui est pourtant absolument impossible de mal faire. La raison en est encore évidente ; car, comme il est certain qu'une puissance infinie, tout infinie qu'elle est, ne peut pas faire des choses naturellement contradictoires, il n'est pas moins certain qu'elle ne s'étend pas non plus jusqu'à faire des choses qui sont des contradictions morales, puisqu'en agissant ainsi elle détruirait des attributs qui entrent aussi nécessairement dans l'idée de la nature divine que la puissance elle-même. Or, j'ai fait voir ci-dessus que la bonté, la vérité et la justice sont des attributs nécessaires de la Divinité, et même aussi nécessaires que la puissance, l'intelligence et la connaissance de la nature des choses. Il est donc aussi impossible et aussi contradictoire que la volonté de Dieu se porte à agir contre les lois de la vérité, de la bonté et de la justice, qu'il est impossible et contradictoire que sa puissance exécute des choses qui serviraient à l'anéantir. Ne pouvoir pas faire des choses qui ne sont pas l'objet de la puissance, ne peut pas être censé un manque de puissance. Ainsi on ne blesse en aucune manière la puissance de Dieu, ni sa liberté, en lui attribuant une rectitude de volonté si parfaite, et si invariable, qu'elle le mette dans l'impossibilité de choisir un parti incompatible avec cette rectitude.

Je conclus, en quatrième lieu, de ce que j'ai dit ci-dessus, qu'en elle-même la liberté, bien loin d'être une imperfection, est, à proprement parler, une perfection. En effet, elle se rencontre en Dieu dans le plus haut degré de perfection possible. Chaque acte de bonté, de vérité et de justice que Dieu fait, est parfaitement libre et tout à fait arbitraire, sans quoi ni la bonté, ni la vérité, ni la justice ne mériteraient pas de porter le nom de perfections. Je sais qu'on débite ordinairement que la liberté est une grande imperfection, puisqu'elle ouvre la porte à toutes sortes de péchés et de misères ; mais c'est là une pure déclamation ; car, à parler exactement, ce n'est pas la liberté qui nous expose à la misère, ce n'est que l'abus que nous en faisons. Je conviens que la liberté nous met dans la capacité de pécher, et nous assujettit par conséquent à la misère; car sans la liberté il ne pourrait y avoir ni péché ni misère. Mais s'il faut donner le nom d'imperfection à tout ce dont l'abus peut rendre la créature plus malheureuse; il faudra dire qu'une pierre est une créature plus excellente et plus parfaite que l'homme, puisqu'elle ne peut pas se rendre misérable, et que l'homme le peut. A la faveur de ce même argument, on prouvera que la raison, que la connaissance, que l'existence elle-même sont des imperfections; car qui ne voit que sans tout cela, la créature ne saurait devenir misérable? Pour parler distinctement, il faut donc dire que l'abus de la liberté, c'est-à-dire la dépravation de cette faculté, sans laquelle les créatures ne sauraient être heureuses, est la seule cause de leur malheur. Mais cela n'empêche pas que la liberté en elle-même, ne soit une perfection, et une très-grande perfection. Plus une créature a de perfection, et plus sa liberté est parfaite. En un mot la plus parfaite liberté est celle sur qui l'ignorance, l'erreur et la corruption n'ont aucune prise, et que rien ne peut détourner de choisir le plus grand bien, qui est l'objet du libre arbitre.

Je dis, en cinquième lieu, qu'encore qu'il n'y ait point de créature raisonnable qui puisse être impeccable dans un sens restreint et philosophique, il est pourtant aisé de concevoir comment Dieu peut donner aux créatures, qu'il juge dignes d'une si précieuse faveur, un si haut degré de connaissance, qu'il leur rende la bonté et la sainteté si aimables, qu'elles n'aient plus rien à craindre de la part de la tentation ou de la corruption. Dans cet heureux état, elles ne pourront jamais, nonobstant leur liberté naturelle, s'égarer du chemin de leur félicité. Elles se tourneront éternellement par choix du côté de leur souverain bien, et elles en jouiront à jamais. Tel est l'état des bons anges et des saints recueillis dans le ciel.

Je trouve enfin, dans ce que j'ai dit au commencement de ce chapitre, touchant les différentes relations que différentes choses ont entre elles nécessairement et éternellement, et touchant les règles de convenance qui veulent qu'application soit faite des différentes relations aux différentes qualifications des personnes, je trouve en cela, dis-je, le vrai fondement de tous les devoirs éternels de la morale ; car les mêmes raisons, qui déterminent toujours et nécessairement la volonté de Dieu, comme je l'ai montré ci-dessus, ces mêmes raisons doivent déterminer aussi la volonté de tous les autres êtres intelligents, qui sont au-dessous de lui. Toutes les fois qu'il arrive à ces êtres de s'éloigner de cette règle, ils préfèrent leur propre volonté à la nature même des choses, et il ne tient pas à eux qu'elles ne deviennent autres qu'elles ne sont ; ce qui est la plus haute présomption et l'insolence la plus grande qu'il soit possible d'imaginer. C'est agir tout au rebours de leur propre raison et de leur connaissance. C'est, autant qu'il est en eux, troubler et renverser l'ordre par lequel l'univers subsiste. C'est enfin faire une injure sanglante au Créateur de l'univers, qui a le droit incontestable d'exiger de toutes ses créatures, à qui il a donné la raison en partage, l'observation de ces règles, suivant lesquelles il dirige lui-même toutes ses actions. Le sentiment de ceux qui fondent tous les devoirs de la morale sur la volonté de Dieu, revient après tout au mien, à cette différence près, qu'ils n'expliquent pas aussi clairement que moi, comment la nature de Dieu et sa volonté sont nécessairement bonnes et justes. Pour ce qui est de ceux qui fondent ces devoirs uniquement sur les lois dont on est convenu pour le bien des sociétés, ils trouveront dans ce que j'ai déjà dit de quoi convaincre leur opinion de faux. D'ailleurs elle est si évidemment contradictoire et absurde que j'ai tout lieu d'être surpris qu'on ait si peu pris garde aux contradictions et aux absurdités qu'elle renferme ; car, si antécédemment aux lois de la société, il n'y a entre le bien et le mal nulle différence, on ne saurait donner aucune raison de la promulgation de ces lois ; toutes choses étant de leur nature également indifférentes. Dira-t-on que le bien commun du genre humain demande qu'il y ait des lois? mais par là on confesse qu'il y a des choses qui tendent au bien du genre humain plus que d'autres, c'est-à-dire qu'elles sont plus propres à conserver et à perfectionner la nature humaine, à cause de quoi les gens sages trouvent nécessaire d'en faire des lois. Or, si la raison pourquoi certaines choses sont prescrites par les lois, vient de ce qu'elles sont nécessaires au bien du genre humain, qui ne voit que c'étaient de bonnes choses antécédemment aux lois qui ont été faites là-dessus? Si l'on dit qu'antécédemment à la promulgation des lois elles n'étaient point bonnes, on ne saurait donner une bonne raison pourquoi ceci a dû passer en loi plutôt que le contraire. Ce qui est de la dernière absurdité.

CHAPITRE XIV.

Conclusion du discours sur l'existence de Dieu.

J'espère que ce que je viens de dire suffira pour convaincre tout homme capable de réflexion et de méditation, que l'existence et les attributs de Dieu sont des vérités qui peuvent être solidement prouvées, et qui sont même susceptibles de démonstration. C'est donc en vain que les ennemis de Dieu et de la religion se glorifient d'avoir la raison de leur côté. Cette raison qu'ils prônent tant, et dont ils se vantent de suivre de point en point les lumières, n'est point pour eux. Ils ont beau dire qu'on ne remarque aucune trace de la Divinité dans la fabrique du monde, et que tous les arguments de la nature favorisent au contraire l'athéisme et l'irréligion : une prétention si peu raisonnable découvre un fonds prodigieux d'impudence, d'aveuglement et de préjugé. Je sais qu'il y a des gens qui, n'ayant jamais médité sur ces matières, s'imaginent qu'elles sont absolument au-dessus de la portée de notre esprit, et que ceux qui disputent sur ces questions ne savent ce qu'ils disent. Mais qui ne voit que, puisque les plus fameux athées qui aient paru dans le monde, et les partisans d'un aveugle destin se sont servis de cette manière d'argumenter pour renverser les premiers fondements de la religion, il était raisonnable et nécessaire de suivre leur méthode, afin de les battre avec leurs propres armes? Je suis en effet très-persuadé qu'il n'y a point de manière de raisonner, quelle qu'elle soit, dont on ne puisse se servir avec beaucoup plus d'avantage et de succès en faveur de la vérité, qu'en faveur du mensonge.

Ce que j'ai dit dans ce discours, peut servir aussi à nous faire comprendre d'où vient que l'existence de Dieu et ses attributs étant des vérités si certaines et si incontestables, il se trouve pourtant des gens qui paraissent n'en avoir que très-peu de connaissance. C'est qu'ils n'ont jamais bien fait attention aux preuves que la raison tire de son propre fonds, ni aux différents moyens dont Dieu se sert pour se faire connaître à nous. Qu'y a-t-il de plus certain et de plus évident que cette proposition, que les trois angles d'un triangle sont égaux à deux droits? Un homme qui soutiendrait le contraire pourrait être facilement réduit à tomber en contradiction. Cependant, ceux qui ne se sont jamais appliqués à la considération de ces choses, peuvent facilement ignorer cette vérité mathématique, aussi bien qu'une infinité d'autres, qui ne sont pas moins certaines, ni moins infaillibles.

Il est vrai cependant que les témoignages que Dieu se rend à lui-même, et les preuves de son existence, qu'il expose à notre vue et à notre méditation, sont en si grand nombre, et si faciles à entendre, qu'il n'est guère possible de s'y tromper. La fabrique, l'ordre, la beauté et l'harmonie admirable de l'univers; la structure et la forme de notre corps, les facultés merveilleuses de notre âme; le consentement de toutes ses lumières et de toutes ses facultés à recevoir cette vérité capitale ; lo consentement universel de tous les hommes, dans tous les temps et dans tous les lieux ; en un mot, tout ce qui est en nous et tout ce qui est hors de nous ; tout, dis-je, forme une démonstration de l'existence de Dieu, si claire, si proportionnée à la capacité des plus simples, qu'il n'y a point d'homme qui, portant sa vue sur les ouvrages de Dieu tant soit peu superficiellement, et faisant la moindre attention aux lumières de sa raison, ne connaisse cet Être suprême. De sorte que ceux qui, environnés de tant de lumières, ne le voient pas encore, sont entièrement inexcusables. Je crois bien qu'il y a des gens qui ne sont pas capables d'entendre les subtilités des démonstrations métaphysiques qui prouvent l'existence de Dieu et ses attributs. Mais ces gens-là doivent, par la même raison, se tenir sur leurs gardes, et ne pas se laisser entraîner dans l'infidélité par les sophismes des pyrrhoniens et des athées, auxquels ils ne sauraient répondre, parce qu'ils ne peuvent pas les entendre. Il est de leur devoir, au contraire, de donner leur consentement aux choses qu'ils connaissent, et de se rendre aux raisonnements qui sont de leur portée ; or, ceux-là sont plus que suffisants pour satisfaire toute personne raisonnable, et pour influer sur la conduite de tout homme sage et judicieux.

Mais il y a plus que tout cela. Dieu s'est encore révélé à nous de la manière du monde la plus expresse et la plus claire, par le ministère de son propre Fils, notre Seigneur et notre Rédempteur, qu'il a fait descendre pour cet effet du ciel en terre : et par cette révélation proportionnée à la capacité d'un chacun, il a imposé silence à la vanité des sceptiques et des profanes, et dissipé l'ignorance des plus simples. En nous révélant lui-même ce qu'il lui a plu de nous faire connaître de sa nature et de ses attributs, il est allé au-devant de toutes les erreurs, dans lesquelles nous aurions pu être entraînés par la faiblesse de notre raison, par notre négligence et notre inapplication, par la corruption de notre nature et par la fausse philosophie des hommes vicieux et profanes. En un mot, il nous a donné toute la connaissance dont nous avions besoin pour nous acquitter de nos devoirs dans cette vie, et pour nous rendre dignes de la félicité dans la vie qui est à venir. C'est ce qui doit faire la matière du discours suivant. Je n'en saurais dire davantage dans celui-ci, sans sortir des bornes que je me suis prescrites.

LETTRES

D'UN GENTILHOMME DE LA PROVINCE

DE GLOCESTER

ÉCRITES

AU DOCTEUR CLARKE

AU SUJET DE SON TRAITÉ

DE L'EXISTENCE DE DIEU

LETTRES
D'UN GENTILHOMME DE LA PROVINCE
DE GLOCESTER,
ÉCRITES
AU DOCTEUR CLARKE,
AU SUJET DE SON TRAITÉ
DE L'EXISTENCE DE DIEU.

LETTRE PREMIÈRE.

Monsieur,

J'ai bien l'honneur de vous connaître, mais n'étant pas connu de vous, peut-être serez-vous surpris de la liberté que je prends de vous écrire. J'espère cependant qu'en considération du sujet qui me met la plume à la main, vous voudrez bien me pardonner ma hardiesse. Je me suis fait une étude, depuis que je me suis cru capable d'entrer dans les preuves dont on se sert pour établir l'existence de Dieu et ses attributs, de me convaincre moi-même de ces grandes vérités. Persuadé que c'est une affaire de la dernière importance, j'ai cherché à en avoir des preuves démonstratives, non-seulement pour mettre mon esprit en repos sur cet article, mais aussi en vue de défendre les grandes vérités de la religion naturelle, et celles de la religion chrétienne, qui en sont une suite, contre ceux qui les combattent. Il faut pourtant que je vous avoue avec douleur que jusqu'ici j'ai travaillé en vain. J'ai bien trouvé des arguments qui m'ont paru très-probables, mais je n'en ai point encore pu trouver qui m'aient paru démonstratifs. On ne m'eut pas plutôt recommandé la lecture du livre que vous avez publié sur ces matières, et qui est si justement estimé de tous ceux à qui j'en ai entendu parler, que j'espérai d'y trouver toutes mes difficultés éclaircies. Mais le succès, en quelques endroits, n'a pas répondu à mon attente, soit que j'aie mal pris votre pensée, soit que mon irrésolution vienne de quelqu'autre cause que j'ignore. De sorte que je désespère presque de trouver jamais la satisfaction que je cherche, à moins que ce ne soit par la voie que je prends maintenant. Vous n'ignorez pas, Monsieur, qu'il arrive quelquefois que de deux termes qui expriment la même chose, il y en a un qui est fort obscur et l'autre parfaitement intelligible, quoique ces deux termes paraissent également clairs à quelques personnes. Peut-être est-ce le cas où je me trouve ; peut-être me rendrais-je sans peine à vos arguments, sur lesquels j'ai encore des doutes, si je les envisageais d'un autre biais, et proposés d'une autre manière. Je suis persuadé que ceci suffira pour excuser la peine que je vous donne. J'espère même qu'un homme comme vous, qui paraît n'avoir rien tant à cœur que l'instruction du prochain, ne me laissera pas sans réponse, vu la situation où je me trouve.

Vous vous proposez de prouver l'infinité et la toute-présence de l'Être existant par lui-même « dans la sixième proposition de votre Démonstration de l'existence de Dieu, (page 48 de cette édition). » La première partie de votre preuve me paraît tout à fait probable, mais il n'en est pas de même de la dernière, où vous paraissez vouloir vous élever jusqu'à la démonstration : je ne la trouve nullement convaincante. Si je ne me trompe, cette dernière partie renferme un argument à part, que voici : « Supposer un être fini, existant par lui-même, c'est dire qu'il y a de la contradiction à affirmer que cet être n'existe pas, et cependant on le peut *concevoir absent* sans contradiction : ce qui est la dernière de toutes les absurdités. » Le sens dans lequel vous prenez le terme d'*absence* dans cet argument, paraît assez clairement déterminé par les paroles qui suivent, où vous avez dessein de prouver l'absurdité de ce langage : « Car, dites-vous, si un être peut être absent d'un lieu, sans contradiction, il peut aussi, sans contradiction, être absent d'un second lieu, et enfin de tout lieu. » Or, supposé que la conséquence soit juste, tout ce que vous prouvez par là, c'est que, si un être peut être *dans un temps* absent d'un lieu, sans qu'il y ait en cela de la contradiction, il peut, sans contradiction, être absent d'un autre lieu, et derechef de tout lieu, en différents temps; car, je ne vois pas, qu'en supposant un être absent d'un lieu *dans un temps,* on puisse inférer qu'il peut, sans contradiction, être absent de tout lieu en même temps., c'est-à-dire cesser d'exister. Or, si votre argument ne prouve pas davantage, je ne vois pas qu'il y ait aucune absurdité dans la supposition. Supposé que je puisse démontrer qu'un homme doit vivre mille ans, cet homme pourra sans contradiction être absent *d'un lieu,* et de tout lieu, en différents temps; mais il ne s'ensuivra pas de là qu'il puisse être absent *en même temps de tout lieu,* c'est-à-dire, qu'il puisse cesser d'exister. Nullement. Ce serait une contradiction, parce que je suppose que j'ai démontré qu'il doit vivre mille ans. Si, au lieu de mille ans, j'avais dit *toujours,* cela reviendrait exactement à la même chose; et la preuve paraît être la même, soit que je l'applique à l'Être *existant par lui-même,* soit que j'en fasse l'application à un *Être dépendant.*

La seconde objection que j'ai à vous faire, roule sur la preuve par laquelle vous avez dessein d'établir que l'Être existant par lui-même est nécessairement *unique.* La voici (dans la page 54 de cette édition, proposition septième). «Sup-

« poser, dites-vous, plusieurs natures existantes par elles-
« mêmes, nécessairement et indépendamment les unes des
« autres, est une chose qui implique visiblement cette con-
« tradiction : c'est que chacun de ces êtres étant indépendant
« de l'autre, on peut supposer que chacun d'eux existe tout
« seul, de sorte qu'il n'y a point de contradiction à imaginer
« que l'autre n'existe pas : d'où il s'ensuit que ni l'un ni
« l'autre ne peut exister nécessairement. » J'avoue que la
supposition renferme, en effet, « que chacun de ces êtres
peut exister tout seul, puisqu'ils sont indépendants l'un de
l'autre : » c'est-à-dire qu'il peut exister sans avoir aucune
relation avec l'autre et sans en dépendre. Mais où est, je
vous prie, la troisième idée qui fait la connexion de cette
proposition avec celle qui suit : « Qu'il n'y a point de contradiction à imaginer que l'autre n'existe pas ? » Si c'était ici
une conséquence de la proposition précédente, ce serait, je
l'avoue, une démonstration par le premier corollaire de la
troisième proposition, page 19. Mais puisque cette proposition, « chacun de ces êtres peut être supposé exister seul, » et
cette autre, « il n'y a point de contradiction à imaginer que
l'autre n'existe pas, » sont deux assertions tout à fait différentes, et qui n'ont point de rapport l'une avec l'autre : et
puisque la supposition de l'indépendance de l'un de ces
êtres n'oblige pas, par une conséquence immédiate, à supposer que l'autre ne peut pas exister ; comment est-ce que vous
prouvez ce qui est en question ? La différence de ces deux
propositions est une chose claire, à mon avis ; et pour ce qui
est de la connexion immédiate, que chacun de ceux qui li-
ront cet endroit de votre livre, juge s'il y en a. Je déclare,
en mon particulier, que je ne vois pas du premier abord où gît
l'absurdité. Il n'y en a pas plus qu'à dire, que dans un
triangle isocèle les angles au-dessous de la base sont inégaux. J'avoue que cette proposition est absolument fausse ;
je ne crois pas, cependant, que personne s'avise de débiter le
contraire comme un axiome, parce que toute véritable

qu'est la proposition contraire, elle a pourtant besoin de preuve.

Vous répondrez, peut-être, que je n'ai pas bien pris le sens de ces paroles, *exister seul;* qu'elles ne signifient pas seulement, *exister indépendamment d'un autre être*, mais qu'elles signifient aussi que l'Être qui existe, existe tellement *seul*, que *rien n'existe avec lui*. Je ne saurais déterminer lequel de ces deux sens est le vôtre, mais quel qu'il soit, ce que je dis subsiste toujours ; car, si vous donnez ce dernier sens à ces paroles (*chacun de ces êtres peut être supposé exister seul*) je conviens qu'il n'y aura point de contradiction à supposer que l'autre *n'existe pas*. Mais, si cela est, je demande où est la connexion de ces deux propositions. D'où vient que la supposition de deux natures différentes existantes par elles-mêmes, nécessairement et indépendamment l'une de l'autre, prouve que chacune de ces deux natures peut être supposée *exister seule* dans ce sens-là? ce qui est précisément la même chose que j'ai dite auparavant, appliquée seulement à des manières de parler différentes. De sorte que, si cette expression, *exister seul*, doit être entendue dans le sens que je lui ai donné d'abord, je conviens qu'elle est renfermée dans la supposition ; mais je ne vois pas qu'il suive de cette supposition, qu'il n'y aura point de contradiction à supposer que l'autre nature n'existe pas. Mais s'il faut donner le dernier sens à ces paroles, *exister seul,* je demeure d'accord que si l'on peut supposer que l'une ou l'autre de ces deux natures *existe seule* de cette manière, il n'y a point de contradiction à supposer que l'autre n'existe pas. Mais cela étant, je ne vois pas « que la supposition de deux natures différentes, existantes par elles-mêmes nécessairement et indépendamment l'une de l'autre, » renferme que chacune de ces deux natures peut être supposée exister seule dans ce sens-là. Tout ce que je vois, c'est qu'on peut très-bien supposer que chacune d'elles existe sans avoir aucune relation avec l'autre, et que, pour exister, l'une n'a pas besoin de l'existence de l'autre. Mais, quoiqu'à ce compte elle peut cesser d'exister, si elle n'avait point d'autre principe de son existence ; cependant, eu égard à la nécessité de sa nature propre, qui est tout à fait distincte de l'autre, il est entièrement absurde de supposer qu'elle *n'existe pas.*

Voilà, Monsieur, quels sont mes doutes, et les raisons que j'ai eues de douter. S'il m'est arrivé de donner à vos paroles un autre sens que celui que vous avez eu en vue, je puis vous assurer que c'est une méprise toute pure, et non pas une affaire de dessein. Je vous prie encore une fois de me faire un mot de réponse, si vous le pouvez sans trop vous incommoder. Je vous en aurai une obligation toute particulière. Je suis,

Monsieur, etc.

4 Novembre 1713.

RÉPONSE A LA LETTRE PREMIÈRE.

Monsieur,

Si tous ceux qui se mêlent d'écrire sur des matières de controverse, le faisaient avec la même candeur et la même sincérité, avec laquelle vous proposez vos difficultés, je suis persuadé qu'il n'y a presque point de dispute qui ne pût être terminée à l'amiable : on s'accorderait à la fin à avoir les mêmes sentiments, ou, s'il n'était pas possible de le faire, on se supporterait au moins charitablement malgré la diversité d'opinions.

Vos deux objections sont très-ingénieuses et poussées avec beaucoup de force et de subtilité. J'espère pourtant d'y répondre d'une manière qui vous paraîtra satisfaisante. Je réponds à la première : que tout ce qui, sans contradiction, peut, *en quelque temps que ce soit*, être absent de quelque lieu que ce soit, peut, sans contradiction aussi, être conçu *toujours absent de tout lieu;* car tout ce qui est nécessaire d'une nécessité absolue, est absolument nécessaire dans chaque partie de l'espace et dans chaque point de la durée. Tout ce qui, dans quelque temps que ce soit, est conçu pouvoir être absent de quelqu'une des parties de l'espace, pourra, par la même raison, être conçu en même temps absent, quant à la possibilité de toute autre partie de l'espace, soit par voie de cessation d'être, soit en vertu de la supposition qu'il n'a jamais commencé d'être. Quand je dis, au reste, qu'il est possible de le concevoir absent de tout lieu, cela veut dire que cette idée n'implique point de contradiction. Je pense que votre exemple d'un homme qu'on démontrerait devoir vivre mille ans, est ce qui vous a jeté dans l'erreur. Mais il peut fort bien servir à vous en faire sortir. Vous pouvez supposer, si vous voulez, qu'un homme vivra mille ans, ou bien que Dieu peut révéler et promettre qu'il vivra tout autant. Cette supposition une fois faite, il n'est plus possible, je l'avoue, que cet homme, pendant cet espace de mille ans, soit absent de tout lieu. Rien n'est plus vrai que cela. Mais d'où vient, je vous prie, que cela n'est plus possible? c'est uniquement parce qu'il est contraire à la supposition, ou à la promesse divine; mais il n'est nullement contraire à la nature absolue des choses; ce qui serait, si cet homme existait nécessairement, comme fait chaque partie de l'espace. Quand vous supposez que vous puissiez démontrer qu'un homme vivra ou mille ans ou un an, si vous voulez, vous faites une supposition impossible et contradictoire; car, quoiqu'il puisse arriver que vous sachiez certainement qu'il vivra aussi longtemps que cet espace marqué (comme il arrive en cas de révélation), cependant ce n'est là qu'une certitude d'une chose qui est en effet véritable, mais qui, en elle-même, n'est nullement nécessaire. Or, la démonstration n'est applicable qu'aux choses qui sont *nécessaires en elles-mêmes,* nécessaires également *en tout lieu et en tout temps.*

Voilà ma réponse à votre première difficulté; voici ce que je réponds à la seconde : ce qui existe nécessairement doit non-seulement exister tellement *seul*, qu'il ne dépende d'aucune autre chose, mais, étant seul suffisant à soi-même, il doit encore *exister tellement seul,* que la supposition de la non-existence de toute autre chose soit une supposition possible et sans contradiction dans la nature des choses; d'où il s'ensuit qu'aucune autre chose ne peut exister nécessairement, puisque ce qu'on peut supposer *n'exister point du tout,* n'existe pas nécessairement. L'existence de l'Être qui existe nécessairement est un préalable nécessaire à la supposition de l'existence de tout autre être ; de sorte que rien ne peut être supposé exister, à moins qu'on ne présuppose avant toutes choses l'existence de *ce qui est nécessairement*. Par exemple, la supposition de l'existence de quelque chose que ce puisse être renferme nécessairement la supposition préalable de l'existence de l'espace et du temps, et s'il y avait quelque chose qui pût exister sans l'espace et sans le temps, il s'ensuivrait que ni l'espace, ni le temps n'existent pas nécessairement. Ainsi, la supposition qu'il est possible qu'une chose existe tellement seule, qu'elle ne renferme pas nécessairement la supposition préalable de quelque autre chose, cette supposition, dis-je, prouve démonstrativement que cette autre chose n'existe pas nécessairement; parce que toute chose qui existe nécessairement ne saurait être supposée n'être pas, de quelque biais qu'on la conçoive. Il n'est pas possible d'avoir aucune idée de l'existence d'une chose, il n'est pas possible d'avoir aucune idée de l'existence elle-même, à moins qu'on n'ait au préalable l'idée de l'Être qui existe nécessairement. Les deux propositions que vous croyez indépendantes ont donc entre elles une liaison réelle et nécessaire. J'avoue qu'il est très-difficile de trouver des termes qui expriment clairement ces sortes de choses, et qu'il n'y a que des esprits bien attentifs qui puissent les comprendre. Avec tout cela je crois que rien n'est plus convaincant et plus démonstratif, pourvu qu'on puisse ou qu'on veuille y faire attention.

S'il y a quelque chose en ceci, ou dans quelque autre endroit de mes livres, qui vous fasse de la peine, vous me ferez plaisir de me le faire savoir. Je suis,

Monsieur, etc.

10 Novembre 1713.

P. S. Je m'aperçois que plusieurs de mes lecteurs ont mal entendu ma seconde proposition générale. Ils ont pris ces paroles, *un Être immuable et indépendant*, comme si j'avais entendu par là *un Être unique;* au lieu que ma pensée, et tout ce que j'ai à prouver dans cette proposition, est qu'il faut qu'il y ait *quelque Être à tout le moins*, qui soit immuable, etc. L'unité de cet Être est ce que je prouve plus bas dans ma septième proposition.

LETTRE II.

Monsieur,

J'ai toujours cru que la grande diversité d'opinions qu'on voit régner parmi les hommes venait ou de ce qu'ils ne s'entendaient pas les uns les autres, ou de ce qu'au lieu de s'attacher sincèrement à la recherche de la vérité, ils ne s'étudiaient qu'à chercher des arguments pour soutenir, à quelque prix que ce soit, les opinions qu'ils avaient une fois avancées. Je conviens pourtant qu'il peut y avoir d'autres raisons de cette diversité d'opinions, et je suis persuadé, aussi bien que vous, qu'en ce cas-là nous ne devons pas trouver mauvais qu'un autre pense autrement que nous, puisqu'à certains égards tout homme a sa manière de penser qui lui est particulière. Je suis fâché d'être obligé de vous dire que vos réponses à mes objections ne me paraissent pas satisfaisantes. Voici les raisons que j'ai de ne les pas trouver telles.

Vous dites « que tout ce qui est nécessaire d'une nécessité absolue, est absolument nécessaire dans chaque partie de l'espace et dans chaque point de la durée. » Si cette proposition était évidente, elle prouverait certainement ce que vous avez dessein de prouver, c'est-à-dire « que tout ce qui, sans contradiction, peut en un temps être conçu absent d'un lieu, peut aussi être conçu absent de tout lieu en tout temps. » Mais je ne vois pas que l'idée de l'*ubiquité* soit renfermée dans l'idée de l'existence par soi-même, ou qu'elle en soit une conséquence directe. Tout ce qui est contenu dans cette idée, c'est que tout ce qui existe, existe quelque part. Vous ajoutez « que tout ce qui, dans quelque temps que ce soit, est conçu pouvoir être absent de quelque partie de l'espace, pourra, par la même raison (c'est-à-dire sans contradiction), être conçu absent en même temps, quant à la possibilité de toute autre partie de l'espace. » Je ne vois pas qu'il y ait la même raison de faire ces deux suppositions, ni qu'on les puisse faire aux mêmes égards. Je conçois que cet être pourrait être absent d'un lieu, par la raison que je ne trouve point que cela contredise la première preuve, tirée de la nature des choses, dans laquelle je n'ai prouvé autre chose, sinon qu'il existe nécessairement. Mais l'autre supposition, qui porte que je conçois qu'il est possible qu'il soit « absent de chacune des parties de l'espace dans le même temps, » cette supposition, dis-je, est en contradiction directe avec la preuve qu'il doit exister *quelque part,* et, par conséquent, c'est une contradiction formelle. On dira peut-être que, comme après avoir prouvé que les trois angles d'un triangle sont égaux à deux droits, ce rapport d'égalité se doit trouver partout où un triangle existe; ainsi, après avoir prouvé qu'un être existe nécessairement, il s'ensuit qu'il doit exister *partout*. Mais il y a une très-grande différence entre ces deux choses. L'une est la preuve d'un certain rapport, supposé l'existence d'un tel être, avec telles propriétés particulières; donc partout où cet être et ces propriétés existent, ce rapport doit exister aussi. Mais l'existence nécessaire d'un être une fois prouvée, il ne s'ensuit pourtant pas évidemment que cet être *existe partout*. C'est par pure négligence que je me suis servi du terme de *démonstration*, au lieu de celui de *preuve*, qui ne laisse aucun doute; car je n'ai jamais ouï parler d'une démonstration ainsi proprement dite d'une chose de fait.

Vous répondez à ma seconde difficulté, que « l'existence de l'être qui existe nécessairement est un préalable nécessaire à la supposition de l'existence de tout autre être. » Je conviens que toutes les conséquences que vous tirez de cette proposition sont prouvées démonstrativement, et par conséquent que les deux propositions que je croyais indépendantes ont entre elles une liaison étroite. Mais je demande d'où vient que l'existence de ce qui existe nécessairement est un préalable à la supposition de l'existence de tout autre être? Est-ce en tant que l'espace et la durée sont nécessaires à l'existence de toute autre chose, ou est-ce seulement en tant que l'être qui existe nécessairement est la cause de l'existence de tout autre être? Si vous dites la première de ces choses, comme votre raisonnement semble l'insinuer, je réponds que l'espace et la durée sont de leur nature des choses très-abstruses. Je ne pense pas qu'on puisse les appeler proprement *des choses*, mais qu'il faut les considérer plutôt comme des *affections* qui, dans l'ordre de nos pensées, appartiennent à l'existence de toutes les choses, et sont antécédemment nécessaires à cette existence. Il m'est aussi impossible de concevoir comment l'idée d'un être qui existe nécessairement est nécessaire à l'existence de tout autre être, de la même manière et au même égard que l'espace et la durée sont nécessaires à cette existence, qu'il m'est impossible de concevoir l'extension attribuée à la pensée, puisque cette idée ne convient pas plus à une chose existante que l'extension ne convient à la pensée. Mais si vous dites la dernière de ces choses, que l'existence d'un être qui existe nécessairement est un préalable nécessaire à la supposition de l'existence de tout autre être, « uniquement à cause que cet être nécessaire doit être la cause de l'existence de toutes les autres choses, je crois que vous supposez visiblement ce qui est en question. Car, en ce cas, vous supposez que tout autre être qui existe est produit, et par conséquent n'est pas nécessaire. Je conçois, au reste, qu'il y ait deux sens dans lesquels on puisse dire que l'existence d'un être nécessaire est un préalable requis à la supposition de l'existence de toute autre chose.

Vous voyez donc, Monsieur, que je suis parfaitement d'accord avec vous touchant les conséquences que vous tirez de vos suppositions; il n'y a que ces suppositions elles-mêmes dont la vérité m'est suspecte.

Je n'ai aspiré dans mon style à autre chose qu'à être intelligible, persuadé, comme vous le remarquez, qu'il est très-difficile de se bien exprimer sur de semblables sujets, surtout quand on n'est pas accoutumé de les manier.

Je finis par des remercîments sincères, que je vous fais, de la peine que vous avez bien voulu prendre de me répondre, et de l'assurance que vous me donnez de recevoir en bonne part les autres difficultés que je pourrais avoir en lisant vos écrits. Je regarde cette offre obligeante comme une espèce de promesse, par laquelle vous vous engagez à répondre à ce que je vous écris maintenant, s'il y a quelque chose qui en vaille la peine. Je suis,

Monsieur, etc.

23 Novembre 1713.

RÉPONSE A LA LETTRE II.

Monsieur,

Il me paraît que c'est ici la raison pour laquelle vous ne concevez pas que l'*ubiquité* ait une connexion nécessaire avec l'existence par elle-même : dans l'ordre de vos idées, vous concevez premièrement *un être* (que vous supposez *fini*), et ensuite vous concevez que l'existence par soi-même est une propriété de cet être, comme les angles sont les propriétés d'un triangle, supposé son existence, au lieu que c'est tout le contraire. La nécessité d'existence n'étant pas une propriété qui suive de la supposition de l'existence de la chose, mais la cause antécédente ou le fondement de cette existence, il est évident que cette nécessité n'étant limitée à aucun sujet antécédent, comme les angles sont au triangle, mais étant elle-même originale, absolue, et antécédente à toute existence, en ordre de nature, elle doit nécessairement être partout, par la même raison qu'elle est quelque part. Si vous appliquez ce raisonnement à l'exemple de l'espace, vous trouverez qu'il convient véritablement par conséquence à la substance dont l'espace est une propriété, aussi bien que la durée. Ce que vous dites touchant l'être nécessaire, qu'il doit exister dans quelque lieu, supposé que cet être soit un être fini ; s'il est fini, il faut supposer quelque *cause* qui a déterminé qu'une certaine quantité de cet être existerait, et qu'il n'y en aurait ni plus ni moins, or, cette *cause* doit être, ou une *cause volontaire*, ou une *cause nécessaire*, mais qui n'a qu'une certaine quantité de puissance, qui est déterminée et limitée par quelque autre cause. Mais aucune de ces choses n'a lieu dans la nécessité originale et absolue, qui est antécédente, en ordre de nature, à l'existence de quelque chose que ce soit. Cette nécessité est nécessité également partout.

Je réponds à la seconde difficulté « que ce qui existe nécessairement est nécessaire à l'existence de toute autre chose, » non pas, à la vérité, en tant que cause (ce serait en effet supposer ce qui est en question), mais en tant que condition *sine qua non*; et dans le sens que l'espace est nécessaire à chaque chose, n'y ayant rien dont on puisse concevoir l'existence, à moins qu'on ne conçoive auparavant l'espace. Je conçois donc l'espace comme une propriété de la substance qui existe par elle-même; je conçois aussi que l'espace étant évidemment nécessaire, il faut que la substance, dont il est une propriété, soit pareillement nécessaire; nécessaire en elle-même, et nécessaire à l'existence de toute autre chose, quelle qu'elle soit. J'avoue que l'extension ne convient pas à la pensée, par la raison que la pensée n'est pas un être. Mais l'extension ne laisse pas d'être nécessaire à l'existence de tout être, soit qu'il pense, ou qu'il ne pense pas, ou qu'il ait telle autre qualité qu'on voudra. Je suis,

Monsieur, etc.

28 Novembre 1713.

LETTRE III.

Monsieur,

Vous dites que vous croyez « que dans l'ordre de mes « idées je conçois premièrement l'existence d'un être (que je « suppose fini), et que je conçois ensuite que l'existence par « soi-même est une propriété de cet être. » Si vous entendez par là que je suppose premièrement un Être fini existant je ne sais où, et que j'affirme que la nécessité d'existence n'est qu'une conséquence de son existence : qu'ensuite après l'avoir supposé fini, je conclus très-justement qu'il n'est pas infini ; j'ai beau chercher, je ne trouve rien dans ma lettre qui puisse avoir donné lieu à cette conjecture. Mais si vous entendez qu'avant toutes choses je prouve qu'un être existe de toute éternité, et que je prouve ensuite par les raisons des choses, que cet être doit être éternellement nécessaire, j'en conviens. Je ne vois même rien là dedans d'irrégulier ni d'absurde. Car il y a une très-grande différence entre l'ordre dans lequel les choses existent, et l'ordre dans lequel je me prouve à moi-même qu'elles existent. Je ne crois pas même que ce que j'ai dit, que « l'être nécessaire existe « quelque part, » suppose que cet être doit être fini. Tout ce que ces paroles supposent c'est que cet être existe dans l'espace, sans déterminer si c'est ici, ou là, ou en tout lieu.

Votre réponse à ma seconde objection porte : « Que ce qui « existe nécessairement, est nécessaire à l'existence de toute « autre chose, en tant que *sine qua non*, dans le sens que l'es- « pace est nécessaire à chaque chose. » Ce que vous prouvez, dites-vous, par cette considération « que l'espace est « une propriété de la substance qui existe par elle-même ; et « qu'étant nécessaire en lui-même, et nécessaire à l'exis- « tence de toute autre chose, la substance dont il est une « propriété doit être aussi nécessaire. » J'avoue qu'en un sens, l'espace est une propriété de la substance qui existe par elle-même, mais il est aussi, dans le même sens, une propriété de toute autre substance. La seule différence est par rapport à la quantité. Or, puisque chaque partie de l'espace est nécessaire, aussi bien que tout l'espace, il s'ensuit que chaque substance doit exister par elle-même, parce que l'existence par soi-même en est une propriété. Or, puisque vous ne voulez pas admettre cette conséquence, il faut bien que vos arguments ne soient pas concluants, supposé qu'elle en découle directement.

Ce que vous dites sur le premier chef est, à mon avis, tout à fait probable, mais je ne le crois pourtant pas démonstratif. Il n'en est pas de même de vos arguments sur le second chef, j'avoue que je ne suis pas capable d'en apercevoir la force.

Je suis si éloigné de trouver du plaisir à pouvoir former des objections contre vos arguments, que je me ferais un honneur de pouvoir entrer dans vos raisonnements, et d'en sentir la force, sans compter la satisfaction intérieure qu'une chose de cette nature me donnerait. Je n'oserais vous demander une réponse, de peur de vous faire perdre un temps dont vous pouvez faire un meilleur emploi ; ainsi je finirai par de très-humbles actions de grâces de la peine que vous avez bien voulu prendre à mon occasion, et par des assurances que je suis, etc.

5 Décembre 1713.

RÉPONSE A LA LETTRE III.

Monsieur,

Quelque gêne que je donne à mon esprit et de quelque côté que je le tourne, je demeure persuadé qu'il n'y a point de défaut dans mon argument même. Cependant, puisqu'une personne aussi habile et aussi pénétrante que vous l'êtes, y trouve encore de la difficulté, je ne doute pas qu'il n'y ait quelque obscurité dans la manière dont je me suis exprimé. Je n'ai pas voulu dire que votre proposition « un être nécessaire existe quelque part, » supposât nécessairement que cet être est fini. J'ai entendu seulement que la manière dont vous vous exprimez est propre à faire naître dans l'esprit l'idée d'un être fini, dans le temps même que vous pensez à un être nécessaire sans faire une exacte attention à la nature de la nécessité, en vertu de laquelle il existe. Une nécessité absolue et antécédente (en ordre de nature) à l'existence de quelque sujet que ce soit, n'a rien qui la limite ; mais, supposé qu'elle opère (comme elle doit faire nécessairement), il faut qu'elle opère (si je puis m'exprimer ainsi) en tout lieu et en tout temps également. La détermination d'une quantité particulière, ou d'un temps particulier, ou d'un lieu d'existence de quelque chose que ce soit, ne saurait venir que de quelque cause externe à la chose elle-même. Pour éclaircir ma pensée par un exemple, on ne saurait donner aucune raison de l'existence d'une certaine petite quantité déterminée de matière, répandue dans les vides immenses de l'espace, ni dire pourquoi il n'y en a ni plus ni moins, et il n'y a que la volonté d'un être intelligent et libre, qui puisse avoir déterminé une chose si indifférente de sa nature. Supposer la matière, ou quelque autre substance existante nécessairement dans une quantité finie et déterminée, comme vous diriez dans un pouce cubique, ou dans un certain nombre précis de pouces cubiques, est une supposition aussi absurde que si vous supposiez qu'elle existe nécessairement et qu'elle est pourtant finie dans sa durée, ce qui est une contradiction visible. Le même argument revient sur la question de l'origine du mouvement. Le mouvement ne saurait exister nécessairement, parce que toutes les déterminations du mouvement étant également possibles, la détermination originale du mouvement d'un corps particulier de ce côté plutôt que de l'autre, ne saurait être d'elle-même nécessaire, mais elle doit avoir été causée par la volonté d'un être intelligent et libre, ou bien ce doit être un effet qui n'est produit, ni déterminé par aucune cause ; ce qui est une contradiction expresse, comme je l'ai prouvé dans ma démonstration de l'existence de Dieu, etc., page 11.

Je réponds à l'autre argument, que l'espace est une propriété de la substance qui existe par elle-même, et non pas une propriété de toute autre substance. Toutes les autres substances sont dans l'espace, et l'espace les pénètre, mais la substance existante par elle-même n'est pas dans l'espace et n'en est pas pénétrée. Elle est, si je puis m'exprimer ainsi, le *substratum* de l'espace, elle est le fondement de l'existence et de l'espace et de la durée elle-même. Or, l'espace et la durée étant évidemment nécessaires, et n'étant pourtant point des substances, mais des propriétés, il est clair que la substance sans qui ces propriétés ne sauraient subsister, est elle-même encore plus nécessaire s'il était possible. Et comme l'espace et la durée, en tant qu'elles sont des conditions *sine qua non*, sont nécessaires à l'existence de toute autre chose, ainsi, la substance à qui ces propriétés appartiennent, est de même nécessaire, de la manière particulière dont j'ai fait mention ci-dessus. Je suis,

Monsieur, etc.

10 Décembre 1713.

LETTRE IV.

Monsieur,

Quelle que puisse être la cause qui m'empêche de voir la force de vos raisonnements, je n'ai garde de l'imputer, comme vous faites, au manque de clarté dans vos expressions. Je me connais trop bien moi-même, pour penser qu'il s'ensuive de ce que je n'ai pas entendu un argument, que cet argument est mal exprimé, ou qu'il ne conclut pas, à moins que je n'en puisse faire voir d'ailleurs clairement le défaut. Je puis vous assurer que ce m'est une très-grande satisfaction de voir, que plus je réfléchis sur votre premier argument, et plus je suis convaincu qu'il est solide. Maintenant je comprends qu'il est tout à fait contre la raison de supposer que la *nécessité absolue* puisse avoir plus de relation avec une partie de l'espace qu'avec l'autre : or, cela étant ainsi, un être absolument nécessaire doit exister partout.

Je souhaiterais de tout mon cœur pouvoir être aussi convaincu de la solidité de l'autre argument, comme je le suis de la vérité de celui-là. Vous dites, « que toutes les substances, à la réserve de celle qui existe par elle-même, sont dans l'espace, et que l'espace les pénètre. » Toutes les substances, sans doute, soit spirituelles, soit corporelles, existent dans l'espace. Mais s'il fallait expliquer ce que j'entends par « un esprit qui existe dans l'espace, » je ne sais comment je le pourrais, qu'en disant qu'une certaine quantité particulière d'espace borne dans les esprits finis « la capacité qu'ils ont d'agir en un seul et même temps ; » de sorte qu'ils ne sauraient agir hors de la sphère de cette quantité déterminée. Il est vrai que je me figure qu'il y a dans la manière d'exister des esprits, eu égard à l'espace, je ne sais quoi qui répond plus directement à la manière d'exister des choses corporelles. Mais si je veux deviner ce que c'est, et quelle est la manière d'exister des esprits, je ne saurais m'en faire d'idée. Il me paraît qu'il y a plus de difficulté encore à déterminer (si la chose était possible) la relation que l'être existant par lui-même peut avoir avec l'espace. Dire qu'il existe dans l'espace de la même manière que les autres substances y existent (comme il m'est presque échappé de le dire, sans y songer, dans ma dernière lettre), serait mettre le créateur trop au niveau de la créature. Quoi qu'il en soit, ce serait dire une chose dont la vérité n'est ni claire ni évidente. Dire aussi que la substance, qui existe par elle-même, est le *substratum* de l'espace, dans le sens qu'on donne ordinairement à ce terme, c'est dire une chose qui est à peine intelligible, ou qui, à tout le moins, n'est pas évidente. Or, quand il y aurait cent relations distinctes de celles-ci, l'affaire est d'en avoir des idées, et je ne vois pas par quel moyen je les pourrais acquérir. J'avoue qu'on peut avoir des idées des termes, et ne pas s'éloigner du sens ordinaire qu'on leur donne quand on dit que la substance qui existe par elle-même, est le *substratum* de l'espace, ou le fondement de son existence, mais je ne vois pas qu'il y ait aucune raison de s'assurer que cela est vrai. En effet, l'espace me paraît exister aussi absolument par soi-même, qu'il est possible qu'aucune autre chose existe par soi-même. Ainsi, faites telles suppositions qu'il vous plaira, je ne saurais m'empêcher de supposer l'immensité de l'espace. La raison en est qu'il faut de deux choses l'une, ou qu'il y ait une *infinité d'existence*, ou *un vide infini d'existence*, s'il m'est permis de me servir de cette expression. On me dira peut-être que, quoique l'espace soit réellement nécessaire, la raison pourtant qui fait qu'il est nécessaire, c'est parce qu'il est une propriété de la substance qui existe par elle-même ; et qu'étant si manifestement nécessaire, et sa dépendance de la substance existante par elle-même n'étant pas si évidente, on est tenté de conclure qu'il est absolument existant par lui-même, aussi bien que nécessaire. On ajoutera que c'est là la raison qui fait que l'idée de l'espace s'empare de notre esprit antécédemment et exclusivement à toute autre chose, eu égard au fondement de son existence. Mais quoique ce soit là une objection très-réelle, ce n'est pourtant pas une réponse directe à ce que je viens de dire. Ce raisonnement en effet suppose la seule chose qu'il fallait prouver, je veux dire que la raison qui fait que l'espace est une chose nécessaire, est parce qu'il est une propriété de la substance qui existe par elle-même. Et quand on supposerait qu'il n'est pas évident que l'espace soit existant absolument par soi-même, on ne peut pas cependant, tandis que cela demeure douteux, on ne peut pas, dis-je, argumenter comme si on avait une certitude du contraire et comme si l'on était assuré que l'espace n'est qu'une propriété de la substance qui existe par elle-même. Mais si l'espace n'est pas absolument indépendant, qu'est-ce qui le sera? car lui-même est manifestement nécessaire, et il est antécédemment nécessaire, qui plus est, à l'existence de toute autre chose, sans en excepter même (comme je pense) la substance existante par elle-même.

Je vois clairement que toutes vos conséquences suivent

démonstrativement de votre supposition ; et si la supposition elle-même était évidente, elle pourrait servir à prouver d'autres choses encore que celles à la preuve desquelles vous l'employez. C'est ce qui fait que je serais infiniment obligé à quiconque la prouverait. Car n'ayant rien tant à cœur que la recherche de la vérité, je ne me ferai jamais une honte d'avoir appris quelque chose de quelqu'un. Il en est, à mon avis, de l'instruction qu'on reçoit de certaines gens, comme des grâces d'un prince, qui font honneur à la personne qui les reçoit. Je suis,

Monsieur, etc.

Le 10 Décembre 1713.

RÉPONSE A LA LETTRE IV.

Monsieur,

J'ai été absent de Londres pendant la plus grande partie du mois de janvier. Cette absence, jointe à quelques autres occupations accidentelles, m'a empêché de répondre plus tôt à votre lettre. Voici, à mon avis, le précis de vos difficultés. Vous dites « qu'il est difficile de déterminer quelle relation « la substance existante par elle-même peut avoir avec l'es- « pace : que dire que cette substance est le *substratum* de l'es- « pace, dans le sens qu'on donne communément à ce terme, « c'est dire une chose qui est à peine intelligible, ou qui, à « tout le moins, n'est pas évidente ; que l'espace vous paraît « exister par soi-même aussi absolument qu'il est possible « qu'aucune chose existe par soi-même : » et enfin que « dire « l'espace est une propriété de la substance qui existe par « elle-même, c'est supposer ce qu'il fallait prouver. » C'est entrer, je l'avoue, dans le fond même de la question. Je tâcherai de vous répondre le plus brièvement et le plus clairement qu'il me sera possible.

Ces expressions, « la substance existante par elle-même « est le *substratum* de l'espace, et l'espace est une propriété « de la substance existante par elle-même, » ces expressions, dis-je, ne sont peut-être pas des plus propres, aussi n'est-il pas facile d'en trouver qui le soient. Mais voici quelle est ma pensée. L'idée de l'espace, aussi bien que l'idée du temps ou de la durée, est une idée abstraite ou partiale. C'est l'idée d'une certaine qualité ou d'une certaine relation, que nous concevons évidemment devoir exister nécessairement, et qui cependant (n'étant pas elle-même une substance) présuppose nécessairement une substance sans laquelle elle ne pourrait pas exister; d'où il s'ensuit que cette substance doit exister plus nécessairement encore, s'il est possible. Je ne saurais exprimer plus clairement ma pensée que par cette comparaison. Quand un aveugle essaie de se faire une idée du corps, l'idée qu'il se fait n'est autre chose que l'idée de la dureté. Un homme qui aurait des yeux, mais qui n'aurait ni le pouvoir de se mouvoir, ni le sens de l'attouchement, s'il tâchait à se faire une idée du corps, son idée ne serait autre chose que celle de la couleur. Or, comme dans ces cas-là la dureté n'est pas corps, et la couleur n'est pas corps non plus, quoique cependant ces propriétés emportent nécessairement, au jugement de ces personnes, l'existence d'une substance dont elles n'ont pourtant aucune idée : ainsi l'espace, dans notre idée, n'est pas une substance, mais il suppose nécessairement l'existence d'une substance qui n'est du ressort d'aucun de nos sens : or l'espace étant lui-même nécessaire, il s'ensuit que la substance, qu'il suppose nécessairement, comme je viens de le dire, est plus nécessaire encore. Je suis,

           Monsieur, etc.

LETTRE V.

Monsieur,

Vous avez exprimé, en cinq ou six lignes, d'une manière fort nette toutes les difficultés que je vous avais faites dans ma lettre. J'aurais tâché de la faire plus courte, sans la crainte que j'ai eue qu'une expression impropre ne gâtât et n'obscurcît ma pensée. Je suis ravi de voir notre dispute réduite à des bornes si étroites. Elle roule maintenant tout entière sur ce point-ci, savoir : si les idées que nous avons de l'espace et de la durée sont des idées partiales qui présupposent l'existence de quelque autre chose. Votre comparaison de l'aveugle explique admirablement bien votre pensée, et il me semble que je l'entends fort bien ; mais elle ne me paraît pourtant pas lever entièrement la difficulté. Car, d'où vient que l'aveugle conclut qu'il doit y avoir quelque chose au dehors qui lui donne l'idée de la dureté ? Cela vient de ce qu'il suppose qu'il ne saurait avoir le sentiment qu'il a, à moins qu'il n'y ait une cause qui le produise. Or, en ôtant cette cause, l'effet cesserait immédiatement, et il n'aurait plus l'idée de la dureté que par souvenance. Pour appliquer ceci à la durée et à l'espace, je dis que, puisqu'un homme conclut très-justement de ce qu'il a ces idées, qu'il faut qu'il y ait quelque chose d'externe qui les cause, il s'ensuit que cette cause, quelle qu'elle soit, étant ôtée, ses idées cesseraient aussi. Si donc la cause supposée est ôtée, et que cependant l'idée demeure, cette cause supposée ne saurait être la cause réelle. Supposons maintenant que la substance existante par elle-même soit le *substratum* de l'espace et de la durée, si l'on pouvait supposer qu'elle cessât d'exister, il est clair que l'espace et la durée demeureraient pourtant toujours les mêmes, sans aucun changement ; ce qui prouve, ce me semble, que la substance existante par elle-même n'est pas le *substratum* de l'espace et de la durée. Il ne faut pas s'imaginer pouvoir répondre à la difficulté en disant que chaque propriété de la substance existante par elle-même est aussi nécessaire que la substance elle-même, puisque cela n'a lieu qu'autant de temps que la substance elle-même existe ; car l'idée de la propriété renferme l'impossibilité de subsister sans son *substratum*. J'avoue que la supposition est absurde. Mais comment saura-t-on si une telle chose est une propriété d'une telle substance, à moins qu'on n'examine si elle cesserait d'être en cas que la substance en question cessât d'exister? Malgré tout ce que je viens de dire, je n'oserais assurer que votre argument n'est pas concluant. Il faut que j'avoue mon ignorance. Je me perds dans la nature de l'espace et de la durée. Si l'on pouvait faire voir clairement que ce sont des propriétés d'une substance, nous aurions une voie aisée de confondre les athées. On leur prouverait démonstrativement les vérités suivantes : qu'il y a un Être éternel, nécessaire, existant par lui-même ; que cet Être est unique, et qu'il est absolument nécessaire à l'existence de toute autre chose. Je suis porté à croire que si l'espace et la durée sont en effet des propriétés de la substance existante par elle-même, il faut que ce soit une vérité qui n'est pas à la portée de tout le monde. Autrement, ne s'en serait-on pas servi généralement, et n'en aurait-on pas fait un argument fondamental pour prouver l'existence de Dieu?

Il faut que je vous dise encore que votre argument pour la toute-présence de Dieu, m'a toujours paru très-probable. Mais l'envie que j'ai eue de le trouver démonstratif, m'a fait avancer quelquefois des choses qui sont éloignées de mon opinion. Ce que j'en ai fait n'a pas été pour le plaisir de disputer ; car, outre que ce n'est point du tout mon caractère, je me serais attaqué à un autre qu'à vous, si je n'avais eu dessein que de me divertir. Je ne l'ai fait que pour mettre l'objection dans un plus beau jour, afin que la réponse fût plus complète. Je souhaite de tout mon cœur que ceux qui se mêleront d'écrire contre vous, en agissent avec vous aussi honnêtement que vous en avez agi avec moi; mais il faut que j'avoue que je n'ai pas trouvé dans ceux qui l'ont déjà fait cet amour sincère de la vérité que j'aurais souhaité qu'ils eussent. Je suis,

Monsieur, etc.

3 Février 1713.

RÉPONSE A LA LETTRE V.

Monsieur,

Le grand nombre d'affaires que j'ai eues a été cause que j'ai égaré votre dernière lettre; ce n'est qu'après l'avoir retrouvée, par hasard, qu'il m'a été possible d'y répondre. Il me semble que nous avons poussé le sujet en question jusqu'à ses dernières bornes. Je suis obligé, en justice, d'avouer qu'il ne m'est guère arrivé, dans des contestations de cette nature, d'avoir affaire avec des gens aussi raisonnables et aussi dégagés de préjugés que vous l'êtes.

Je crois qu'il suffit de répondre aux raisonnements de votre lettre, qu'en avouant que la supposition que vous faites est absurde, vous avouez par conséquent que mon argument est nécessairement véritable. Si l'espace et la durée demeurent nécessairement, même après la supposition qui les anéantit[1], et que ce ne soient pas des substances (comme elles ne le sont pas évidemment), il s'ensuit que la substance[2] d'où dépend leur existence demeurera aussi

---

[1] « Ut partium temporis ordo est immutabilis, sic ordo partium spatii. Moveantur hæ de locis suis, et movebuntur, ut ita dicam, de seipsis. » Newton, *Princ. Math.*, Schol. ad Defin. VIII.

[2] « Deus non est æternitas vel infinitas, sed æternus et infinitus; non

nécessairement, même après qu'on aura supposé qu'elle n'existe pas; ce qui fait voir que cette supposition est impossible et contradictoire.

Pour répondre à la réflexion que vous faites sur la fin de votre lettre, que si l'argument dont je me suis servi était à la portée de tout le monde, on s'en serait servi plus fréquemment et qu'on en aurait fait un argument fondamental pour prouver l'existence de Dieu, je dis que la philosophie de Descartes est, à mon avis, la véritable cause qu'il a été si négligé. Les notions absurdes de ce philosophe, qui enseigne[1] *que la matière est nécessairement infinie et nécessairement éternelle,* et qui attribue tout aux lois mécaniques du mouvement, à l'exclusion de toute volonté, intelligence et providence divine dans le gouvernement du monde ; ces notions, dis-je, qui ont été universellement reçues, ont obscurci les yeux de la raison d'une manière incroyable, et ont empêché les hommes de faire attention à la main de celui *en qui ils ont la vie, le mouvement et l'être.* Ce n'est pas la seule fois que cela est arrivé. Pendant combien de siècles n'a-t-on pas cru universellement que l'éternité n'était pas durée, et que l'infinité n'était pas grandeur? La même chose est arrivée à l'égard du dogme de la transsubstantiation, et, si je ne me trompe, aussi à l'égard de la notion scolastique de la Trinité, *etc.* Je suis,

Monsieur, etc.

8 Avril 1713.

est duratio vel spatium, sed durat et adest. Durat semper et adest ubique, et existendo semper et ubique, durationem et spatium, æternitatem et infinitatem constituit. Cum unaquæque spatii particula sit semper; et unumquodque durationis indivisibile momentum, ubique; certe rerum omnium fabricator ac Dominus non erit numquam nusquam. Omnipræsens est, non per virtutem solam, sed etiam per substantiam; nam virtus sine substantia subsistere non potest. » NEWTON, *Princ. Math.*, Schol. gen. sub fin.

[1] « Puto implicare contradictionem, ut mundus (*puta, materialis*) sit finitus. » CARTES., Ep. LXIX.

FRAGMENT D'UNE LETTRE

ÉCRITE A UNE AUTRE PERSONNE QUI, OUTRE LES OBJECTIONS PRÉCÉDENTES,
EN AVAIT ENCORE PROPOSÉ QUELQUES AUTRES.

Permettez-moi, Monsieur, de répondre directement, sans compliments ni préface, aux objections que vous me faites.

Il n'y a que deux voies par lesquelles il soit possible de prouver l'existence et les attributs de Dieu : l'une *a priori*, l'autre *a posteriori*. La preuve *a posteriori*[1] est à la portée de tout le monde. Il y a dans la nature une infinité de phénomènes qui tous, depuis le plus familier jusqu'au plus recherché, forment une preuve de l'existence de Dieu, à la portée de toute personne dégagée de préjugé, et d'un esprit droit et sincère, une preuve, dis-je, à tout le moins morale et raisonnable, et c'est, à mon avis, sur cette preuve que Dieu (considéré en tant que gouverneur moral) veut que les agents moraux se déterminent.

Je crois la preuve *a priori* tout à fait démonstrative. Mais il en est de cette preuve, à mon avis, comme d'une infinité de démonstrations mathématiques, qu'un petit nombre de personnes, qui joignent à un grand fonds d'esprit beaucoup d'attention, peuvent entendre. Aussi ne sert-elle qu'à dissiper des difficultés savantes et métaphysiques. Il ne faut pas s'attendre que le commun des hommes en comprenne la force. On ne la leur fera pas plus entendre, qu'on leur fera entendre l'astronomie ou les mathématiques.

Après ces réflexions générales, j'entre dans le détail. Voici comment je m'explique sur la notion de l'existence par soi-

---

[1] « Les choses invisibles de Dieu (tant sa puissance éternelle que sa divinité) se voient comme à l'œil, étant considérées dans ses ouvrages. » *Aux Rom.*, I, 20.

même. Chaque chose qui existe a une raison qui la détermine aujourd'hui à exister plutôt qu'à n'exister pas, ou qui l'a déterminée à cela, soit une fois, soit toujours. La raison ou le fondement de l'existence de l'Être, qui n'a tiré son existence d'aucun autre être (soit que nous puissions nous en former une idée, soit que nous ne le puissions pas), la raison, dis-je, de son existence est en lui-même; car, bien que les simples preuves de raisonnement par lesquelles nous faisons voir qu'il faut nécessairement qu'un tel Être existe, bien, dis-je, que ces preuves ne nous donnent pas une idée distincte de l'existence par soi-même, et qu'elles ne fassent que nous donner une certitude que la chose est, cependant, lorsque nous avons des raisons *a posteriori* qui nous assurent qu'une chose est certaine, il s'ensuit, par une conséquence inévitable, qu'il y a dans la nature des raisons *a priori* de l'existence de cette chose que nous savons devoir exister nécessairement, soit que ces raisons nous soient connues, soit que nous les ignorions. Or, puisque la raison ou le fondement de l'existence, plutôt que la non-existence de l'Être, qui ne tire son existence d'aucune autre chose hors de lui, doit nécessairement être en lui-même; et puisqu'il y a de la contradiction à supposer que sa propre volonté est la raison de son existence en tant que cause efficiente, il faut que l'absolue nécessité (c'est-à-dire la même nécessité qui est la cause de la proportion immuable entre ces deux nombres 2 et 4), il faut, dis-je, que cette nécessité soit en tant que cause formelle le fondement de cette existence. Cette nécessité, au reste, est antécédente à l'existence de l'être lui-même, non pas à la vérité eu égard au temps, mais en ordre de nature, au lieu que sa propre volonté est au contraire subséquente en ordre de nature à la supposition de son existence, et n'en saurait être par conséquent la cause formelle.

Il n'est rien au monde de plus absurde que de supposer l'existence d'une chose ou de quelque circonstance d'une chose, et de supposer en même temps qu'il n'y a absolument aucune raison pourquoi elle existe plutôt qu'elle n'existe pas. On conçoit facilement qu'il peut fort bien être que nous ignorions absolument les raisons, les fondements ou les causes d'un grand nombre de choses. Mais qu'un être étant supposé exister, il faille qu'il y ait dans la nature des raisons pourquoi il existe plutôt qu'il n'existe pas, sont deux choses qui ont une liaison aussi nécessaire et aussi essentielle qu'il y en ait entre deux corrélatifs, comme sont la hauteur et la profondeur, etc.

La méthode des scolastiques qui veulent prouver l'existence de l'Être existant par lui-même par la raison qu'il est souverainement parfait, est un vrai ὕστερον πρότερον. Car la toute-perfection ou quelque perfection que ce soit, présuppose l'existence, ce qui est une pure pétition de principe. Mais la simple nécessité d'existence ne présuppose pas l'existence, cette existence n'en est qu'une suite. Ce qui existe par une absolue nécessité de nature est toujours, quoi qu'on fasse, supposé ou renfermé dans toute idée possible des choses, lors même qu'on s'efforce de l'exclure. Il en est comme de la proportion entre deux et quatre, elle subsiste et se trouve renfermée dans les termes mêmes par lesquels on tâche de la nier expressément.

Lorsque la cause de l'existence n'est pas bornée à un lieu particulier dans lequel seulement elle agit, exister simplement et exister en tout lieu sont une seule et même chose. Dire que deux et quatre ont ensemble une certaine proportion, et dire qu'ils ont partout cette même proportion, c'est dire précisément la même chose. Ce que je dis est véritable à l'égard de tout ce qui en soi-même est nécessaire. Supposer que l'être existant par lui-même est borné par sa nature propre (comme vous l'insinuez), c'est présupposer une nature ou une qualité limitante, au lieu que dans ce cas il ne faut rien présupposer, ni nature, ni qualité, quelle qu'elle soit, que celle qui naît d'une nécessité absolue en elle-même et antécédente dans l'ordre de nos idées, à quelque nature, qualité, lieu, temps et chose que ce soit.

Quand je dis que la nécessité qui est en elle-même absolument telle n'a aucune relation ni au temps ni au lieu, ma pensée est qu'elle n'a aucune relation ni à un temps ni à un lieu particulier, et qu'elle n'en dépend point, non plus que d'aucune chose dans aucun temps ou lieu particulier; mais qu'elle est la même en tout temps et en tout lieu. Je n'entends pas ce que vous voulez dire quand vous parlez d'un temps fini et d'un lieu fini. La notion des scolastiques, qui prétendent que le temps dépend des mouvements ou de l'existence du monde matériel, cette notion, dis-je, est aussi ridicule et aussi impertinente que de supposer qu'il dépend d'une horloge de sable tournée ou non tournée. La même chose est vraie aussi à l'égard du lieu.

L'espace infini est une extension infinie; et l'éternité est une durée infinie. Ce sont là les deux premières idées qu'un homme a dans l'esprit, comme aussi les plus simples et les plus faciles. Le temps et le lieu sont le *sine qua non* de toutes les autres choses et de toutes les autres idées. Supposer l'un ou l'autre fini, c'est une contradiction dans l'idée même. Il n'y a point d'homme qui se les imagine, ou qui puisse se les imaginer finis, à moins que ce ne soit par inattention, ou que de dessein prémédité il ne s'occupe peut-être à une partie de l'idée sans penser à l'autre. Toutes les difficultés qu'on a faites sur cette matière ne sont que de la poussière que les philosophes ont jetée aux yeux par le moyen des termes, ou plutôt des sons dont ils ont composé leur philosophie, au lieu d'idées. Les arguments tirés du jargon des scolastiques prouveront tout ce qu'on voudra; ils prouveront, si l'on veut, qu'il n'y a point d'axiome dans Euclide, qui ne soit incertain et inintelligible.

Ceux qui rejettent l'idée de l'infini, c'est-à-dire d'un être dont l'infinité est l'attribut, et qui supposent que l'espace n'est autre chose que la relation que deux corps ont l'un avec l'autre, tombent dans une absurdité visible, puisqu'ils supposent que le néant possède des qualités réelles. Car l'espace entre deux corps demeure toujours le même; il a les mêmes dimensions, la même quantité, la même figure, soit que ces deux corps soient là ou ailleurs, soit qu'il y en ait d'autres, ou qu'il n'y en ait point du tout. Il en est comme de la durée [1], elle est toujours la même, soit que vous tourniez votre sable, ou que vous ne le tourniez pas; soit que le soleil se meuve, ou s'arrête; soit qu'il y ait un soleil, ou qu'il n'y en ait pas; soit enfin qu'il y ait un monde matériel, ou qu'il n'y en ait pas.

Les distinctions des scolastiques qui disent que les esprits existent dans l'*ubi*, et non pas dans *le lieu*, ne sont que de vains sons qui ne signifient rien.

Limiter l'espace, c'est supposer qu'il est borné par je ne sais quoi qui occupe lui-même un espace, ce qui est une contradiction, ou bien c'est supposer que rien ne le borne, auquel cas l'idée de ce rien sera toujours espace, ce qui est une seconde contradiction. Les êtres qui existent dans le temps et dans l'espace (comme sont nécessairement tous les êtres finis), présupposent le temps et l'espace; mais l'être dont l'existence est la cause de la durée et de l'espace, doit être éternel et infini, à cause que la durée et l'espace n'ont point de bornes. Ce n'est pas que l'espace et la durée soient les causes formelles de cette existence; mais c'est parce que des attributs nécessaires infèrent nécessairement et inséparablement une substance nécessaire. Il n'y a aucune image qui nous représente cette substance elle-même, parce qu'elle n'est l'objet d'aucun de nos sens; mais nous connaissons son existence par ses effets, et la nécessité de cette existence par la nécessité de certains attributs et par d'autres arguments tirés de la raison. Supposer l'espace éloigné, détruit,

---

[1] « Eadem est duratio seu perseverantia existentiæ rerum; sive motus sint celeres, sive tardi, sive nulli. » NEWTON, *Princip. Math.*, Schol. ad Definit. VIII.

ou anéanti, c'est supposer qu'une chose est éloignée d'elle-même, supposition visiblement absurde. Anéantissez dans votre imagination tout l'assemblage de l'espace infini, tout cet espace infini demeurera pourtant ; n'en anéantissez qu'une partie, cette partie demeurera toujours nécessairement, comme il paraît par la situation immobile du reste. On tombe dans la même contradiction en le supposant divisé, ou divisible.

Votre objection sur l'incompatibilité de l'*immensité* avec la spiritualité et la simplicité, n'est fondée que sur le jargon des scolastiques, qui pour soutenir la transsubstantiation à quelque prix que ce soit, se sont servis, en parlant de ces choses et de plusieurs autres, de certaines phrases qui ne signifient rien, et auxquelles on ne saurait attacher aucune idée. En niant l'immensité réelle de Dieu et son éternelle durée, ils ont nié conséquemment son existence, quoiqu'il y ait tout lieu de croire qu'ils n'ont pas aperçu cette conséquence. L'immensité de l'espace (absolument uniforme partout, et essentiellement indivisible) cette immensité, dis-je, n'est pas plus incompatible avec la simplicité, que l'écoulement uniforme et successif des parties de la durée n'est incompatible avec cette même simplicité, comme vous l'avez très-bien remarqué. Il n'y a en ceci aucune difficulté réelle; ce ne sont que préjugés tout purs et que fausses notions de simplicité.

Je réponds à votre objection sur la spiritualité, que la connaissance individuelle de soi-même, de l'Être immense et unique, est aussi véritablement *unique* que le moment présent est individuellement *unique* en tous lieux à la fois. Il n'y a pas moins d'impropriété de langage à dire de l'*un*, qu'il a une aune ou un mille de connaissance de soi-même (ce qui est le précis de votre objection), qu'à dire de l'*autre*, qu'il a une aune ou un mille de temps. Cette suggestion semble mériter une considération toute particulière.

Je réponds à l'objection, qu'en supposant Dieu réellement et substantiellement présent partout, on suppose qu'il est *l'âme du monde ;* que c'est une grande erreur. Car le mot *âme* signifie la partie d'un tout, dont le corps est une autre partie, et ces deux choses étant unies, agissent mutuellement l'une sur l'autre, comme parties d'un même tout. Mais Dieu est présent à chaque partie de l'univers, non pas en tant qu'il en est l'âme, mais en tant qu'il en est le gouverneur : de sorte qu'il agit comme il lui plaît sur tout ce qui existe, sans que rien agisse sur lui.

Vous dites que l'espace n'a point de parties, parce qu'il est infini, mais c'est un pitoyable jeu de mots, qui ne signifie rien. Dans les questions de cette nature, quand on parle de parties, on entend des parties séparables, composées et désunies, telles que sont les parties de la matière, qui, par cette raison-là, est toujours un composé, et non pas une substance simple. La matière n'est pas une seule substance, mais un composé de substances. C'est pour cela, selon moi, que la matière est un sujet incapable de pensée. Ce n'est pas à cause qu'elle est étendue, qu'elle n'est pas capable de pensée, mais c'est à cause que ses parties sont des substances distinctes, désunies et indépendantes les unes des autres. Je suppose que ce n'est pas là le cas des autres substances. Peut-être les espèces de substance diffèrent-elles plus les unes des autres, que nous ne le savons maintenant faute d'autres sens qu'il n'a pas plu à Dieu de nous donner. Diviser la substance en *matière et esprit*, c'est comme si on la divisait en matérielle et immatérielle. C'est précisément comme si quelqu'un s'avisait de diviser les espèces d'animaux en cheval et en ce qui n'est pas cheval.

Vous demandez d'où vient que la nécessité absolue exclut l'existence de deux êtres indépendants, distincts l'un de l'autre, puisqu'elle n'exclut pas la différence d'attributs et de propriétés dans un seul et même être indépendant. Je réponds à cette question, que la nécessité absolue, qui est partout et toujours la même, sans aucune variation, ne saurait être le fondement de l'existence d'un nombre d'êtres finis, quelque accord et quelque harmonie qu'il puisse y avoir entre eux, à cause que leur *nombre* ou leur *finité* manifeste entre eux un manque d'uniformité ou d'égalité. Mais la nécessité absolue peut être le fondement de l'existence d'un être infini unique et uniforme. La différence d'attributs de cet être unique et uniforme ne consiste pas dans la diversité des parties, ou dans le défaut d'uniformité de la nécessité par laquelle il existe ; ces attributs sont tous ensemble et chacun en particulier des attributs de l'Être entier, c'est-à-dire des attributs de l'Être unique, simple et infini. Il en est comme des facultés de l'ouïe et de la vue : elles ne produisent dans l'âme de l'homme ni inégalité, ni rien qui blesse l'uniformité ; elles sont l'une et l'autre des facultés de toute l'âme.

Ma réponse à votre dernier argument revient en substance à ceci. J'ai eu dessein de dire qu'il y a de la contradiction à supposer deux ou plusieurs êtres qui existent nécessairement. La raison en est que chacun d'eux étant, dans la supposition, indépendant et suffisant à soi-même (quand bien même on supposerait que l'autre n'existe pas), il est clair qu'ils renversent l'un l'autre mutuellement leur existence nécessaire, d'où il s'ensuit que ni l'un ni l'autre ne peut être nécessaire et indépendant. Par exemple, si l'esprit ou la matière, ou quelque autre substance pouvait aussi bien être conçue exister sans l'Être en qui toutes les substances existent, comme l'Être en qui toutes les substances existent peut être conçu exister sans elles, il n'y aurait point d'existence nécessaire ni d'un ni d'autre côté.

Je dis en un mot sur la question de la possibilité de plusieurs êtres infinis, qu'il est très-vrai que l'infinité d'espace n'exclut, ni les corps finis, ni les esprits finis ; ni le corps infini, ni l'esprit infini. Mais cette infinité exclut tout ce qui est de la même espèce soit fini, soit infini. Or, je n'ai besoin que de cela pour que mon argument soit bon. Il ne saurait y avoir qu'un espace infini, qu'un temps infini, et qu'un esprit infini. Quand je dis au reste qu'il n'y a qu'un esprit infini, j'entends par le terme d'*esprit* une substance particulière positive et distincte, et non pas simplement ce qui n'est pas matière, car dans ce dernier sens il pourrait y en avoir un nombre innombrable. Je dis la même chose de la matière. Si elle pouvait être infinie, il ne saurait y avoir qu'un seul corps infini, et ainsi du reste. Car un infini en toutes ses dimensions exclut toujours la pluralité d'infinis de la même espèce, quoiqu'il n'exclue pas ceux d'une autre espèce.

Dire que l'*ubi* des esprits n'est autre chose que leur perception, et que la toute-présence de Dieu n'est autre chose que sa connaissance infinie, c'est parler en l'air. Ce ne sont que de vains sons qui ne signifient absolument rien. Si cette confusion de langage avait lieu, il n'y aurait rien dans le monde qu'on ne pût soutenir. Nous n'aurions aucun principe de connaissance, et nous ne pourrions tirer aucun usage des termes ni des idées.

Je suis,

Monsieur, etc.

LETTRES

D'UN SAVANT DE CAMBRIDGE

AVEC LES RÉPONSES

DE M. CLARKE.

LETTRE PREMIÈRE.

Monsieur,

Je n'ai d'autre excuse à vous alléguer de la liberté que je prends maintenant de venir vous interrompre, que le droit que chacun a de recourir aux lumières d'une personne également distinguée par son savoir et par sa probité.

Le peu de temps que j'ai donné à l'étude a été employé à examiner les principes fondamentaux de la raison et de la philosophie, et il faudrait que j'eusse été parfaitement aveugle dans cette recherche, si l'ouvrage que vous avez publié sur l'existence et les attributs de Dieu m'eût échappé. L'examen que vous y avez fait de la *liberté* et de la *nécessité*, a dissipé un grand nombre de difficultés qui m'embarrassaient beaucoup. Mais il m'en reste encore une dont je souhaiterais fort d'être délivré, et c'est pour cela que j'implore votre secours. Je conçois clairement que l'homme n'est pas gouverné par une *impulsion aveugle*; mais je ne puis comprendre que chaque *volition* ne soit pas *nécessaire*. L'on convient que la volonté n'est autre chose que *le dernier jugement de l'entendement*; et je suppose que l'on ne niera pas que le dernier jugement de l'entendement, qui donne ou qui refuse son consentement à une proposition spéculative, ne soit aussi nécessaire. Cela posé, je demande pourquoi le dernier jugement de l'entendement, qui donne ou qui refuse son consentement à quelque proposition *pratique*, par laquelle l'homme est déterminé à agir, ne sera pas également nécessaire ; et pourquoi cette même nécessité ne sera pas dans toutes ses conséquences et ses effets la même que celle que les fatalistes soutiennent, quoiqu'elle n'ait pas le même fondement. Par exemple, un homme qui juge qu'il lui est plus avantageux de consulter sa satisfaction présente que d'attendre la plus grande de toutes les félicités dans un temps éloigné, n'agit-il pas par la même nécessité par laquelle un autre juge qu'il doit choisir le parti opposé : ou, pour mieux dire, cet homme-là n'agit-il point par la nécessité par laquelle un mathématicien juge qu'un triangle est la moitié d'un carré qui a la même base, et qui est entre les mêmes parallèles ? Je vais plus loin : Dieu est absolument parfait, il juge donc toujours que ce qui est le meilleur réellement et par sa nature, est effectivement tel, c'est-à-dire il veut cela ; il est donc nécessairement bon et juste. Tout homme, au contraire, est imparfait ; il juge donc, en plusieurs occasions, telle chose être la meilleure, qui pourtant ne l'est pas réellement et par sa nature (c'est-à-dire il veut cette chose) ; tout homme donc est de nécessité imparfaitement bon et juste, chacun selon ses différents degrés d'imperfection. Comment donc aucune créature peut-elle être responsable du manque de cette perfection, que Dieu ne lui donna jamais, et qu'elle n'a pu se donner à elle-même ? Voilà, Monsieur, mon sentiment, que j'ai développé le plus clairement et le plus distinctement qu'il m'a été possible, afin de vous épargner de l'embarras, et j'espère y avoir réussi. Mais, après tout, je ne puis m'empêcher de me soupçonner de m'être engagé dans un étrange enchaînement de pensées ; et néanmoins, lorsque je fais la revue de mes idées et que je les examine de tous côtés, je ne puis découvrir ni comment l'erreur s'y est glissée ni où elle gît. Si vous daignez répondre à ma lettre, je vous en aurai une obligation infinie, et je recevrai cette faveur avec le respect et l'estime que l'on doit à une personne d'un caractère aussi distingué que le vôtre, et je me ferai toute ma vie une gloire de me dire,

Monsieur, etc.

RÉPONSE A LA LETTRE PREMIÈRE.

Monsieur,

Vous avez exprimé vos difficultés sur la liberté d'une manière plus forte et avec plus de brièveté que l'on n'a coutume de faire. Voici, à mon avis, la véritable réponse qu'on y peut faire. Tout être passif est sujet à la nécessité, à proportion de ce qu'il a de passif, et il est libre en tant qu'agent. Car action et liberté sont, à ce que je crois, des idées parfaitement *identiques*. Je me servirai, pour expliquer ceci, de l'exemple que vous alléguez. Le vrai et le bien sont à l'entendement ce qu'est à l'œil un objet lumineux. L'œil étant ouvert voit nécessairement l'objet, parce qu'il est en cela purement passif. De même l'entendement, quand il est ouvert, aperçoit nécessairement la vérité d'une proposition spéculative, ou la justesse d'une proposition pratique, parce qu'en cela l'entendement n'est aussi que passif. Mais, comme un homme, en fermant les yeux, peut s'empêcher de voir, ainsi en détournant l'attention, il peut s'empêcher de comprendre. Mais supposé que le dernier jugement de l'entendement soit toujours nécessaire, comme je pense qu'il l'est en effet, que s'ensuit-il de là? Autre chose est juger, autre chose est agir. Ces deux choses dépendent de principes tout à fait différents, et qui n'ont pas plus de liaison entre eux que la faculté d'agir et celle de recevoir l'action. Ni Dieu ni l'homme ne peuvent éviter de voir qu'une chose est vraie, lorsqu'ils voient qu'elle est vraie ; ou de juger qu'une chose est convenable et raisonnable lorsqu'ils voient qu'elle l'est effectivement. Mais dans tout ceci il n'y a point d'action : non plus qu'on ne saurait dire que la toute-présence de Dieu, laquelle ne dépend point de sa volonté, soit un acte divin. Le pouvoir physique d'agir, qui est et dans Dieu et dans l'homme l'essence de la liberté, continue d'être exactement le même, avant et après le dernier jugement de l'entendement. Par exemple, je suppose qu'il paraît par plusieurs promesses que, dans cet instant, le dernier jugement de l'entendement divin est qu'il n'est pas raisonnable que le monde soit détruit aujourd'hui ; s'ensuit-il de là que le pouvoir physique de le détruire, qui se trouve en Dieu, n'est pas précisément le même aujourd'hui qu'il sera dans quelque temps à venir que ce soit? Et n'est-il pas évident que la nécessité par laquelle Dieu est présent partout, ou connaît toutes choses, et la nécessité par laquelle il tient sa promesse, sont des choses qui n'ont d'autre ressemblance que leur nom, l'une étant naturelle et littérale, et l'autre purement morale et figurée? En un mot, il n'y a point de liaison entre l'approbation et l'action, entre ce qui est passif et ce qui est actif. Ce n'est pas l'entendement qui est la source de l'action ; car un être incapable d'action peut être néanmoins capable de perception : mais le principe de l'action est le pouvoir de se mouvoir soi-même, qui est la *spontanéité* dans tous les animaux, et dans ceux qui sont doués de raison, ce que nous appelons la liberté. Toute l'erreur sur cette matière procède, je crois, de ce qu'on emploie le terme de volonté dans un sens confus, pour exprimer indistinctement en partie ce qui est passif, et en partie ce qui est actif. Je suis,

Monsieur, etc.

LETTRE II.

Monsieur,

Après vous avoir remercié de la faveur toute particulière que vous venez de m'accorder, je passe aux raisons qui font que je ne saurais comprendre comment votre raisonnement résout la difficulté. Mais premièrement il sera bon que j'établisse ici l'idée que j'ai de la nécessité. Voici donc comment je raisonne : Toutes les fois que, dans quelque cas supposé, il implique contradiction qu'un être, un mode ou une action ait été autrement qu'elle n'est, cet être, ce mode ou cette action est, absolument et proprement parlant, nécessaire dans ce cas-là. J'applique ceci à notre question, qui est de savoir si les actions de l'homme sont, proprement et à la rigueur, nécessaires. Vous convenez que, dans chaque acte de la volonté, le dernier jugement de l'entendement est nécessaire ; par conséquent, chaque action, ou chaque mouvement interne, quelle qu'en puisse être la cause ou le principe, doit être aussi, ce me semble, nécessaire. Car, ou cette action suit nécessairement le dernier jugement ou la volition de l'homme, ou bien elle ne le suit pas. Si elle le suit, elle est absolument nécessaire, à parler proprement et à la rigueur, et si l'on dit qu'elle ne le fait pas, n'y a-t-il pas une contradiction formelle dans les termes ? N'est-ce pas supposer que le même être se meut et ne se meut pas en même temps ? Si donc l'idée de la liberté est l'idée du pouvoir de se mouvoir soi-même, elle est si peu opposée à la nécessité, qu'elle peut être, et qu'elle est même, je crois, nécessaire : et ainsi la nécessité est compatible avec une parfaite liberté ; c'est-à-dire avec le pouvoir de se mouvoir soi-même ; et l'être suprême lui-même est nécessaire dans toutes ses actions, à prendre le mot de nécessaire dans son sens propre et naturel. Car il est aussi contradictoire de supposer la toutesagesse, s'il m'est permis de me servir de ce terme, agissant injustement et cruellement, c'est-à-dire sans sagesse, que de supposer la toute-présence renfermée dans des bornes ; puisque les perfections morales de la Divinité lui sont aussi essentielles que les physiques, et sont par conséquent également nécessaires. Mais si c'est là une perfection dans le créateur, pourquoi serait-ce une imperfection dans la créature ? Rien n'est plus manifeste. Mais ne s'ensuivra-t-il pas de là nécessairement qu'aucune créature ne peut être responsable de ses actions ? Chaque action, ou le pouvoir de se mouvoir soi-même, suivant nécessairement la dernière détermination de l'entendement, pourra-t-on blâmer autre chose que l'entendement, et le péché sera-t-il autre chose qu'une folie ? L'homme en peut-il être plus responsable que de n'avoir pas été plus sage que Dieu ne l'a fait ? La seule chose qui me reste à observer est que je prends toujours ici le mot de nécessité, non pas pour exprimer une nécessité externe, ou une impulsion aveugle ; mais pour signifier une nécessité interne, qui résulte de la nature même et de la constitution des êtres raisonnables : et je crois que, dans ce dernier sens, la conséquence que j'en ai tirée sera aussi naturelle que dans le premier. Je finis en vous assurant que je suis,

Monsieur, etc.

RÉPONSE A LA LETTRE II.

MONSIEUR,

Votre objection est pressée avec beaucoup de subtilité. Mais il me paraît manifestement qu'il y a une erreur cachée sous le terme de *volition*, sous lequel vous renfermez la perception finale de l'entendement, qui est passive, et la première opération ou l'exercice de la faculté active, ou du pouvoir de se mouvoir soi-même. Vous supposez que ces deux choses ont entre elles une liaison nécessaire, et je crois qu'elles n'ont aucune connexion ensemble, et que c'est en cela précisément que consiste la différence qu'il y a entre l'*action* et la *passion*. C'est cette différence qui fait l'essence de la liberté. Si ces deux choses étaient, comme vous le supposez, unies ensemble par une nécessité véritablement physique, il n'y aurait pas d'autre différence entre l'action et la passion, sinon que ce que nous nommons maintenant un *agent* s'imaginerait faussement être un agent, dans le temps qu'il serait réellement et purement passif. Bien plus, il n'y aurait dans l'univers ni agent, ni action. Ni les hommes, ni les anges, ni Dieu lui-même, n'agiraient que dans le même sens qu'agit une balance emportée par le plus grand poids, supposé qu'elle fût douée de perception ou d'entendement. La conséquence de ceci serait qu'il n'y aurait aucun agent dans l'univers et que tout y serait passif; tout y serait effet, sans qu'il y eût aucune cause ; ce qui est manifestement absurde et contradictoire.

De plus vous confondez manifestement la contradiction et la nécessité morale avec la contradiction et la nécessité naturelle. J'avoue qu'il y a contradiction dans les termes, moralement parlant, qu'un homme sage fasse une folie, ou qu'un honnête homme fasse une chose déshonnête ; mais il n'y a en cela aucune contradiction physique. Et à l'égard de Dieu même, si ses actes de bonté et de miséricorde étaient aussi physiquement nécessaires que sa toute-présence, il serait aussi absurde de le remercier de ses bienfaits, que de sa toute-présence. C'est pourquoi, si les perfections morales de Dieu étaient nécessaires, dans le même sens physique que le sont les attributs naturels qui ne dépendent point de sa volonté ou du pouvoir qu'il a d'agir, elles ne seraient nullement des perfections morales. Je suis, etc.

LETTRE III.

Monsieur,

Vous avez extrêmement abrégé notre dispute. La seule difficulté qui me reste, est de séparer dans mon esprit le dernier jugement ou la perception de l'entendement, du premier exercice du pouvoir de se mouvoir soi-même. Mais supposons-les séparés, et considérons-en la conséquence. Ne s'ensuivra-t-il pas de là qu'une substance destituée d'intelligence pourra être capable de se mouvoir-elle-même ? Je dis plus, s'il se rencontre quelque occasion dans laquelle l'action ou le pouvoir de se mouvoir soi-même ne suive point la dernière perception, ou le jugement de l'entendement, il faut que dans cette occasion l'agent soit poussé par une impulsion aveugle. Il n'y a point là de milieu. Mais considérons la chose plus distinctement dans l'auteur de toute perfection. Si ses actions ne suivent pas toujours la perception finale de son entendement, comment pourra-t-on prouver qu'il est infiniment juste et bon ? Et selon cette hypothèse, il n'est pas impossible qu'il ne puisse agir de la manière la plus mauvaise qu'on puisse concevoir, dans le temps même qu'il jugera et voudra le mieux; puisque, selon votre supposition, il n'y a point de liaison entre le jugement et le pouvoir de se mouvoir soi-même, entre la volition et l'action. Je ne comprends point votre distinction de nécessité physique et de nécessité morale, parce que je n'ai absolument aucune idée de la dernière. Si vous entendez par là ce que j'ai exprimé par le terme de nécessité interne, cette nécessité morale aura son fondement dans la nature, d'une manière aussi claire et aussi distincte qu'aucune nécessité physique, quelle qu'elle puisse être ; et je vous prie de faire à cela une attention particulière, parce que j'ai lieu de juger par votre dernière lettre, que je ne m'étais pas expliqué assez clairement là-dessus.

Je suis, etc,

RÉPONSE A LA LETTRE III.

Monsieur,

Je crois que la difficulté qui vous reste pourra être facilement dissipée par cette comparaison. La perception ou le dernier jugement de l'entendement est aussi distinct de l'exercice actuel du pouvoir de se mouvoir soi-même, que la vue d'un chemin l'est de l'action de celui qui y marche ; et de ce que je nie que la perception de l'entendement soit la cause immédiate, efficiente et nécessaire de l'exercice du pouvoir de se mouvoir soi-même, il ne s'ensuit pas plus que la matière destituée d'intelligence puisse être capable de se mouvoir elle-même, qu'il s'ensuit qu'un homme, qui n'a ni jambes ni vie, soit capable de marcher, de ce que l'on nie que ses yeux soient la cause immédiate, efficiente et nécessaire de son mouvement en marchant. L'entendement juge ce qu'un homme doit faire, comme les yeux voient le chemin. Mais un aveugle, ou un homme qui ferme les yeux, ne laisse pas d'avoir le pouvoir de marcher sans voir, et tous les agents qui ont vie ont le pouvoir physique d'agir, soit qu'ils se servent de leur jugement et de leur entendement, ou qu'ils ne s'en servent pas. La matière brute et sans intelligence ne peut pas être un agent, parce que l'idée même d'action suppose la vie et un sentiment interne de ce qu'on fait ; mais ce sentiment qui constitue la nature d'une action est une chose tout à fait différente de la perception ou du jugement par lequel un homme se détermine par avance sur ce qu'il y a de raisonnable ou de convenable dans ce qu'il va faire. Un agent emporté par une impulsion aveugle, est une contradiction dans les termes, car il n'est plus agent du tout, il est tout à fait patient. Mais un agent qui ne suit pas, en agissant, le dernier jugement de son entendement, c'est-à-dire, *la dernière perception passive*, et non pas la première volition de l'agent, car il faut bien prendre garde à ne pas confondre ces deux choses; cet agent, dis-je, ressemble à un homme qui ferme les yeux, et marche à tout hasard devant lui dans un précipice.

Dieu distingue et approuve toujours ce qui est juste et bon, et cela nécessairement; il ne peut pas faire autrement. Mais quand il agit, quoique ce qu'il fait soit toujours juste et bon, c'est toujours avec liberté qu'il agit; c'est-à-dire qu'il a en même temps un entier pouvoir naturel ou physique d'agir d'une autre manière. Autrement la justice, par exemple, en Dieu ne différerait en rien de la justice dans un glaive, quand il exécute une sentence juste, en supposant que le glaive sait ce qu'il fait, sans pouvoir pourtant s'empêcher de le faire. D'où il s'ensuivrait qu'il ne pourrait pas y avoir en Dieu aucune perfection morale. Car dans tout ce qui est moral, il faut qu'il se fasse quelque chose qu'il était au pouvoir de l'agent de ne pas faire, puisque c'est en cela même que consiste l'essence d'une action morale. Par conséquent la nécessité morale est aussi différente de la nécessité physique, que les expressions figurées le sont des propres dans le langage, c'est-à-dire que dans le fond et à parler en philosophe, cette première n'est point du tout nécessité; et cependant tout le monde voit que l'on peut compter aussi raisonnablement et aussi sûrement sur la justice et la bonté d'un agent libre, infiniment parfait, que l'on sait qu'un effet nécessaire d'un agent nécessaire serait physiquement inévitable et infaillible. Je suis, etc.

DERNIÈRE LETTRE.

Monsieur,

C'est un sensible plaisir pour moi de trouver à présent que je vois bien plus clair que je ne l'aurais jamais espéré dans la matière épineuse dont nous nous sommes entretenus vous et moi. Je suis frappé de l'ouverture que vous m'avez donnée, que le dernier jugement de l'entendement ne peut pas avoir d'influence sur le pouvoir de se se mouvoir soi-même, parce qu'il n'y a aucune ressemblance entre une action et une perception de l'esprit, et que par conséquent il faut qu'il y ait quelque autre principe de mouvement interne absolument et indépendant de la faculté perceptive, et il me paraît fort vraisemblable, comme vous le remarquez dans votre lettre, que la principale source de l'embarras de cette matière vient de ce qu'on ne distingue pas aussi clairement qu'on le devrait la faculté perceptive de l'active. Je ne vous proposerai donc plus rien là-dessus, et je laisserai le reste au temps et à des réflexions réitérées. Mais il y aurait de la stupidité ou une noire ingratitude à ne pas reconnaître l'honnêteté et l'aménité même de votre procédé à l'égard d'un inconnu que vous avez trouvé engagé dans la recherche de la vérité. Je ne vois pas comment vous marquer les sentiments qu'il a produits en moi, avec toute la sincérité et la vérité qui les accompagnent, sans dire des choses qui assurément vous déplairaient; mais il faudrait que je n'eusse aucun goût pour ce qui est important et raisonnable pour manquer à l'estimer comme je dois. Je suis,

Monsieur, etc.

LETTRE

DE M. CLARKE

A UN ECCLÉSIASTIQUE, SUR L'ARGUMENT A PRIORI PAR LEQUEL ON PROUVE L'EXISTENCE DE DIEU.

MONSIEUR,

L'objection que vous faites, et qui tend à bannir toute argumentation *a priori* de la démonstration de l'existence et des perfections de la cause première, cette objection, dis-je, a embarrassé effectivement beaucoup de savants. Voyant avec la dernière évidence que rien ne peut être avant la cause première, ils ont cru qu'il suffisait de dire, que la cause première existe *absolument sans cause*; et par conséquent qu'il était tout à fait hors de propos d'argumenter *a priori* sur son existence. Mais, si vous faites une sérieuse attention à ce langage, vous trouverez qu'il ne satisfait point du tout. Car, bien qu'il soit très-évident qu'aucune chose, qu'aucun être ne peut exister avant l'Être qui est lui-même la cause première et originale de toutes choses, faut-il pourtant qu'il y ait dans la nature quelque fondement, quelque raison de l'existence de cet Être, et, qui plus est, une raison stable, un fondement permanent. S'il en était autrement, il faudrait dire qu'il est redevable de son existence au pur hasard, et par conséquent qu'il en est dépendant. Alors tout ce qu'on pourrait dire sur cet article reviendrait à ceci : que la cause première et originale existe parce qu'elle existe, qu'elle a toujours existé et qu'elle existe encore à présent parce qu'elle a toujours existé et qu'elle existe encore : ce que les disciples de Spinoza affirmeront du meilleur de leur cœur de toute substance actuellement existante, et cela avec la même force et avec autant de raison.

Si l'idée d'un néant[1] éternel et infini était une idée possible, ou plutôt si cette idée n'était pas contradictoire, l'existence de la cause première ne serait certainement pas nécessaire. Car la nécessité d'exister et la possibilité de n'exister pas sont des idées contradictoires. Si d'ailleurs l'existence de la cause première n'était pas nécessaire, il n'y aurait aucune contradiction à supposer, ou que cette cause n'a pas existé autrefois, ou qu'elle peut cesser d'exister à l'avenir. L'existence de la cause première est donc nécessaire, nécessaire, dis-je, absolument et en elle-même. Cette nécessité, par conséquent, est *a priori* et dans l'ordre de la nature le fondement et la raison de son existence. Car, ce qui existe nécessairement, ou, pour m'exprimer en d'autres termes, ce qui rassemble inséparablement dans son idée l'existence et la nécessité, cela, dis-je, doit être nécessaire, pour l'une ou l'autre de ces raisons, ou parce qu'il existe en effet, ou parce que son existence est nécessaire. Mais s'il était nécessaire uniquement à cause qu'il existe, par la même raison tout être qui existe, existera nécessairement, et par conséquent, ou chaque être sera la cause première, ou le néant le sera, ce qui est absurde. A l'opposite, si la cause première existe par la raison que son existence est nécessaire, il en résultera que la nécessité est le fondement et la raison de cette existence. Remarquez, au reste, que de l'existence on n'infère pas la nécessité d'exister, c'est-à-dire qu'*a priori* et dans l'ordre de la nature, l'existence n'est pas antécédente à la nécessité d'exister. C'est tout le contraire, l'existence est une suite de la nécessité d'exister, c'est-à-dire, qu'*a priori* et dans l'ordre naturel, la nécessité d'exister va devant la supposition de l'existence. Ce qu'il fallait prouver.

Je sais bien que l'argument *a posteriori* est d'un usage

---

[1] Le néant est ce dont on ne peut rien affirmer avec vérité, et dont on peut tout nier véritablement. Tellement que l'idée du néant, s'il m'est permis de parler ainsi, est la négation d'absolument toutes les idées. L'idée d'un néant fini ou infini est donc une contradiction dans les termes.

beaucoup plus général, très-facile à comprendre, peu s'en faut à la portée de chacun, et par conséquent que c'est celui qui doit être mis le plus souvent en œuvre, et sur lequel il faut le plus appuyer. Cependant comme les auteurs qui ont écrit en faveur de l'athéisme, ont combattu quelquefois l'existence et les attributs de Dieu par des raisonnements métaphysiques, qu'on ne peut réfuter qu'en argumentant *a priori*, cette manière d'argumenter a ses utilités aussi, et est nécessaire en son lieu.

L'éternité de Dieu ne peut être prouvée par aucune autre voie que par la considération *a priori*, de la nature de la cause nécessaire existante par elle-même. Les phénomènes naturels prouvent, à la vérité, démonstrativement *a posteriori*, qu'il y a eu depuis que ces phénomènes ont commencé, et qu'il y a encore, un Être assez puissant et assez sage pour les produire et pour les conserver. Mais que cette cause première ait existé de toute éternité, et qu'elle doive exister éternellement, c'est ce que ces phénomènes ne prouvent pas et qui ne peut être prouvé que par la nature intrinsèque de l'existence nécessaire. S'il est possible que la cause première existe aujourd'hui, sans avoir, comme on le prétend, absolument aucun fondement, aucune raison de son existence, elle a pu ne pas exister autrefois, et il est tout aussi possible qu'elle cesse d'exister à l'avenir, sans aucune raison de cette cessation. Comment prouver *a posteriori* que la cause première de toutes choses existera demain ? Cette proposition peut-elle être prouvée autrement qu'en faisant voir que la nécessité est un fondement aussi certain de son existence à venir que de son existence présente ? Mais, si cela est ainsi, le fondement ou la raison qui fait que la cause première existe maintenant, et qu'elle existera toujours à l'avenir, qu'elle ne peut qu'exister, est précisément le même fondement, la même raison pourquoi elle a toujours existé. Il n'est donc pas vrai de dire que la cause première existe sans fondement ou sans raison d'existence, absolument parlant. Qu'est-ce, je vous prie, qu'un homme qui affirme lui-même que Dieu est éternel, absolument sans fondement et sans raison d'existence? Qu'est-ce qu'il répondra, dis-je, aux partisans de l'athéisme qui lui diront à leur tour que l'univers matériel en général, et en particulier chaque substance qui existe, est pareillement de toute éternité absolument sans fondement et sans raison d'existence? Y a-t-il quelque autre voie pour réfuter cette assertion, que de prouver 1°. que quelque chose doit exister nécessairement (sans quoi il est clair que jamais rien n'aurait existé), et 2°. que cette chose qui existe nécessairement ne peut être ni finie, ni mobile, ni capable en aucun temps de diminution, d'altération, de limitation, de variation, d'inégalité, ni sujette en aucune manière à être diversifiée, soit en tout, soit en partie, soit dans les différentes parties du temps ou de l'espace?

Il en est de même de l'infinité, de l'immensité, et de la toute-présence. On n'en saurait alléguer d'autres preuves que celles qu'on tire *a priori* en raisonnant sur la nature de la cause qui existe nécessairement et par elle-même. Il est vrai que les phénomènes naturels étant finis, prouvent démonstrativement *a posteriori* qu'il y a un Être qui possède une étendue de pouvoir et de sagesse suffisante pour produire et pour conserver ces phénomènes. Mais que cet Être, auteur de la nature, soit lui-même immense et infini dans un sens absolu, c'est ce que ces phénomènes finis ne prouvent pas, et qu'il faut démontrer par la nature intrinsèque de l'existence nécessaire. Si la cause première existe sans avoir absolument aucun fondement, aucune raison d'existence, elle peut être finie aussi bien qu'infinie, bornée aussi bien qu'immense. De la même manière qu'on prétend qu'elle existe, sans raison, dans les lieux où les phénomènes de la nature montrent qu'elle existe, elle pourrait fort bien, sans raison aussi, n'exister pas en d'autres lieux. Est-il possible de prouver *a posteriori* que l'Être sage et puissant qui gouverne le monde, cet Être que les phénomènes naturels qui paraissent dans le monde matériel, démontrent être présent dans ce lieu-ci : est-il, dis-je, possible de démontrer que cet Être doit, à cause de cela, être immense, infini, présent partout, présent même dans les espaces sans bornes dans lesquels nous ne connaissons ni phénomènes, ni effets par lesquels nous puissions prouver qu'il y existe? L'immensité, au contraire, la toute-présence de la cause première peut-elle être prouvée par aucune autre voie, qu'en faisant voir que la nécessité d'exister n'est capable d'aucune limitation, et qu'elle doit être le fondement de l'existence immense et présente partout, par la même raison qu'elle est le fondement de toute existence ?

Je passe plus avant, et je dis que l'unité de Dieu, qui a toujours été reconnue pour un principe de la religion naturelle (sans quoi saint Paul n'aurait pas été bien fondé à blâmer les païens et à prononcer qu'ils sont inexcusables, parce qu'*ayant connu Dieu, ils ne l'ont point glorifié comme Dieu*); cette unité, dis-je, ne peut être démontrée qu'en raisonnant *a priori* sur la cause nécessaire ou existante par elle-même. J'avoue que les phénomènes de la nature, qui sont à la portée de nos observations, prouvent démonstrativement qu'il y a un auteur et un directeur suprême de cette nature ou de ces phénomènes que nous connaissons. Mais que cet auteur, ce directeur suprême de cette nature ou de ces phénomènes qui nous sont connus, soit aussi l'auteur et le gouverneur suprême de la nature universelle, c'est ce que nous ne pouvons pas prouver par notre connaissance bornée et imparfaite d'un petit nombre de phénomènes dans cette petite partie de l'univers qui est à la portée de nos sens. Il faut démontrer cette vérité par la nature intrinsèque de l'existence nécessaire. Mais si l'on suppose *que la cause première existe absolument sans fondement ni raison d'existence,* ne pourra-t-on pas fort bien faire une autre supposition qui ne sera ni moins possible, ni moins probable, ni moins raisonnable que celle-là? Ne pourra-t-on pas dire aussi qu'il y a des causes premières sans nombre finies, indépendantes et coexistantes dans les parties différentes de l'immense univers, toutes de même nature et de même substance, ou toutes de différente nature et de différente substance? Il me paraît qu'on est aussi fondé à tenir ce langage qu'à dire qu'il n'y a qu'une seule cause première, infinie, immense, présente partout, qui a fait l'univers, qui le gouverne, et que cette cause unique existe sans raison d'existence.

Je conçois que cette proposition : *il n'y a et il ne peut y avoir qu'une seule et unique cause première qui a fait l'univers et qui le gouverne*, est d'une nature à pouvoir être démontrée formellement, pourvu qu'on fasse entrer dans cette démonstration la partie de l'argument qui conclut *a priori*. Le sujet de cette question, au reste, n'est rien moins que bagatelle. Je serai redevable à toute personne intelligente, à qui cette démonstration paraîtra défectueuse, ou qui ne se souciera pas de l'examiner de peur de trouver dans les conséquences qu'on y tire des choses contraires à d'autres notions qu'il a adoptées peut-être par préjugé; je lui serai, dis-je, redevable, si elle veut avoir la bonté de me faire voir comment l'unité de Dieu (le premier principe de la religion naturelle) peut être prouvée par la raison *a posteriori* seulement, et je lui en rendrai de très-humbles actions de grâces.

Apparemment que c'est pour cela, ou pour d'autres considérations de la même nature, que M. Limborch parle ainsi à M. Locke dans une de ses lettres : *Argumentum desiderat vir magnificus, quo probetur Ens, cujus existentia est necessaria, tantum posse esse unum ; et quidem ut id argumentum a necessitate existentiæ desumatur, et* a priori *(ut in scholis loquuntur), non* a posteriori *concludat, hoc est, ex natura necessariæ existentiæ probetur eam pluribus non posse esse communem.* A quoi M. Locke répond : « Les théologiens, les philosophes et Descartes lui-même, supposent l'unité de Dieu sans la prouver. » Et après avoir proposé ses propres pensées là-dessus, il conclut par ses paroles: « C'est là, selon moi, une preuve *a priori* que l'Être éternel indépendant n'est qu'un. »

Il n'y a donc aucune absurdité dans l'argumentation *a priori* sur l'existence et les attributs de la cause première. Car, bien qu'il soit très-certain qu'aucune chose, qu'aucun être ne peut être avant la cause première, cela n'empêche pourtant pas qu'on ne puisse et qu'on ne doive se servir d'arguments pris de la nature et des conséquences tirées de la nécessité en vertu de laquelle la cause première existe. On démontre ordinairement *a priori* les vérités mathématiques qui sont les vérités nécessaires, et cependant il n'y a rien d'antécédent aux vérités nécessaires. Restreindre donc l'usage du terme *a priori* aux arguments qui roulent uniquement sur des choses qui en ont d'autres qui leur sont extérieures, c'est se jouer de la signification des termes.

Mais, dit-on, un attribut peut-il être le fondement ou la raison de l'existence de la substance elle-même? N'est-ce pas la substance, au contraire, qui est toujours l'appui des attributs qui ne peuvent subsister sans elle? Je réponds que dans l'exactitude rigoureuse du langage, *la nécessité d'exister* n'est pas un attribut, proprement ainsi nommé. Elle est (*sui generis*) le fondement de l'existence tant de la substance que de tous ses attributs. Il en est de même en d'autres cas. Par exemple, l'immensité n'est pas un attribut dans le même sens précis que la sagesse, la puissance, et ainsi du reste, portent le nom d'attributs; mais elle est (*sui generis*) une manière d'existence tant de la substance que des attributs. De même l'éternité n'est pas un attribut ou une propriété dans le sens propre et de la même manière que les autres attributs inhérents dans la substance et subsistant par elle sont ainsi nommés; mais elle est (*sui generis*) la durée de l'existence tant de la substance que de tous les attributs. Dans le sens exact et précis, les attributs ne peuvent pas être le *prædicatum* l'un de l'autre. On ne peut pas dire, à parler proprement, de la sagesse qu'elle est puissante ou de la puissance qu'elle est sage ; mais l'immensité est un mode d'existence, et de la substance divine et de tous ses attributs. L'éternité est la durée de l'existence tant de la substance divine que de tous ses attributs ; et la nécessité est la raison, le fondement de l'existence tant de la substance divine que de tous ses attributs.

Je suis, etc.

DISCOURS

SUR

LES DEVOIRS IMMUABLES

DE LA

RELIGION NATURELLE

DISCOURS

SUR

LES DEVOIRS IMMUABLES

DE LA

RELIGION NATURELLE.

CHAPITRE PREMIER.

Le dessein et le plan de ce discours.

Je me flatte que les premiers fondements de la religion, qui consistent dans la certitude de l'existence de Dieu et de ses attributs, ont été solidement établis, et mis hors de contestation dans le discours précédent; où j'ai prouvé distinctement :

I. Que quelque chose doit nécessairement avoir existé de toute éternité ; et que les difficultés que nous trouvons à concevoir une durée éternelle, quelque grandes qu'elles soient, ne doivent pourtant pas faire naître dans notre esprit des doutes ou des scrupules sur la vérité de cette assertion, que quelque chose est réellement éternelle.

II. Qu'un Être immuable et indépendant doit avoir existé de toute éternité : parce que si on suppose une succession éternelle d'êtres purement dépendants, qui se soient produits les uns les autres dans un progrès à l'infini sans cause originale et indépendante, on est obligé de reconnaître que des choses, qui n'ont d'elles-mêmes aucune nécessité d'existence, sont sorties de toute éternité du pur néant : absurdité, contradiction aussi grande et aussi expresse que si on les supposait produites par le néant dans un temps fixe et déterminé.

III. Que cet Être immuable et indépendant, qui est de toute éternité, sans avoir eu de cause externe de son existence, est un Être existant par lui-même, c'est-à-dire qu'il existe nécessairement.

IV. Que c'est un Être infini, présent partout, parfaitement simple, uniforme, invariable, indivisible, incorruptible, dégagé en un mot de toutes les imperfections, qui sont les qualités connues et les propriétés inséparables du monde matériel.

V. Qu'il est nécessairement unique : puisqu'il est absurde et contradictoire de supposer deux ou plusieurs Êtres indépendants et existants par eux-mêmes.

VI. Qu'il faut nécessairement que ce soit un Être intelligent.

VII. Qu'il doit être un agent libre et volontaire, et non pas un agent nécessaire.

VIII. Qu'il est revêtu d'une puissance infinie, et que dans cet attribut sont compris, entre autres choses, le pouvoir de créer des êtres, celui de communiquer à ces êtres créés la faculté de commencer le mouvement, et celui de leur donner une liberté de volonté, faculté qui n'a rien d'incompatible avec aucun des attributs divins.

IX. Que cet Être est aussi infiniment sage.

X. Qu'il est infiniment bon, juste et véritable, et qu'il possède, dans le degré le plus éminent, toutes les autres perfections morales qui doivent se rencontrer dans le monarque suprême, et dans le juge souverain du monde.

Toutes ces vérités ayant été solidement prouvées dans mon premier discours, je me propose de bâtir sur ce fondement dans celui-ci, et de m'en servir comme de principes pour démontrer maintenant les devoirs immuables de la religion naturelle, et la certitude de la révélation céleste. J'aurai à combattre ici les vaines subtilités d'un ordre de gens vicieux et profanes, qui pour couvrir leur incrédulité d'un beau prétexte, affectent d'être partisans zélés de la raison humaine et font profession de s'attacher avec sincérité et avec diligence à la recherche de la vérité. Mais il y a tout lieu de craindre qu'ils ne sont pas ce qu'ils voudraient paraître, et que, bien loin de chercher sincèrement la vérité, ils ne cherchent au contraire qu'à excuser leurs vices et leurs débauches, en les couvrant du manteau de l'infidélité. Esclaves de leurs passions brutales, ils ne sauraient se résoudre à y renoncer; et de là vient qu'ils font tous leurs efforts pour secouer le joug importun de la religion, dont les vérités et les maximes condamneraient leur conduite, et répandraient infailliblement de l'amertume sur tous leurs plaisirs. Je me propose donc, pour mettre la dernière main au dessein que j'ai, d'établir sur de solides fondements la vérité et l'excellence de la religion chrétienne, et de la défendre contre les attaques de ces partisans prétendus de la raison; je me propose, dis-je, en suivant la même méthode dont je me suis servi pour démontrer l'existence de Dieu et de ses attributs, de prouver distinctement les propositions suivantes :

I. Que les mêmes relations que différentes choses ont les unes avec les autres, nécessairement et éternellement, et que la même convenance ou non-convenance de l'application de certaines choses à d'autres, ou de certaines relations à d'autres, suivant laquelle nous concevons que la volonté de Dieu se détermine toujours et nécessairement à agir selon les règles de la justice, de la bonté et de la vérité, et cela pour le bien de l'univers, que ces mêmes choses, dis-je, doivent aussi déterminer toujours la volonté des êtres raisonnables subordonnés, les porter à conformer toutes leurs actions à ces règles, en vue de procurer, autant qu'il est en eux, le bien public, chacun dans la situation particulière dans laquelle il se trouve. C'est-à-dire que de ces différentes relations que les choses ont entre elles, nécessairement et éternellement, il résulte qu'il est convenable et raisonnable que les créatures agissent d'une manière plutôt que d'une autre, et qu'elles sont obligées à la pratique de certains devoirs, indépendamment d'aucune volonté positive, ou d'aucun commandement de Dieu, comme aussi antécédemment à toute espérance de profit et de récompense, et à toute crainte de dommage personnel et de punition, soit pour le présent, soit pour l'avenir; soit que ces récompenses et ces peines suivent naturellement de la pratique ou de la négligence de ces devoirs, ou qu'elles y aient été attachées en vertu d'un règlement positif.

II. Qu'encore que tous les êtres raisonnables soient obligés d'observer ces devoirs éternels de la morale, même indépendamment de la volonté positive de Dieu et antécédemment au commandement qu'il en a fait, il y a une considération pourtant qui redouble l'obligation indispensable qui leur est imposée de les pratiquer. C'est que Dieu étant nécessairement juste et bon dans l'exercice de cette puissance infinie, qu'il déploie dans le gouvernement de l'univers, il ne peut s'empêcher d'exiger positivement que toutes les créatures raisonnables soient pareillement justes et bonnes à proportion des facultés qu'il leur a données, et des circonstances différentes dans lesquelles il les a placées : le tout fondé sur la nature des choses, sur les perfections de Dieu, et sur plusieurs autres raisons collatérales, c'est-à-dire que ces devoirs éternels de la morale, qui de leur nature sont réellement et toujours obligatoires, le sont aussi en vertu de la volonté expresse de Dieu, et de sa loi immuable, tellement que toutes les créatures raisonnables les doivent observer avec toute l'exactitude dont elles sont capables, par respect pour son autorité souveraine, aussi bien qu'en conformité à la raison naturelle des choses.

III. Qu'encore que toutes les créatures raisonnables soient

indispensablement obligées d'observer les devoirs éternels de la morale, antécédemment à aucune vue de récompense ou de punition, il doit pourtant de toute nécessité y avoir des récompenses et des peines attachées à l'observation ou à l'inobservation de ces devoirs. Car les mêmes raisons qui prouvent que Dieu est nécessairement juste et bon, et que sa volonté immuable, suivant laquelle il faut que tous les êtres créés se gouvernent, est toujours conforme aux règles de la justice, de l'équité et de la bonté; ces mêmes raisons, dis-je, prouvent aussi qu'il ne peut s'empêcher d'approuver la conduite des créatures qui l'imitent et qui lui obéissent en se conformant à ces règles, et qu'il doit, au contraire, désapprouver celles qui s'en éloignent. D'où il s'ensuit qu'il doit, de manière ou d'autre, en agir fort différemment avec elles à proportion de leur obéissance ou de leur désobéissance, et manifester son pouvoir absolu et son autorité suprême en maintenant la majesté des lois divines, et en punissant ceux qui les transgressent d'une manière qui réponde à sa qualité de juste gouverneur et d'arbitre souverain de l'univers.

IV. Qu'originairement la nature des choses et la constitution de l'univers étaient telles, que l'observation des règles éternelles de la justice et de la bonté tendait, par une conséquence directe et naturelle, à rendre toutes les créatures heureuses, et l'inobservation de ces règles, au contraire, à les rendre malheureuses; par où la différence entre les fruits de la vertu et du vice, si raisonnable en elle-même et si nécessaire à la justification de la gloire de Dieu, était établie et mise hors de toute contestation. Mais que le genre humain se trouve maintenant dans un état où l'ordre naturel des choses de ce monde est manifestement renversé, la vertu n'ayant pas, à beaucoup près, le privilége de rendre les hommes heureux; ce qui vient d'une corruption grande et générale, dont l'origine nous serait à peine connue sans le secours de la révélation. Qu'ainsi, il est absolument impossible de concevoir que Dieu n'ait eu d'autre vue en créant des êtres raisonnables, tels que sont les hommes, et les plaçant sur la terre, et qu'il ne se soit proposé d'autre fin que de conserver éternellement une succession d'êtres d'aussi courte durée dans ce triste état de confusion, de corruption et de désordre qu'on trouve aujourd'hui dans le monde, où les règles éternelles du bien et du mal sont si mal observées, et où la gloire de Dieu et la majesté de ses lois sont la plupart du temps foulées aux pieds à cause que les gens de bien n'y reçoivent pas la récompense qui leur est due, ni les scélérats la punition qu'ils méritent. Ce qui doit faire conclure qu'au lieu d'une succession éternelle de nouvelles générations, telles qu'elles sont aujourd'hui, il faut nécessairement qu'un jour les choses changent entièrement de face, et qu'il y ait un état à venir où les récompenses soient distribuées à qui elles sont dues, un état d'où tous les désordres et toutes les inégalités soient bannies, et où tout le système de la Providence, qui nous paraît maintenant si confus et si inexplicable à cause que nous n'en connaissons qu'une petite partie, soit mis en évidence et reconnu à tous égards digne d'une sagesse infinie, d'une justice et d'une bonté souveraine.

V. Qu'encore qu'on puisse prouver en général d'une manière démonstrative, par une chaîne d'arguments clairs et incontestables, l'indispensable nécessité de tous les devoirs moraux de la religion naturelle, et la certitude d'un état à venir où se fera la distribution des peines et des récompenses : le genre humain est pourtant aujourd'hui si corrompu, la négligence, l'inattention et le manque de réflexion parmi la plupart des hommes, si grands; leurs préjugés et les fausses notions qui leur sont venues par l'éducation, en si grand nombre; leurs convoitises, leurs appétits et leurs désirs naturels, si violents, et leur aveuglement produit par les opinions superstitieuses, par les mauvaises coutumes et par les pratiques vicieuses qui ont la vogue dans le monde, si grand et si prodigieux, que peu de personnes sont réellement capables de découvrir par elles-mêmes ces grandes vérités. Qu'ainsi, les hommes ont un très-grand besoin d'une instruction particulière qui les convainque de la certitude et de l'importance de ces vérités, qui leur en donne des idées claires et saines, et qui leur mette devant les yeux les motifs qui doivent les porter à s'acquitter des grands devoirs que leur prescrit la religion naturelle.

VI. Que bien qu'il y ait eu dans presque tous les siècles parmi les païens des personnages d'une probité, d'une sagesse et d'un courage extraordinaire, qui se sont appliqués à l'étude de ces devoirs, qui les ont pratiqués, qui en ont fait des leçons aux autres, et qui les ont exhortés à les mettre en pratique ; et que ces personnages à cause de cela paraissent avoir été suscités par la Providence, et avoir été des instruments en sa main, pour faire le procès aux horribles superstitions des nations parmi lesquelles ils vivaient, et pour réprimer leur dépravation extrême : aucun de ces grands hommes cependant n'a jamais pu faire de grands progrès pour l'entière réformation du genre humain. La raison en est, que peu de personnes ont mis tout de bon la main à ce grand ouvrage ; que celles qui l'ont eu véritablement à cœur ont entièrement ignoré des doctrines qui étaient d'une absolue nécessité pour l'accomplissement de leur dessein, et ont flotté dans le doute et dans l'incertitude sur quelques autres qui n'étaient pas moins nécessaires pour parvenir au but qu'elles se proposaient. A quoi il faut ajouter qu'elles n'ont pu ni expliquer clairement, ni prouver solidement plusieurs dogmes qu'elles croyaient avec certitude, et qu'elles n'ont pas eu assez d'autorité pour persuader aux hommes ceux de ces dogmes qu'elles étaient en état d'expliquer et de prouver par des raisonnements clairs et solides, et pour faire sur leur esprit des impressions capables d'influer sur la conduite générale du genre humain.

VII. Que le genre humain avait donc besoin d'une révélation céleste pour sortir de cet état de dépravation universelle, et pour entrer dans un état qui eût du rapport à l'excellence originale de sa nature. Que les nécessités attachées à la nature humaine, et la connaissance que les hommes avaient naturellement de la Divinité, les menaient comme par la main à cette révélation céleste, et leur donnaient tout lieu de l'espérer et de l'attendre, comme il paraît par l'aveu qu'en ont fait les plus sensés et les plus sages des philosophes païens, et par les termes dont ils se sont servis pour exprimer l'espérance qu'ils avaient que Dieu leur ferait un jour cette grâce.

VIII. Que de toutes les religions qui sont aujourd'hui dans le monde, la religion chrétienne est la seule qui puisse se vanter avec quelque apparence de raison, de posséder cette révélation divine; de sorte que, si la religion chrétienne n'est pas véritable, il faudra dire qu'il n'y a dans le monde aucune révélation de la volonté de Dieu.

IX. Que la religion chrétienne considérée dans la pureté de son origine, telle qu'elle nous est enseignée dans les saintes Écritures, porte tous les caractères de divinité qu'il soit possible d'imaginer, et que nous en avons toutes les preuves qu'on puisse raisonnablement demander.

X. Que les préceptes de la religion chrétienne s'accordent parfaitement bien avec les idées naturelles que nous avons de la Divinité, qu'ils sont très-propres à perfectionner notre nature, et à faire la félicité commune du genre humain; c'est-à-dire que la religion chrétienne, considérée simplement comme un système complet et suivi de morale, où se trouvent rassemblés les beaux et les meilleurs préceptes que les diverses écoles de philosophie n'ont donnés que séparément, et la plupart du temps que très-imparfaitement; et, où ces préceptes sont débités sans le moindre mélange d'aucune de ces pratiques superstitieuses et absurdes qui se trouvaient parmi les anciens philosophes; que la religion chrétienne, dis-je, à la considérer seulement dans ce point de vue, mérite que tous les déistes qui se piquent de réfléchir, de raisonner, d'agir conséquemment, et d'une manière qui réponde à leurs principes, se rangent sous sa discipline et l'embrassent, puisque le moins qu'on en puisse dire, c'est qu'elle est le plus beau système de morale, la meilleure secte de philosophie qui ait jamais paru dans le monde, et qu'elle est tout à fait probable en elle-même, indépendamment des témoignages externes qui prouvent son origine céleste.

XI. Que les motifs que la religion chrétienne emploie pour nous porter à la pratique de ces devoirs, sont tout à fait dignes de la sagesse infinie de Dieu, et répondent parfaitement bien aux espérances naturelles de l'homme.

XII. Que la manière et les circonstances particulières avec lesquelles la religion chrétienne enseigne ces devoirs et propose ces motifs, s'accordent exactement avec les lumières de la droite raison, et avec celles de la pure nature; et qu'elles servent même à perfectionner ces lumières.

XIII. Que toutes les doctrines que la religion chrétienne, considérée dans la pureté et la simplicité de son origine, nous ordonne de croire et qu'elle nous propose, ou comme des doctrines entièrement nécessaires au salut, ou comme ayant une liaison intime avec celles qui sont nécessaires; que ces doctrines, dis-je (dont quelques-unes ne nous sont connues que par la révélation, quoique la raison acquiesce sans peine à la révélation qui en est faite), ont toutes, pour but principal, de réformer le genre humain, influent puissamment sur la correction des mœurs, et composent ensemble un système de foi infiniment plus suivi et plus raisonnable que tout ce que les philosophes anciens les plus sensés et les incrédules modernes les plus fins, ont jamais pu inventer avec toute leur subtilité et toute leur science.

XIV. Que cette révélation, en faveur de laquelle les lumières de la droite raison se déclarent hautement, et dont la beauté et l'excellence intérieure est telle qu'elle se concilie l'amour et le respect de toutes les personnes raisonnables qui agissent par un principe de conscience : que cette révélation, dis-je, est appuyée, outre cela, sur un grand nombre de signes et de miracles incontestables, que celui qui en est l'auteur, a faits en public pour confirmer la divinité de sa mission ; sur l'accomplissement exact et des prophéties anciennes qui l'avaient annoncé, et de celles par lesquelles il a lui-même prédit les événements qui devaient arriver après lui ; et sur le témoignage de ses sectateurs, témoignage le plus croyable dans toutes ses circonstances, le plus certain, et le plus convaincant qui ait jamais été rendu à aucun fait dans le monde. Toutes choses qui prouvent directement et positivement, que la religion chrétienne vient immédiatement de Dieu lui-même.

XV. Que ceux, que les preuves mises en avant, pour établir la vérité et la certitude de la religion chrétienne, ne sont pas capables de convaincre et de porter à mener une vie régulière, sont des gens que rien ne peut toucher, et qui ne changeraient pas de conduite, quand bien même un mort sortirait du tombeau pour travailler à leur conversion.

CHAPITRE II.

Où l'on parle du déisme, et de quatre différentes espèces de déistes.

Avant d'entrer dans l'examen particulier des propositions que j'ai dessein de prouver dans ce discours, il est bon d'avertir mon lecteur qu'ayant maintenant en tête des incrédules d'une autre espèce que ceux que j'ai combattus dans le traité précédent; il ne doit pas s'attendre à trouver ici ces démonstrations, et cette certitude mathématique, dont je me suis servi en parlant de l'existence de Dieu. Je serai obligé de faire usage, dans ce traité, d'une autre espèce d'arguments que ceux que j'ai employés dans l'autre.

CHAPITRE II.

Les matières de mon premier discours étaient de nature à pouvoir être démontrées ; dans celui-ci, il faudra se contenter souvent d'une certitude morale, c'est-à-dire de preuves prises des circonstances des choses, et du témoignage des personnes qui sont presque les seules dont les matières de fait soient susceptibles, et dont, par conséquent, les personnes raisonnables et de bonne foi se contentent toujours. La raison en est, que tous les principes sur lesquels les athées bâtissent, peuvent être renversés et réduits à impliquer contradiction par la force seule d'un raisonnement suivi et poussé. Mais les déistes font profession d'admettre tous les principes de la raison, et de n'en vouloir qu'aux choses dont la volonté est fondée sur le témoignage et sur les preuves de fait, dont ils croient pouvoir se débarrasser facilement.

Mais, si on examine les choses à fond, on trouvera sans peine que ce n'est pas là de quoi il s'agit ; car, je suis persuadé qu'il n'y a point de déiste dans le monde, au moins dans cette partie du monde où la religion chrétienne est enseignée dans sa pureté, qui, demeurant attaché à tous les principes de la droite raison, et sincèrement persuadé de la justice de tous les devoirs de la religion naturelle et de la nécessité de les pratiquer, rejette le christianisme, uniquement par la raison qu'il n'est pas convaincu pleinement des faits sur lesquels il est appuyé. Un attachement constant et sincère à toutes les lois de la raison, et à tous les devoirs de la religion naturelle, doit nécessairement conduire un homme à la profession du christianisme, pourvu qu'il examine les choses avec attention, et qu'il se fasse un devoir d'agir d'une manière conforme à ses principes. Tous ceux qui prétendent être déistes et qui n'en sont pas logés là, ne peuvent avoir aucun principe fixe et assuré ; ils ne peuvent ni argumenter, ni agir conséquemment. Il faut, de toute nécessité, qu'ils se précipitent dans l'athéisme tout pur, et par conséquent, qu'ils succombent sous le poids des arguments employés dans le discours précédent. C'est ce que je vais faire voir clairement dans les réflexions suivantes, où je parlerai des différentes espèces de déistes.

1. Il y en a qui portent le nom de déistes, parce qu'ils font semblant de croire à l'existence d'un Être éternel, infini, indépendant et intelligent; et que, pour ne pas passer pour des athées épicuriens, ils attribuent, outre cela, la structure du monde à cet Être suprême. Mais, ils sont épicuriens sur la Providence; car ils se figurent que Dieu ne se mêle point du tout du gouvernement du monde, et qu'il ne fait aucune attention à ce qui s'y passe[1], ni ne s'en soucie[2]. Cette opinion n'est, au fond, qu'un athéisme déguisé, et quand on l'examine avec attention, on trouve qu'elle vient aboutir au pur athéisme. J'avoue que je ne vois point de contradiction à dire que Dieu, en créant l'univers, ou en donnant à quelque partie de cet univers la forme qu'elle a, aurait aussi pu, s'il eût voulu, par sa sagesse infinie, à qui rien n'échappe, et qui est infaillible dans toutes ses vues, disposer originairement les choses, et agencer tellement les ressorts et les enchaînements des causes nécessaires et sans intelligence, qu'en vertu de cet arrangement primitif, tous les effets qu'elles auraient produits se seraient trouvés dignes de la sagesse souveraine de Dieu, sans qu'il eût été

[1] « Omnis enim per se Divum natura necesse est
Immortali ævo summa cum pace fruatur,
Semota a nostris rebus, sejunctaque longe.
Nam privata dolore omni, privata periclis,
Ipsa suis pollens opibus, nihil indiga nostri,
Nec bene promeritis capitur neque tangitur ira. »
Lucret., lib. I, v. 57 et seqq.

[2] Τὸ μακάριον καὶ ἄφθαρτον, οὔτε αὐτὸ πράγματα ἔχει, οὔτε ἄλλῳ παρέχει· ὥστε οὔτε ὀργαῖς, οὔτε χάρισι συνέχεται. Diog. Laert. in Vita Epicur. C'est à peu près le langage de quelques philosophes modernes. Ils attribuent tout à la matière et au mouvement à l'exclusion des causes, et ils parlent de Dieu comme d'une *intelligentia supramundana*. C'est le vrai jargon d'Épicure et de Lucrèce.

besoin de l'intervention de sa toute-puissance dans chaque occasion particulière. Je ne voudrais pas même nier que ce sentiment ne puisse, à force d'arguments subtils et abstraits, être concilié avec une ferme persuasion de l'existence de Dieu, et même avec une notion assez saine de la Providence. Mais, s'imaginer que Dieu après avoir créé au commencement une certaine quantité de matière et de mouvement, ne s'est point mis en peine de l'arrangement du monde, qu'il a tout laissé à l'aventure, sans vue ni direction particulière, au hasard de ce qui en arriverait, c'est une hypothèse qui est tout à fait insoutenable, et qui aboutit nécessairement au pur athéisme. Qu'il me soit permis, en attendant que je le prouve, de faire cette remarque, que les progrès qu'on a faits depuis peu dans les mathématiques et dans la physique, nous découvrent sensiblement, que cette opinion, impie en elle-même, est pareillement fausse et absurde ; car, outre que la matière étant d'elle-même incapable de se conformer à aucune loi, il est impossible que les lois originales du mouvement subsistent, à moins qu'une puissance supérieure à la matière ne la détermine à se mouvoir conformément à ces lois : outre cela, dis-je, c'est une chose maintenant au-dessus de toute contestation, que les corps des plantes et des animaux, la partie la plus considérable du monde, n'ont pu être formés par la pure matière, suivant les lois générales du mouvement. Il y a plus ; car, qui ne voit que le pouvoir de gravitation, ce principe si universel, la source de presque tous les mouvements réguliers du monde matériel ; qui, comme je l'ai insinué dans le discours précédent, agit, non pas à proportion de la superficie des corps, mais à proportion de la quantité de leur matière solide : qui ne voit, dis-je, que ce pouvoir ne saurait être venu d'aucun mouvement imprimé originairement dans la matière, mais qu'il doit nécessairement avoir été produit par une cause qui pénètre la substance solide de tous les corps, et qui leur donne continuellement une force entièrement différente de celle en vertu de laquelle la matière agit sur la matière? Ce qui, pour le dire en passant, nous fournit une démonstration évidente, et de la formation du monde par une cause intelligente, et de l'existence d'un Être suprême qui veille continuellement à sa conservation; et nous fait voir aussi, que tous les grands mouvements qui arrivent dans l'univers sont produits par quelque substance spirituelle qui n'a pas imprimé, au commencement, dans la matière, une certaine quantité de mouvement, comme quelques-uns le prétendent, mais qui déploie son pouvoir actuellement dans toutes les parties du monde, et cela, sans discontinuation. Or, que cette puissance, par laquelle le monde est conservé et gouverné, vienne immédiatement de la cause suprême qui a créé l'Univers, ou qu'elle vienne de quelques êtres subordonnés que Dieu a établis pour avoir soin de certaines parties du monde, et pour y présider, il n'importe. De ces deux partis, quel que soit celui que l'on prenne, on aura toujours une idée grande et noble de la Providence. J'avoue que ceux qu'une vaine et fausse philosophie a jetés dans l'opinion qui attribue l'origine et la conservation de l'univers à une certaine quantité de mouvement, imprimée originairement dans la matière sans aucun dessein déterminé, et qui laisse à ce mouvement le soin de former un monde à l'aventure; j'avoue, dis-je, que les philosophes qui ont embrassé cette opinion, sans en apercevoir les absurdités, ne sont pas responsables de toutes les affreuses conséquences qui découlent de leur principe. Mais il est pourtant certain qu'il y en a plusieurs qui, sous ce prétexte, ont été de véritables athées, et que l'opinion elle-même conduit, comme je l'ai déjà dit, nécessairement et par des conséquences inévitables, au pur athéisme; car, si Dieu est un Être tout-puissant, présent partout, intelligent, sage et libre, comme je l'ai démontré ci-dessus; il est clair, qu'en tout temps et en tous lieux il connaît certainement tout ce qui existe, qu'il prévoit ce qu'il y a de plus sage et de meilleur à faire en tout temps et en tous lieux, et qu'il a un pouvoir suffisant pour venir à bout, sans peine ni opposition, de tout ce qu'il trouve à propos de faire. D'où je conclus, qu'il doit nécessairement diriger tous les événements qui arrivent dans le monde, jusqu'aux moindres [1] circonstances, et faire tout immédiatement, à la réserve de ce qu'il laisse, par un pur effet de son bon plaisir, à la direction des agents libres subordonnés. Oter donc à Dieu le gouvernement du monde, et dire qu'il ne se mêle pas des affaires d'ici-bas, c'est lui ravir sa toute-présence, sa connaissance et sa sagesse. C'est nier, en effet, son existence, de sorte que l'hypothèse des déistes, dont je parle, n'a aucun principe fixe et suivi, et mène inévitablement au pur athéisme. Ils confessent, de bouche, qu'il y a un Dieu [2], mais ils renversent, en effet, son existence.

Diront-ils, pour se laver de l'accusation d'athéisme, qu'à la vérité Dieu gouverne par sa providence les plus grandes et les plus considérables parties de l'univers, mais que les affaires humaines ne valent pas la peine qu'il y fasse attention, et qu'elles sont trop minces et trop peu considérables pour que le souverain maître de toutes choses daigne s'en occuper? Mais ils ne gagneront rien par là; car si Dieu est présent partout, s'il connaît toutes choses, et s'il est infiniment puissant, il doit connaître également toutes choses [3], et gouverner les plus petites [4] avec autant de facilité que les plus grandes [5]. De sorte que ceux qui lui ôtent l'inspection

---

[1] « Quo confesso, confitendum est eorum consilio mundum administrari. » Cic., *de Nat. Deorum*, lib. II.

[2] « Epicurum verbis reliquisse deos, re substulisse. » Id., *ibid.*

[3] « Deorum providentia mundus administratur, iidemque consulunt rebus humanis, neque solum universis, verum etiam singulis. » Cic., *de Divin.*, lib. I.

[4] Ἀλλ' οὐδὲν τά κ' ἂν ἴσως εἴη χαλεπὸν ἐνδείξαται τουτόγε, ὡς ἐπιμελεῖς σμικρῶν εἰσι θεοί, οὐχ ἧττον ἢ τῆς μεγέθει διαφερόντων. Plat., *de Leg.*, lib. I.

[5] Εἰσὶ γάρ τινες οἳ νομίζουσιν εἶναι τὰ θεῖα, καὶ τοιαῦτα οἷάπερ ὁ λόγος αὐτὰ ἐξέφηνεν, ἀγαθὰ, καὶ δύναμιν ἔχοντα τὴν ἀκροτάτην,

des affaires d'ici-bas, le privent de ses attributs les plus essentiels, et nient, autant vaut, son existence. J'ajoute qu'il est faux que les affaires humaines soient la partie la moins considérable de ce qui arrive dans l'univers ; car sans parler de l'excellence de la nature humaine que la religion chrétienne met dans un si beau jour, que le déiste choisisse, s'il veut, parmi les différents systèmes d'astronomie celui qui donne à l'univers la plus vaste étendue, qu'il donne l'essor à son imagination, et qu'il se le figure aussi immense qu'il lui plaira : il ne saurait disconvenir que le globe dans lequel nous sommes placés ne soit aussi considérable qu'aucun autre globe particulier ; que la terre sur laquelle nous habitons ne soit tout aussi considérable qu'aucune autre des planètes de notre globe, et que les hommes ne soient les seuls habitants considérables de la terre. Le genre humain a donc manifestement plus de droit de prétendre aux soins particuliers de la Providence que le reste des habitants de la terre. La terre elle-même y a autant de droit que le reste des planètes : et, autant que nous en pouvons juger, le globe dans lequel notre terre est enchâssée ne les mérite pas moins que les autres globes qui sont dans l'univers. Si donc il y a une providence, et si Dieu se mêle des affaires de l'univers, il y a toutes les raisons du monde de supposer que le genre humain est l'objet des soins de la Providence, autant et plus qu'aucune autre partie de l'univers.

2. Il y a d'autres déistes qu'on appelle ainsi parce qu'ils ne mettent aucune différence entre le bien et le mal moral. Ils font profession de croire l'existence de Dieu, ils reconnaissent aussi sa providence, c'est-à-dire qu'ils croient que tous les événements naturels sont l'ouvrage de la puissance

καὶ γνῶσιν τὴν τελειοτάτην. Τῶν μέν τοι ἀνθρωπίνων καταφρονεῖν, ὡς μικροῖς καὶ εὐτελῶν ὄντων, καὶ ἀναξίων τ' ἑαυτῶν ἐπιμελείας. — εἰ δὲ τοῦ ὅλου κόσμου ὁ Θεὸς ἐπιμελεῖται, ἀνάγκη καὶ τῆς μερῶν αὐτοῦ προνοεῖν, ὥσπερ καὶ αἱ τέχναι ποιοῦσι. Καὶ γὰρ ἰατρὸς, κτλ. SIMPLIC. *in Epicteto.*

de Dieu, qui les dirige par sa sagesse; mais ils renversent les bornes qui séparent le bien et le mal moral, ils prétendent que Dieu ne se met point en peine des actions moralement bonnes ou moralement mauvaises que les hommes peuvent faire, et ils soutiennent qu'elles ne sont bonnes ou mauvaises qu'en vertu de l'établissement arbitraire des lois humaines. Mais ces gens-là ont beau faire, leur opinion est la plus mal fondée et la plus insoutenable qu'on puisse voir. En vain font-ils profession de croire les attributs naturels de Dieu, sa connaissance, sa sagesse et sa puissance infinie, tandis qu'ils nient ses attributs moraux, ils tombent nécessairement dans l'athéisme; car il y a entre les attributs naturels et les attributs moraux de la Divinité une liaison si étroite et si indissoluble, qu'on ne saurait nier les premiers sans nier aussi les autres. Car si (comme je l'ai prouvé ci-dessus) si, dis-je, il y a de toute éternité des différences nécessaires entre les choses, et si de ces différences nécessaires il naît une convenance ou une disconvenance de l'application de certaines choses à d'autres; si, outre cela, il est certain qu'un Être revêtu d'une connaissance, d'une sagesse et d'une puissance infinie, se détermine toujours à agir conformément à ces raisons et à ces proportions éternelles des choses, il s'ensuit évidemment que la justice et la bonté sont des attributs qui ne sont pas moins nécessaires à l'Être suprême que son pouvoir et sa sagesse. Tout homme donc qui nie la justice et la bonté de Dieu, ou qui lui ôte l'exercice de ces attributs, en soutenant qu'il n'a aucune inspection sur les actions morales du monde (ce qui vaut autant que s'il les niait nettement), tout homme, dis-je, qui rejette ces attributs doit rejeter aussi sa sagesse et sa puissance, et tomber, par conséquent, dans l'athéisme tout pur. J'avoue qu'il y a des cas où l'on aurait très-grand tort de juger des gens par les conséquences qu'on tire de leurs opinions. Mais dans le cas présent il ne faut nullement s'arrêter à leurs paroles, il faut pénétrer, malgré toutes leurs protestations, dans le fond de leur opinion, et voir si leur pratique n'y est pas conforme[1]. Or, c'est une chose très-digne de remarque que, comme les opinions de ces deux premières espèces de déistes vont nécessairement aboutir au pur athéisme, il se trouve aussi que leur pratique et leur conduite ne cède en rien à celle des athées les plus déclarés. Non contents de combattre la révélation de Jésus-Christ et de rejeter tous les devoirs moraux de la religion naturelle, ils méprisent ce qu'il y a de plus sage dans les lois humaines qui ont été faites pour entretenir l'ordre dans le monde, et pour faire la félicité commune du genre humain. Ils se moquent des règles de la bienséance humaine, aussi bien que des vérités de la religion. Ils mettent en œuvre tout ce qu'ils ont d'esprit pour plaisanter sur toutes les qualités divines ou humaines qu'on fait entrer dans l'idée d'un homme accompli. Ils tournent en ridicule la vertu, la science, la sagesse, l'honneur, en un mot tout ce qui élève l'homme au-dessus de la bête, et par où il se distingue des autres hommes. Ils font semblant, dans leurs conversations et dans leurs livres, de n'en vouloir qu'aux abus qu'on fait de la religion; mais il paraît manifestement par quelques-uns de leurs livres modernes, et par des traits qui leur échappent dans leurs discours, qu'ils sont ennemis de tout ce qu'on appelle vertu, bonnes mœurs, en un mot, de tout ce par où les hommes se rendent dignes de louange et d'estime. Sous prétexte de tourner en ridicule les vices et les extravagances dans lesquels on voit tomber les ignorants et les superstitieux, ils lâchent mille profanations et mille saletés. Ils font voir par le tour qu'ils leur donnent, et par le soin qu'ils ont d'en assaisonner leurs discours, qu'ils n'ont pas tant en vue de décrier le vice et la folie, que de plaire aux débauchés et de fomenter leurs inclinations vicieuses. Ils ne paraissent avoir aucun sentiment de la dignité de la nature humaine, ni de l'excellence de leur rai-

---

[1] « Quasi ego hoc curem, quid ille aiat, aut neget : illud quæro quid ei sit consentaneum dicere. » Cic., *de Finib.*, lib. II.

son, ni de leur prééminence sur la plus vile de toutes les bêtes brutes. Quelquefois ils parlent magnifiquement de la sagesse de Dieu et de ses autres attributs naturels, mais, occupés perpétuellement à tourner en ridicule toutes les qualités humaines qui ont quelque ressemblance avec ces attributs, ils manifestent clairement qu'au fond ils ne croient pas qu'il y ait dans les choses aucune différence réelle, ni qu'une chose soit plus excellente que l'autre. Les railleries qu'ils font, et le ridicule qu'ils s'efforcent de répandre généralement sur tout, montrent assez que la sagesse, la bienséance, la vertu, le mérite ne sont, dans leur idée, que des chimères. Ils ne paraissent faire aucun cas de ces facultés éminentes par lesquelles Dieu[1] « leur a donné plus de con-
« naissance qu'aux bêtes de la terre, et les a rendus plus
« entendus que les oiseaux des cieux. » En un mot[2], « toutes
« les choses qui sont véritables, toutes les choses qui sont
« vénérables, toutes les choses qui sont justes, toutes les
« choses qui sont pures, toutes les choses qui sont aimables,
« toutes les choses qui sont de bonne renommée, toutes les
« choses enfin où il y a quelque vertu et quelque louange, »
font le sujet perpétuel de leurs railleries. On les voit au contraire faire tous leurs efforts pour faire passer les choses les plus profanes, les plus malhonnêtes et les plus absurdes, pour des choses, ou innocentes, ou indifférentes. Ils se moquent de ceux qui en ont honte et qui les abhorrent, et ils déploient toutes les forces de leur esprit pour en faire l'apologie. Tandis que ces gens-là, au lieu d'argumenter sérieusement, ne s'appliqueront qu'à répandre du ridicule sur tout, il n'y a pas moyen de raisonner avec eux; car il faudrait avoir bien du loisir pour s'amuser à réfuter des railleries par le raisonnement. Ce n'est pas qu'il y ait aucune force en tout cela, mais c'est qu'en joignant ensemble des images qui n'ont entre elles aucune connexion, ces faux

---

[1] Job, XXXV, 21.
[2] Philip., IV, 8.

plaisants transgressent toutes les bornes du bon sens et de la religion. Par ce moyen, il n'y a rien à quoi on ne puisse donner un air de ridicule, en le faisant paraître sous un habit déguisé. Avant d'entrer en dispute avec des gens de ce caractère, il faut donc leur prouver premièrement les véritables principes de la raison. Après quoi il arrivera nécessairement de deux choses l'une, ou qu'ils se retrancheront dans le pur athéisme, ou qu'ils seront obligés de reconnaître la justice et la nécessité des devoirs de la morale, de s'y soumettre, et de rétracter solennellement les profanations qu'ils ont vomies contre Dieu et contre la religion.

3. On trouve une troisième espèce de déistes, qui ont des idées justes et saines des attributs de Dieu et de sa providence, par laquelle il gouverne toutes choses, et qui, outre cela, ont aussi quelque connaissance de ses attributs moraux, c'est-à-dire que faisant profession de croire que Dieu est un être infiniment intelligent, infiniment puissant et infiniment sage, ils le croient aussi en un sens infiniment juste, bon et véritable. Il gouverne le monde, selon eux, d'une manière qui répond à ces perfections, et veut que toutes les créatures raisonnables lui obéissent. Mais, prévenus contre le dogme de l'immortalité des âmes humaines, ils s'imaginent qu'à la mort l'homme périt tout entier, qu'une génération succède perpétuellement à l'autre, et que celle qui une fois a quitté le monde n'y revient plus et cesse d'être, sans retour et sans espérance de renouvellement. Ils prétendent que les vertus de Dieu sont transcendantes, qu'elles ne peuvent point être renfermées dans la même catégorie que celles de l'homme, en un mot, qu'il n'y a rien d'univoque entre nos vertus et celles de Dieu, et, par conséquent, que nous ne pouvons pas juger de la bonté et de la justice de Dieu selon les idées que nous avons de ces vertus considérées dans l'homme, ni tirer des unes aux autres des conséquences certaines. De là ils concluent qu'encore que la distribution des biens et des maux de la vie présente nous

paraisse très-inégale et très-peu conforme aux règles de l'équité, nous ne connaissons pourtant pas assez les attributs de Dieu pour pouvoir conclure de là la certitude d'une vie à venir. Mais cette opinion, non plus que les autres, n'a aucun principe fixe ni aucun fondement solide. Car si la justice et la bonté[1] ne sont pas en Dieu ce qu'elles sont dans nos idées, ce ne sont donc que des mots vides de sens que nous prononçons quand nous disons que Dieu est nécessairement bon et juste. Par la même raison, ne pourra-t-on pas dire que quand nous parlons de la connaissance de Dieu et de sa sagesse, nous n'avons aucune idée de ce que nous disons? Ainsi on renverse par là tous les fondements sur lesquels il est possible de s'assurer de quelque chose que ce soit. Ce qui fait voir qu'encore que ces gens-là fassent semblant de reconnaître les attributs moraux de la Divinité, ils les anéantissent en effet, et non-seulement les attributs moraux, mais aussi les attributs naturels qu'on peut facilement renverser en suivant la même méthode; de sorte qu'en raisonnant conséquemment, il se trouvera que cette troisième opinion, aussi bien que les autres, n'est au fond qu'un pur athéisme.

4. Il y a enfin une autre espèce de déistes qui, supposé qu'ils croient réellement ce qu'ils disent, ont à tous égards des idées saines et justes de Dieu et de tous ses attributs. Ils font profession de croire l'existence d'un Être unique, éternel, infini, intelligent, tout-puissant et tout-sage, créateur, conservateur et monarque souverain de l'univers. Ils confessent que cette cause suprême est un Être infiniment juste, bon et véritable, en un mot, un Être revêtu de toutes les autres perfections, tant morales que naturelles. Ils avouent qu'il a créé le monde en vue de manifester sa puissance et sa sagesse, et pour avoir lieu de faire part à ses

---

[1] Καθ' ἡμᾶς γὰρ ἡ αὐτὴ ἀρετή ἐστι τῶν μακαρίων πάντων· ὥστε καὶ ἡ αὐτὴ ἀρετὴ ἀνθρώπου καὶ Θεοῦ. Orig. *contra Cels.*, lib. VI.

créatures de sa bonté et de sa félicité : qu'il le conserve continuellement par sa sage providence, et qu'il le gouverne suivant les règles éternelles de la bonté, de la justice, de l'équité, de la miséricorde et de la vérité. Ils reconnaissent que, comme toutes les créatures raisonnables dépendent à tout moment de lui, elles sont obligées à cause de cela de l'adorer, de le servir et de lui obéir, de lui rendre grâces pour les biens dont il leur a donné la jouissance, et de lui présenter leurs supplications pour obtenir de lui les choses qui leur manquent. Ils conviennent que toutes les créatures doivent travailler, chacune à proportion des facultés que Dieu lui a données, à procurer le bien commun et la prospérité des lieux où la Providence les a placées, en suivant l'exemple et le modèle de la bonté divine, qui s'occupe incessamment à procurer le bien général de l'univers. Ils enseignent que l'homme en particulier est obligé de contribuer, autant qu'il est en lui, à la félicité de tout le genre humain, et que, dans cette vue, il doit agir envers les autres de la même manière qu'il souhaite que les autres agissent avec lui en pareilles circonstances. Suivant cette règle, ils conviennent que l'homme doit obéir à ses supérieurs, et se soumettre à eux en tout ce qu'ils ordonnent de juste et de raisonnable, puisque de là dépend la conservation de la société, la paix et la félicité publique : qu'il doit être juste, honnête et sincère dans le commerce qu'il a avec ses égaux, observer autant qu'il est en lui les règles éternelles de la justice, et faire régner parmi les hommes une confiance, une amitié et une tendresse mutuelle ; qu'il doit être doux, honnête, civil, charitable, affable à ses inférieurs, prompt à les assister dans leurs nécessités, et n'oublier rien pour entretenir la bienveillance et l'amour mutuel parmi les hommes, à l'imitation de Dieu lui-même, dont la bonté se répand sur toutes ses créatures, qu'il conserve toutes et à qui il fait continuellement du bien. Que pour ce qui le regarde lui-même personnellement, il doit faire son possible pour conserver l'être que Dieu lui a donné, autant de temps qu'il plaira à cet Être suprême qui lui a assigné son poste ici-bas ; qu'il doit, par conséquent, régler ses passions et les tenir en bride, s'abstenir de toute débauche, et ne rien faire, en un mot, qui soit préjudiciable à sa vie, qui soit capable de troubler ses facultés et de le mettre hors d'état de s'acquitter de ses devoirs, ou de le précipiter dans le crime et dans l'injustice. Ils tombent d'accord enfin que les hommes se rendent agréables ou désagréables à Dieu, à proportion de l'exactitude ou de la négligence qu'ils ont pour la pratique de ces devoirs, d'où ils concluent que Dieu, en sa qualité de souverain maître du monde, doit nécessairement donner aux uns et aux autres des marques de sa faveur ou de son indignation, soit dans la vie qui est à venir, et, puisque l'expérience montre que Dieu ne le fait pas dans cette vie, ils avouent qu'il faut qu'il y ait une vie future où les récompenses et les punitions soient distribuées à chacun selon ce qu'il aura fait dans le monde. Voilà, en peu de mots, quel est leur système ; mais il faut remarquer qu'ils ne font profession de croire ces vérités qu'autant qu'elles leur sont connues par les lumières naturelles, indépendamment de toute révélation divine qu'ils rejettent. Ce sont là, sans contredit, les seuls véritables déistes, et les seuls qui méritent qu'on entre en dispute avec eux pour les convaincre de la vérité de la religion chrétienne et de la conformité aux plus pures lumières de la droite raison. Mais il y a tous les sujets du monde de croire que, parmi les déistes modernes, il n'y en a que peu ou point de cette dernière espèce ; car la moindre attention aux conséquences de ses principes conduirait infailliblement des gens tels que sont ceux que je viens de dépeindre, à embrasser le christianisme. Convaincus, en effet, des devoirs de la religion naturelle, persuadés de la certitude des peines et des récompenses de la vie à venir, et joignant à tout cela l'insuffisance des lumières naturelles pour la découverte de ces importantes vérités, pourraient-ils s'empêcher de sentir la nécessité d'une révélation divine? Il est impossible que des gens ainsi faits ne souhaitent de tout leur cœur qu'il eût plu à Dieu de manifester aux hommes sa volonté d'une manière claire et proportionnée à la capacité d'un chacun. Il est impossible qu'ils ne souhaitent qu'il eût plu à Dieu de signifier aux hommes combien la repentance lui est agréable, et à quel point il est disposé à pardonner aux pécheurs qui se retournent vers lui. Il est impossible enfin qu'ils ne soupirent ardemment après une connaissance plus expresse et plus claire de cette vie future que la raison leur permet d'espérer. Ils doivent donc avec ces dispositions être remplis d'une vive espérance de trouver, après un examen mûr et exact, que la révélation chrétienne tire son origine du ciel. Avant d'avoir examiné à fond si les choses qu'on débite sur le pied d'une révélation de Dieu viennent du ciel ou si elles n'en viennent point, ils doivent s'abstenir de les mépriser et de les tourner en ridicule. Ils doivent être disposés par avance à croire ce qu'on leur allègue en faveur d'une révélation qui tend à perfectionner la religion naturelle, à mettre en évidence leurs grandes espérances et à certifier la vérité d'une vie à venir, où se fera la distribution des récompenses et des peines. Si cette révélation ne propose rien d'ailleurs qui ne soit digne de Dieu et qui ne soit très-compatible avec ses attributs, et si enfin elle a par devers elle des preuves raisonnables des faits sur lesquels elle s'appuie, ils doivent y ajouter foi, et reconnaître qu'elle a véritablement une origine céleste. Je pose en fait qu'un homme dont l'esprit et le cœur sont ainsi disposés, recevra sans peine la religion chrétienne, lorsqu'elle lui sera proposée dans la pureté et dans la simplicité de son origine, dégagée de toutes les corruptions et de toutes les inventions humaines. Qu'il lise les discours et les exhortations du Sauveur du monde, tels qu'ils nous sont rapportés dans les Évangiles; qu'il lise les Actes des apôtres; qu'il examine avec attention leurs épîtres, et qu'il dise ensuite en conscience s'il peut s'empê-

CHAPITRE II.

cher d'être frappé de l'évidence qui éclate dans la doctrine chrétienne, et s'il peut renoncer aux glorieuses espérances qu'elle lui donne d'une immortalité bienheureuse. J'avoue que ce petit nombre de philosophes païens qui ont connu les devoirs de la religion naturelle, qui en ont fait des leçons et qui les ont pris pour la règle de leur conduite, ont eu, autant que faire se pouvait, un système suivi de déisme, et ont mérité les titres glorieux de gens courageux et sages. Mais les choses sont maintenant sur un tout autre pied. Ce même système de déisme qui conduisait alors à espérer une révélation divine, n'a désormais rien de suivi, rien de lié, supposé la rejection du christianisme. Les déistes modernes, qui combattent opiniâtrément la révélation qu'on leur présente et qui la rejettent, sont bien différents de Cicéron et de Socrate. Ce sont des gens qui, sous prétexte de déisme, ne cherchent visiblement qu'à répandre du ridicule sur tout ce qu'il y a de plus excellent même dans la religion naturelle. Qu'on me donne un déiste dont l'esprit soit rempli des grandes idées de la majesté de Dieu, qui ait des idées justes et saines de tous ses attributs, qui soit vivement pénétré de la nécessité des devoirs auxquels il est obligé envers l'auteur et le conservateur de son être. Qu'on m'en donne un qui mène une vie conforme à tous les devoirs que la religion naturelle lui prescrit, qui soit juste, sobre, tempérant, charitable, et qui donne à connaître, dans ses actions aussi bien que dans ses discours, qu'il croit fermement les récompenses et les peines de la vie à venir. Qu'on m'en donne un enfin qui cherche à s'instruire des fondements de notre croyance d'une manière sérieuse, sincère, respectueuse et sans partialité, qui examine à fond et avec un ardent désir de trouver la vérité, les preuves qui établissent la certitude de la religion chrétienne, considérée dans sa pureté. Qu'on me donne, dis-je, un déiste tel que celui que je viens de dépeindre, et je dirai hardiment de lui ce que le Seigneur

Jésus-Christ dit de l'homme de l'Évangile[1], « qu'il n'est pas loin « du royaume de Dieu, et qu'étant disposé à faire la volonté de « Dieu, il connaîtra de sa doctrine, savoir, si elle est de Dieu. » Mais il y a tout lieu de croire qu'il y a très-peu de déistes de cette trempe parmi les incrédules de nos jours, comme je l'ai déjà remarqué. Je sais bien qu'il y en a qui prétendent être dans le cas dont je viens de parler. Mais, hélas ! leurs chicanes triviales, qui reviennent éternellement, leur affectation de se moquer de tout et d'y chercher du ridicule avant que de l'avoir examiné, leur adresse à faire tomber le fort de leurs objections ou sur des coutumes particulières, ou sur des opinions singulières, ou sur la manière dont quelques-uns expliquent ces opinions au lieu de faire attention à l'assemblage de toutes les doctrines qui composent la religion chrétienne, comme ils devraient faire s'ils agissaient de droit pied ; leurs discours vains, sales et profanes, et surtout leur vie impure et vicieuse, tout cela, dis-je, découvre pleinement qu'il y a dans leur fait bien plus que du simple déisme, que ce sont de purs athées, et, par conséquent, qu'ils ne peuvent être bons juges de la vérité de la religion chrétienne. S'ils n'étaient que purs déistes, comme ils en font le semblant, leurs principes les conduiraient à coup sûr à embrasser le christianisme, comme je l'ai déjà remarqué, et comme je le prouverai plus amplement dans la suite de ce discours. Mais avec les dispositions dans lesquelles ils se trouvent, ils ne peuvent pas manquer de tomber dans le pur athéisme.

En un mot, je ne pense pas qu'il y ait maintenant[2] aucun système de déisme qui puisse être suivi et lié. Celui des anciens philosophes païens dont je viens de parler, le seul qui

---

[1] Marc, XII, 34. Jean, VII, 17.

[2] « Ita fit, ut si ab illa rerum summa, quam superius comprehendimus, aberraveris, omnis ratio intereat, et ad nihilum omnia revertantur. » Lactant., lib. VII.

ait été tant soit peu raisonnable, ne l'est plus depuis la révélation de Notre-Seigneur Jésus-Christ, parce qu'il conduit les hommes directement à la foi chrétienne. Toutes les autres espèces de déisme vont de conséquence en conséquence se terminer, comme je l'ai fait voir, à l'athéisme tout pur. Tout homme qui refuse d'embrasser la doctrine chrétienne, et qui rejette les espérances *de cette vie et de cette immortalité* que le Sauveur du monde *a mises en lumière par l'Évangile*, ne peut désormais avoir aucune assurance certaine de l'immortalité de l'âme ni des peines et des récompenses de la vie à venir; car les difficultés et les objections qu'on peut faire contre ces premières doctrines tombent également sur les autres. Par la même raison, tout homme qui ne croit pas l'immortalité de l'âme et les récompenses de la vie à venir, se trouvera court lorsqu'il s'agira de prouver les devoirs de la morale et les dogmes de la religion naturelle, quelque fondés qu'ils soient sur la religion et sur la nature même des choses. D'un autre côté, tout homme qui nie les devoirs de la morale et de la religion naturelle, ne saurait avoir aucune idée juste des attributs moraux de la Divinité, ni de la nature des choses et de leurs différences nécessaires. Enfin, ceux qui en sont venus jusque-là n'ont plus de principe fixe, et il ne leur reste aucun fondement sur lequel ils puissent appuyer la croyance de l'existence de Dieu et de ses attributs naturels; car, en niant les conséquences qui suivent de la supposition de son existence et de ses attributs naturels, ils nient en effet et ces attributs naturels et son existence. Au contraire, tout homme qui croit l'existence et les attributs naturels de Dieu, doit aussi croire nécessairement ses attributs moraux, comme je l'ai démontré dans mon premier discours. S'il reconnaît les attributs moraux de la Divinité, et s'il en a des idées saines et droites, il faudra aussi qu'il reconnaisse les devoirs de la morale et de la religion naturelle; s'il reconnaît les devoirs de la morale et de la religion naturelle, il faut nécessairement qu'il croie aussi les récompenses et les peines de la vie à venir, pour donner du poids à ces devoirs et pour obliger efficacement les hommes à les pratiquer; s'il reconnaît enfin les devoirs de la religion naturelle et la certitude d'une autre vie où se fera la distribution des peines et des récompenses, je ne vois pas de quel droit il peut rejeter la religion chrétienne, lorsqu'elle lui est proposée dans sa pureté et sa simplicité originale. Puis donc que les arguments qui prouvent l'existence de Dieu et ses attributs ont une connexion si intime avec ceux qui prouvent la certitude de la révélation et sa conformité avec les plus pures lumières de la droite raison; que les déistes modernes n'ayant plus ni principes fixes ni système suivi ne peuvent y opposer que de misérables chicanes, j'ai cru qu'il n'y avait point de meilleur moyen pour prévenir leurs mauvais desseins, et pour couper court à toutes leurs objections et à toutes tergiversations, que de me servir contre eux de la même méthode dont je me suis servi dans le discours précédent pour combattre les athées. Je vais donc, en suivant cette méthode, établir la certitude de la religion chrétienne, et sa conformité avec les lumières de la droite raison. Je me servirai pour cela d'une chaîne suivie de propositions que j'espère de prouver d'une manière solide et capable de contenter et de convaincre toute personne raisonnable.

CHAPITRE III.

Ire Proposition. Que les mêmes relations différentes que diverses choses ont les unes avec les autres nécessairement et éternellement, et que la même convenance ou disconvenance de l'application de certaines choses à d'autres, ou de certaines relations à d'autres, suivant laquelle nous concevons que la volonté de Dieu se détermine toujours et nécessairement à agir selon les règles de la justice, de la bonté et de la vérité, et cela pour le bien de l'univers; que ces mêmes choses, dis-je, doivent déterminer toujours la volonté des êtres raisonnables subordonnés, les porter à conformer toutes leurs actions à ces règles en vue de procurer, autant qu'il est en eux, le bien public, chacun dans la situation particulière où il se trouve; c'est-à-dire qu'il résulte de ces différentes relations que les choses ont entre elles nécessairement et éternellement, qu'il est convenable et dans l'ordre de la raison que les créatures agissent d'une manière plutôt que d'une autre, et qu'elles sont obligées à la pratique de certains devoirs indépendamment d'aucune volonté positive ou d'aucun commandement exprès de Dieu, comme aussi antécédemment à toute espérance de profit et de récompense, ou à toute crainte de dommage et de punition, soit pour le présent, soit pour l'avenir, soit que ces récompenses et ces peines suivent naturellement de la pratique ou de la négligence de ces devoirs, soit qu'elles y aient été attachées en vertu d'un règlement positif.

Cette proposition étant composée de plusieurs branches, il est nécessaire que nous nous attachions à les prouver séparément, et l'une après l'autre.

1. Je dis donc, premièrement, qu'il est aussi clair et aussi incontestable qu'il y a dans les choses des différences, c'est-à-dire diversité de relations, de rapports et de proportions, qu'il est clair et incontestable qu'une grandeur est plus grande ou plus petite qu'une autre grandeur, ou qu'elle lui est égale, et qu'un nombre est aussi ou plus grand ou moindre qu'un autre nombre, ou qu'il lui est égal. Or, que de ces différents rapports que différentes choses ont entre elles, il résulte nécessairement un accord de certaines choses

avec d'autres, et une convenance de l'application de certaines choses à d'autres, *et vice versa*, c'est encore une vérité aussi constante, qu'il est clair en géométrie et en arithmétique, qu'il y a des grandeurs qui sont ou ne sont pas en proportion avec d'autres, ou, qu'en comparant les diverses figures des corps, on trouve qu'ils se ressemblent ou qu'ils ne se ressemblent pas. De plus, il est certain qu'il y a une convenance de l'application de certaines circonstances à certaines personnes, et que cette convenance est fondée sur la nature des choses et sur les qualifications des personnes antécédemment à aucun règlement positif. Il n'est pas moins vrai que des relations différentes que diverses personnes ont entre elles, il en résulte nécessairement de certains devoirs et de certaines manières d'agir les unes à l'égard des autres. C'est ce qui me paraît aussi évident qu'il est évident qu'il y a, entre les propriétés de différentes figures de mathématiques, des rapports et des différences, ou que, dans la mécanique, les poids ou les puissances ont plus ou moins de force, et font plus ou moins d'effet, à proportion de leurs distances différentes ou des positions différentes qu'ils ont les uns à l'égard des autres. Par exemple, il est aussi clair que Dieu est infiniment supérieur à l'homme qu'il est clair que l'infini est plus grand qu'un point, et que l'éternité a plus de durée qu'un moment. Il est donc certain qu'il est plus convenable que les hommes l'honorent, le servent, lui obéissent et l'imitent, que non pas qu'ils manquent à l'honneur et à l'obéissance qu'ils lui doivent. Cette dernière vérité est aussi évidente qu'il est évident que les hommes dépendent entièrement de Dieu, et que Dieu, de son côté, ne peut retirer aucun avantage de la part des hommes. Ce n'est pas tout, il est encore tout aussi certain que la volonté de Dieu, quand il commande, est nécessairement juste et équitable, qu'il est certain que sa puissance est irrésistible en tout ce qu'il entreprend de mettre en exécution. Je poursuis, et je dis qu'il est infiniment plus convenable que toutes les choses du monde soient gouvernées et dirigées à de certaines fins constantes et régulières par le Créateur souverain de l'univers, que de les voir abandonnées aux caprices du hasard, agir à l'aventure, sans règle ni dessein. Il est plus à propos et plus convenable, que le souverain maître de l'univers prenne toujours soin de procurer le bien universel de toutes les créatures, que s'il les rendait continuellement misérables en renversant l'ordre de l'univers pour satisfaire aux désirs déréglés de quelques êtres particuliers tombés dans la dépravation. Enfin, il est infiniment plus convenable que le souverain maître de l'univers procure le bonheur d'une créature pure et innocente, que s'il la rendait malheureuse sans fin et sans espérance de retour. Je dis la même chose du commerce que les hommes ont les uns avec les autres; n'est-il pas infiniment plus convenable que chacun travaille de tout son pouvoir à procurer le bien commun de la société, que s'il ne s'étudiait qu'à le traverser et à le détruire? N'est-il pas beaucoup plus convenable que tous les hommes, considérés même antécédemment à tout contrat positif, observent entre eux les règles connues de la justice, que si chacun foulait aux pieds sans scrupule les devoirs auxquels il est engagé envers ses prochains pour ne consulter que son intérêt propre? Ne vaut-il pas mieux rendre à chacun ce qui lui appartient, que de le tromper, ou de lui ravir ce qui est à lui à juste titre? N'est-il pas enfin beaucoup plus séant et plus raisonnable que je conserve la vie d'une personne innocente que j'ai en mon pouvoir, ou que je la tire d'un danger imminent, encore que je ne sois engagé à le faire par aucune promesse, que si je la laissais périr ou mettre à mort sans qu'elle m'eût donné aucun sujet de la traiter si cruellement?

Toutes ces choses sont si claires et si évidentes par elles-mêmes, qu'il faudrait avoir une stupidité d'esprit surprenante, et le cœur horriblement gâté, pour pouvoir en douter le moins du monde. Je pose en fait qu'il est aussi peu possible qu'un homme qui pense et qui raisonne nie ces vérités, qu'il est possible qu'un homme dont les yeux sont en bon état soutienne qu'il n'y a point de lumière dans le monde au même moment qu'il contemple le soleil. C'est tout comme si un homme savant en géométrie et en arithmétique s'avisait de nier les proportions les plus claires et les plus connues des lignes ou des nombres, et s'opiniâtrait à soutenir que le tout n'est pas égal à toutes ses parties, ou qu'un carré n'est pas le double du triangle de même base et de même hauteur. Qu'on prenne, si l'on veut, un homme de médiocre capacité, pourvu seulement qu'il ait le jugement droit : si cet homme n'a jamais ni lu ni ouï dire qu'il s'est trouvé des philosophes qui ont dit et soutenu sérieusement qu'il n'y a point de distinction nécessaire et naturelle entre le bien et le mal moral, je suis persuadé que du premier abord il aura tout autant de peine à croire que des gens d'esprit aient pu avancer des choses si absurdes et si extravagantes, qu'il en aurait à croire les gens qui lui diraient qu'un géomètre a osé affirmer sérieusement qu'une ligne courbe a ses parties posées aussi également entre ses extrémités que la ligne droite. Or, cela étant ainsi, on pourrait fort bien se passer de prouver la distinction éternelle du bien et du mal moral, sans un ordre de gens tels que sont Hobbes et ses semblables, qui nous mettent dans la nécessité de le faire. Ils ont osé soutenir qu'il n'y a originairement et nécessairement aucune différence réelle entre le bien et le mal moral; mais que tous nos devoirs envers Dieu ne viennent que de son pouvoir absolu et irrésistible, et que tout ce à quoi nous sommes obligés envers nos semblables n'est fondé que sur un contrat positif. C'est là-dessus qu'ils ont bâti tout leur système de politique. Mais comme en parlant ainsi ils ont contredit tout ce qu'il y a jamais eu dans le genre humain de plus sage et de meilleur, aussi n'ont-ils pu éviter, malgré leur esprit et leur subtilité, de se contredire eux-mêmes. Je laisse maintenant à part que le seul moyen par lequel on puisse prouver que les contrats deviennent obligatoires, c'est de dire qu'il y a de toute éternité et dans la nature même des choses une convenance originale qui le demande ainsi, ce qu'ils ne sauraient reconnaître sans démentir leurs propres principes. Je me réserve à parler de cela dans la suite. En attendant, je dis que s'il n'y a pas réellement et naturellement de la différence entre le bien et le mal, entre la justice et l'injustice, il faudra dire que dans l'état de nature antécédemment aux conventions dont les hommes sont tombés d'accord, un homme en peut tuer un autre sans scrupule, non-seulement pour sa propre conservation, mais encore de gaîté de cœur, sans y être porté par aucune espérance de profit, ou par aucune crainte de dommage; et que cet homicide est une action aussi bonne, aussi juste, et aussi honorable que le peut être celle d'un homme qui sauve la vie à un autre sans courir risque de la sienne. De là il faut conclure que le chemin le plus court et le meilleur que chaque particulier puisse prendre pour garantir sa propre vie, c'est de prévenir tous les autres [1], comme Hobbes l'enseigne, et de faire main basse sur eux [2]. Et non-seulement cela, mais il faudra convenir que les hommes pourront s'égorger les uns les autres pour la moindre bagatelle, ne fût-ce que pour dissiper leur humeur chagrine et bourrue. De sorte que, suivant ces principes, le monde serait un véritable coupe-gorge, et la place n'y serait pas tenable. Or l'état où le genre humain se trouverait dans cette supposition étant évidemment affreux et insupportable, Hobbes convient lui-même que la raison a dû porter les hommes à convenir entre eux de certaines règles, et à faire

---

[1] Vid. Hobbes, *de Cive*, c. III, part. IV.
[2] « In tanto et mutuo hominum metu, securitatis viam meliorem habet nemo anticipatione (nempe ut unusquisque vi et dolo cæteros omnes tandiu subjicere sibi conetur, quandiu alios esse a quibus sibi cavendum esse viderit). Neque hoc majus est, quam et conservatio sua postulat, et ab omnibus concedi solet. » Hobb., *Leviath.*, c. XIII, p. 64.

des contrats pour aller au-devant de ces désordres. Mais qui ne voit que si la destruction du genre humain est un si grand mal, que, pour l'empêcher, il a été trouvé convenable, et dans l'ordre de la raison de faire des contrats en vertu desquels les hommes se soient pris les uns les autres sous leur protection, qui ne voit, dis-je, qu'antécédemment aux contrats en question, il a dû être manifestement contre l'ordre et contre la raison que les hommes se massacrassent les uns les autres? Or, si l'on convient de cela, il faudra convenir aussi qu'antécédemment à tout contrat, il n'est ni convenable ni raisonnable qu'un homme en tue un autre de sang-froid sans en avoir reçu la moindre insulte, et sans être forcé d'en venir à cette extrémité pour la conservation de sa propre vie. Mais qu'y a-t-il de plus opposé à la supposition de Hobbes [1] qui prétend qu'il n'y a aucune distinction naturelle et absolue entre le bien et le mal, entre le juste et l'injuste antécédemment aux traités que les hommes ont faits entre eux? Hobbes et ses sectateurs ne sont pas les seuls qui tombent dans cette absurdité; elle est commune à tous ceux qui, sous quelque prétexte que ce soit, enseignent que le bien et le mal dépendent originairement des lois positives, soit divines, soit humaines; car si antécédemment à toute loi positive, il n'y a dans la nature des choses ni bien ni mal, je ne vois pas comment une loi peut être meilleure qu'une autre, ni pourquoi une chose prescrite par la loi plutôt que le contraire. Je voudrais bien aussi qu'on me donnât une bonne raison [2] de l'établissement des lois. Si avant la promulgation des lois, tout était de sa nature également indifférent, et que le oui ait pu être passé en loi tout comme le non, il s'ensuit que toutes les lois sans dis-

---

[1] « Ex his sequitur injuriam nemini fieri, nisi ei quo cum initur pactum. » Hobb., *de Cive*, c. III, part. IV et sequentibus.

[2] « Manifestum est rationem nullam esse legi prohibenti tales noxas, nisi agnoscant tales actus, etiam antecedenter ad nullas leges, esse mala. » Cumberl., *de Leg. nat.*, pag. 191.

tinction sont ou arbitraires et tyranniques [1], ou frivoles et inutiles. Je ne vois point d'autre moyen d'éviter cette absurdité que de dire que les législateurs sages et prudents ont fait un triage parmi les choses de leur nature absolument indifférentes, et ont donné force de loi à celles qu'ils ont cru devoir contribuer davantage au bien public. Mais en parlant ainsi on tombe dans une contradiction dans les termes mêmes. Car si le bien public du genre humain dépend de la pratique de certaines choses, et si les contraires aboutissent au détriment de la société, qui ne voit que ces choses, bien loin d'être de leur nature indifférentes, ont dû être bonnes, antécédemment à la promulgation des lois ; qu'en cette qualité il a été dans l'ordre de la raison que les hommes les observassent, et que ce n'est que pour cette seule raison qu'on a pu et qu'on a dû en faire des lois? Mais il faut remarquer ici que, par le bien public, il ne faut pas entendre l'intérêt de quelque nation particulière [2], au préjudice de tout le reste du genre humain ; encore moins l'intérêt d'une ville ou d'une famille par opposition au reste de leurs voisins et de leurs concitoyens. Quand je parle des choses qui contribuent au bien public, j'entends celles qui contribuent au bien de tous les hommes en général, qui sont capables de procurer leur repos et leur félicité, ou qui pour le moins n'y sont pas contraires. Voici donc ce qu'il faut penser sur cette matière, et à quoi on doit s'en tenir. C'est qu'il y a des choses qui sont de leur nature bonnes, raisonnables et bienséantes ; telles sont l'exactitude à garder la foi promise et le soin d'accomplir les contrats et les traités légitimes. Le pouvoir obligatoire de ces devoirs ne

---

[1] « Nam stoliditas inveniri quæ inanior potest, quam mala esse nulla contendere, et tanquam malos perdere et condemnare peccantes. » Arnob., *Contra gent.*, lib. II.

[2] « Qui autem civium rationem dicunt habendam externorum negant ; dirimunt hi communem generis humani societatem ; qua sublata justitia funditus tollitur. » Cic., *de Offic.*, lib. III.

vient d'aucune autorité ni d'aucune loi ; la loi ne fait que les expliquer, les confirmer, et leur donner un plus grand poids en menaçant de punir rigoureusement ceux qui ont l'audace de les enfreindre. S'il y a des choses qui sont bonnes de leur nature, il y en a d'autres au contraire qui sont tout à fait mauvaises ; telles sont le manque de foi, la violation des contrats et des traités légitimes, le massacre de ceux qui n'ont donné ni directement ni indirectement aucun sujet de les traiter d'une manière si barbare, et telles autres choses semblables. Il n'y a point de loi, point d'autorité qui puisse rendre ces choses bonnes, raisonnables et innocentes. Enfin il y en a d'autres qui sont indifférentes de leur nature, et celles-ci sont de deux ordres. Les unes qui sont indifférentes dans un sens restreint et absolu, c'est-à-dire que de quelque biais qu'on les envisage, elles ne peuvent ni être utiles au public, ni lui nuire, et par conséquent ce serait se moquer des gens que de faire des lois là-dessus. Les autres qui sont indifférentes parce qu'elles ont une influence si médiocre, si éloignée et si obscure sur le bien public, que le général des hommes n'est pas capable de discerner lequel des deux partis est le meilleur à prendre. L'autorité de la loi survenant, ces choses cessent d'être indifférentes et deviennent obligatoires, encore que la plupart des hommes soient embarrassés à deviner les raisons pourquoi elles ont été enjointes. Il faut mettre dans ce rang plusieurs lois pénales qui ont lieu dans de certains pays.

Je poursuis, et je dis que la principale chose qui favorise, ce semble, l'opinion de ceux qui refusent de reconnaître la distinction éternelle et naturelle entre le bien et le mal moral, c'est, d'un côté, l'extrême difficulté que l'on rencontre quelquefois à marquer les bornes précises qui séparent la vertu du vice ; de l'autre, la diversité d'opinions qu'on

---

¹ Τὰ δὲ καλὰ καὶ τὰ δίκαια, περὶ ὧν ἡ Πολιτικὴ σκοπεῖται, τοσαύτην ἔχει διαφορὰν καὶ πλάνην ὥστε δοκεῖν μόνον νόμῳ εἶναι, φύσει δὲ μή. ARISTOT., *Eth.*, lib. I, cap. I.

trouve parmi les savants même qui disputent entre eux pour savoir si certaines choses sont justes ou injustes, surtout en matière de politique, et enfin les lois diamétralement opposées les unes aux autres qu'on a faites sur toutes ces choses en divers siècles et en divers pays. Mais, comme on voit dans la peinture qu'en détrempant ensemble doucement et par degrés deux couleurs opposées il arrive que de ces deux couleurs extrêmes il en résulte une couleur mitoyenne, et qu'elles se mêlent si bien ensemble que l'œil le plus fin et le plus pénétrant ne l'est pas assez pour pouvoir marquer exactement où l'une finit et où l'autre commence, quoique pourtant ces couleurs soient aussi différentes l'une de l'autre qu'il se puisse, et qu'elles ne diffèrent pas seulement en degrés, mais en espèce, comme vous diriez le rouge et le bleu, le noir et le blanc; ainsi, quoique dans de certains cas douteux et délicats (qui arrivent très-rarement), il puisse se faire que les confins où se fait la séparation de la vertu et du vice, de la justice et de l'injustice, soient très-difficiles à marquer précisément, de sorte que les hommes se sont trouvés partagés là-dessus, et que les lois des nations n'ont pas été partout les mêmes; cela n'empêche pourtant pas qu'il n'y ait réellement et essentiellement une très-grande différence entre le juste et l'injuste, et qu'ils ne diffèrent autant l'un de l'autre que le blanc diffère du noir et la lumière des ténèbres. Peut-être pourrait-on mettre en question si la loi de Lacédémone, qui permettait le larcin clandestin à la jeunesse [1], était nécessairement injuste ou si elle ne l'était pas. On pourrait dire en faveur de cette loi, quelque absurde qu'elle soit, que chaque particulier étant le maître de son propre bien, les membres d'une société peuvent convenir entre eux de transporter à d'autres la propriété de ces biens aux conditions qu'il leur plaît. Mais si l'on suppose

---

[1] Κλέπτειν νενόμιστο τοὺς παῖδας ἐλευθέρους, ὅτι τις δύναιτο. Plut., *Apophtheg. Lacon.*

une loi faite à Lacédémone, à Rome ou dans les Indes, qui autorise le vol à force ouverte, qui permette de tuer le premier qu'on rencontrera en son chemin, ou qui dispense de tenir la foi promise et d'observer les traités ; il n'y a point d'homme dans le monde, qui ait tant soit peu de bon sens, qui ne juge d'abord, quelque grande que soit en d'autres choses la diversité d'opinions qu'on rencontre parmi les hommes, il n'y a point d'hommes, dis-je, qui ne juge que cette loi est absurde et insoutenable. La raison en est évidente. Les hommes peuvent bien transporter à d'autres la propriété de leurs biens ; ils sont les maîtres de cela, mais ils ne sont pas les maîtres de faire que le mensonge soit vérité. Or, si l'on m'avoue que dans ces cas criants dont je viens de parler, la différence essentielle entre le bien et le mal, le juste et l'injuste, paraît d'une manière incontestable et qui saute aux yeux ; il faudra que l'on m'avoue aussi que dans les cas embarrassés et délicats, cette même différence se trouve nécessairement et essentiellement, quoiqu'elle ne soit pas si frappante ni si aisée à distinguer ; car, si l'on s'avisait de conclure que le juste et l'injuste ne sont pas essentiellement distincts, qu'ils ne le sont qu'en vertu d'un établissement positif et d'une coutume reçue, sous prétexte qu'il y a plusieurs cas obscurs et embarrassés où il n'est pas facile de marquer au juste les bornes précises du bien et du mal : il faudrait dire aussi qu'il n'y a absolument aucune distinction réelle entre ces deux choses, non pas même dans les cas les plus clairs et les plus sensibles ; assertion si absurde, que Hobbes lui-même n'y est venu qu'avec peine. Il paraît qu'il en a eu honte tout le premier, et les manières de parler ambiguës qu'il emploie dans cette occasion, montrent assez qu'il n'était guère persuadé de ce qu'il disait, et que son cœur démentait sa plume. Il y a donc dans les choses des différences nécessaires et éternelles ; il y a aussi des relations différentes dont l'application convient à certaines choses et ne convient pas à d'autres, et ces différences, ces relations ne dépendent d'aucun établissement positif; elles sont fondées sur la raison et sur la nature des choses, et tirent leur origine des différences qui se trouvent entre les choses elles-mêmes. C'est la première branche de la proposition que j'ai entrepris de prouver.

2. Je dis, en second lieu, que ces relations ou proportions éternelles et immuables, avec les convenances qui en résultent absolument et nécessairement, sont connues pour telles par tout ce qu'il y a de créatures intelligentes, à la réserve de celles qui ont des idées fausses des choses, et dont l'entendement est, ou fort imparfait ou extrêmement dépravé. C'est sur cette connaissance des relations naturelles des choses et de leurs convenances nécessaires que la volonté de tous les êtres intelligents se gouverne constamment et qu'elle se détermine à agir, à moins que quelque intérêt particulier ou quelque passion dominante venant à la traverse, ne la séduise et ne l'entraîne dans le déréglement. A quoi j'ajoute que puisque les attributs naturels de la Divinité, tels que sont sa sagesse, sa connaissance et sa puissance infinies, ne lui permettent pas de tomber dans aucune erreur, ni de se laisser entraîner dans aucune affection déraisonnable, il est clair que sa volonté doit être toujours et nécessairement déterminée à choisir le parti qui est, à tout prendre, le meilleur et le plus convenable, et à agir constamment d'une manière conforme aux règles éternelles de la bonté, de la justice et de la vérité. Il n'est pas nécessaire que je m'étende ici là-dessus, puisque j'ai prouvé tout cela distinctement dans mon premier discours, à l'endroit où j'ai parlé des attributs moraux de la Divinité.

3. Je poursuis, et je dis que les mêmes raisons qui déterminent la volonté de Dieu et qui la portent toujours et nécessairement à agir conformément aux règles éternelles de la justice, de la bonté et de la vérité, doivent déterminer aussi la volonté de tous les êtres raisonnables subordonnés, et les obliger de conformer toutes leurs actions à ces règles. C'est

ce qui est de la dernière évidence ; car, autant qu'il est impossible que Dieu puisse être trompé ou qu'il puisse devenir la dupe d'aucune affection mauvaise, est-il autant contraire à la raison et digne de blâme de voir une créature intelligente (à qui Dieu a donné la raison et la volonté, ces facultés éminentes qui la rendent en quelque manière semblable à Dieu, et qui la mettent en état de distinguer le bien d'avec le mal, de prendre l'un et de rejeter l'autre), de la voir, dis-je, tomber dans l'erreur par sa négligence, appeler le mal bien et le bien mal, ou se laisser entraîner volontairement au torrent de ses passions et de ses convoitises mauvaises, jusqu'à faire des choses qu'elle sait très-bien être contraires à l'ordre et à la bienséance. Ces deux choses, je veux dire l'erreur dans laquelle on tombe par négligence, et les passions injustes auxquelles on s'abandonne volontairement, sont les seules sources des actions contraires à la raison dans lesquelles une créature raisonnable tombe. De là vient qu'elle pèche contre les règles éternelles de la vérité, de la bonté et de la justice. Sans cela, il est certain que les mêmes relations et les mêmes convenances des choses (dont l'excellence et la beauté intérieure est si grande que le Créateur, le maître souverain de l'univers, qui exerce un empire absolu sur tout ce qui existe, et qui n'est obligé de rendre raison à personne de ce qu'il fait, ne trouve pourtant pas que ce soit faire brèche à sa puissance que de les prendre pour la règle immuable de sa conduite dans le gouvernement de l'univers), il est certain, dis-je, que ces mêmes relations et ces mêmes convenances auraient sans cela encore plus de poids sur tous les êtres finis dépendants et sujets à reddition de compte, et qu'elles les détermineraient toujours et inévitablement à les prendre pour la règle de leurs actions; car, si vous considérez les choses telles qu'elles sont dans leur origine, il est aussi naturel, aussi nécessaire, moralement parlant, que la volonté se détermine dans chaque action, conformément à la droiture et à la raison, qu'il est naturel et nécessaire, absolument parlant, que l'entendement acquiesce à une vérité démontrée ; et, comme en fait d'arithmétique, un homme qui porterait l'ignorance jusqu'à croire que deux fois deux ne font pas quatre, ou qui s'obstinerait à soutenir contre ses propres lumières que le tout n'est pas égal à toutes ses parties, se rendrait ridicule au dernier point ; ainsi, en morale, rien n'est plus absurde et plus digne de blâme que de se tromper par négligence sur la différence qui est entre le bien et le mal, et de donner à gauche lorsqu'il s'agit d'assigner aux choses leurs justes proportions : rien de plus extravagant que de transgresser sciemment les règles de la justice, c'est-à-dire vouloir que les choses soient ce qu'elles ne sont pas et ce qu'elles ne peuvent pas être. Toute la différence que je trouve en ce point, c'est qu'il n'est pas au pouvoir d'un homme de rejeter une vérité de spéculation claire et évidente, au lieu qu'il lui arrive souvent d'abuser de la liberté naturelle de sa volonté pour faire des actions qui sont visiblement contre tout droit et contre toute raison ; mais il pèche en agissant de cette manière, puisqu'il est indispensablement obligé de se conformer aux règles de la justice et aux lumières de la raison. Un homme qui refuse de gaîté de cœur de rendre à l'Être souverain qui l'a fait et qui le conserve, l'honneur et l'obéissance qu'il lui doit, se rend réellement coupable dans la pratique d'une absurdité aussi grande et aussi palpable, que s'il s'avisait de nier dans la spéculation que l'effet ne dépend point de sa cause, ou que le tout n'est pas plus grand que sa partie. Un homme qui n'observe pas les lois de l'équité envers ses semblables, et qui ne fait pas aux autres ce qu'il souhaite que les autres lui fassent, pèche autant contre la raison et tombe dans une aussi grande contradiction que celui qui affirme que les grandeurs égales à une même grandeur ne sont pas égales entre elles. Enfin, tout homme qui se reconnaît dans l'obligation d'observer certains devoirs tant à l'égard de Dieu qu'à l'égard des autres hommes, et qui cependant ne prend aucun soin de la conservation de son être, ni de se tenir dans la situation d'esprit et de corps la plus propre à le mettre en état de s'acquitter de ses devoirs, est tout aussi inexcusable et, à tout prendre, aussi ridicule que celui qui, après avoir affirmé une chose, s'avise d'en nier une autre sans laquelle la première ne saurait être vraie, ou qui entreprend une chose dont il veut à toute force venir à bout, en même temps qu'il s'obstine à n'en pas faire une autre sans laquelle la première est impraticable. De là je conclus que toute créature à qui la raison a été donnée en partage, et dont pourtant la volonté et les actions ne sont pas dirigées constamment et régulièrement par les lumières de la droite raison, et suivant la distinction nécessaire entre le bien et le mal, d'une manière conforme aux règles éternelles et invariables de la justice, de la bonté et de la vérité : qui se laisse au contraire entraîner au torrent de ses vaines fantaisies et de ses passions brutales, qui est esclave de ses cupidités, de son orgueil, de son intérêt propre et de ses plaisirs sensuels, je conclus, dis-je, que toute créature ainsi disposée entreprend, autant qu'il est en elle, de changer la nature des choses pour mettre en la place sa propre volonté qui n'est pas conduite par la raison, et qu'il ne tient pas à elle qu'elle ne fasse que les choses soient ce qu'elles ne sont pas en effet, et ce qu'elles ne peuvent pas être. Or, c'est la plus haute présomption et la plus grande insolence dont la créature se puisse rendre coupable ; c'est en même temps la plus grande absurdité qu'il soit possible d'imaginer, c'est s'éloigner du dessein de Dieu dans le don qu'il nous a fait de l'entendement, de la raison et du jugement, puisqu'il ne nous a donné ces excellentes facultés que pour nous mettre en état de discerner le bien d'avec le mal ; c'est vouloir, par un attentat téméraire, renverser l'ordre au moyen duquel l'univers subsiste, c'est faire une injure sanglante au créateur de l'univers qui a voulu que les choses fussent ce qu'elles sont, et qui les gouverne toutes conformément aux lois les plus convenables à leur nature ; en un mot, toute méchanceté volontaire, tout renversement de droit est, en fait de morale, une aussi grande absurdité et une présomption aussi insolente que le serait, en fait des choses naturelles, la prétention d'un homme qui entreprendrait de changer les proportions constantes et immuables des nombres, de s'inscrire en faux contre les relations et les propriétés démontrables des figures mathématiques, « de faire les ténèbres lumière « et la lumière ténèbres, ou d'appeler l'amer, doux, et le « doux, amer [1]. »

J'ai fait voir jusqu'ici, par la raison et par la nature même des choses, considérées absolument et par abstraction, que toute créature raisonnable est indispensablement obligée de conformer sa volonté et ses actions aux règles éternelles de la justice. J'ajoute maintenant que la certitude et l'universalité de cette obligation paraissent manifestement par la considération suivante : c'est que, comme il n'y a point d'homme entendu en mathématiques qui ne donne son consentement à toutes les démonstrations géométriques dont il entend les termes, soit qu'il les ait appris lui-même, soit que d'autres lui en aient donné l'explication ; ainsi il n'y a point d'homme qui ait eu occasion de réfléchir lui-même sur les relations nécessaires des choses, qui ait eu la patience de faire rouler son examen là-dessus ou qui ait eu les moyens de se faire instruire tant soit peu sur ce point, qui ne convienne qu'il est juste et raisonnable que la loi dont je viens de parler soit la règle de toutes ses actions. Il donne intérieurement son approbation à cette loi, lors même qu'entraîné par la force de ses convoitises brutales, il la néglige et la transgresse formellement. Sa raison lui dicte qu'il est indispensablement obligé de s'y soumettre ; il sent toute la force de cette obligation, dans le temps même qu'il fait voir par sa conduite qu'il la méprise et qu'il la foule aux pieds.

[1] Esa., V, 20.

Ce qui oblige véritablement et formellement, c'est le dictamen de la conscience, le jugement intérieur que l'homme porte sur telle ou telle loi dont l'observation lui paraît juste et conforme aux lumières de la droite raison. C'est en cela proprement que consiste le fondement de l'obligation ; c'est ce qui la rend bien plus forte que ni l'autorité du législateur ni la vue des peines et des récompenses. En effet, quiconque agit contre ce sentiment intérieur et contre les lumières de sa conscience, prononce nécessairement lui-même sa propre condamnation. Or, la plus grande et la plus forte de toutes les obligations, est celle qu'on ne saurait violer sans se condamner soi-même. Je n'ignore pas que la crainte des puissances supérieures, la dénonciation des peines et la promesse des récompenses, sont des freins absolument nécessaires pour tenir en bride des créatures faibles et fragiles comme sont les hommes, et qu'il n'y a point de meilleurs moyens que ceux-là pour les tenir dans leur devoir. Il est vrai cependant que l'obligation qui en résulte n'est, à vrai dire, qu'une seconde obligation ajoutée à la première pour lui donner plus de force et plus de poids. L'obligation originale est fondée sur la raison éternelle des choses : cette raison, suivant laquelle Dieu s'est fait à lui-même une loi de gouverner toujours le monde, encore qu'il ne reconnaisse point de supérieur, et que, parfaitement heureux par lui-même, il n'y ait rien qui puisse augmenter son bonheur ou le diminuer ; or, plus les créatures sont parfaites et excellentes, plus elles s'efforcent de s'acquitter de cette obligation, plus elles prennent de plaisir à le faire ; c'est ce qui les rend en quelque manière semblables à Dieu, et qui les approche le plus de ce glorieux original, de ce parfait modèle. Les hommes sont donc obligés d'agir à proportion de la connaissance qu'ils ont du bien et du mal ; et il est évident que cette règle éternelle de justice dont je viens de parler, doit produire sur leur cœur le même effet qu'elle produit sur leur esprit, c'est-à-dire qu'ils sont aussi indispensablement obligés d'y conformer leurs actions qu'ils sont obligés dans la spéculation d'y donner leur approbation et leur consentement.

L'expérience universelle du genre humain nous montre évidemment que ce que je viens de dire est la vérité même : je veux dire que la distinction éternelle du bien et du mal, la règle inviolable de la justice se concilie sans peine l'approbation de tout homme qui réfléchit et qui raisonne ; car il n'y a point d'homme, à qui il arrive de transgresser volontairement et avec délibération cette règle dans des occasions importantes, qui ne sente qu'il agit contre ses propres principes et contre les lumières de sa raison, et qui ne se fasse là-dessus de secrets reproches. Au contraire, il n'y a point d'homme qui, après avoir agi conformément à cette règle dans les occasions où l'intérêt, le plaisir, la passion et telles autres tentations le portaient d'un autre côté, ne se sache gré à lui-même et ne s'applaudisse d'avoir eu la force de résister à ces tentations, et de n'avoir fait que ce que sa conscience lui dicte être bon et juste. C'est ce que saint Paul a voulu dire dans ces paroles du chapitre II de son épître aux Romains, ⚹ 14, 15 : « Que les gentils qui n'ont point de « loi font naturellement les choses qui sont de la loi, et que « n'ayant point de loi, ils sont loi à eux-mêmes ; qu'ils mon-« trent l'œuvre de la loi écrite en leurs cœurs, leur con-« science leur rendant témoignage et leurs pensées entre « elles s'accusant ou s'excusant. »

Il y a dans Platon une chose très-digne de remarque, qu'il avait apprise, dit-il, de son maître Socrate. Il pose en fait que, si l'on prend un jeune homme sans instruction dans les sciences, sans expérience du monde, qui n'ait point encore pris de parti, et dont l'esprit n'ait pas été gâté par les préjugés, et qu'on l'examine sur les relations et les proportions naturelles des choses ou sur la distinction du bien et du mal moral, on le fera (sans instruction directe, uniquement en le questionnant) répondre d'une manière juste sur les principales vérités géométriques, et donner des décisions exactes et véritables en fait de justice ou d'injustice. De là il s'imaginait de pouvoir conclure que la science n'est qu'une pure[1] réminiscence, c'est-à-dire qu'un acte de la mémoire qui se rappelle dans l'occasion ce qu'on a su autrefois dans une autre vie antécédente à celle-ci. Il y en a d'autres, tant anciens que modernes, qui ont conclu de là que les idées des premières et des plus simples vérités, soit morales, soit naturelles, devaient être innées, c'est-à-dire imprimées originairement dans l'âme. Je suis persuadé que les uns et les autres se trompent dans la conséquence qu'ils tirent de cette observation ; mais ce qu'elle prouve, à mon avis, d'une manière incontestable, c'est que les différences, les relations et les proportions des choses, soit dans la nature, soit dans la morale, que toutes les personnes vides de préjugé s'accordent à recevoir, sont réelles, certaines et immuables. Elle nous donne, outre cela, à connaître que ces proportions, ces différences des choses ne dépendent en aucune manière des opinions, des fantaisies et des imaginations variables des hommes gâtés par les préjugés qui viennent de l'éducation, des lois, des coutumes ou des mauvaises pratiques. Elle nous fait connaître enfin que l'esprit de l'homme consent naturellement et donne son approbation aux vérités de morale, aux règles éternelles de la justice, lorsqu'elles lui sont proposées clairement et sans enveloppe, avec la même facilité qu'il reçoit et embrasse les vérités naturelles et géométriques.

Je ne disconviens pas qu'il n'y ait des gens qui, gâtés par une mauvaise éducation, perdus de débauche et accoutumés au vice par une longue habitude, ont furieusement dépravé

---

[1] Ἀνάμνησις. Vid. *Men. et Phæd.* Platonis. Voici comment Cicéron explique sa pensée. « Homines scire pleraque ante quam nati sint, quod jam pueri, cum artes difficiles discant, ita celeriter res innumerabiles arripiant, ut eas non tum primum accipere videantur, sed reminisci et recordari. » *De Sen.*, sub fine.

leurs principes naturels et pris un tel ascendant sur leur raison, qu'ils lui imposent silence pour n'écouter que la voix de leurs préjugés, de leurs passions et de leurs cupidités. Ces gens, plutôt que de se rendre et de passer condamnation sur leur conduite, vous soutiendront impudemment qu'ils ne sauraient voir cette distinction naturelle entre le bien et le mal, le juste et l'injuste, qu'on leur prêche tant. Ils vous diront qu'ils ont beau se consulter eux-mêmes, qu'ils ne trouvent point que leur raison leur dicte que les devoirs, à la pratique desquels on les exhorte, soient si indispensables qu'on voudrait le leur faire croire, et que, tout bien considéré, leur plaisir et leur propre volonté est la seule règle qu'ils aient à suivre. Mais ces gens-là, quelque affreuse que soit leur dépravation, et quelque peine qu'ils se donnent pour cacher au reste des hommes les reproches qu'ils se font à eux-mêmes et le démenti qu'ils donnent intérieurement à leurs discours, ne peuvent quelquefois s'empêcher de laisser échapper leur secret, et de se découvrir dans de certains moments où ils ne sont pas assez en garde contre eux-mêmes. Il n'y a point d'homme, en effet, si scélérat et si perdu qui, après avoir commis un meurtre ou un vol hardiment et sans scrupule, n'aimât mieux [1], si la chose était mise à son choix, avoir obtenu le bien qu'il se proposait d'une autre manière et sans avoir été obligé de commettre ces crimes, quand bien même il serait sûr de l'impunité. Je suis même persuadé qu'il n'y a point d'homme, imbu des principes de Hobbes et placé dans son état de nature, qui, toutes choses égales, n'aimât

---

[1] « Quis enim est, aut quis unquam fuit, aut avaritia tam ardenti, aut tam effrænatis cupiditatibus, ut eamdem illam rem, quam adipisci scelere quovis velit, non multis partibus malit ad sese, etiam omni impunitate proposita, sine facinore, quam illo modo pervenire ? » Cic., *de Fin.*, lib. III. « Dic cuilibet ex istis, qui rapto vivunt, an ad illa quæ latrociniis et furtis consequuntur, malint ratione bona pervenire ? Optabit ille, cui grassari et transeuntes percutere quæstus est, potius illa invenire quam eripere. Neminem reperies, qui non nequitiæ præmiis, sine nequitia, frui malit. » Sen., *de Benef.*, l. IV, c. XVII.

beaucoup mieux pourvoir à sa propre conservation (qui est sa grande fin), sans être obligé d'ôter la vie à tous ses semblables, qu'en la leur ôtant; supposez, d'un et d'autre côté, l'impunité égale et les avantages égaux, je suis sûr qu'il se rangera au premier parti. Le système de Hobbes lui-même, qui prétend que les hommes se sont accordés par contrat à se conserver les uns les autres, mène évidemment à cela : ce qui fait voir d'une manière convaincante que l'homme, considéré antécédemment à tout contrat et à toute loi positive, est obligé de reconnaître cette distinction naturelle et nécessaire entre le bien et le mal que j'ai dessein d'établir. Mais pour être mieux convaincu que l'âme de l'homme donne naturellement et nécessairement son consentement à cette loi éternelle de la justice, il n'y a qu'à faire attention aux jugements que les hommes portent sur les actions d'autrui. Ils découvrent en ce point leurs sentiments intérieurs d'une manière bien plus sensible que dans les occasions où ils prononcent sur leur propre conduite; car ils peuvent dissimuler et dérober à la connaissance du public le jugement de leur conscience; ils peuvent même, par la plus étrange et la plus bizarre de toutes les partialités, se faire illusion à eux-mêmes, et se tromper sur ce qui les regarde. Où est l'homme, en effet, à qui il n'arrive quelquefois de condamner en autrui ce qu'il trouve innocent en lui-même? Mais lorsqu'il s'agit des actions du prochain, qui ne le regardent pas directement et qui n'ont rien de commun avec son intérêt propre, il juge ordinairement sans partialité, et par là il manifeste ce qu'il pense naturellement sur la distinction immuable du bien et du mal. La vertu, en effet, la bonté, la justice sont des choses si excellentes, si nobles, si aimables, si dignes de vénération, et que les lumières de la raison et de la conscience approuvent si nécessairement, que ceux-là même qui s'éloignent du chemin de la vertu et qui s'abandonnent à leurs cupidités, ne peuvent s'empêcher de leur rendre les justes éloges qui leur sont dus lorsqu'ils les voient reluire dans les autres [1]. C'est ainsi que les hommes sont faits en général, sans en excepter les plus vicieux, et ceux-là même qui portent la fureur jusqu'à persécuter les gens parce qu'ils valent plus qu'eux. Par exemple, les sergents envoyés par les sacrificateurs et par les pharisiens pour se saisir de Jésus-Christ, ne purent s'empêcher de lui rendre ce témoignage : « Que jamais homme n'avait parlé comme lui, » Jean, VII, 46 ; et le gouverneur romain ne se trouva-t-il pas obligé de reconnaître l'innocence de ce divin Sauveur, et de déclarer solennellement qu'il ne le trouvait coupable d'aucun crime, au même moment qu'il prononçait la sentence qui le condamnait à être crucifié ? Jean, XVIII, 38. En un mot, les hommes ne peuvent s'empêcher d'estimer au fond de leur cœur les personnes vertueuses qu'ils n'ont pas la force d'imiter à cause de la violence supérieure de leurs passions qui les dominent, ou qu'ils sont obligés de traverser et de persécuter pour le bien de leurs affaires temporelles et pour leur intérêt présent. Ils souhaitent ardemment d'être autres qu'ils ne sont, et quoique leur inclination ne les porte pas à imiter la vie *des justes,* ils désirent pourtant, à l'exemple de Balaam, « de mourir de leur mort et d'avoir une fin semblable à la leur. » Sur ce fondement, Platon [2] remarque très-judicieusement qu'il n'arrive que fort rarement, et peut-être jamais, que les plus méchants hommes tombent dans de faux jugements sur les personnes, comme il leur arrive de faire sur les choses ; car il y a dans la vertu un charme secret et je ne sais quelle force divine qui les oblige (en dépit de la confusion qu'ils s'efforcent d'introduire dans les choses par

---

[1] « Placent suapte natura : adeoque gratiosa virtus est, ut insitum etiam sit malis probare meliora. » SEN., *de Benef.,* lib. IV.

[2] Οὐ γὰρ ὅσον, οὐσίας ἀρετῆς ἀπεσφαλμένοι τυγχάνουσιν οἱ πολλοί, τοσοῦτον καὶ τοῦ κρίνειν τοὺς ἄλλους οἱ πονηροὶ καὶ ἄχρηστον. Θεῖον δέ τι καὶ εὔστοχόν ἐστε καὶ τοῖσι κακοῖς, ὥστε πάμπολλοι καὶ τῶν σφόδρα κακῶν, εὖ τοῖς λόγοις καὶ δόξαις διαιροῦνται τοὺς ἀμείνους τῶν ἀνθρώπων καὶ τοὺς χείρους. PLAT., *de Leg.,* lib. XII.

leurs discours profanes et par leurs actions dépravées) de rendre justice aux personnes dans leur cœur, d'admirer les gens d'honneur et de probité, et de leur donner les louanges qui leur sont dues. Au contraire, le vice, l'injustice, la débauche, la profanation, sont des choses si odieuses de leur nature, qu'encore qu'elles coulent facilement dans la pratique, elles n'ont jamais pu obtenir l'approbation du genre humain. Ceux qui font mal ne laissent pas d'approuver les bonnes actions, et ils condamnent en autrui ce qu'ils pratiquent eux-mêmes. Souvent même ils ne peuvent s'empêcher de se faire le procès à eux-mêmes, et de sentir de fortes agitations d'esprit sur les vices auxquels ils s'abandonnent avec le moins de répugnance. Il est certain au moins qu'à peine trouvera-t-on de méchant homme à qui l'on fasse son portrait sous un nom emprunté, qui ne condamne sans balancer les vices dont il se rend lui-même coupable, et qui ne se récrie quelquefois sur l'iniquité en général avec beaucoup de sévérité. Ce sont là tout autant de preuves qui font voir que tout ce qui s'éloigne de la règle éternelle de la justice est une chose en elle-même et de sa nature absolument horrible et détestable. Cela fait voir aussi qu'une âme vide de préjugés refuse, en matière de morale, son approbation à l'injustice aussi naturellement qu'en autre chose elle rejette le mensonge et désapprouve ce qui est contre la bienséance. Quand nous lisons les histoires des siècles les plus reculés, avec lesquels nous n'avons aucune relation, et dont, par conséquent, nous pouvons juger sainement puisqu'il n'y a ni préjugé ni intérêt qui puisse nous passionner pour les événements qu'on y rencontre ou pour les personnages qui y font quelque figure, où est l'homme qui ne sente naître au dedans de soi des mouvements d'admiration et des sentiments d'estime en faveur de ceux qui se sont signalés par leur équité, par leur sincérité et par leur fidélité? Où est celui, au contraire, qui puisse réprimer l'indignation et la haine qu'excite au dedans de lui la vue des barbaries, des trahisons, des injustices des fameux scélérats ? Il y a plus, lors même que tous les préjugés d'une âme corrompue la portent à approuver l'injustice, comme il arrive dans les occasions où la trahison et le manque de fidélité des autres hommes nous tourne à profit, dans ces occasions-là même, à peine peut-on s'empêcher de désapprouver l'action et d'avoir du mépris pour la personne, quoiqu'au fond on ne soit pas fâché que la chose soit arrivée[1]. Mais lorsqu'il arrive qu'on est soi-même la partie souffrante, alors on voit s'évanouir tous les méchants arguments et tous les petits sophismes que les personnes injustes mettent en œuvre pour se faire illusion à elles-mêmes, et pour se persuader qu'elles ne sentent aucune différence naturelle entre le bien et le mal dans le temps qu'elles sont occupées à faire du mal aux autres et à les opprimer ; car, lorsque les autres leur rendent la pareille, qu'on les opprime par violence ou que des gens plus fins qu'eux les attrapent, ils oublient toutes leurs objections contre la distinction éternelle du juste et de l'injuste. Ils prêchent alors hautement les louanges de l'équité et se récrient d'une manière tragique contre l'injustice. Ils voudraient rendre Dieu et le monde responsables du mal qu'on leur fait ; ils se plaignent amèrement de la Providence qui, à leur gré, ne devrait pas permettre de tels désordres, et ne trouvent pas que ni Dieu ni les hommes soient assez sévères dans la punition de ceux qui violent les règles de la justice et de la vérité. Or, si naturellement il n'y a point de distinction entre la justice et l'injustice, on ne saurait jamais avoir aucun sujet de se plaindre, que dans le cas où les lois sont claires et les contrats exprès, ce qui n'est pas en une infinité d'occasions. La seule objection plausible qu'on puisse faire, je pense, contre ce que je viens de dire sur le consentement et l'approbation que l'âme donne nécessairement à

---

[1] « Quis Pullum Numitorem Fregellanum proditorem, quanquam reipublicæ nostræ profuit, non odit ? » Cic., *de Fin.*, lib. V.

la loi éternelle de la justice, est prise de l'ignorance totale qui règne, à ce qu'on prétend, parmi des nations entières sur la nature et sur la force de ces obligations morales. Je ne vois pas que le fait soit bien avéré ; mais quand il le serait, n'y a-t-il pas un plus grand nombre de peuples qui ignorent entièrement les vérités mathématiques les plus claires, qui ne savent pas, par exemple, quelle est la proportion d'un carré à un triangle de même base et de même hauteur ? Ce sont pourtant des vérités incontestables, et auxquelles l'esprit donne nécessairement son consentement dès qu'elles lui sont clairement proposées. Supposé donc la vérité du fait ; voici tout ce que l'objection est capable de prouver : elle ne prouve pas que l'esprit de l'homme puisse refuser son consentement à la règle de l'équité ; elle prouve encore moins que le bien et le mal moral n'ont rien qui les distingue naturellement et nécessairement ; elle prouve seulement qu'il y a des vérités certaines, claires et faciles, sur lesquelles les hommes ont besoin d'être instruits, et qu'il y en a d'autres de très-grande importance qui ont besoin d'être appuyées par des raisons fortes et par des motifs puissants. Or, il n'y a rien de plus vrai que cela, et c'est ce qui nous fournit un argument très-fort pour la nécessité d'une révélation, comme j'aurai occasion de le faire voir dans la suite.

4. Il paraît, en général, par tout ce que je viens de dire, que la loi éternelle de la justice se concilie nécessairement l'approbation de la raison humaine, c'est-à-dire qu'il n'y a point d'homme qui ne soit obligé de reconnaître qu'il est convenable et dans l'ordre de la raison que l'on conforme ses actions à la règle de l'équité, et qui ne convienne aussi que le consentement qu'il donne à cette règle le met dans une obligation formelle de s'y conformer actuellement et constamment. Je pourrais maintenant déduire de ce principe que je viens d'établir, les différents devoirs de la morale ou de la religion naturelle l'un après l'autre, mais comme

de très-excellents auteurs modernes ont travaillé là-dessus avec beaucoup de solidité et d'élégance, j'y renverrai mon lecteur pour ne pas donner dans une trop grande longueur. Je me contenterai de dire un mot sur les trois principales branches, desquelles tous les autres devoirs moins considérables dérivent naturellement ou peuvent être déduits sans beaucoup de peine.

La règle de la justice à l'égard de Dieu consiste à avoir pour lui des sentiments d'amour, d'estime et de vénération dans le plus haut degré possible, et à manifester au dehors ces sentiments intérieurs par une vie qui y réponde et par un soin assidu d'empêcher que nos passions ne sortent des bornes de la raison. Elle nous prescrit que nous devons l'adorer, et n'adorer que lui seul, puisqu'il est lui seul le créateur souverain, le conservateur et le maître absolu de tout ce qui existe ; elle nous enseigne que nous devons employer l'être dont nous jouissons et les facultés qu'il nous a données à le servir et à le glorifier ; que nous devons faire régner, autant qu'il est en nous, la justice dans le monde, et seconder de tout notre possible les desseins de la bonté de Dieu parmi les hommes, conformément à sa volonté connue ; enfin elle nous enseigne qu'afin d'être en état de nous acquitter de ces devoirs, nous devons le prier instamment qu'il lui plaise de nous accorder les secours qui nous sont nécessaires, et que nous lui devons rendre nos très-humbles actions de grâces des biens qu'il nous a faits. Il n'y a point de proportion entre les corps ou entre les grandeurs, point de convenance entre des figures géométriques semblables et égales, qui soit visible et manifeste au point qu'il est visible et manifeste qu'il y a une liaison intime et une harmonie nécessaire entre les divers attributs de Dieu et les devoirs de tout ce qu'il y a dans l'univers de créatures raisonnables. La considération de son éternité, de son infinité, de sa connaissance et de sa sagesse infinie nous doit remplir nécessairement des sentiments de la plus vive admiration. Sa toute-présence nous doit tenir dans un perpétuel respect. L'autorité souveraine qu'il a sur nous, en tant que créateur, conservateur et gouverneur du monde, nous doit porter à avoir pour lui tous les sentiments possibles d'honneur et de respect, à lui rendre l'adoration qui lui est due et à le servir de toutes les puissances de notre âme. Son unité ne nous permet d'adorer et de servir que lui seul; sa puissance et sa justice nous sollicitent de le craindre; sa bonté nous excite à l'aimer; sa miséricorde et sa placabilité affermissent notre espérance; sa véracité et son immutabilité sont les fondements de la confiance que nous avons en lui. L'existence qu'il nous a donnée et les facultés dont il a orné notre nature nous dictent qu'il est tout à fait raisonnable que nous employions cette existence et ces facultés à son service. Le sentiment de la dépendance continuelle dans laquelle nous sommes, et du besoin que nous avons de lui pour notre conservation, nous dicte que nous devons lui adresser nos prières. Tous les avantages dont nous jouissons, l'air que nous respirons, les aliments que nous mangeons, les pluies du ciel qui arrosent nos campagnes, la fertilité de nos récoltes, en un mot, toutes les bénédictions de la vie présente, et l'attente de celles qui sont encore à venir, nous obligent à une vive et sincère reconnaissance [1]. L'accord de ces choses, et la liaison qu'elles ont entre elles, éclatent d'une manière aussi sensible que la lumière du soleil qui paraît dans son midi avec tout son éclat; de sorte que les créatures à qui la raison est échue en partage, qui s'efforcent de renverser cet ordre et de rompre cette connexion nécessaire, tombent dans la plus grande absurdité et dans la plus affreuse dépravation qu'il y ait au monde. Tout ce qu'il y a de créatures inani-

---

[1] « Quem vero astrorum ordines, quem dierum noctiumque vicissitudines, quem mensium temperatio, quemque ea quæ gignantur nobis ad fruendum, non gratum esse cogant? » Cic., *de Leg.*

Vid. etiam Arrian., lib. I, cap. XVI.

Εἰ γὰρ νοῦν εἴχομεν, κτλ.

mées et destituées de raison obéit par la nécessité de sa nature aux lois du Créateur d'une manière constante et uniforme, et ne s'écarte jamais des fins pour lesquelles il a été fait. La créature à qui Dieu a donné la raison en partage, et qu'il a ornée de la liberté, cette excellente faculté qui l'élève infiniment au-dessus de tous les autres êtres, fera-t-elle seule un mauvais usage de ce privilége insigne, et sera-t-elle la seule partie de la création qui soit dans le désordre? Il y a certainement là-dedans quelque chose qui tient du prodige. Je pose en fait que la vue d'un arbre planté dans un terroir fertile, continuellement humecté par la rosée du ciel et échauffé par les rayons du soleil, qui avec tout cela ne porte ni feuilles ni fruits, n'est pas un objet à beaucoup près si irrégulier et si contraire à la nature, que de voir un être raisonnable créé à l'image de Dieu, persuadé que Dieu fait en sa faveur tout ce qu'un être infiniment bon peut faire pour le bien de ses créatures, négliger cependant de s'acquitter envers lui des devoirs qui naissent nécessairement de la relation que la créature a avec son Créateur.

La seconde branche de nos devoirs comprend ce que nous devons à notre prochain. La règle de la justice à l'égard de nos semblables consiste à rendre à chacun ce qui lui appartient, et à faire, dans toutes les circonstances, pour le prochain ce que nous souhaitons que le prochain fasse pour nous en pareilles circonstances; en un mot, elle nous enseigne que nous devons contribuer de tout notre pouvoir au bien public et à la félicité commune du genre humain. La première partie de cette règle c'est l'équité, et la seconde l'amour.

Les mêmes raisons qui nous obligent dans la spéculation de convenir que si une ligne est égale à une autre ligne, cette seconde est réciproquement égale à la première, nous obligent pareillement dans la pratique à faire pour les autres ce que nous voudrions que les autres fissent pour nous en pareille occasion. L'injustice est précisément dans la pratique, ce qu'est la fausseté et la contradiction dans la théorie; de part et d'autre l'absurdité est égale. Tout ce que mon prochain est obligé de faire pour moi, je suis obligé à mon tour de le faire pour lui en pareilles circonstances : je ne saurais nier cette règle sans tomber dans une absurdité aussi palpable que si, ayant avoué que deux et trois sont égaux à cinq, je m'avisais de nier que cinq ne sont pas égaux à deux et trois pris ensemble. Si donc le genre humain [1] n'était pas corrompu d'une manière étrange, s'il n'était pas entêté d'un grand nombre d'opinions erronées, et s'il ne se laissait pas emporter au torrent des mauvaises coutumes et des habitudes vicieuses, on dépit des plus pures et des plus claires lumières de la droite raison ; il est sûr que l'équité universelle régnerait sans contradiction par tout le monde. Il est certain au moins que d'égal à égal elle ne manquerait jamais d'être religieusement observée, puisque la proportion d'équité entre personnes égales est simple et sensible, et que ce que l'on peut dire d'un homme en particulier on le peut dire également de tous les autres hommes. Il serait aussi impossible qu'un homme [2] se portât, malgré la raison éternelle des choses, à rechercher le moindre petit avantage au préjudice de son prochain, qu'il est impossible qu'il donne les mains au ravissement des choses qui lui sont nécessaires pour satisfaire l'avarice ou l'ambition d'autrui; en un mot, les hommes n'auraient pas moins de honte de commettre une iniquité qu'ils en ont de croire des choses contradictoires. J'avoue que les devoirs des su-

---

[1] « Nihil est unum uni tam simile, tam par, quam omnes inter nosmetipsos sumus. Quod si depravatio consuetudinum, si opinionum vanitas, non imbecillitatem animorum torqueret, et flecteret quocumque cœpisset; sui nemo tam similis esset, quam omnes sunt omnium — et coleretur jus æque ab omnibus. » Cic., *de Leg.*, lib. I.

[2] « Hoc exigit ipsa naturæ ratio, quæ est Lex divina et humana; cui parere qui velit, numquam committat ut alienum appetat, et id quod alteri detraxerit, sibi assumat. » Cic., *de Offic.*, lib. III.

périeurs et des inférieurs dans leurs différentes relations ne sont pas tout à fait si sensibles, et que la proportion d'équité des uns envers les autres est un peu plus embrouillée ; cependant si l'on fait une sérieuse attention aux relations différentes que les hommes ont entre eux, l'on n'aura pas de peine à comprendre, sans autre règle que la règle générale qui porte qu'il faut faire à autrui ce que nous voudrions qui nous fût fait à nous-mêmes, ce que les supérieurs doivent à leurs inférieurs et ce que les inférieurs doivent à leurs supérieurs. Pour en avoir une idée juste il faut toujours, lorsqu'il s'agit de ce à quoi nous sommes obligés envers les autres, peser au juste et chaque circonstance de l'action, et chaque circonstance par où la personne diffère de nous ; et lorsqu'il est question des choses que nous souhaitons que les autres fassent pour nous, il faut avoir toujours devant les yeux ce que la pure raison nous dicte qu'ils nous doivent, et ne pas écouter les conseils que la passion ou l'intérêt propre nous donnent ; pour éclaircir ma pensée par un exemple, l'équité demande que, lorsqu'il s'agit d'un criminel, le magistrat, sans faire attention aux mouvements que la crainte ou l'amour-propre pourraient exciter en lui, supposé qu'il se trouvât dans le cas où est le criminel qui comparaît devant lui, n'écoute que ce que la raison et le bien public demandent de lui dans la situation présente. Il n'y a qu'à observer la même méthode lorsqu'il s'agit des devoirs des pères et des enfants, des maîtres et des serviteurs, des princes et des sujets, des habitants d'un pays et des étrangers ; et l'on trouvera sans peine ce à quoi chacun est obligé par la règle de l'équité, et de quelle manière il doit se comporter suivant les différentes relations dans lesquelles il se trouve. C'est dans la pratique constante et uniforme de tous ces devoirs à quoi les hommes sont obligés les uns envers les autres, que consiste cette justice universelle qui est le comble et la perfection de la vertu. Cette justice dont les charmes sont si grands, selon Platon, que les hommes en seraient enchantés [1], s'ils pouvaient la contempler à découvert des yeux de la chair. Cette justice qui, si elle était mise exactement en pratique, ferait voir au monde la réalité des traits ingénieux dont les anciens poëtes se sont servis pour peindre l'âge d'or. Cette justice si belle et si aimable par elle-même, que ni les mouvements des corps célestes, dont la régularité et l'harmonie sont si admirables, ni la splendeur du soleil et des étoiles ne contribuent pas tant à la beauté et à l'ornement du monde visible, que la pratique universelle de cette noble vertu contribuerait sans difficulté à la gloire et au bonheur du monde intelligible et des créatures raisonnables [2], comme Aristote le dit très-élégamment. Cette justice enfin, si noble et si excellente en elle-même que les plus éclairés et les plus sages d'entre les hommes ont décidé authentiquement que ni la vie elle-même [3], ni tout ce que le monde a de plus beau [4] et de plus ravissant, en un mot, que tous les avantages de la terre pris ensemble ne sont rien en comparaison de cet heureux penchant, de cette belle disposition de l'âme, de laquelle comme de sa source découle la pratique de la justice universelle; au contraire l'injustice, la violence, la fraude, l'oppression, la confusion universelle du juste et de l'injuste, la négligence et le mépris des

---

[1] Δεινοὺς γὰρ ἂν παρεῖχεν ἔρωτας, εἴ τι τοιοῦτον ἑαυτῆς ἐναργὲς εἴδωλον παρείχετο. PLAT., in Phæd.

« Quæ si oculis cerneretur, mirabiles amores, ut ait Plato, excitaret sui » Cic., de Offic., lib. I.

« Oculorum est in nobis sensus acerrimus, quibus sapientiam non cernimus; quam illa ardentes amores excitaret sui, si videretur. » In., ibid., lib. II.

[2] Αὐτὴ μὲν οὖν ἡ δικαιοσύνη, ἀρετὴ μέν ἐστι τελεία· καὶ οὔθ' Ἕσπερος, οὔθ' Ἑῷος οὕτω θαυμαστόν. Eth., lib. V, cap. III.

[3] « Non enim mihi est vita mea utilior, quam animi talis affectio, neminem ut violem commodi mei gratia. » Cic., de Offic., lib. III.

[4] Καὶ τοπαράπαν ζῆν, μέγιστον μὲν κακὸν τὸν ξυμπάντα χρόνον ἀθάνατον ὄντα, καὶ κεκτημένον πάντα τὰ λεγόμενα ἀγαθά, πλὴν δικαιοσύνης τε καὶ ἀρετῆς ἁπάσης. PLAT., de Leg., lib. II.

devoirs qui naissent des différentes relations que les hommes ont entre eux, tout cela, dis-je, est la plus grande et la plus énorme dépravation dans laquelle des créatures rebelles et corrompues soient capables de tomber; c'est ce que les plus injustes avouent sans peine, toutes les fois qu'il leur arrive d'être la partie souffrante [1]. En un mot l'injustice, la tyrannie, la méchanceté sont par rapport au monde raisonnable et intelligible précisément la même chose que serait le soleil par rapport au monde matériel si ce bel astre, s'écartant de sa course accoutumée par laquelle la chaleur se répand dans toutes les parties de l'univers à proportion du besoin qu'en ont les divers êtres qui le composent, s'approchait si fort des uns qu'il les consumât par sa chaleur, et s'éloignait si fort des autres qu'il les laissât périr de froid. La seule différence que je trouve en ce point, c'est que le premier de ces désordres est infiniment plus considérable que ne serait le second; car, au lieu que l'on remarque dans l'un un déréglement volontaire, une étrange dépravation des créatures faites à l'image de Dieu, une violation des lois éternelles et immuables, vous ne trouvez dans l'autre qu'une simple catastrophe, qu'un changement de la structure du monde qui est après tout arbitraire, et qui n'a pas été faite pour durer éternellement.

L'amour et la bienveillance envers tous les hommes est la seconde branche des devoirs auxquels nous sommes obligés à l'égard de nos semblables; en effet nous ne sommes pas simplement tenus à être justes dans les commerces qu'il nous arrive d'avoir avec notre prochain, mais il est aussi de notre devoir de contribuer, autant qu'il nous est possible, au bien

[1] « Justitia tanta vis, ut ne illi quidem qui maleficio et scelere pascuntur, possint sine ulla particula justitiæ vivere. Nam qui eorum cuipiam, qui una latrocinantur, furatur aliquid, aut eripit, is sibi ne in latrocinio quidem relinquit locum. Ille autem qui archipirata dicitur, nisi æquabiliter prædam dispertiat, aut occidetur a sociis, aut relinquetur. Quin etiam leges latronum esse dicuntur, quibus pareant. » Cic., *de Offic.*, c. II.

public et à la félicité commune du genre humain. Il est facile de prouver la nécessité indispensable de ce devoir par les principes déjà établis : car s'il est vrai, comme on l'a fait voir ci-dessus, qu'il y ait une distinction naturelle et nécessaire entre le bien et le mal ; s'il est convenable et dans l'ordre de la raison de s'appliquer à la pratique du bien et de fuir le mal ; s'il est convenable enfin et raisonnable de choisir toujours le parti où le plus grand bien se rencontre ; il est clair que toute créature raisonnable est obligée d'employer toutes les facultés que Dieu lui a données à faire à ses semblables tout le bien dont elle est capable, suivant la situation dans laquelle elle se trouve placée, et qu'elle doit imiter en ce point la bonté divine qui se répand généralement sur tous les ouvrages de ses mains, et qui fait toujours ce qui est, à tout prendre, le meilleur et le plus expédient pour le bien général de l'univers ; or cet amour universel, dont je parle, contribue évidemment à cette fin aussi directement et aussi certainement qu'il est certain en mathématiques que plusieurs points mis bout à bout composent une ligne, ou en arithmétique que l'addition de deux nombres compose une somme, ou dans la physique qu'il y a de certains mouvements qui servent à la conservation de certains corps, que d'autres mouvements corrompraient [1]. Les hommes en général sont si persuadés de cette vérité, que si vous en exceptez quelque petit nombre de scélérats qui, à force

---

[1] « Universaliter autem verum est, quod non certius fluxus puncti lineam producit, aut additio numerorum summam, quam quod benevolentia effectum præstat bonum. » CUMBERLAND, *de Leg. nat.*, pag. 10.

« Pari ratione ac (*in arithmeticis operationibus*) doctrinæ moralis veritas fundatur in immutabili cohærentia inter felicitatem summam quam hominum vires assequi valent, et actus benevolentiæ universalis. » ID., *ibid.*, pag. 23.

« Eadem est mensura boni malique, quæ mensura est veri falsique in proportionibus pronunciantibus de efficacia motuum ad rerum aliarum conservationem et corruptionem facientium » ID., *ibid*, pag. 30.

de vices entassés les uns sur les autres, ont prodigieusement corrompu leurs affections naturelles, il n'y a point d'obligation dont les hommes s'acquittent avec plus de plaisir et de satisfaction [1]. C'est un charme pour eux que de penser qu'ils ont fait le plus grand bien qu'ils étaient capables de faire, qu'ils se sont en quelque manière rendus semblables à Dieu par la pratique de la bienveillance universelle; qu'ils ont répondu à la fin pour laquelle ils ont été créés, et rempli par conséquent les plus considérables et les plus sacrés devoirs que leur nature leur dicte. La considération de la nature de l'homme nous fournit une seconde preuve de l'obligation qui nous est imposée de nous appliquer à la pratique de ce devoir; car, outre cet amour-propre naturel, ce soin de sa propre conservation qui se trouve nécessairement dans tous les hommes, et qui tient chez eux la première place, ils ont tous je ne sais quelle affection naturelle pour leurs enfants, pour leur postérité et pour tous ceux qui ont avec eux quelque relation de dépendance. Ils ont un penchant qui les porte à aimer ceux qui leur sont unis par les liens du sang ou de l'amitié. Et la situation des hommes sur la terre étant telle qu'ils ne sauraient vivre agréablement s'ils se trouvaient bornés et resserrés chacun dans sa famille, ils sont portés par leur pente naturelle à augmenter leur société et le commerce qu'ils ont les uns les autres, en multipliant leurs affinités, en cultivant leurs amitiés par les bons offices qu'ils se rendent les uns aux autres, et en établissant des sociétés par la communication du travail et des arts. C'est ainsi que de degré en degré les affections particulières

---

[1] « Angusta admodum est circa nostra tantummodo commoda lætitiæ materia; sed eadem erit amplissima, si aliorum omnium felicitas cordi nobis sit. Quippe hæc ad illam, eandem habebit proportionem, quam habet immensa beatitudo Dei, totiusque humani generis, ad curtam illam fictæ felicitatis supellectilem, quam uni homini, eique invido et malevolo, fortunæ bona possint suppeditare. » CUMBERLAND, *ibid.*, pag. 214.

passent à des familles entières, qu'elles embrassent ensuite des villes et des nations entières, et qu'elles se répandent enfin sur toute la masse du genre humain [1]. Le grand fondement et l'âme de la société et du commerce que les hommes sont nécessairement obligés d'avoir les uns avec les autres, c'est l'amour mutuel et cette bienveillance universelle dont je parle. Il n'y a rien au contraire dans le monde qui trouble davantage le genre humain et interrompe si fort son bonheur, que le manque d'amour des hommes les uns envers les autres ; or puisque les hommes sont si fort enlacés les uns dans les autres, que sans les secours mutuels qu'ils se donnent il n'y a point de douceur, point de bonheur à espérer pour eux dans la vie, puisqu'ils ont été faits pour vivre en société et que la société leur est absolument nécessaire, puisque le seul moyen de former cette société et de la rendre durable après qu'elle est formée, c'est de s'aimer les uns les autres, et de ne pas s'écarter de cette bienveillance qu'ils se doivent réciproquement ; et puis enfin, qu'à considérer les hommes en général ils sont tous au niveau les uns des autres, qu'ils ont tous les mêmes désirs et les mêmes nécessités, qu'ils ont tous besoin de s'entre-secourir les uns les autres, qu'ils sont également capables de jouir des avantages de la société [2] ; il est évident qu'il n'y a point d'homme que la loi de la nature et la pente naturelle de son âme ne doivent porter à se regarder [3] comme membre de ce corps universel, qui est composé de toute la masse

[1] « In omni honesto nihil est tam illustre, nec quod latius pateat, quam conjunctio inter homines hominum, et quasi quædam societas et communicatio utilitatum, et ipsa charitas generis humani, quæ nata a primo sata, quo a parentibus nati diliguntur — serpit sensim foras, cognationibus primum, deinde totius complexu gentis humanæ. » Cic., *de Fin.*, lib. V.

[2] « Nihil est unum uni tam simile, tam par, quam omnes inter nosmetipsos sumus. » Id., *de Leg.*, lib. I.

[3] « Impellimur autem natura, ut prodesse velimus quamplurimis. » Id., *de Fin.*, lib. III.

du genre humain, qui ne doive compter qu'en cette qualité il est obligé de contribuer autant qu'il est en lui au bien public ¹ et à la félicité commune de ses semblables, et qui ne soit par conséquent dans l'obligation d'avoir pour tous les hommes cette bienveillance universelle, cet amour mutuel ² dont il s'agit ici, puisque cet amour et cette bienveillance sont les plus sûrs moyens de parvenir à cette grande fin; il ne peut donc sans pécher contre sa propre raison et sans s'écarter des vues pour lesquelles il a été mis ³ au monde, faire du mal à personne ni lui causer aucun dommage, il ne peut pas même rendre injure pour injure; l'amour du bien public l'oblige au contraire à prendre dans ces occasions les voies de la douceur pour assoupir les animosités ⁴, et ne lui permet pas de se venger, puisque la vengeance ne sert qu'à aigrir le mal et qu'à éterniser les querelles. Enfin, pour tout dire en un mot, il doit *aimer son prochain* ⁵ *comme lui-même,* ce qui est le comble du devoir dont je parle. C'est la décision de Cicéron, ce grand maitre dans la science de la morale, qui, dans un siècle infiniment moins éclairé que celui dans lequel Hobbes a vécu, a pourtant mieux connu que lui la nature et l'étendue des devoirs attachés originairement à la nature humaine.

En troisième lieu, la règle de la justice, pour ce qui nous

---

¹ « Hominem esse quasi partem quandam civitatis et universi generis humani, eumque esse conjunctum cum hominibus humana quadam societate. » Cic., *Quæst. acad.*, lib. I.

² « Homines hominum causa sunt generati, ut ipsi inter se alii aliis prodesse possint. » Id., *de Offic.*, lib. I.

« Ad tuendos conservandosque homines hominem natum esse. » Id., *de Fin.*, lib. III.

³ « Ex quo efficitur, hominem naturæ obedientem, homini nocere non posse. » Id., *de Offic.*, lib. III.

⁴ Οὔτε ἄρα ἀντιδικεῖν δεῖ, οὔτε κακῶς ποιεῖν οὐδένα ἀνθρώπων, οὐδ' ἂν ὁτιοῦν πάσχῃ ὑπ' αὐτῶν. Plat., *in Critone.*

⁵ « Tum illud effici, quod quibusdam incredibile videatur, sit autem necessarium, ut nihilo sese plus quam alterum diligat. » Cic., *de Leg.*, lib. I.

regarde nous-mêmes, porte : que chacun doit conserver sa vie aussi longtemps qu'il lui est possible, qu'il doit avoir soin de se tenir toujours dans la situation de corps et d'esprit qui le met le mieux en état de s'acquitter des devoirs auxquels il est engagé, c'est-à-dire qu'il doit être tempérant, et tenir par là ses appétits en bride, modéré dans ses passions, et s'appliquer avec plaisir et avec ardeur à remplir les devoirs de la profession qu'il a embrassée et du poste qu'il occupe dans le monde. Je dis que tout homme est obligé d'avoir soin de sa vie et de la prolonger le plus qu'il lui est possible. La raison en est évidente. On ne peut pas ravir légitimement ce qu'on n'a pas donné. Dieu, qui nous a mis au monde, qui est le seul qui sache combien de temps nous y devons être, et qui connaît lui seul si la tâche qu'il nous a donnée à faire est achevée ; Dieu, dis-je, est le seul à qui il appartient de juger du temps de notre délogement, le seul qui puisse légitimement nous donner notre congé et notre démission. Platon, Cicéron et plusieurs autres philosophes anciens se sont servis de cet argument et l'ont mis dans un très-beau jour. Il est vrai que les anciens stoïques [1] et les déistes modernes ont soutenu le contraire, et que quelques-uns d'entre eux ont été assez fous pour se donner la mort à eux-mêmes. Mais ils n'ont jamais pu répondre à l'argumentation dont je parle, ni en éluder la force. En effet, il y a tant de clarté, tant d'élégance, tant de force dans la manière dont il a été proposé par ces philosophes que je viens de nommer, qu'il semble qu'il ne soit pas possible d'y rien ajouter. C'est pourquoi je me contenterai de rapporter leurs propres paroles. Platon introduit Socrate parlant de cette manière : « Nous « sommes, tous [2] tant que nous sommes, renfermés par or- « dre de Dieu dans une espèce de prison ; il ne nous est pas « permis ni de la rompre, ni de nous en échapper. Nous

---

[1] Ils appelaient la mort qu'on se donne volontairement une sortie raisonnable de la vie. Εὔλογος ἐξαγωγή. Diog. Laert., I, 7.

[2] Plat., in Phæd.

« sommes à l'égard de Dieu ce qu'est un esclave à l'égard
« de son maître. Et qui est-ce d'entre nous qui ne croirait
« avoir raison d'être fâché, si quelqu'un de ses esclaves se
« tuait lui-même pour se soustraire à son service? Qui ne se
« croirait en droit de le punir pour cet attentat, s'il en avait
« le pouvoir? » Cicéron tient le même langage: « Dieu, dit-
« il [1], qui est notre souverain maître, nous défend de sortir
« de ce monde sans son ordre. Et quoiqu'il n'y ait point
« d'homme sage qui ne sorte avec joie de ces ténèbres pour
« entrer dans la lumière de l'autre vie, toutes les fois que
« Dieu lui en fournit une occasion favorable et juste, il se
« gardera pourtant bien de rompre sa prison, puisque les
« lois le lui défendent. Il attendra pour en sortir qu'il plaise
« à Dieu de l'en retirer, comme un prisonnier que le magis-
« trat ou quelque autre puissance légitime relâche. » « Il n'est
« pas permis aux vieillards, dit-il dans un autre endroit [2], ni
« d'être trop ardemment attachés à cette petite portion de
« vie qui leur reste, ni de s'en défaire sans cause. Pythagore
« défend à l'homme d'abandonner son poste sans l'ordre du
« général, c'est-à-dire de sortir de ce monde sans la permis-
« sion de Dieu. » Il s'explique plus fortement et plus clairement
encore dans un autre ouvrage. « A moins que Dieu, dit-il [3],

[1] « Vetat enim ille dominans in nobis Deus, injussu hinc nos suo demigrare. Cum vero causam justam Deus ipse dederit, ne ille medius fidius vir sapiens, lætus ex his tenebris in lucem illam excesserit. Nec tamen illa vincula corporis ruperit; leges enim vetant : sed tanquam a magistratu, aut ab aliqua potestate legitima, sic a Deo evocatus atque emissus exierit. » Cic., *Tusc. quest.*, lib. I.

[2] « Illud breve vitæ reliquum nec avide appetendum senibus, nec sine causa deserendum est. Vetatque Pythagoras, injussu imperatoris, id est, Dei, de præsidio et statione decedere. » Id., *de Senect.*

[3] « Ni enim Deus, istis te corporis custodiis liberaverit, huc tibi aditus patere non potest. Quare tibi et piis omnibus retinendus est animus in custodia corporis, nec injussu ejus, a quo ille est nobis datus, ex hominum vita migrandum est. Ne munus humanum assignatum a Deo defugisse videamini. » Cic., *Somn. Scipionis.* — Comp. Joseph., *de Bello Judaico*, lib. III.

« dont tout ce que votre vue aperçoit est le temple, ne vous
« tire lui-même de la prison de votre corps, l'entrée du ciel
« vous est fermée. Il faut que toutes les personnes pieuses
« sachent que leur âme doit demeurer dans la prison du
« corps autant de temps qu'il plaira à Dieu qui la leur a
« donnée, et qu'il ne leur est pas permis de sortir de la vie
« sans ses ordres. Agir autrement, c'est abandonner le poste
« que Dieu nous a assigné dans le genre humain. » Enfin,
voici comme parle Arrien, un des plus excellents auteurs de
l'antiquité [1]. « Attendez, dit-il, le bon plaisir de Dieu. Lors-
« qu'il vous signifiera que sa volonté est que vous sortiez de
« votre station, vous devez l'abandonner sans peine. En at-
« tendant ne vous impatientez pas, demeurez dans le lieu
« où il vous a placé. Attendez, et ne vous en allez pas hors
« de propos et sans raison. » Les raisons que l'auteur de
la Défense du Meurtre de soi-même a mises en avant pour
affaiblir l'argument que je viens de proposer, et qu'il a fait
imprimer à la tête du livre intitulé *les Oracles de la Raison*,
sont si faibles et si puériles qu'il est aisé de voir que l'auteur lui-même qui les a proposées n'en était guère persuadé, et n'y pouvait pas faire grand fond. Il dit, par
exemple, que la raison pourquoi une sentinelle ne peut pas
quitter son poste sans l'ordre de son commandant, c'est
parce qu'elle s'est mise volontairement dans le service. Mais
qui lui a dit que Dieu n'a pas un pouvoir légitime de pres-
crire à ses créatures tout ce qu'il lui plaît sans les consulter
et sans attendre leur consentement? Il dit encore qu'il y a
plusieurs voies de chercher la mort qui sont légitimes. Mais
quoiqu'il soit très-vrai qu'un homme peut légitimement ha-
sarder sa vie pour le service du public, il ne s'ensuit pas de
là qu'il lui soit permis de se donner de gaîté de cœur la mort

---

[1] Ἐνδέξασθε τὸν Θεόν· ὅταν ἐκεῖνος σημήνῃ καὶ ὑπολύσῃ ὑμᾶς ταύτης τῆς ὑπηρεσίας· ταύτης ὑπολύεσθε πρὸς αὐτόν. Ἐπὶ δὲ τοῦ παρόντος ἀνάσχετε ἐνοικοῦντες ταύτην τὴν χώραν εἰς ἣν ἐκεῖνος ὑμᾶς ἔταξεν. Μείνατε, μὴ ἀλογίστως ἀπέλθητε. Arrian., lib. I.

CHAPITRE III. 257

à lui-même, toutes les fois qu'il croit avoir quelque sujet de mécontentement. Mais il n'est pas nécessaire d'insister plus longtemps là-dessus, puisque l'auteur lui-même s'est rétracté publiquement, et qu'il a eu la bonne foi de publier qu'il avait tort.

Je poursuis donc, et je dis que les mêmes raisons qui prouvent qu'un homme doit avoir soin de conserver sa vie, prouvent pareillement qu'il ne doit rien négliger pour tenir toujours ses facultés en bon état, c'est-à-dire qu'étant toujours en garde contre ses passions et ses convoitises, il ne doit rien oublier pour se tenir dans la situation d'esprit et de corps la plus propre pour la pratique des devoirs auxquels il est engagé. Car, comme il importe peu de savoir si un soldat a déserté de son poste, ou si à force de boire il s'est mis dans l'incapacité de le garder : ainsi il y a très-peu de différence, au moins pour ce temps-là, entre un homme qui s'ôte la vie et celui qui se met dans l'impuissance d'en remplir les devoirs nécessaires par son intempérance ou par quelque excès de passion. Ce n'est pas même tout : car l'intempérance et les passions déréglées ne mettent pas seulement un homme hors d'état de s'acquitter de ses devoirs, elles lui font donner tête baissée dans les crimes les plus énormes. En effet, il n'est point de violence, point d'injustice qu'un homme, à qui l'intempérance ou la passion a fait perdre l'usage de la raison, ne soit capable de commettre. De sorte que toutes les raisons particulières qui portent les hommes à s'abstenir des crimes les plus énormes, les doivent porter aussi à réprimer leurs passions et à refréner leurs désirs. Quiconque néglige de le faire, est toujours dans un danger éminent de tomber dans toute sorte d'excès. J'avoue que de toutes les choses de la vie, il n'en est point de plus difficile que la conquête des passions et des convoitises mauvaises ; mais c'est une conquête qui est d'une absolue nécessité. C'est même ce que l'homme peut faire de plus glorieux et de plus [1] digne de lui. Enfin, les mêmes raisons qui nous obligent à ne pas abandonner de gaîté de cœur la vie, qui est le poste général que Dieu a assigné aux hommes, nous obligent aussi à nous acquitter avec soin et sans répugnance des devoirs attachés à la situation particulière dans laquelle la Providence nous a placés (quelle qu'elle puisse être), et au genre de vie dont nous avons fait choix. Nous devons regarder sans envie et sans murmure ceux que la Providence a élevés ici-bas à des postes plus éminents que ceux que nous occupons, et prendre garde que la trop grande ambition d'améliorer à l'avenir notre état, ne nous jette dans la négligence des devoirs de notre condition présente. Ce sont là les trois branches générales des devoirs de la morale ou de la religion naturelle. De ceux-là découlent tous les autres de moindre importance, et il n'est pas difficile de faire voir qu'ils en sont des conséquences naturelles.

5. J'ajoute que cette règle éternelle de justice, dont je viens de donner un petit abrégé, est la même chose que la droite raison par laquelle l'homme est distingué principalement des bêtes destituées d'intelligence. C'est cette « loi de « nature dont l'étendue est universelle et la durée éternelle » (comme Cicéron le dit avec beaucoup de solidité et d'élégance). Cette loi « qui ne peut être affaiblie par aucune « autre loi, à laquelle il n'est pas permis de déroger, et qui « ne peut être entièrement abrogée [2]. Cette loi qui est plus

---

[1] Οἱ μὲν ἄρα νίκης ἕνεκα πάλης καὶ δρόμων καὶ τῶν τοιούτων ἐτόλμησαν ἀπέχεσθαι. — Οἱ δέ ἡμέτεροι παῖδες ἀδυνατοῦσι καρτερεῖν, πολὺ καλλίονος ἕνεκα νίκης. PLAT., *de Leg.*, lib. VIII.

[2] « Est quidem vera lex, recta ratio naturæ congruens, diffusa in omnes, constans sempiterna, quæ vocet ad officium jubendo, vetando, a fraude deterreat. — Huic legi nec abrogari fas est, neque derogari ex hac aliquid licet, neque tota abrogari potest. Nec vero aut per senatum aut per populum solvi hac lege possumus. » Cic., *de Rep.*, lib. I. Fragment.

CHAPITRE III.

« ancienne que ni aucune loi écrite [1], ni aucun gouverne-
« ment politique. Cette loi, que l'esprit humain n'a point in-
« ventée, dont aucun peuple n'est l'auteur [2], mais qui est
« éternelle, et à laquelle l'univers entier est soumis. Cette
« loi qui a son fondement dans la nature des choses, qui n'a
« pas commencé à être loi par la promulgation que les
« hommes en ont faite, mais qui est aussi ancienne que
« Dieu lui-même. De sorte que, supposé qu'à Rome il n'y eût
« point eu de loi écrite contre ceux qui violent les femmes,
« Tarquin n'aurait pas laissé de pécher contre cette loi éter-
« nelle lorsqu'il viola Lucrèce [3]. » Cette loi enfin, dont un [4]
moderne dit très-justement « qu'il n'y a pas plus d'unifor-
« mité parmi les animaux dans le mouvement de leur cœur
« et de leurs artères, et qu'il n'y a pas un plus grand accord
« parmi les hommes dans le jugement qu'ils portent sur la
« splendeur du soleil, qu'il y en a sur la bonté des règles
« qu'elle prescrit. » J'avoue qu'il y a de certains cas em-
brouillés où les bornes précises du juste et de l'injuste ne
sont pas fort faciles à déterminer, comme je l'ai remarqué
ci-dessus. J'avoue qu'il y en a quelque peu d'autres dans
lesquels certaines nations barbares ne s'accordent pas avec
le reste du monde. On en voit en effet qui ont des lois et des

---

[1] « Lex quæ seculis omnibus ante nata est, quam scripta lex ulla aut quam omnino civitas constituta. » Cic., *de Leg.*, lib. I.

[2] « Legem, neque hominum ingeniis excogitatam, neque scitum aliquod esse populorum, sed æternum quiddam, quod universum mundum regat. » Id., *ibid.*, lib. II.

[3] « Nec si regnante Tarquinio, nulla erat Romæ scripta lex de stupris, idcirco non contra illam legem sempiternam Sextus Tarquinius vim Lucretiæ attulit. Erat enim ratio profecta a rerum natura, et ad recte faciendum impellens, et a delicto avocans : qua non tum denique incipit lex esse, cum scripta est, sed tum cum orta est. Orta autem simul est cum mente divina. » Id., *ibid.*, lib. II.

[4] « In judicio de bonitate harum rerum, æque omnes ubique conveniunt, ac omnia animalia in motu cordis et arteriarum pulsu, aut omnes homines in opinione de nivis candore et splendore solis. » Cumberl., *de Leg. natur.*, pag. 167.

coutumes contraires les unes aux autres. Cette variété de lois et de coutumes a fourni à quelques-uns la matière d'une objection contre la distinction naturelle entre le bien et le mal moral; mais cette objection est la faiblesse même : car il n'y a rien dans cette diversité « qui renverse le consentement « universel du genre humain sur la nature du bien en géné-« ral [1]. Il en est tout comme de la variété des traits du vi-« sage qui n'empêche pas que les hommes en général ne se « ressemblent tous. » Quelque différence en effet que l'on trouve dans les lois de quelques nations particulières, elles ne laissent pas de s'accorder toutes dans l'essentiel. « Il n'y « a point de nation qui n'ait reconnu qu'il fallait aimer « Dieu. Il n'y en a point qui n'ait cru qu'il est nécessaire « d'avoir de la reconnaissance pour ceux qui nous ont mis « au monde et pour ceux qui nous ont fait du bien. Il n'y a « point de diversité de tempérament qui empêche que les « hommes ne s'accordent à croire qu'on fait une bonne ac-« tion lorsqu'on conserve les biens, les membres et la liberté « d'une personne innocente, etc. » C'est outre cela cette loi naturelle qui, ayant son fondement dans la raison éternelle des choses, est aussi immuable que les vérités mathémati-

---

[1] « Hoc tamen non magis tollit consensum hominum de generali natura boni, — quam levis vultuum diversitas tollit convenientiam inter homines in communi hominum definitione, aut similitudinem inter eos in partium principalium conformatione et usu. Nulla gens est, quæ non sentiat actus Deum diligendi. — Nulla gens non sentit gratitudinem erga parentes et benefactores toti humano generi salutarem esse. Nulla temperamentorum diversitas facit ut quisquam non bonum sentiat esse universis, ut singulorum innocentium vitæ, membra, et libertas conserventur. » Cumberl., de Leg. nat., pag. 166.

Hobbes parle à peu près sur le même ton, quoiqu'en parlant ainsi il s'écarte de ses principes. « Neque enim, » dit-il, « an honorifice de Deo sentiendum sit, neque an sit amandus, timendus, colendus dubitari potest. Sunt enim hæc religionum per omnes gentes communia — Deum eo ipso quod homines fecerit rationales, hoc illis præcepisse, et cordibus omnium inscripsisse, ne quisquam cuiquam faceret, quod alium sibi facere iniquum duceret. » Hobbes, de Hom., cap. 14.

CHAPITRE III.

ques ou arithmétiques, que la lumière et les ténèbres, que le doux et l'amer, que le bien et le mal physique. « L'obser-« vation de cette loi est en elle-même digne de louange [1], « quand bien même personne ne la louerait. » Il est aussi absurde de supposer qu'elle dépend de l'opinion des hommes et des coutumes des nations, et que ce qui porte le nom de vertu parmi les hommes est une affaire de pure imagination et de mode, « qu'il est absurde de dire que la fécondité d'un « arbre ou la force d'un cheval [2] ne sont pas des choses « réelles, qu'elles n'existent que dans l'opinion de ceux qui « en jugent. » En un mot, si cette loi tirait son origine des hommes, si c'était à eux qu'elle dût toute son autorité, et s'il était en leur pouvoir de la changer comme bon leur semble, qui ne voit que tous les ordres des plus cruels tyrans seraient aussi légitimes et aussi justes [3] que les lois qui passent dans le monde pour les plus sages? « En ce cas, le « meurtre, le vol de grand chemin, l'adultère, la supposition « de faux testaments et de faux contrats pourraient devenir « légitimes par l'approbation d'une folle multitude. Si les « suffrages et les lois d'une foule insensée ont tant de pou-« voir, dit admirablement bien Cicéron [4], qu'elle puisse

---

[1] « Quod vere dicimus, etiamsi a nullo laudetur, laudabile esse natura. » Cic., *de Offic.*, lib. I.

[2] « Hæc autem in opinione existimare, non in natura ponere, dementis est. Nam nec arboris nec equi virtus, in opinione sua est, sed in natura. » Id., *de Leg.*, lib. I.

[3] « Jam vero stultissimum illud, existimare omnia justa esse, quæ scita sint in populorum institutis aut legibus. Etiamne si quæ sunt tyrannorum leges, si triginta illi Athenis leges imposuisse voluissent, aut si omnes Athenienses delectarentur tyrannicis legibus, num idcirco hæ leges justæ haberentur? » Id., *ibid.*, lib. I.

[4] « Quod si populorum jussis, si principum decretis, si sententiis judicum, jura constituerentur; jus esset latrocinari, jus adulterare, jus testamenta falsa supponere, si hæc suffragiis aut scitis multitudinis probarentur. Quæ si tanta potentia est stultorum sententiis atque jussis, ut eorum suffragiis rerum natura vertatur; cur non sanciunt, ut quæ mala perniciosaque sunt habeantur pro bonis et salutaribus? aut cur,

« changer à son bon plaisir la nature des choses, d'où vient
« que les hommes n'ont pas fait une loi qui ordonne que ce
« qui est mauvais et contraire à la santé devienne à l'ave-
« nir bon et salutaire? D'où vient qu'ayant le pouvoir de
« rendre juste ce qui était injuste, ils n'ont pas aussi celui
« de faire que ce qui est mauvais devienne bon? »

6. Je poursuis, et je dis que cette loi naturelle, qui est supérieure à toute autorité humaine et qui en est indépendante, oblige aussi antécédemment [1] à la déclaration positive que Dieu a faite que c'était sa volonté, et au commandement exprès qu'il a donné aux hommes de s'y conformer. Car, comme l'addition de certains nombres compose nécessairement une certaine somme, et comme certaines opérations géométriques et mécaniques donnent constamment la solution de certains problèmes et de certaines propositions [2], ainsi en matière de morale il y a de certaines relations des choses qui sont nécessaires et immuables, et qui bien loin de devoir leur origine à un établissement positif et arbitraire, sont de leur nature d'une nécessité éternelle. Par exemple, comme en fait de sens, « une chose n'est pas vi-
« sible parce qu'on la voit, mais on la voit parce qu'elle est
« visible; ainsi en matière de morale [3], les choses ne sont

cum jus ex injuria lex facere possit, bonum eadem facere non possit? » Cic., *de Leg.*, lib. I.

[1] « Virtutis et vitiorum, sine ulla divina ratione, grave ipsius conscientiæ pondus est. » Id., *de Nat. Deor.*, lib. III.

[2] « Denique ne quis obligationem legum naturalium, arbitrariam et mutabilem a nobis fingi suspicetur, hoc adjiciendum censui; virtutum exercitium habere rationem medii necessarii ad finem (seposita consideratione imperii divini) manente rerum natura tali qualis nunc est. Hoc autem intelligo, uti plerique omnes agnoscunt, additionem duarum unitatum duabus prius positis necessario constituere numerum quaternarium; aut uti praxes geometricæ et mechanicæ problemata proposita solvunt immutabiliter; adeo ut nec sapientia, nec voluntas divina cogitari possit quicquam in contrarium constituere posse. » Cumber., *de Leg. nat.*, page 231.

[3] Plat., *in Eutyphr.*

« pas bonnes et saintes parce qu'elles sont commandées,
« mais Dieu les a commandées parce qu'elles sont bonnes
« et saintes. » J'avoue que l'existence de ces choses, dont
nous examinons les proportions et les relations, dépend entièrement de la volonté libre et du bon plaisir de Dieu, qui
peut créer des êtres et les anéantir quand il lui plaît. Mais
quand une fois les choses sont créées, tandis que Dieu trouve
à propos de leur laisser l'existence qu'il leur a donnée, les
proportions qu'elles ont entre elles (qui sont d'une éternelle
nécessité considérées dans un sens abstrait) sont aussi absolument invariables en elles-mêmes. De là vient que Dieu
lui-même, tout élevé qu'il est au-dessus de tout ce qui
existe, en possession de donner la loi à tout l'univers et de
ne la recevoir de personne, ne dédaigne pourtant pas de
suivre la règle de l'équité et de la bonté, et d'y conformer
tout ce qu'il fait dans le gouvernement du monde [1]. Il en
appelle même quelquefois aux hommes, et il soumet en quelque manière à leur jugement la rectitude et la justice de ses
actions. (Ezech. XVIII.) Les perfections infinies de sa nature
le mettent dans une espèce de nécessité, comme je l'ai déjà
prouvé, d'avoir cette loi perpétuellement devant les yeux.
C'est même dans les règles de cette loi éternelle, et non pas
dans sa puissance infinie, qu'il faut chercher le véritable
fondement de l'empire qu'il exerce sur les ouvrages de ses
mains, comme un savant prélat anglais l'a parfaitement
bien prouvé [2]. Or, les mêmes raisons qui portent Dieu, tout

---

[1] Καθ' ἡμᾶς γὰρ ἡ αὐτὴ ἀρετή ἐστι τῶν μακαρίων πάντων ὥστε καὶ ἡ αὐτὴ ἀρετὴ ἀνθρώπου καὶ Θεοῦ. ORIGEN., contra Celsum., lib. IV.

[2] « Dictamina divini intellectus sanciuntur in leges apud ipsum valituras, per immutabilitatem suarum perfectionum. » CUMBERL., de Leg. nat., pag. 343.

« Solebam ipse quidem, cum aliis plurimis, antequam dominii jurisque omnis originem universaliter et distincte considerassem, dominium Dei, in creationem, velut integram ejus originem, resolvere. Verum, etc.—in hanc tandem concessi sententiam, dominium Dei esse jus vel potestatem ei a sua sapientia et bonitate, velut a lege, datam ad

indépendant qu'il est, à conformer toutes ses actions à la règle éternelle de la justice et de la bonté, doivent porter aussi toutes les créatures intelligentes à prendre cette règle pour le modèle de leur conduite, chacune dans la situation où elle se trouve placée, quand bien même on supposerait que Dieu n'aurait donné aucun précepte positif pour signifier aux hommes que cette règle s'accorde avec sa volonté. Preuve de cela, c'est qu'il s'est trouvé des gens dans tous les siècles du paganisme qui ont eu de grands sentiments de droiture, et qui ont été pleinement persuadés de l'immutabilité de plusieurs devoirs de la morale, quoique, faute d'une bonne philosophie, ils eussent des idées obscures et fausses des attributs de Dieu, et que leur erreur en ce point ne leur permît pas de parvenir à une connaissance claire et certaine de sa volonté. Mais cette observation qui, dans un discours comme celui-ci, doit nécessairement trouver sa place, ne peut pas être d'un grand usage à des gens pleinement persuadés comme nous sommes que tous les devoirs de la morale, éternels et immuables par eux-mêmes, ont outre cela été prescrits aux hommes par une loi expresse et positive. C'est ce que nous examinerons plus particulièrement en son lieu.

7. Enfin, je dis que cette loi naturelle est pleinement obligatoire, antécédemment à toute vue de récompense ou

regimen eorum omnium quæ ab ipso unquam creatæ fuerint vel creabuntur. — Nec poterit quisquam merito conqueri, dominium Dei intra nimis angustos limites hac explicatione coerceri; qua hoc unum dicitur, illius nullam partem consistere in potestate quicquam faciendi contra finem optimum, bonum commune. » ID., *ibid*, pag. 345, 346.

« Contra autem, Hobbiana resolutio domini divini in potentiam ejus irresistibilem adeo aperte ducit ad, etc., ut mihi dubium non sit illud ab eo fictum esse, Deoque attributum, in eum tantum finem, ut juri suo omnium in omnia patrocinaretur. » ID., *ibid.*, page 344.

« Nos e contrario, fontem indicavimus, ex quo demonstrari potest, justitiam universalem, omnemque adeo virtutem moralem, quæ in rectore requiritur, in Deo præ cæteris refulgere, eadem plane methodo, qua homines ad eas excolendas obligari ostendemus. » ID., *ibid.*, p. 347.

de punition personnelle, soit que cette récompense et cette punition soient des conséquences naturelles du soin qu'on prend d'observer cette loi, ou de la négligence qu'on a pour elle, soit qu'elles y aient été annexées en vertu d'un règlement positif. C'est encore ici une vérité très-évidente ; car si le bien et le mal, le juste et l'injuste, la convenance ou la disconvenance de certaines actions sont des choses, comme je l'ai fait voir ci-dessus, qui ont leur fondement dans la nature même, et cela originairement, éternellement et nécessairement, il est clair que la vue des peines et des récompenses, qui est postérieure à toutes ces autres considérations que j'ai rapportées, et qui ne change rien au fond dans la nature des choses, ne saurait être la cause première et originale qui fait que la loi est obligatoire. Elle ne fait que lui donner plus de poids, et qu'animer les hommes à pratiquer des devoirs dont la droite raison leur a déjà fait voir l'excellence et la nécessité. Tout homme qui a des idées saines de la distinction entre le bien et le mal moral, conviendra sans peine que la vertu et la bonté sont des choses aimables par elles-mêmes [1], et dont la beauté intérieure est telle qu'elles méritent qu'on les pratique, dût-on n'en retirer aucun profit. Au contraire, la cruauté, la violence, l'oppression, la fraude, l'injustice, lui paraîtront si haïssables en elles-mêmes qu'il avouera qu'il n'y a aucun de ces crimes qu'il ne doive fuir de tout son pouvoir, quand bien même il pourrait avoir une assurance positive qu'il ne court aucun risque en les pratiquant. C'est ce que Cicéron exprime encore admirablement bien. « La vertu, dit-il, est une chose [2] louable « et désirable par elle-même, quand même il n'en revien-

---

[1] « Digna itaque sunt, quæ propter intrinsecam sibi perfectionem appetantur, etiamsi nulla esset naturæ lex quæ illas imperaret. » CUMBERL., *de Leg. nat.*, p. 281.

« Vide etiam Philemonis fragmenta. » Ἀνὴρ δίκαιός ἐστιν, οὐχ ὁ μὴ ἀδικῶν, κ.τ.λ.

[2] « Honestum id intelligimus, quod tale est, ut detracta omni utilitate,

« drait aucun profit. Les gens de bien, ajoute-t-il, font une
« infinité de choses, uniquement parce qu'elles sont bonnes,
« justes et honnêtes, sans se mettre en peine de savoir s'il
« leur en reviendra quelque avantage '. Le vice au contraire
« est si odieux de sa nature qu'il n'y a point d'homme, tant
« soit peu philosophe, qui ne doive fuir l'avarice, l'injus-
« tice ², la convoitise, l'incontinence, quand même il serait
« sûr de cacher ses vices à Dieu et aux hommes. Un homme
« de bien, dit-il encore, eût-il le secret de s'approprier le
« bien de son prochain en remuant simplement les doigts,
« se fera un scrupule de le mettre en pratique ³, supposé
« même qu'il fût en état de le faire sans crainte d'en être
« soupçonné. Il n'y a même rien en cela qui doive paraître
« admirable, si ce n'est à ceux qui ignorent ce que c'est
« qu'un homme de bien. » Il ne faut pas s'imaginer au reste
qu'un méchant homme puisse cacher ses actions aux yeux

sine ullis præmiis fructibusque, per se ipsum jure possit laudari. » Cic., *de Fin.*, lib. II.

« Atque hæc omnia propter se solum, ut nihil adjungatur emolumenti, petenda sunt. » Id., *de Inv.*, II.

« Nihil est de quo minus dubitari possit, quam et honesta expetenda per se, et eodem modo turpia per se esse fugienda. » Id., *de Fin.*, lib. III.

¹ « Jus et omne honestum sponte est expetendum. Etenim omnes viri boni, ipsam æquitatem et jus ipsum amant. » Id., *de Leg.*, lib. I.

« Optimi quique permulta ob eam unam causam faciunt, quia decet, quia rectum, quia honestum est; etsi nullum consecuturum emolumentum vident. » Id., *de Fin.*, lib. II.

² « Satis enim nobis, si modo aliquid in philosophia profecimus, persuasum esse debet, si omnes deos hominesque celare possimus; nihil tamen avare, nihil injuste, nihil libidinose, nihil incontinenter esse faciendum. » Id., *de Offic.*, lib. III.

« Si nemo sciturus, nemo ne suspicaturus quidem sit, cum aliquid divitiarum potentiæ, dominationis, libidinis causa feceris; si id diis hominibusque futurum semper sit ignotum, sisne facturus. » Id., *ibid.*

³ « Itaque si vir bonus habeat hanc vim, ut, si digitis concrepuerit, possit in locupletum testamenta nomen ejus irrepere; hac vi non utatur, ne si exploratum habeat id omnino neminem unquam suspicaturum. Hoc qui admiratur, is se, quid sit vir bonus, nescire fatetur. » Id., *ibid.*, lib. III.

de Dieu [1]. Ce n'est que pour mettre dans un plus grand jour la distinction naturelle entre le bien et le mal, qu'on fait de semblables suppositions.

Ce que je viens de dire est très-clair. On aurait tort pourtant d'inférer de là qu'un homme de bien ne doit avoir aucun égard aux peines et aux récompenses, ou que les peines et les récompenses ne sont pas nécessaires pour porter les hommes, dans ce monde, à la pratique de la vertu et de la justice. Il est vrai qu'il y a entre la vertu et le vice une distinction nécessaire et éternelle. Il est certain que la vertu mérite par elle-même d'être aimée et pratiquée, et que le vice au contraire doit être fui sur toutes choses; il est certain enfin que telles doivent être les dispositions de l'homme à l'égard de la vertu et du vice, quand bien même il serait sûr qu'en son particulier il n'aurait rien à gagner ou à perdre en s'attachant à l'un plutôt qu'à l'autre. Si telle était réellement la situation d'esprit et de cœur du genre humain, il est certain qu'il faudrait avoir une âme horriblement dépravée pour balancer un seul moment sur le choix de l'un ou de l'autre de ces deux partis; mais il s'en faut bien que les choses n'en soient sur ce pied-là dans le monde. De la manière dont le monde est maintenant bâti, il est inutile de demander si l'homme prendra le parti de la vertu pour l'amour de la vertu même, toute attente de récompense ou de punition étant mise à part : car qui ne sait que la pratique du vice est ordinairement accompagnée de profit et de plaisir, deux puissants attraits qui donnent facilement le branle à nos actions, et que la pratique de la vertu mène au contraire aux plus grandes calamités, et quelquefois même à la mort. Or cela change beaucoup l'état de la question, fait pencher évidemment la balance du côté du vice, et montre la nécessité des récompenses et des peines. Car,

---

[1] Κἂν εἰ μὴ δυνατὸν εἴη ταῦτα λανθάνειν καὶ Θεοὺς καὶ ἀνθρώπους, ὅμως δοτέον εἶναι τοῦ λόγου ἕνεκα· ἵνα αὐτὴ δικαιοσύνη πρὸς ἀδικίαν αὐτὴν κριθείη. Plat., de Repub., lib. X.

quoique la vertu soit incontestablement préférable au vice indépendamment des récompenses qui y sont attachées, elle n'est pourtant pas suffisante à elle-même, ni capable de soutenir un homme au milieu des souffrances et contre la crainte de la mort, si vous lui ôtez l'espérance d'une rémunération future. Les stoïciens enseignaient le contraire; ils prétendaient que le souverain bien consistait dans la pratique de la vertu, et qu'elle était seule suffisante pour rendre l'homme heureux au milieu de toutes les calamités auxquelles il se trouve exposé sur la terre. Il faut avouer que ces philosophes ont parfaitement bien plaidé la cause de la vertu. Ils ont bien vu que sa beauté était intérieure, fondée sur la nature même des choses, et indépendante de toute circonstance extérieure : de là ils ont conclu que la vertu était aimable par elle-même, sans aucun égard aux avantages qu'elle est capable de procurer, et que les disgrâces qui l'accompagnent ne peuvent diminuer en rien sa beauté intérieure, et ne doivent pas empêcher qu'elle ne fasse toujours l'objet de nos plus ardents désirs. Imbus de ces principes, ils ont été obligés de soutenir, pour ne pas se contredire, que la pratique de la vertu porte toujours avec elle sa propre récompense, et que les plaisirs qu'elle donne dédommagent amplement des plus grandes souffrances du monde. Il fallait bien qu'ils prissent ce parti dans l'ignorance où ils étaient touchant une vie à venir dans laquelle la vertu sera récompensée. Il est vrai que les plus éclairés d'entre eux ont espéré cet heureux avenir, et qu'ils en ont parlé [1] comme d'une chose probable, mais ce n'était après tout que des conjectures sur lesquelles ils ne pouvaient pas faire grand

---

[1] « Mors quam pertimescimus ac recusamus, intermittit vitam, non eripit. Veniet iterum qui nos in lucem reponat dies. » SENEC., *Epist.*, ep. XXXVI.

« Cogitemus ergo, Lucili carissime, cito nos eo perventuros, quo illum (Flaccum) pervenisse mœremus. Et fortasse (si modo sapientum vera fama est, recipitque nos locus aliquis), quem putamus periisse, præmissus est. » ID., epist. LXIII.

CHAPITRE III.

fond. Ils disaient donc, conformément à leurs principes, que la vertu était infiniment préférable à tous les plaisirs criminels dont on peut jouir dans le monde [1]. Ils ajoutaient qu'un homme à qui on donnerait le choix ou de jouir sans vertu de tout ce qui peut rendre un homme heureux ici-bas, ou de mener une vie vertueuse, mais traversée par les plus cruelles calamités, ne devrait pas hésiter un seul moment à se déterminer pour la dernière de ces choses [2]. On ne peut pas même leur refuser cette justice, de confesser qu'il s'en est trouvé parmi eux dont la vie n'a point démenti ces grands sentiments. Témoin ce Régulus, si fameux dans les histoires anciennes pour avoir mieux aimé mourir du plus cruel de tous les supplices que de violer la foi promise à ses ennemis. Mais qui ne voit après tout que de la manière dont les hommes sont faits, si vous leur ôtez l'espoir de la récompense, vous éteignez leur ardeur pour la pratique de la vertu? Rien n'est plus beau ni plus grand que ce langage des stoïciens; mais le mal est que ce ne sont que des paroles sans réalité. Le petit nombre de ceux qui ont agi comme ils ont parlé, n'a pas eu grande influence sur le reste du monde. Il ne faut pas attendre des hommes en général qu'ils renoncent aux plaisirs de la vie, et à la vie même, à moins qu'ils ne soient soutenus par

---

[1] « Est autem unus dies bene et ex præceptis tuis actus peccanti immortalitati anteponendus. » Cic., *Tuscul. quæst.*, lib. V.

[2] « Quæro si duo sint, quorum alter optimus vir æquissimus, summa justitia, singulari fide; alter insigni scelere et audacia : et si in eo errore sit civitas, ut bonum illum virum, sceleratum, facinorosum, nefarium putet; contra autem qui sit improbissimus, existimet esse summa probitate ac fide : proque hac opinione civium, bonus ille vir vexetur, rapiatur, manus ei auferantur, effodiantur oculi, damnetur, vinciatur, uratur, exterminetur, egeat; postremo omnibus miserrimus esse videatur. Contra autem, ille improbus laudetur, colatur, ab omnibus diligatur, omnes ad eum honores, omnia imperia, omnes opes, omnes denique copiæ conferantur, vir denique optimus omnium æstimatione, et dignissimus omni fortuna judicetur : quis tandem erit tam demens, qui dubitet, utrum se esse malit. » Id., *de Repub.*, lib. III. Fragment.

l'espérance d'un meilleur sort dans une vie à venir. De sorte que, supposé que les hommes n'aient aucune récompense à espérer pour l'avenir, il faudra dire que Dieu leur a donné des facultés qui les mettent dans la nécessité d'approuver la vertu sans leur fournir des motifs suffisants pour les animer à la suivre. Cette difficulté inexplicable aurait dû porter les philosophes à avoir une ferme persuasion des peines et des récompenses d'une vie à venir, sans quoi tout leur système de morale tombe nécessairement en ruine. Et ce point, si nécessaire et si important au genre humain, n'ayant pas été révélé d'une manière claire, directe et universelle, aurait dû les mener de conséquence en conséquence à d'autres vérités dont j'aurai occasion de parler en détail dans la suite.

CHAPITRE IV.

Où l'on fait voir l'absurdité du système de Hobbes touchant l'origine du droit.

Après tout ce que je viens de dire dans le chapitre précédent, il est aisé de voir que le système de Hobbes est la chose du monde la plus faible et la plus fausse. Il prétend qu'originairement et dans la nature des choses, il n'y a aucune distinction entre le bien et le mal, le juste et l'injuste. Il soutient que l'homme, considéré dans son état naturel, antécédemment aux conventions faites avec les autres hommes, n'est pas obligé à leur vouloir du bien, ni à aucun autre devoir quel qu'il puisse être. Il prétend enfin qu'il n'appartient qu'à ceux qui gouvernent de décider si une chose est juste ou injuste, et que tout roule en ce point sur leur autorité et sur les lois positives [1] qu'ils font. Je ne crois

---

[1] On attribue ce sentiment à Archélaüs, maître de Socrate. Τὸ δίκαιον εἶναι καὶ τὸ αἰσχρὸν οὐ φύσει, ἀλλὰ νόμῳ. Diog. Laert., lib. 2, pars 16.

CHAPITRE IV.

pas qu'il soit nécessaire d'entrer ici dans un long détail pour faire voir l'absurdité de ces propositions. Je pense avoir prouvé dans le chapitre précédent le contraire d'une manière démonstrative. Je me contenterai donc de faire ici quelques remarques qui serviront à faire voir que les principes sur lesquels Hobbes a bâti tout son système mènent à des conséquences affreuses, et dont l'absurdité saute aux yeux.

Premièrement, tout le système de Hobbes roule sur ce principe : « Que [1] tous les hommes étant égaux par nature, « et tous portés naturellement à désirer les mêmes choses, « ont tous un même droit [2] de s'approprier tout ce qu'ils « trouvent à leur bienséance, qu'ils aspirent tous à exercer « un pouvoir absolu sur les autres hommes, et qu'ils peuvent « justement mettre en œuvre tous les moyens possibles « pour parvenir à ce pouvoir suprême, s'emparer du bien « d'autrui par force, et ôter la vie sans scrupule à quiconque « se trouve dans leur chemin. » Or, il n'y a point de différence entre ce langage et celui d'un homme qui soutiendrait que le tout n'est pas plus grand que sa partie, ou qu'un corps peut être présent en un million de lieux à la fois. Car, dire qu'un homme a un droit absolu aux mêmes choses individuelles auxquelles un autre homme a pareillement le même droit, c'est dire en effet qu'un droit peut être contradictoire à un autre droit, c'est-à-dire qu'une chose peut être juste et injuste en même temps [3]. Par exemple, si tout homme a le droit de conserver sa propre vie, il est évident

[1] « Ab æqualitate naturæ oritur unicuique ea, quæ cupit, acquirendi spes. » *Leviath.*, cap. XIII.

[2] « Natura dedit *unicuique jus in omnia*. Hoc est, in statu mere naturali, sive antequam homines ullis pactis sese invicem obstrinxissent, unicuique licebat facere quæcunque et in quoscunque licebat; et possidere, uti, frui omnibus, quæ volebat et poterat. » *De Civ.*, c. I, par. 10.

[3] « Si impossibile sit singulis, omnes et omnia sibimet subjicere, ratio quæ hanc finem proponit singulis, qui uni tantum contingere potest, sæpius quam millies proponeret impossibile et semel tantum possibile. » CUMBERL., *de Leg. nat.*, pag. 217.

que je ne puis avoir aucun droit de la lui ravir, à moins qu'il ne soit déchu de son droit en entreprenant [1] de m'ôter la mienne. Autrement, je pourrais avoir droit de faire une chose que je ne saurais faire après tout sans injustice, puisque pour la faire je serais obligé de violer le droit d'autrui, ce qui est la plus grande de toutes les absurdités. Voici donc en un mot ce que c'est. Chaque homme, considéré dans l'état d'égalité et de nature où Hobbes le pose, ayant un droit égal à la conservation de sa propre vie, doit évidemment avoir un pareil droit à une portion égale de toutes les choses nécessaires à la conservation ou à la commodité de cette même vie. Il est donc si peu vrai que chaque homme ait originairement le droit de s'approprier toutes choses, qu'il est au contraire très-clair que quiconque entreprend de se rendre maître d'une plus grande portion que celle à laquelle il a droit de prétendre, tombe dans une injustice, et se rend responsable de tout le mal qui en arrive, à moins qu'il ne le fasse du consentement des autres hommes, et pour des raisons de bien public.

2. Hobbes n'a pu esquiver cette première absurdité qu'en tombant dans une seconde ; car il a été obligé de soutenir que, « puisque, de l'aveu de tout le monde, chaque particu« lier a droit de défendre sa vie, et par conséquent de faire « tout ce qu'il juge nécessaire pour la conserver, et puisque « dans l'état de nature les hommes doivent nécessairement « être soupçonneux, jaloux les uns des autres, et perpé« tuellement en garde contre les usurpations des autres « hommes [2], le soin que chacun doit prendre de sa propre « conservation l'autorise à prévenir les autres hommes [3] ;

---

[1] « Nec potest cujusquam jus seu libertas ab ulla lege relicta, eo extendere, ut liceat oppugnare ea, quæ aliis eadem lege imperantur facienda. » Cumberl., pag. 219.

[2] « Omnium adversus omnes, perpetuæ suspiciones. — Bellum omnium in omnes. » De Cive, cap. I, part. 12.

[3] « Spes unicuique securitatis conservationisque suæ in eo sita est,

« qu'il peut les opprimer et les détruire, soit en leur ten-
« dant des embûches, soit en les attaquant à force ouverte,
« et il ajoute que ce sont les seuls moyens [1] qu'il ait de se
« garantir lui-même. » Mais cette nouvelle absurdité est pire
encore que la première. Je laisse à part que, dans les principes de Hobbes, les hommes avant d'avoir fait entre eux
des conventions et des lois positives, peuvent faire tout le
mal qu'ils veulent sans crime et sans alléguer le prétexte de
leur conservation propre. Mais que peut-on concevoir de
plus ridicule que de se figurer que le moyen le plus certain et
le plus direct pour la conservation du genre humain, c'est cet
état de guerre de tous contre tous dont parle cet auteur? Sans
doute, dit-il, parce que par là les hommes se trouvent dans
la nécessité de s'unir, et de tomber d'accord de certaines
lois pour leur sûreté mutuelle. Mais quand il s'agit d'expliquer pourquoi ces contrats sont obligatoires, il est obligé,
malgré qu'il en ait, d'appeler à son secours [2] une loi de nature antécédente à ces conventions. Or, par là il renverse
tout son système; car la même loi naturelle qui, après les
conventions faites, oblige les hommes à se garder la foi promise, doit nécessairement, avant aucune convention faite,
les obliger aussi et précisément pour les mêmes raisons, à se
contenter de ce qu'ils ont, et à se vouloir du bien mutuellement, puisque ce sont les moyens les plus sûrs et les plus
propres de procurer le bien et la félicité commune du
genre humain. Je conviens qu'en faisant des traités et des
lois, les hommes s'accordent entre eux de se forcer les uns
les autres à faire de certaines choses qu'ils ne feraient pas
peut-être s'ils n'étaient poussés à les faire que par l'idée
seule de leur devoir, et si ce motif, tout puissant qu'il est en
lui-même, n'était soutenu par la considération de la loi. Les

ut viribus artibusque propriis proximum suum, vel palam, vel ex
insidiis præoccupare possit. » *Ibid.*, cap. V, par. 1.

[1] « Securitatis viam meliorem habet nemo anticipatione. » *Lev.* XIII.
[2] Id., *de Cive*, cap. III, par. 1.

contrats sont donc d'un très-grand usage, et contribuent effectivement beaucoup à la conservation du genre humain. Mais cette compulsion ne change rien à l'obligation elle-même : elle nous montre seulement que cet état sans loi que Hobbes appelle l'état de nature, n'est rien moins que naturel, et ne s'accorde ni avec la nature de l'homme, ni avec ses facultés ; qu'au contraire, c'est un état entièrement contre nature, et de dépravation insupportable. C'est ce que je prouverai tout à l'heure par quelques autres considérations.

3. Voici une nouvelle absurdité qui n'est pas moins palpable que les autres, et qui montre de plus que le système de Hobbes n'a rien de suivi. Il suppose partout que certaines branches particulières de la loi naturelle sont obligatoires originairement et par elles-mêmes, pendant qu'il refuse cette qualité à un grand nombre d'autres qui de leur nature ne le sont pas moins que les premières, et sans lesquelles il ne saurait jamais prouver solidement que les premières soient obligatoires. C'est ainsi qu'il suppose que dans l'état de nature, antécédemment à tout contrat, « il est permis à cha-
« cun de faire [1] tout ce qu'il lui plaît, que rien de ce que
« l'homme peut faire [2] n'est injuste, et que ni celui qui fait
« du mal à un autre ne se rend coupable d'injustice, ni celui
« à qui le mal est fait [3] n'a aucune juste raison de se plain-
« dre. » Je ne doute pas que Hobbes lui-même n'eût changé

---

[1] « Unicuique *licebat* facere quæcunque *libebat*. » *De Cive*, cap. I, par. 10.

[2] « Consequens est, ut nihil dicendum sit injustum. Nomina justi et injusti locum in hac conditione non habent. » Id., *Leviath.*, cap. XIII.

[3] « Ex his sequitur, injuriam nemini fieri posse, nisi ei quocunque initur pactum. — Si quis alicui noceat, quocum nihil pactus est, damnum ei infert, non injuriam. Etenim si is qui damnum recipit, injuriam expostularet; is qui fecit sic diceret : *Quid tu mihi ? quare facerem ego potius tuo libitu quam meo?* In qua oratione, ubi nulla intercesserunt pacta, non video quid sit, quod possit reprehendi. » Id., *de Civ.*, cap. III, p. 4.

bientôt de langage, s'il eût vécu dans son état de nature, et que là il se fût rencontré être la partie souffrante. Quoi qu'il en soit, après avoir avancé ces étranges suppositions, il reconnaît que, dans ce même état de nature, les hommes sont indispensablement obligés de chercher à vivre en paix [1], et de faire entre eux des conventions qui remédient à tous [2] ces inconvénients. Or, si la raison primitive et la nature des choses les obligent à convenir entre eux de certains articles de paix, et à renoncer le plus tôt qu'il leur est possible à cette prétendue guerre naturelle qu'ils ont les uns avec les autres, pourquoi cette même raison primitive, cette même nature des choses n'aurait-elle pas le pouvoir de les obliger originairement à s'unir par les liens d'une bienveillance mutuelle, et à ne pas entrer dans cet état de guerre? Il faut qu'il avoue qu'il en serait ainsi, si ce n'était que l'amour de soi-même et le soin de sa propre conservation force l'homme à avoir guerre avec les autres hommes. Je le veux. Mais cette raison n'est bonne, tout au plus, que pour ceux qui sont attaqués, elle n'est d'aucun usage pour le premier agresseur. Cependant Hobbes déclare dans un des passages [3] que je viens de citer que le premier agresseur n'est coupable d'aucune injustice. Il tombe donc en contradiction avec lui-même : c'est ce qui lui est assez ordinaire lorsqu'il se mêle de parler de morale. Il suppose que « le bien et le mal, le « juste et l'injuste sont des choses qui ne sont point fondées « sur la nature, mais qu'elles dépendent entièrement des « lois positives. » Il prétend que [4] « les règles du bien et du

---

[1] « Prima et fundamentalis lex naturæ est, quærendam esse pacem, ubi haberi potest. » Ip., *ibid.*, cap. II, par. 2.

[2] Ip., *de Civ.*, cap. II et III.

[3] « Ex his sequitur, injuriam nemini fieri posse. » Voyez ce passage cité plus au long dans la note (3) de la page précédente.

[4] « Regulas boni et mali, justi et injusti, honesti et inhonesti, esse leges civiles; ideoque quod legislator præceperit, id pro bono, quod vetuerit, id pro malo habendum esse. » Ip., *ibid.*, cap. XII.

« mal, du juste et de l'injuste, de l'honnête et du malhon-
« nête sont des choses purement civiles. » Il enseigne ¹ « que
« tout ce que le magistrat civil commande doit passer pour
« bon, et tout ce qu'il défend pour mauvais. » Sur ce fondement il soutient « que ce n'est qu'en vertu des lois que les
« peuples ont faites, que le larcin et l'adultère sont ² des
« crimes. » Il ajoute « que les commandements, honore ton
« père et ta mère, tu ne tueras point, tu ne paillarderas
« point, n'obligent qu'autant que les puissances civiles ³ le
« jugent convenable. » — Il dit même que dans les lieux où
« les puissances supérieures ordonnent d'adorer Dieu sous
« une forme corporelle ⁴ (comme dans les lieux où règne le
« paganisme), il est permis et du devoir d'un chacun de le
« faire. » De tout cela il conclut très-justement, selon ses
principes, « que les hommes sont positivement obligés ⁵ de
« se soumettre à l'autorité civile en toutes choses, et même

---

¹ « Quod actio justa vel injusta sit a jure imperantis provenit. Reges legitimi quæ imperant, justa faciunt imperando; quæ vetant, vetando faciunt injusta. » *De Civ.*, cap. XII, p. 1.

² « Si tamen lex civilis jubeat invadere aliquid, non est illud furtum, adulterium, etc. » *Ibid.*, cap. XIV, p. 10.

³ « Sequitur ergo legibus illis, non occides, non mæchaberis, non furaberis, parentes honorabis, nihil aliud præcepisse Christum, quam ut cives et subditi suis principibus et summis imperatoribus in questionibus omnibus circa meum, tuum, suum, alienum, absolute obedirent. » *Ibid.*, cap. XVII, p. 10.

⁴ « Si quæratur an obediendum civitati sit, si imperetur Deum colere sub imagine, coram iis qui id fieri honorificium esse putant, certe faciendum est. » *Ibid.*, cap. XV, par. 18.

« Universaliter et in omnibus obedire obligamur. » *Ibid.*, cap. XIV, p. 10.

⁵ « Doctrina alia, quæ obedientiæ civili repugnat, est quicquid faciat civis quicunque contra conscientiam suam peccatum esse. » *Leviath.*, cap. XXIX.

« Opinio eorum qui docent, peccare subditos, quoties mandata principum suorum, quæ sibi injusta videntur esse, exsequuntur, et erronea est, et inter eas numeranda quæ obedientiæ civili adversantur. » ID., *de Civ.*, cap. XII, p. 2.

« dans celles auxquelles leur conscience répugne, » c'est-à-dire qu'ils sont positivement obligés de faire des choses qu'ils connaissent distinctement être contraires à leur devoir. Il avoue bien « que la loi de nature oblige toujours intérieure-
« ment et au tribunal de la conscience [1], mais qu'elle n'o-
« blige pas toujours devant les hommes ; qu'elle ne le fait
« que dans les cas où l'on peut l'observer sans risque. » Mais ce langage n'est-il pas aussi absurde que s'il eût dit que les lois et les constitutions des princes peuvent faire que la lumière soit ténèbres, et les ténèbres lumière, le doux amer, et l'amer doux? Et certes il dit quelque chose de fort approchant ; car il soutient que c'est à la puissance civile à décider de toutes sortes d'opinions et de dogmes [2]. Il veut qu'elle détermine les questions physiques [3] et mathématiques, et non-seulement celles-là, mais (à cause que la signification qu'on attache aux termes est une chose purement arbitraire) il prétend qu'elle a le même droit sur l'arithmétique, et que c'est à elle, par exemple, qu'il appartient de statuer si l'on dira que deux et trois font cinq [4], ou si on ne le dira pas. Mais quand il s'agit de certains points sur lesquels il n'a pas osé trancher le mot, comme sur les autres, de peur de révolter ses lecteurs, ou dont il a eu besoin pour bâtir son système, il est forcé d'avouer qu'ils sont obligatoires par eux-mêmes, antécédemment à aucune loi positive, et indépendamment [5] d'aucune ordonnance humaine. Il met dans le premier rang l'obligation [6] « d'aimer Dieu, de l'honorer et de l'adorer,

---

[1] « Concludendum est, legem naturæ semper et ubique obligare, in foro interno, sive conscientiæ : non semper in foro externo, sed tum solummodo, cum secure id fieri possit. » *De Civ.*, cap. III.

[2] *Ibid.*, cap. VI, par. 11.

[3] *Ibid.*, cap. XVII, par. 12.

[4] *Ibid.*, cap. XVIII, par. 4.

[5] « Legem civilem, quæ non sit lata in contumeliam Dei, cujus respectu ipsæ civitates non sunt sui juris, nec dicuntur leges ferre. » *Ibid.*, cap. XIV, par. 10, et cap. III, par. 2.

[6] « Neque enim an honorifice de Deo sentiendum sit, nequoquam sit

« celle de ne pas tuer son père et sa mère, » et quelques autres semblables; et dans le second, l'obligation de tenir ponctuellement les contrats[1], et d'obéir au magistrat civil. Or, qui ne voit que cette différence qu'il met entre ces différents devoirs de la morale, dont les uns obligent naturellement, selon lui, et indépendamment des lois humaines, et les autres dépendent entièrement des constitutions que les hommes ont faites; qui ne voit, dis-je, que cette différence de langage manifeste que son système est la chose du monde la plus absurde et la moins suivie? Car si l'amour de Dieu, la fidélité dans les contrats, et tels autres grands et importants devoirs ne dépendent point du tout des lois humaines, et si pour éviter l'inconvénient de faire dépendre ces devoirs réciproquement les uns des autres, ce qui serait tomber dans un cercle vicieux, il faut confesser, malgré qu'on en ait, qu'ils sont éternels, immuables, fondés sur la nature même des choses et sur leurs relations; si la nature et la force de ces devoirs sont des choses qui ne manquent ni de clarté ni d'évidence, de sorte que quiconque ne rend pas à Dieu l'honneur qui lui est dû, et manque à tenir sa parole, se rend, selon le raisonnement de Hobbes lui-même, coupable d'une aussi grande absurdité dans la pratique, tombe dans une contradiction aussi sensible, et pèche autant contre les lumières de la droite raison que celui qui est réduit dans la dispute à soutenir des choses qui se combattent les

---

amandus, timendus, colendus, dubitari potest. Sunt enim hæc omnium religionum per omnes gentes communia. » *De Hom.*, cap. XIV.

« Si is, qui summum habet imperium se ipsum, imperantem dico, interficere alicui imperet, non tenetur. Neque parentem, — cum filius mori, quam vivere infamis atque exosus mallt. Et alii casus sunt, cum mandata factu inhonesta sunt, etc. » *De Civitate*, cap. VI, par. 13.

[1] « Lex naturalis est, pactis standum esse, sive fidem observandam esse. » *Ibid.*, cap. III, par. 1.

« Lex naturalis omnes leges civiles jubet observare. » *Ibid.*, cap. XIV, par. 10.

unes les autres [1]; si enfin l'obligation originale de s'acquitter de ces grands devoirs ne peut venir que de la raison intérieure et de la nature même des choses : si, dis-je, on avoue toutes ces choses, il faudra nécessairement qu'on avoue aussi que la bienveillance universelle, la justice, l'équité et tous les autres devoirs de la religion naturelle (qui tiennent, comme je l'ai prouvé ci-dessus, leur pouvoir obligatoire de la raison et des relations éternelles des choses) obligent, antécédemment à aucun accord positif entre les hommes; qu'ils sont immuables et ne dépendent d'aucune autorité humaine, quelle qu'elle puisse être. Or cela une fois posé, tout le système de Hobbes tombe nécessairement en ruine. Il faut qu'il renonce à son prétendu état de nature, où il n'admet aucune distinction entre le vice et la vertu, entre la justice et l'injustice, et qu'il se rétracte aussi de son autre dogme favori, qui porte que les notions de juste et d'injuste sont arbitraires, et qu'elles dépendent absolument de la détermination positive des puissances civiles. D'un autre côté, si les règles du bien et du mal, du juste et de l'injuste n'ont dans l'état de nature et antécédemment aux contrats positifs, aucun pouvoir obligatoire, comme Hobbes l'enseigne, il est clair par la même raison qu'elles n'auront après le contrat fait aucune force que celle qu'elles tirent de la contrainte des lois, de la crainte et de la punition, et c'est là apparemment à quoi aboutit au fond tout ce que Hobbes avance sur ce sujet. Car, si antécédemment au contrat on n'est pas

---

[1] « Est similitudo quædam inter id', quod in vita communi vocatur injuria; et id, quod in scholis solet appellari absurdum. Quemodmodum enim is, qui argumentis cogitur ad negationem assertionis, quam prius asseruerat, dicitur redigi ad absurdum, eodem modo ad is, qui pro animi impotentia facit vel omittit id quod se non facturum vel non omissurum pacto suo ante promiserat, injuriam facit; neque minus in contradictionem incidit, quam qui in scholis reducitur ad absurdum. Est itaque injuria, absurditas quædam in conversatione, sicut absurditas, injuria quædam est in disputatione. » *De Civitate*, cap. III, par. 3.

obligé de suivre les règles de la justice, sur quoi Hobbes fondera-t-il l'obligation où il prétend qu'on entre par le contrat, et sur laquelle il suppose que toutes les autres obligations sont fondées? Si avant les conventions faites il était permis à un homme d'ôter la vie à son prochain, quoiqu'il n'eût rien à craindre pour la sienne, je voudrais bien que Hobbes me dît pourquoi, après la convention faite, il ne peut pas en faire autant sans commettre une injustice? Comment prouvera-t-il que le manquement de parole est un crime plus grand et plus atroce que le meurtre d'un homme que l'on met à mort par la seule raison qu'on n'est entré avec lui dans aucun traité, ni dans aucun contrat positif? Or, qui ne voit que ces considérations renversent de fond en comble [1] tout le système de Hobbes?

4. Cet état que Hobbes appelle l'état de nature n'est nullement naturel, c'est au contraire l'état le moins naturel, le plus insupportable et le plus corrompu qu'il soit possible d'imaginer. En effet, la pure nature n'inspire à l'homme que des sentiments d'amour et de bienveillance pour tous les hommes. Les guerres, au contraire, la haine, les violences sortent du fond d'une extrême corruption ; il peut arriver, je l'avoue, qu'un homme soit obligé, malgré qu'il en ait, de faire la guerre à ses semblables pour sa propre défense, et sans s'écarter des lois de la nature et de la raison; mais les premiers attaquants, qui (selon les principes de Hobbes, que

---

[1] « Itaque patet, quod, si Hobbiana ratiocinatio esset valida, omnis simul legum civilium obligatio collaberetur; nec aliter fieri potest quin earum vis labefactetur ab omnibus principiis, quæ legum naturalium vim tollunt aut minuunt; quoniam in his fundatur et regiminis civilis auctoritas et securitas, et legum a civitatibus latarum vigor. » Cumber., *de Leg. nat.*, pag. 303.

« Etiam extra regimen civile, a malis omnigenis simul consideratis tutior erit qui actibus externis leges naturæ constantissime observabit, quam is qui juxta Hobbianam doctrinam, vi aut insidiis alios omnes conando præoccupare, securitatem quæsierit. » Id., *ibid.*, pag. 304.

CHAPITRE IV.

les hommes ont naturellement [1] un penchant qui les porte à se faire du mal et que chacun dans l'état de la nature [2] a droit de faire tout ce qui lui plaît), les premiers attaquants, dis-je, qui, selon ces principes, viennent les armes à la main piller tous ceux qui leur sont inférieurs en forces, sans consulter ni équité ni proportion, sont des gens dont on peut dire à coup sûr qu'ils ont entièrement dépouillé l'humanité [3], et qu'en dépit des lois de la raison et de la nature, ils introduisent dans le monde les plus affreuses calamités, et sont les auteurs de la plus étrange confusion dont le genre humain soit capable, lorsqu'il abuse de ses facultés naturelles. Il est vrai que Hobbes prétend que le désir de s'agrandir et de dominer sur les autres, qui se [4] trouve nécessairement dans tous les hommes, est un des premiers et des plus naturels principes de la vie humaine, et que ce désir porte naturellement les hommes à mettre en usage la force et la violence pour parvenir à leur fin. Mais l'une et l'autre de ces choses est fausse; il est faux que les hommes, demeurant dans les termes de la raison et de la nature innocente, aspirent à plus de pouvoir et de domination sur les autres hommes qu'il ne leur appartient d'en avoir; et quand bien même ils seraient naturellement portés à souhaiter de dominer sur les autres, on ne prouvera jamais que la pure nature leur dicte que pour y parvenir ils puissent employer

---

[1] « Voluntas lædendi omnibus inest in statu naturæ. » Hobbes, *de Civ.*, cap. I, par. 4.

[2] « In statu naturali unicuique liccbat facere quæcunque et in quoscunque libebat. » Id., *ibid.*, par. 10.

[3] « Si nihil existimat contra naturam fieri, hominibus violandis; quid cum eo differas, qui omnino hominem ex homine tollat? » Cic., *de Offic.*, lib. III. Vid. etiam Plat., *de Legibus*, lib. X.

[4] « Homines libertatis et dominii per naturam amatores. » *Leviath.*, cap. XVII.

« Nemini dubium esse debet quia avidius ferrentur homines natura sua, si metus abesset, ad dominationem, quam ad societatem. » *De Civ.*, cap. I, par. 2.

des moyens violents et malfaisants. Car il n'y a que le désir d'être dans une situation à pouvoir faire plus de bien qui puisse justifier l'ambition qu'un homme aurait d'étendre les limites de son autorité et de son empire. Or cela étant, il est clair que cet homme ne saurait, sans s'écarter des lois que lui prescrit la nature innocente, désirer de s'agrandir par des voies destructives et pernicieuses au genre humain, puisqu'il ne peut désirer légitimement de s'agrandir que dans la vue de travailler plus efficacement à la félicité commune du genre humain. La guerre et la violence tirent donc leur origine de l'extrême dépravation attachée à la nature humaine, et non pas de nos penchants naturels. C'est ce que Hobbes lui-même prouve sans y penser, et c'est à quoi aboutissent les arguments qu'il emploie pour établir que la guerre est plus naturelle à l'homme qu'aux abeilles et aux fourmis ; car ce qu'il dit là-dessus retombe sur lui-même et renverse ses propres principes. Il remarque, en effet, qu'au lieu que ces animaux ne connaissent point de différence entre le bien particulier et le bien commun de l'espèce, les hommes au contraire « disputent entre eux des honneurs et des digni- « tés [1], de sorte que cette dispute dégénère enfin en haine, « en envie et en guerre ouverte. » Il ajoute que parmi les hommes « ce qui plaît le plus dans la jouissance des biens « qu'on possède, c'est la pensée qu'on en possède une plus « grande quantité que son voisin [2]. » Il dit « que les hommes « se plaisent à censurer la conduite des autres, et que la « bonne opinion qu'ils ont d'eux-mêmes [3] ouvre la porte aux

---

[1] « Homines inter se de honoribus et dignitatibus perpetuo contendunt ; sed animalia illa (apes et formica) non item. Itaque inter homines invidia, odium, bellum, etc. » *Leviath.*, cap. XVII.

[2] « Inter animalia illa, bonum publicum et privatum idem est. — Homini autem in bonis propriis, nihil tam jucundum est, quam quod aliena sunt majora. » *Ibid.*

[3] « Animantia quæ rationem non habent, nullum defectum vident, vel videre se putant, in administratione suarum rerum publicarum. Sed in multitudine hominum plurimi sunt, qui præ cæteris sapere se existi-

« innovations et aux usurpations ; qu'ils cherchent par toutes
« sortes de moyens à se tromper les uns les autres ; que
« pour cet effet ils appellent le bien, mal, et le mal, bien ;
« qu'ils sont rongés d'envie de la prospérité d'autrui, et fiers
« de se trouver eux-mêmes dans le repos et dans l'abon-
« dance [1] ; qu'ils sont obligés d'avoir recours aux contrats
« et à la rigueur [2] des lois pour conserver la paix parmi
« eux : » toutes choses qui ne se rencontrent point dans les
animaux. Mais qui ne voit que tous ces désordres ne sont
point des effets naturels des productions de la raison humaine ? Qui ne voit au contraire que ce sont des preuves
aussi claires et aussi sensibles de sa dépravation, qu'il soit
possible d'en alléguer ?

5. Enfin je dis qu'il n'est rien de plus faux et de plus absurde que le grand argument de Hobbes, qui sert pourtant
de fondement principal à son système et à celui de ses sectateurs. Cet argument le voici. Il soutient que l'unique fondement de l'empire que Dieu exerce sur les créatures, et la véritable mesure du droit [3] qu'il a sur elles, gît « dans sa puis-
« sance, à laquelle il est impossible de résister. » De là il
conclut que chaque être particulier n'a d'autres bornes de

---

mantes, conantur res novare ; et diversi novatores innovant diversis modis ; id quod est distractio et bellum civile. » *De Cive*, cap. V, par. 5.

[1] « Animantia verborum arte illa carent, qua homines, alii aliis videri faciunt bonum, malum, et malum, bonum. » *Leviath.*, cap. XVII.

« Animalia bruta, quandiu bene sibi est, non invident cæteris ; homo autem tum maxime molestus est quando otio opibusque maxime abundat. » *Ibid*.

[2] « Consensio creaturarum illarum brutarum naturalis est ; hominum pactitia tantum, id est artificiosa. » *De Cive*, cap. V, par. 5.

[3] « Regni divini naturalis jus derivatur ab eo, quod divinæ potentiæ resistere impossibile est. » Id., *Leviath.*, cap. XXXI.

« In regno naturali, regnandi et puniendi eos qui leges suas violant, jus Deo est a sola sua potentia. » *De Cive*, cap. XV, par. 5.

« Iis quorum potentiæ resisti non potest, et per consequens Deo omnipotenti, jus dominandi ab ipsa potentia derivatur. » *Ibid*.

son droit que celles de sa puissance naturelle [1], c'est-à-dire que chaque être a un droit naturel de faire tout ce qu'il a le pouvoir d'exécuter. Je laisse maintenant à part les preuves que j'ai alléguées ci-dessus, pour faire voir que les autres perfections de Dieu servent, aussi bien que sa puissance, de fondement à l'autorité qu'il exerce sur l'univers ; je ne veux que cette seule considération [2] pour renverser cette hypothèse. Je suppose que le démon (qu'on ne soit pas surpris de cette supposition, car quand les hommes s'avisent d'avancer des dogmes impies, ils ne doivent pas trouver mauvais qu'on leur réponde par des suppositions qui ont du rapport avec leurs doctrines) ; je suppose, dis-je, qu'un être malfaisant, cruel et injuste au possible, tel que nous concevons le démon, se trouve revêtu d'une autorité souveraine et d'un pouvoir absolu, et que tout l'usage qu'il fait de son autorité et de son pouvoir aboutisse à rendre le monde le plus misérable qu'il peut, et à le traiter de la manière du monde la plus cruelle et la plus tyrannique. Qu'est-ce qui s'ensuivra de cette supposition, suivant le système de Hobbes, qui pose que le domaine est fondé sur la puissance, et que la puissance est la règle et la mesure du droit, et par conséquent qu'une puissance absolue donne un droit absolu et illimité ? Il s'ensuivra que l'empire de cet être malfaisant ne serait pas seulement un empire auquel il faudrait nécessairement se soumettre, mais qui serait, outre cela, juste et légitime, et dont on aurait aussi peu de raison de se plaindre [3] qu'on en a maintenant que l'univers est sous la conduite d'un Dieu infiniment bon et infiniment juste, dont l'amour, la bonté et la gratuité se manifestent dans tous les ouvrages de ses mains.

---

[1] « Nam quoniam Deus jus ad omnia habet; et jus Dei nihil aliud est, quam ipsa Dei potentia ; hinc sequitur, unamquamque rem naturalem tantum juris ex natura habere quantum potentiæ habet. » Spinoz., *de Monarch.*, cap. II. Vid. etiam *Tract. theol. polit.*, cap. XVI.

[2] Vid. Cumberl., *de Leg. nat.*, loc. sup. citat., cap. III, par. 6.

[3] Hobbes, *de Cive*, cap. III, par. 4.

CHAPITRE IV.

Hobbes s'imagine avoir admirablement bien pourvu à la défense de cette étrange thèse, en disant que l'unique raison qui assujettit les hommes à Dieu et qui les met dans la nécessité de lui obéir, c'est qu'ils sont faibles et qu'ils manquent de pouvoir; car, s'ils étaient tout-puissants [1], rien, dit-il, ne les obligerait d'obéir à Dieu, et leur puissance les mettrait en droit de faire tout ce qui leur plairait. J'avoue que si les hommes n'étaient pas des êtres créés, ils ne pourraient pas être dans l'obligation de se soumettre à la volonté et aux commandements d'un autre être dans les choses positives. Mais, quelque étendue qu'on donne à leur pouvoir, on ne les dispensera pourtant pas de l'obligation de pratiquer les vertus morales, comme sont la justice, l'équité, la sainteté, la pureté, la bonté, la bienfaisance, la fidélité et la vérité [2], dont Hobbes s'efforce de les affranchir à la faveur de cet argument sophistique, et des autres raisonnements impies dont tout son système est rempli. La raison en est qu'il n'en va pas de l'obligation d'accomplir les devoirs, comme de l'obligation d'obéir aux autres devoirs dont l'établissement est positif et arbitraire, et qui n'ont d'autre fondement que la faiblesse, la sujétion et la dépendance des personnes à qui ils sont imposés. Les premiers sont fondés, outre cela, et principalement sur la raison éternelle et sur la nature immuable des choses mêmes. C'est la loi de Dieu lui-même, une loi qui n'est pas seulement pour les créa-

---

[1] « Quod si jus regnandi habeat Deus ab omnipotentia sua, manifestum est obligationem ad præstandam ipsi obedientiam, incumbere hominibus propter imbecillitatem. » Il s'explique dans sa note, où il ajoute : « Si cui durum hoc videbitur, illum rogo ut tacita cogitatione considerare velit, si essent duo omnipotentes, uter utri obedire obligaretur. Confitebitur, credo, neutrum neutri obligari. Hoc si verum est, verum quoque est quod posui, homines ideo Deo subjectos esse, quia omnipotentes non sunt. » *De Cive*, cap. XV, par. 7.

[2] « Ut enim omittam vim et naturam deorum; ne homines quidem censetis, nisi imbecilli essent, futuros beneficos, et benignos fuisse. » Cic., *de Nat. Deor.*, lib. I.

tures, mais que le créateur lui-même ne perd jamais de vue, et qui est la règle de tout ce qu'il fait en qualité de gouverneur de l'univers.

Je me suis étendu fort au long sur la matière qui fait le sujet de ce chapitre par la raison que la vertu morale est la base, le sommaire, l'essence et l'âme de la véritable religion. C'est pour lui donner plus de relief et plus de poids que les lois positives ont été principalement faites. C'est pour lui redonner sa première splendeur qu'il a plu à Dieu de se révéler aux hommes. Toute doctrine, quelle qu'elle soit, qui la combat et qui ne s'accorde pas avec elle, est aussi certainement et aussi nécessairement fausse que Dieu est véritable, de quelque raison et de quelque autorité qu'elle puisse être soutenue d'ailleurs.

CHAPITRE V.

IIe PROP. Qu'encore que tous les êtres raisonnables soient obligés d'observer ces devoirs éternels de la morale, même indépendamment de la volonté positive de Dieu, et antécédemment au commandement qu'il en a fait, il y a pourtant une considération qui redouble l'obligation indispensable qui leur est imposée de les pratiquer; c'est que Dieu étant nécessairement juste et bon dans l'exercice de cette puissance infinie qu'il déploie dans le gouvernement de l'univers, il ne peut s'empêcher d'exiger positivement que toutes les créatures raisonnables soient pareillement justes et bonnes, à proportion des facultés qu'il leur a données, et des circonstances différentes dans lesquelles il les a placées, le tout fondé sur la nature des choses, sur les perfections de Dieu, et sur plusieurs autres raisons collatérales. C'est-à-dire que ces devoirs éternels de la morale, qui de leur nature sont réellement et toujours obligatoires, le sont aussi en vertu de la volonté expresse de Dieu et de sa loi immuable; de sorte que toutes les créatures raisonnables les doivent observer avec toute l'exactitude dont elles sont capables, par respect pour son autorité souveraine, aussi bien qu'en conformité à la raison naturelle des choses.

Cette seconde proposition est très-évidente et n'a pas besoin d'être prouvée en détail.

Car les mêmes raisons qui nous persuadent que Dieu doit être nécessairement et infiniment saint, et infiniment juste, et infiniment bon, prouvent évidemment, par le même moyen, qu'il doit aussi vouloir que toutes ses créatures soient saintes, justes et bonnes à proportion de leurs facultés et des talents qu'il leur a donnés. J'ai déjà fait voir fort amplement qu'il y a dans les choses des différences éternelles et nécessaires, des concordances et des discordances, des proportions et des disproportions, des convenances et des disconvenances, et que tout cela est entièrement fondé sur leur nature même. J'ai fait voir aussi qu'il résulte de ces proportions et de ces convenances inaltérables que la volonté de Dieu se porte toujours et nécessairement à choisir ce qui contribue le plus au bien commun de l'univers, et ce qui s'accorde le mieux avec les règles immuables de la justice, de l'équité, de la bonté et de la vérité ; puisque cet Être suprême est infiniment au-dessus des influences d'aucune puissance externe, et à l'abri de toute sorte d'erreur ou de tromperie. J'ai prouvé encore que, dans l'ordre, ces mêmes considérations doivent déterminer la volonté de tous les êtres raisonnables subordonnés, et les porter à se conformer dans toutes leurs actions à ces règles éternelles. Il ne me reste donc maintenant autre chose à prouver, sinon que ces mêmes règles de morale qui, par elles-mêmes et de leur nature, sont obligatoires, le sont aussi en vertu de la volonté positive de Dieu et du commandement exprès qu'il en fait à toutes les créatures raisonnables, et, par conséquent, que quiconque les néglige ou les transgresse volontairement, non-seulement confond, autant qu'il est en lui, et renverse les raisons naturelles des choses et leurs proportions, mais foule aussi insolemment aux pieds l'autorité suprême de Dieu. Or, c'est ce qui résulte clairement des principes que j'ai posés ; car les mêmes raisons qui nous persuadent que Dieu possède nécessairement une sagesse, une justice et une bonté infinies, nous assurent pareillement qu'il ne saurait approuver l'iniquité dans les hommes. D'un autre côté, la beauté, l'excellence et l'importance des lois de la justice éternelle que Dieu prend toujours pour la règle constante de ses propres actions, ne nous permettent pas de douter qu'il ne veuille et ne souhaite que toutes les créatures raisonnables les prennent aussi pour la règle de leur conduite. Parmi les hommes même, on ne voit point de père qui ne souhaite que ses enfants l'imitent dans les choses où il croit exceller; à plus forte raison, Dieu, qui est infiniment éloigné d'être sujet aux passions et au changement, comme sont les faibles mortels, et qui s'intéresse infiniment plus à la félicité de ses créatures que les hommes ne s'intéressent au bien de leur postérité, désire-t-il que ses créatures lui ressemblent dans les perfections qui sont le fondement de sa félicité immuable. Nous ne pouvons pas l'imiter dans l'exercice de sa puissance souveraine; nous ne pouvons pas prétendre lui ressembler dans sa connaissance qui ne s'égare jamais; nous ne pouvons pas *tonner comme lui de la voix* [1], ni pénétrer jusqu'au fond des abîmes impénétrables de sa sagesse; mais sa sainteté, sa bonté, sa justice, sa droiture et sa vérité sont des choses que nous pouvons connaître. C'est par ces endroits que nous pouvons l'imiter, et ce n'est même qu'en l'imitant dans la pratique de ces vertus que nous pouvons prétendre au rôle d'enfants obéissants. Si Dieu par son essence est infiniment pur et saint (comme la lumière naturelle nous le découvre manifestement), il s'ensuit *qu'il a les yeux trop purs pour voir* [2] et pour approuver l'impureté de ses créatures. Il faut donc nécessairement qu'il exige d'elles qu'elles soient saintes comme il est saint, autant que les bornes de leur nature faible et finie le peuvent permettre. S'il est infiniment juste et véritable, comme il n'en faut point douter, il est clair qu'il doit nécessairement vouloir

---

[1] Job, XL, 4.
[2] Habac., I, 13.

que toutes les créatures raisonnables qu'il a créées à son image, à qui il a communiqué quelques rayons de ses divines perfections, et qu'il a ornées d'excellentes facultés qui les mettent en état de distinguer le bien d'avec le mal, l'imitent dans la pratique de ces glorieux attributs, en conformant toutes leurs actions aux lois éternelles et immuables de la justice [1]. « Si Dieu est un être infiniment bon, s'il fait lever son soleil « sur les bons et sur les méchants, s'il envoie sa pluie sur « les justes et sur les injustes, s'il ne se laisse jamais sans « témoignage en faisant du bien aux hommes [2], s'il leur « donne du ciel des pluies et des saisons fertiles, et s'il rem- « plit leurs cœurs de viande et de joie, » il doit nécessairement vouloir que tout ce qu'il y a de créatures raisonnables contribuent, chacune selon son pouvoir, à se procurer les unes les autres la jouissance de ces précieux effets de la bonté divine [3]. Enfin, si Dieu est un être dont « les compassions et les miséricordes sont infinies, » comme sa lenteur à punir les iniquités des hommes, et sa promptitude à leur quitter « les dix mille talents » qu'ils lui doivent, le donnent assez à connaître, il doit nécessairement vouloir qu'ils se fassent grâce les uns aux autres « des cent deniers [4] » qu'ils ont à prétendre; qu'ils soient miséricordieux envers leurs semblables, « comme leur père céleste leur est miséricordieux, » et qu'ils « aient pitié de leurs compagnons de service comme lui [5], » qui est leur maître commun, a pitié d'eux. C'est ainsi que de degré en degré la raison naturelle conduit les hommes de la connaissance des attributs de Dieu à la connaissance de sa volonté. Les mêmes raisons, les mêmes arguments qui prouvent les perfections ou les attributs nécessaires de Dieu, et qui établissent les proportions natu-

---

[1] Matth., V, 45.
[2] Act., XIV, 17.
[3] Matth., XVIII, 24, 28.
[4] Luc., VI, 36.
[5] Matth., II, 23.

relles et les convenances des choses, prouvent et établissent aussi en même temps que la véritable loi de nature ou la raison des choses est pareillement la volonté de Dieu[1]. Les plus sages et les plus habiles d'entre les païens, dans tous les siècles, ont conclu de là avec beaucoup de solidité et de raison, que la partie la plus certaine et la meilleure de la religion naturelle, celle qu'il importe le plus de cultiver, et où l'on doit le moins craindre de donner à gauche, est celle qui nous enseigne d'imiter les attributs moraux de Dieu[2], en menant une vie pure, juste et charitable. Leur culte extérieur, en effet, n'avait rien de fixe, rien d'assuré ; car, sans une révélation expresse, il est absolument impossible de s'assurer qu'un acte extérieur de religion soit agréable à Dieu plutôt qu'un autre.

Cette méthode, qui de la considération des attributs de Dieu nous mène à la connaissance de sa volonté, est certainement la plus claire, la meilleure, la plus certaine, la plus universelle de celles que la lumière naturelle nous fournit. Mais nous avons, outre cela, comme je l'ai déjà dit, d'autres raisons collatérales qui nous servent aussi à prouver et à confirmer la même chose, et ces raisons sont que tous les devoirs de la morale, fondés sur la nature même des choses,

---

[1] « Ita principem legem illam et ultimam mentem esse omnia ratione aut cogentis aut vetantis Dei. » Cic., de Leg., lib. II.

« Quæ vis non modo senior est quam ætas populorum et civitatum, sed æqualis illius cœlum atque terras tuentis et regentis Dei. Neque enim esse mens divina sine ratione potest, nec ratio divina non hanc vim in rectis pravisque sanciendis habere. » Ibid.

[2] « Vis deos propitiare? bonus esto. Satis illos coluit, qui imitatus est. » Sen., epist. XCVI. »

Καὶ γὰρ δεινὸν ἂν εἴη, εἰ πρὸς τὰ δῶρα καὶ τὰς θυσίας ἀποβλέπουσιν ἡμῶν οἱ Θεοί, ἀλλὰ μὴ πρὸς τὴν ψυχήν, ἄν τις ὅσιος καὶ δίκαιος ὢν τυγχάνῃ. Πολλῷ γε μᾶλλον, οἶμαι, ἢ πρὸς τὰς πολυτελεῖς ταύτας πομπάς τε καὶ θυσίας. Plato, in Alcibiade.

« Colitur autem, non taurorum opimis corporibus contrucidatis, nec auro argentoque suspenso, nec in thesauros stipe infusa, sed pia et recta voluntate. » Sen., epist. CXVI.

sont aussi des devoirs sur lesquels Dieu a déclaré positivement sa volonté et qu'il a expressément commandés.

2. C'est ce que nous pouvons recueillir, en quelque manière, de la considération des êtres que Dieu a créés ; car, en les créant, il a déclaré suffisamment que son bon plaisir était que ces êtres fussent ce qu'ils sont en effet. Il faut porter le même jugement de sa providence par laquelle il les maintient dans l'état où ils sont, d'une manière miraculeuse ; et comme c'est la volonté de Dieu que *tous les agents nécessaires*, soumis constamment et régulièrement aux lois de leur nature, emploient tout ce qu'ils ont de puissance naturelle à la conservation des choses dans l'état où Dieu les a mis, il est évident qu'il doit nécessairement vouloir que toutes les créatures raisonnables à qui il a donné un entendement, une volonté, un libre arbitre (nobles et excellentes facultés qui les élèvent infiniment au-dessus de tous les autres ouvrages de ses mains), emploient aussi ces belles facultés dont il les a ornées à maintenir, autant qu'il leur est possible, le bel ordre et l'harmonie de l'univers[1], et à en bannir la confusion et le désordre. Je sais que la nature des choses, leurs relations, leurs proportions et leurs disproportions, leurs convenances et leurs discordances, sont éternelles et immuables ; mais ce n'est que dans la supposition que les choses existent réellement, et qu'elles existent de la manière dans laquelle nous les voyons à présent. Or, et la lumière de l'existence, et l'existence elle-même sont des choses qui dépendent entièrement de la volonté arbitraire de Dieu et de son plaisir. Comme donc, en créant les choses au

---

[1] « Mens humana non potest non judicare, esse longe credibilius, quod eadem constantissima voluntas, a qua hominibus datum est esse, pariter mallet ipsos porro esse et valere, hoc est, conservari et felicitate frui, quam illo deturbari de statu, in quo ipsos collocavit. — Sic scilicet e voluntate creandi, cognoscitur voluntas conservandi tuendique homines. Ex hac autem innotescit obligatio, qua tenemur ad inserviendum eidem voluntati notæ. » CUMBERL., *de Leg. nat.*, pag. 227.

commencement, et en leur conservant, par les soins continuels de sa providence, l'être qu'il leur a donné, Dieu donne clairement à connaître que sa volonté est qu'elles existent et qu'elles soient telles qu'elles sont, il déclare de même manifestement, par le même moyen et de la même manière, que tous les devoirs de morale, qui résultent nécessairement des relations et des proportions que les choses ont entre elles, sont de plus conformes à sa volonté, et qu'il les a positivement commandés. Tout homme donc qui n'agit pas conformément à ces relations et à ces proportions, qui ne rend pas à Dieu l'honneur qui lui est dû, qui traite inégalement des personnes égales, qui se donne la mort à lui-même, et qui corrompt les facultés que Dieu lui a données, qui en fait un mauvais usage, et qui les applique mal, foule aux pieds les commandements de Dieu, et transgresse sa volonté positive dont il peut avoir une connaissance suffisante par cette voie.

3. Je prouve la même chose par la réflexion suivante. Tout ce qui tend directement et certainement au bien commun et à la félicité de l'univers, et qui contribue aussi au bien particulier de chacune des parties dont il est composé, est nécessairement conforme à la volonté de Dieu [1], qui seul suffisant à soi-même, et n'ayant besoin pour être heureux de l'existence d'aucune des créatures, n'a pu avoir en les créant d'autre motif que de leur faire part de sa félicité, et

---

[1] « Dubitari non potest, quin Deus, qui ita naturalem rerum omnium ordinem constituit, ut talia sint actionum humanarum consequentia erga ipsos auctores, fecitque ut ordinaria hæc consequentia ab ipsis præsciri possint, aut summa cum probabilitate exspectari; voluerit hæc ab ipsis considerari, antequam ad agendum se accingerent; atque eos his provisis velut argumentis in legum sanctione contentis determinari. » Cumberl., *de Leg. nat.*, pag. 228.

« Rector, seu causa prima rationalis, cujus voluntate res ita disponuntur, ut hominibus satis evidenter indicetur, actus quosdam illorum esse media necessaria ad finem ipsis necessarium; vult homines ad hos actus obligari, vel hos actus imperat. » Id., p. 285.

qui par conséquent doit exiger de toutes les créatures qu'elles travaillent, chacune selon sa puissance et selon ses facultés, dans les mêmes vues et pour la même fin. Or, le moyen le plus certain et le plus direct de procurer le bien-être et la félicité de tous les hommes en général, en tant qu'ils vivent en société, et de chaque homme en particulier, tant pour le corps que pour l'âme; le meilleur moyen, dis-je, de parvenir à cette fin, c'est l'exacte observation de tous ces grands devoirs de morale qui découlent nécessairement, comme je l'ai prouvé ci-dessus, de la nature des choses et de leurs relations, c'est-à-dire la pratique constante des règles immuables de la justice, de la droiture et de la vérité. C'est ce qui est si évident que les plus grands ennemis de la religion en général en tombent d'accord; car, en supposant qu'elle doit son origine à des raisons d'État et à des motifs de politique, ne supposent-ils pas qu'elle doit être regardée comme un frein propre à retenir les peuples dans leur devoir, et par conséquent qu'elle contribue puissamment au bien commun du genre humain? C'est une chose, en effet, qui est entièrement incontestable : car il [1] est aussi clair que la félicité commune du genre humain dépend de la pratique des vertus morales, qu'il est clair que certains effets physiques sont produits par de certaines causes, ou que certaines vérités mathématiques sont des conséquences naturelles de certains principes. Il est même certain que le monde ne peut être heureux qu'à proportion de l'exactitude avec laquelle on s'applique à la pratique de ces vertus. Je n'en veux point d'autre preuve que la triste description que Hobbes lui-même fait des malheurs auxquels le genre humain se trouverait exposé dans cet état

---

[1] «Pari sane ratione (ac in arithmeticis operationibus) doctrinæ moralis veritas fundatur in immutabili cohærentia inter felicitatem summam quam hominum vires assequi valent, et actus benevolentiæ universalis.» CUMBERL., *de Leg. nat.*, pag. 23.

qu'il appelle faussement, contre toute raison, l'état de nature, quoiqu'en effet ce soit l'état le plus contre nature, le plus corrompu, et le plus en contradiction avec les facultés naturelles de l'homme qu'il soit possible d'imaginer ; car, puisque la constitution de nature est telle que nous avons un besoin continuel de nous entre-secourir les uns les autres, et que sans les secours mutuels qu'on se donne il n'y a point de repos, point de bonheur à espérer dans la vie ; et puisque nous avons en partage la raison, la parole et plusieurs autres facultés naturelles que Dieu nous a évidemment données à dessein de nous mettre en état de nous aider les uns les autres dans toutes les affaires de la vie, de faire régner parmi nous l'amour mutuel et de travailler à notre commun bonheur, il est manifeste que la nature et la volonté de Dieu, qui nous a donné ces facultés, s'accordent à nous enseigner qu'il est de notre devoir de les employer entièrement à arriver à cette bonne et grande fin. D'un autre côté, il est aussi très-évident que lorsqu'on abuse de ces facultés et qu'on les emploie à faire du mal, à détruire, à fourber, à frauder, à opprimer, à insulter et à tyranniser le prochain, on pèche directement contre le *dictamen* de la nature, et on transgresse la volonté de Dieu : car il est clair que Dieu, perpétuellement attentif à faire du bien à ses créatures et à leur donner ce qui leur est le meilleur et le plus expédient, ne peut pas vouloir leur dépravation et leur destruction. Il conserve seulement leurs facultés naturelles, qui, quoique bonnes et excellentes en elles-mêmes, sont pourtant sujettes à être employées à de mauvais usages ; et cette conservation de ces facultés, dont on abuse, renferme nécessairement la permission du mal fait en conséquence de cet abus.

Le péché donc est une préférence authentique que des créatures fragiles, finies et faillibles, donnent à leur propre volonté, sur la raison éternelle des choses, sur les plus saines lumières de leur esprit, sur le bien commun du genre humain, et sur leur intérêt propre. Il y a plus : par le péché elles s'élèvent contre Dieu lui-même; elles mettent leur propre volonté en parallèle avec la volonté du maître souverain de l'univers et du créateur de toutes choses, celui de qui elles tiennent l'être et toutes les facultés dont elles sont revêtues. Elles mettent opposition à la volonté du conservateur et du gouverneur suprême de l'univers, de la bonté duquel elles dépendent absolument dans tous les moments par rapport à la conservation de leur vie et à la continuation de leur existence. Elles foulent aux pieds la volonté de leur bienfaiteur, à la bonté duquel elles sont redevables de tous les biens dont elles jouissent actuellement, et de toutes les douces espérances que la pensée de l'avenir leur inspire : c'est ce qui aggrave le crime de ceux qui pèchent contre les devoirs de la morale. C'est la plus insigne de toutes les extravagances, accompagnée d'une désobéissance obstinée et d'une affreuse ingratitude.

CHAPITRE VI.

IIIe Prop. Qu'encore que toutes les créatures raisonnables soient dans une obligation indispensable d'observer les devoirs éternels de la morale, antécédemment à aucune vue de récompense ou de punition, c'est une nécessité pourtant qu'il y ait des récompenses et des peines affectées à l'observation ou à l'inobservation de ces devoirs. Car les mêmes raisons qui prouvent que Dieu est nécessairement juste et bon, et que sa volonté immuable, suivant laquelle il faut que tous les êtres se gouvernent, est toujours conforme aux règles de la justice, de l'équité et de la bonté, ces mêmes raisons, dis-je, prouvent aussi qu'il ne peut s'empêcher d'approuver la conduite des créatures qui l'imitent et qui lui obéissent en se conformant à ces règles, et qu'il doit au contraire désapprouver celles qui s'en éloignent. D'où il s'ensuit qu'il doit, de manière ou d'autre, en agir fort différemment avec elles à proportion de leur obéissance ou de leur désobéissance, et manifester son pouvoir absolu et son autorité suprême, en maintenant la majesté des lois divines, et en punissant ceux qui les transgressent, d'une manière qui réponde à sa qualité de juste gouverneur et d'arbitre souverain de l'univers.

Cette troisième proposition est aussi en un sens évidente par elle-même.

1. Car premièrement, si Dieu (comme il a été démontré ci-dessus) est un être infiniment bon, juste et saint, et si les mêmes raisons qui prouvent qu'il possède nécessairement ces perfections, prouvent de plus qu'il doit positivement vouloir que les créatures raisonnables se gouvernent selon les règles de la justice, de la bonté, de la vérité et de la sainteté : si, dis-je, tout cela est vrai, comme il n'en faut point douter, les mêmes arguments qui ont servi à le prouver montrent aussi que cet être souverain doit nécessairement aimer les créatures qui l'imitent en se conformant à ces règles, qu'il doit leur donner des marques de son approbation, et qu'il doit au contraire désapprouver celles qui tiennent une conduite opposée. Or, s'il en est ainsi, il est

évident qu'étant revêtu d'une puissance absolue et d'une autorité devant laquelle tout plie, en tant qu'il est le maître souverain et le directeur de tout ce qui existe, il faut que d'une ou d'autre manière il déclare et fasse connaître l'approbation qu'il donne aux unes, et le désaveu qu'il fait des autres; et pour le faire avec fruit, il faut qu'il y ait des récompenses attachées à l'observation de ces règles, et des peines infligées à ceux qui les violent. Or, si les personnes vertueuses ne recevaient jamais la récompense de leurs vertus, et si le vice demeurait toujours impuni, Dieu ne donnerait aucune marque à laquelle on pût reconnaître qu'il approuve la vertu et qu'il désapprouve le vice. S'il ne donnait aucune marque sensible de la différence qu'il met entre le vice et la vertu, on ne pourrait point être assuré que la vertu lui fût réellement agréable, ni que le vice lui fût odieux. D'où il s'ensuivrait qu'on n'aurait aucune raison valable de croire qu'il ait commandé l'une et défendu l'autre. Or, cela étant une fois supposé, il ne faudra plus parler de ses attributs moraux dont il ne restera plus aucune preuve certaine ; mais toutes ces choses étant visiblement absurdes, comme on l'a démontré ci-dessus, il est clair qu'il doit nécessairement y avoir des récompenses et des peines annexées à l'observation ou à l'inobservation des devoirs éternels de la morale.

2. Ma seconde preuve de la certitude des récompenses et des peines en général, c'est que ces récompenses et ces peines sont nécessaires pour le maintien de la gloire de Dieu, de la majesté de ses lois et de l'honneur de son gouvernement. Voici comment je le prouve. Il est évident que les motifs les plus puissants de devoir et de reconnaissance nous obligent à rendre à Dieu qui nous a donné l'être, et avec l'être les facultés et les biens dont nous jouissons, tout l'honneur dont nous sommes capables; il est évident aussi que Dieu étant souverainement heureux par lui-même, et toutes les créatures dans une entière incapacité de contribuer le

moins du monde à l'accroissement de sa félicité, le seul moyen de l'honorer consiste dans le respect qu'on a pour ses lois, et que le respect qu'on a pour ses lois se manifeste par l'observation qu'on en fait. Or, Dieu accepte l'honneur fait à ses lois, comme un honneur qu'on lui rend immédiatement à lui-même; et quoique nous soyons dans une obligation absolue de l'honorer de cette manière, indépendamment de l'espoir de la récompense, il est clair pourtant que la sagesse et la bonté infinie du maître souverain de l'univers l'engagent à honorer ceux qui l'honorent[1], c'est-à-dire, à leur donner des marques éclatantes de sa faveur. D'un autre côté, il est évident qu'encore que la gloire et la félicité de Dieu ne puissent recevoir aucune atteinte par les actions de créatures faibles et finies, comme nous sommes, le mépris pourtant que nous avons pour ses lois retombe sur Dieu lui-même, puisqu'en les méprisant nous foulons aux pieds, autant qu'il est en nous, son autorité sacrée. Les mêmes raisons donc qui nous persuadent que nous devons respecter les lois de Dieu, nous montrent aussi qu'il doit se ressentir du mépris qu'on a pour elles, et punir ceux qui les transgressent : car tout législateur qui a le droit de faire des lois et d'exiger qu'on les observe, ne doit pas souffrir qu'on les méprise et qu'on les transgresse sans donner à ceux qui ont l'audace de le faire des marques de son ressentiment. La majesté des lois, la dignité de son caractère, le soin qu'il doit avoir de soutenir son autorité, et le bien du gouvernement le demandent ainsi. Or, il n'y a que deux voies pour réparer l'outrage fait à la loi et à la majesté du législateur par la commission volontaire du péché : la repentance et la réformation du pécheur, ou bien sa punition et sa ruine. De sorte que Dieu, pour venger l'outrage fait à ses lois et à son gouvernement, se trouve nécessairement obligé de punir les pécheurs impénitents qui ont la présomp-

---

[1] Sam., II, 30.

tion de violer ses commandements. Si donc Dieu ne mettait aucune différence entre ceux qui observent ses lois, et ceux qui ne les observent point, s'il ne récompensait pas les uns et ne punissait pas les autres, il laisserait l'infracteur au même état que l'observateur, et la majesté de ses lois serait méprisée et foulée aux pieds impunément. On serait en droit de conclure que ces lois que Dieu laisserait ainsi violer impunément ne sont pas effectivement des lois divines, et qu'il ne s'y intéresse pas autant qu'on s'imagine. Ce qui ne va pas à moins qu'à nier les attributs moraux de la Divinité. Mais j'ai fait voir ci-dessus qu'on ne saurait nier ces attributs moraux sans tomber dans la dernière de toutes les absurdités. La certitude des peines et des récompenses en général est donc une chose qui ne souffre aucune difficulté.

CHAPITRE VII.

IVe Prop. Qu'originairement la nature des choses et la constitution de l'univers sont telles, que l'observation des règles éternelles de la bonté et de la justice, tend, par une conséquence directe et naturelle, à rendre toutes les créatures heureuses ; et l'inobservation de ces règles au contraire à les rendre malheureuses, par où la différence entre les fruits de la vertu et du vice, si raisonnable en elle-même et si nécessaire à la justification de la gloire de Dieu, est établie et mise hors de toute contestation ; mais que le genre humain se trouve maintenant dans un état où l'ordre naturel des choses de ce monde est manifestement renversé, la vertu n'ayant pas à beaucoup près le privilège de rendre les hommes heureux, ce qui vient d'une corruption grande et générale, dont l'origine nous serait à peine connue sans le secours de la révélation. Qu'ainsi il est absolument impossible de concevoir que Dieu n'ait eu, en créant des êtres raisonnables, tels que sont les hommes, et les plaçant sur la terre, d'autre fin que de conserver éternellement une succession d'êtres d'aussi courte durée, dans ce triste état de corruption, de confusion et de désordre qu'on trouve aujourd'hui dans le monde où les règles éternelles du bien et du mal sont si mal observées], [et où la gloire de Dieu et la majesté de ses lois sont la plupart du temps foulées aux pieds, puisque les gens de bien n'y reçoivent pas la récompense qui leur est due, ni les scélérats la punition qu'ils méritent. Ce qui doit faire conclure qu'au lieu d'une succession éternelle de nouvelles générations, telles qu'elles sont aujourd'hui, il faut nécessairement qu'un jour les choses changent entièrement de face, et qu'il y ait un état à venir où les punitions et les récompenses soient distribuées à qui elles sont dues ; un état d'où tous les désordres et toutes les inégalités soient bannis, et où tout le système de la Providence, qui nous paraît maintenant si confus et si inexplicable à cause que nous n'en connaissons qu'une petite partie, soit mis en évidence et reconnu à tous égards digne d'une sagesse infinie, d'une justice et d'une bonté souveraine.

1. Cette proposition a plusieurs branches. La première, qu'originairement la nature des choses et la constitution de l'univers sont telles, que l'observation des règles éternelles de la piété, de la justice, de l'équité, de la bonté et de la tempérance, tend par une conséquence directe et naturelle

CHAPITRE VII.

à rendre toutes les créatures heureuses, et l'inobservation de ces règles, au contraire, à les rendre malheureuses ; ce qui met une différence juste et convenable entre les fruits respectifs de la vertu et du vice. Cette première partie de ma proposition est en général très-évidente. En effet, pratiquer la vertu universelle c'est pratiquer ce qui contribue le plus au bien de l'univers entier ; et ce qui fait le bien de l'univers doit naturellement, et par une conséquence nécessaire, procurer l'avantage de chaque partie individuelle du monde créé. Pour descendre à quelque chose de plus particulier, je dis qu'il est clair que les meilleurs moyens d'acquérir cette paix de l'âme et ce contentement d'esprit qui entrent nécessairement dans la composition de la véritable félicité, sont ceux-ci : la contemplation fréquente et habituelle des infinies perfections de l'être souverain (qui a créé le monde par sa toute-puissance, qui le gouverne par sa sagesse infinie, et qui est perpétuellement occupé à faire du bien à ses créatures), contemplation qui doit faire de si vives impressions sur nos cœurs et sur nos esprits, qu'elle les remplisse de sentiments d'adoration et d'amour : le bon emploi de toutes nos puissances et de toutes nos facultés pour les fins et pour les vues seules auxquelles la nature les conduit originairement, et la sujétion de nos appétits et de nos passions à l'empire de la droite raison. Qui peut douter, en effet, que la tempérance qui nous enseigne à jouir avec modération des biens de ce monde et des plaisirs de la vie, sans franchir les bornes que la droite raison et la simple nature prescrivent, ne soit le moyen le plus direct et le plus certain pour entretenir la force et la santé du corps ? Qu'y a-t-il d'ailleurs de plus propre à entretenir la paix et l'ordre dans le monde, et à procurer le bien public et la félicité commune du genre humain, que la pratique de la justice et de la bienveillance universelle ? Il n'y a point de mouvement physique, point d'opération géométrique qui produise plus naturellement son effet, comme je l'ai déjà dit ci-dessus. Si donc tous les hommes étaient véritablement vertueux, s'ils se faisaient une étude d'observer les règles de l'équité, s'ils avaient soin, en un mot, de prévenir par une conduite sage les misères et les calamités qui naissent ordinairement du nombre infini de vices et de folies dans lesquelles ils sont sujets à tomber, cette grande vérité dont je parle deviendrait incontestable. L'événement la vérifierait hautement, et les hommes connaîtraient par expérience que la pratique de la vertu est le moyen le plus propre à faire le bonheur du monde. Qu'y a-t-il, au contraire, qui remplisse plus l'âme de trouble, de chagrin et de confusion que le mépris de Dieu, la négligence des devoirs qui naissent des relations que nous avons avec lui, le mauvais usage des puissances et des facultés de nos âmes, nos convoitises déréglées et nos passions violentes et effrénées? Qu'y a-t-il qui altère plus efficacement la santé du corps et qui l'expose à plus de douleurs et d'infirmités que l'intempérance? Qu'y a-t-il enfin qui soit plus fatal à la société, et qui la remplisse plus de calamités et de misères que l'injustice, la fraude, la violence, l'oppression, les guerres, les désolations, les meurtres, la rapine et la cruauté? Il paraît donc que la constitution originale des choses et leur ordre naturel, tendent évidemment à distinguer en général la vertu du vice, en mettant de la différence entre les effets de l'une et de l'autre.

2. Je dis en second lieu qu'encore que la constitution originale des choses soit telle que dans l'ordre naturel il y a des récompenses annexées à la vertu et des peines attachées au vice, l'expérience cependant nous fait voir que le genre humain se trouve maintenant dans un état où cet ordre naturel des choses de ce monde est évidemment renversé, la vertu n'ayant pas à beaucoup près le privilége de rendre les hommes heureux à proportion de l'exactitude avec laquelle ils s'appliquent à l'observer, et le vice ne recevant pas toujours la juste punition qu'il mérite. Car il arrive souvent que les méchants, à la faveur de leur stupidité, de leur inatten-

tion et de leur attache aux plaisirs sensuels dans lesquels ils se vautrent, trouvent le moyen d'imposer silence aux reproches de leur conscience. Ils ne sentent que très-faiblement la confusion et les remords qui devraient être les fruits naturels de leur conduite vicieuse. Ils surmontent souvent par la bonté de leur tempérament et par leur constitution vigoureuse les maladies qui devraient être les suites naturelles de leur intempérance et de leurs débauches. Ils possèdent quelquefois, malgré leurs déréglements, une santé aussi ferme que ceux qui vivent d'une manière sobre et régulière. Et quoique l'injustice, la fraude, la violence et la cruauté traînent toujours après elles, généralement parlant, mille conséquences tristes et fatales, il arrive pourtant assez souvent que toutes ces calamités ne tombent pas précisément sur ceux qui ont la plus grande part à ces crimes; elles tombent assez ordinairement sur ceux qui en sont les moins coupables. D'un autre côté, la vertu, la piété, la tempérance, la sobriété, la fidélité, l'honneur et la charité, reçoivent rarement parmi les hommes la récompense qui leur est due. Elles sont, à la vérité, les vraies sources de la félicité, elles procurent personnellement à ceux qui les pratiquent la paix de l'âme, le contentement d'esprit et plusieurs autres grands avantages, tant pour le corps que pour l'âme; mais l'expérience nous montre que les fruits que le public retire de la pratique des vertus qui ont la société en général pour objet, ne sont pas fort considérables. Les vices de la plus grande partie du genre humain l'emportent tellement sur la raison et sur la nature, qu'il n'est pas rare d'y trouver la vertu opprimée. Les plus gens de bien sont si éloignés de jouir des avantages que leur vertu devrait leur procurer naturellement et dans l'ordre, que cette vertu même leur attire souvent les plus grandes calamités temporelles. C'est une chose qui n'est que trop connue, que les gens de bien gémissent très-souvent sous le poids des afflictions et de la pauvreté; qu'ils sont livrés en proie à l'ambition et à l'ava-

lument suffisante par elle-même à faire le bonheur de ceux qui la pratiquaient. Ils auraient dû raisonner tout autrement qu'ils ne faisaient ; ils auraient dû conclure que, puisque la vertu n'est pas suffisante à elle-même, et que, malgré son insuffisance, elle est digne d'être recherchée avec empressement, elle doit être certainement récompensée dans une autre vie. Il n'y a personne qui ne doive convenir que la vertu a une beauté intérieure qui la rend aimable par elle-même, indépendamment d'aucune récompense. Mais, supposé qu'un homme souffre la mort pour l'amour de la vertu, s'il n'a d'autre bonheur à attendre que celui que lui procure le contentement intérieur qui naît du sentiment qu'il a fait courageusement son devoir, et qu'il s'est inviolablement attaché aux règles de la justice ; et s'il n'y a point d'heureux avenir où il recueille le fruit de sa persévérance dans le bien, peut-on dire qu'il soit plus heureux en effet que celui qui meurt martyr d'une fausse opinion qu'il a entrepris de soutenir par caprice et par entêtement ? Il faudra dire au contraire, supposé que la vertu n'ait aucune récompense à attendre dans l'avenir, que Dieu lui a donné des charmes si grands, et qu'elle captive si nécessairement l'esprit et le cœur de l'homme, que l'homme ne peut s'empêcher de se déclarer pour elle, et qu'avec tout cela il l'a laissée destituée de motifs suffisants pour porter les hommes à soutenir rigoureusement son parti. J'avoue que quelques-uns des anciens philosophes ont dit de très-belles choses sur ce sujet, et qu'il y a eu quelques héros (parmi lesquels Régulus tient un rang considérable), qui ont donné des exemples de vertu tout à fait extraordinaires ; mais il est très-clair aussi, comme je l'ai déjà insinué, que si vous ôtez l'espoir de la récompense, vous ôtez à la vertu ce qui porte les hommes en général le plus efficacement à la pratiquer. Car il n'est pas possible ni même raisonnable que les hommes renoncent à la vie pour prendre le parti de la vertu, si l'attachement qu'ils ont pour elle ne leur doit jamais procurer aucun avantage. On ne saurait disconvenir que la vertu élevée sur son trône, et jouissant sans aucun empêchement de tous les biens qui en sont l'apanage, ne soit le souverain bien, puisqu'alors elle renferme la jouissance de Dieu lui-même dont elle est l'imitation ; mais de la manière dont les choses vont dans le monde, et vu l'état où nous le voyons aujourd'hui [2], il est clair que la pratique de la vertu n'est pas elle-même le souverain bien, mais seulement le chemin qui y mène. Il en est comme d'un homme qui court dans la carrière, sa course n'est pas le prix qu'il se propose, elle n'est que le moyen dont il se sert pour y parvenir.

Il est donc absolument impossible que Dieu, qui est un être infini, sage, juste et bon, n'ait eu d'autre vue et ne se soit proposé d'autre fin, lorsqu'il a créé des êtres doués de raison, tels que sont les hommes ; qu'il les a revêtus de facultés si nobles et si excellentes, et leur a donné la connaissance de la distinction éternelle et immuable entre le bien et le mal ; il est, dis-je, impossible qu'en tout cela Dieu ne se soit proposé d'autre fin que de conserver éternellement une succession d'êtres d'aussi courte durée dans le triste état de corruption et de désordre qu'on trouve aujourd'hui dans le monde, où les règles éternelles du bien et du mal sont si mal observées, où les différences nécessaires des choses ne produisent presque aucun effet sensible, où la vertu et le vice

[1] Οὐκ οἶδα ὅπως μακαρίους ὑπολάβω, τοὺς μηθὲν ἀπολαύσαντας τῆς ἀρετῆς ἀγαθόν· δι' αὐτὴν δὲ ταύτην ἀπολομένους. Dionys. Halicarn.

[2] « Porro ipsa virtus, cum sibi bonorum culmen vindicet humanorum, quid hic agit nisi perpetua bella cum vitiis, nec exterioribus sed interioribus, nec alienis sed plane nostris et propriis ? — Absit ergo, ut quandiu in hoc bello intestino sumus, jam nos beatitudinem, ad quam vincendo volumus pervenire, adeptos esse credamus. » August., *de Civit. Dei*, lib. XIX, cap. IV.

« Non enim virtus ipsa est summum bonum, sed effectrix et mater est summi boni ; quoniam pervenire ad illud sine virtute non potest. » Lactant., lib. III.

ne sont pas suffisamment distingués par leurs fruits respectifs, et où la gloire de Dieu et la majesté de ses lois sont la plupart du temps foulées aux pieds, les gens de bien n'y recevant pas la récompense qui leur est due, ni les scélérats la punition qu'ils méritent. Nous pouvons donc conclure, avec la même certitude qui se rencontre dans la démonstration que nous avons donnée ci-dessus des attributs moraux de la Divinité, qu'au lieu d'une succession éternelle de nouvelles générations, telles qu'elles sont aujourd'hui, il faut nécessairement qu'un jour les choses changent entièrement de face, et que les mêmes personnes qui existent aujourd'hui existent aussi dans un état à venir, où les peines et les récompenses soient dispensées à chacun à proportion de la conduite qu'il a tenue; où tous les désordres du monde présent soient réparés; d'où toute partialité soit bannie, et où les voies de la Providence qui nous paraissent maintenant si embrouillées et si inexplicables, à cause que nous n'en connaissons qu'une très-petite partie, soient mises enfin dans une pleine évidence, et nous paraissent dignes d'un être infiniment bon, juste et sage. Sans cette vérité, tout le reste devient entièrement inutile; et si vous ôtez les peines et les récompenses d'un état à venir, vous anéantissez la justice, la bonté, l'ordre, la raison, et il ne restera pas un seul principe dans le monde qui puisse servir de fondement à un argument dans les matières de morale[1]. Mais quand bien même il nous faudrait mettre à quartier les raisons prises de la considération des attributs moraux de la Divinité, pour ne faire attention qu'à ses perfections naturelles, la vérité dont je parle ne laisserait pas d'être évidente. Pour en être convaincu, il n'y a qu'à faire attention à la connaissance et à la sagesse du créateur qui éclatent d'une manière si sensible dans la structure de l'univers; car à qui persuadera-t-on que Dieu

---

[1] « Ita fit ut si ab illa rerum summa, quam superius comprehendimus, aberraveris; omnis ratio intereat, et ad nihilum omnia revertantur. » LACTANT., lib. VII.

CHAPITRE VII.

ait créé des êtres aussi excellents que les hommes, qu'il leur ait donné des facultés si éminentes, et qu'il les ait placés sur le globe terrestre avec des marques de distinction si éclatantes qu'il faudrait être aveugle pour ne pas voir que cette partie inférieure de la création, à tout le moins, est faite pour eux et se rapporte à leur usage ; à qui est-ce, dis-je, que l'on persuadera que tout cela ait été fait sans autre dessein [1] que de perpétuer à l'infini des êtres d'une durée aussi courte, condamnés à passer le peu d'années qui composent leur vie dans un affreux désordre et une confusion étrange, et à tomber ensuite pour jamais dans le néant? Dans cette supposition, que peut-on imaginer [2] de plus vain que la fabrique du monde? Quoi de plus absurde et de plus contraire aux règles de la sagesse que la création du genre humain? Ajoutez aux preuves que fournissent les perfections naturelles de la Divinité celles que nous avons tirées de ses attributs moraux, et vous aurez une démonstration complète de cet état à venir dont je parle.

Mais, dira-t-on, n'est-il pas bien étonnant de voir que dans le monde matériel, inanimé et irraisonnable, tout prêche hautement la sagesse du Créateur? Que chaque créature fournisse un si grand nombre de preuves, si aisées, si claires et si incontestables, qui font voir à l'œil que le monde est la production d'un ouvrier infiniment habile? Que, depuis la plus brillante des étoiles du firmament jusqu'à la plus vile de toutes les plantes qui sont sur la terre, tout soit si mesuré, si exactement proportionné et si artistement agencé,

---

[1] « Non enim temere, nec fortuito sati et creati sumus, sed profecto fuit quædam vis, quæ generi humano consuleret nec id gigneret aut aleret, quod cum exantlavisset omnes labores, tum incideret in mortis malum sempiternum. » Cic., *Tusc. quest.*, lib. I.

[2] « Si sine causa gignimur; si in hominibus procreandis providentia nulla versatur, si casu nobismet ipsis, ac voluptatis nostræ gratia nascimur, si nihil post mortem sumus : quid potest esse tam supervacuum, tam inane, tam vanum, quam humana res est, quam mundus ipse? » Lactant., lib. VII.

que l'homme avec tout son esprit et toute sa pénétration n'a jamais pu, je ne dis pas rien faire de pareil, mais en pénétrer même et en comprendre tout l'artifice ? Et que cependant le monde moral et raisonnable, si je puis l'appeler ainsi, pour l'amour duquel tout le reste a été fait, et pour l'usage duquel uniquement Dieu le conserve encore, ne nous ait pas donné, depuis tant de siècles, des preuves de la sagesse, de la bonté, de la justice et de la providence de Dieu, assez claires pour convaincre tout le genre humain qu'il veille sur les affaires du monde, qu'il les connaît et qu'il les dirige ? Je conviens qu'il y a là dedans en effet je ne sais quoi qui, du premier abord, paraît très-surprenant et très-extraordinaire ; mais quand on examine la chose de plus près et qu'on l'envisage attentivement, la surprise cesse, et l'on voit sans peine qu'il n'y a point là de si grand sujet d'étonnement qu'on s'imagine ; car, comme dans une grande machine qu'un machiniste consommé dans son art a inventée, qu'il a travaillée, ajustée et polie avec tout le soin et l'adresse imaginables, à dessein de la faire servir à l'exécution de quelque entreprise profonde et difficile; comme, dis-je, un homme du métier qui n'examinerait que deux ou trois roues de cette machine ne laisserait pas de remarquer, dans ces parties séparées du reste, l'habileté et la pénétration admirable de l'ouvrier, encore qu'il lui fût impossible de découvrir la fin pour laquelle elle a été inventée, et l'usage qu'on en veut faire, à moins de la voir démontée, et d'en étudier tous les ressorts en particulier à mesure qu'on les ajuste ensemble. Ainsi, quoique la sagesse du Créateur se manifeste d'une manière assez sensible dans chaque partie du monde naturel, prise à part, je conçois cependant qu'il peut fort bien arriver que dans le gouvernement du monde moral qui a une connexion nécessaire avec le système entier de la Providence, sa sagesse, sa bonté et sa justice ne puissent être ni clairement aperçues, ni parfaitement comprises par des créatures d'une intelligence bornée, jusqu'à ce qu'elles soient arrivées au période marqué pour l'accomplissement de quelque grande révolution. Or, si celles-là ne les peuvent comprendre, que sera-ce des créatures qui, outre qu'elles sont finies, sont de plus, faibles, fragiles et de courte durée? Nous avons toutes les raisons du monde de penser et de croire qu'on verra un jour à l'égard du monde moral, ce qu'on a vu dans le monde naturel; et que, comme les grandes découvertes en astronomie et en philosophie naturelle, dont nous sommes redevables au travail assidu et à la pénétration des observateurs modernes, ont porté la puissance et la sagesse du Créateur à un degré surprenant d'évidence, auquel les savants des siècles précédents ne se seraient seulement pas imaginé qu'il fût possible d'arriver; de même, lorsqu'on en sera venu à l'époque de la conclusion de l'état présent des choses, et au développement du système entier de la Providence, les hommes seront remplis d'admiration à la vue des preuves éclatantes de bonté et de justice qui se présenteront à eux dans l'enchaînement et dans toute la suite des voies de Dieu dans le gouvernement du monde moral.

CHAPITRE VIII.

De l'immortalité de l'âme et de quelques autres arguments qui prouvent aussi la certitude d'un état futur de peines et de récompenses.

L'argument dont je me suis servi dans le chapitre précédent pour établir la certitude des peines et des récompenses d'une vie à venir, est certainement le plus considérable et le plus fort de ceux que les lumières naturelles sont capables de nous fournir; mais ce n'est pas le seul. Il y en a d'autres encore qui ne contribuent pas peu à persuader fortement la raison humaine de cette importante vérité.

Premièrement, quand on mettrait à part les preuves de l'immortalité de l'âme prises des attributs de Dieu, quand on ne ferait aucune attention aux arguments que nous fournissent là-dessus, et le système général du monde, et l'ordre universel, la constitution, la connexion et la dépendance des choses, je pose en fait que la considération de la nature de l'âme elle-même nous donne tout lieu de croire qu'elle est immortelle. Aussi voyons-nous que cette vérité a été communément reçue dans tous les siècles et dans tous les pays du monde [1]. Les savants et les ignorants, les peuples les plus civilisés et les plus barbares se sont tous accordés à la croire. C'est une tradition si ancienne et si universelle, qu'il n'est pas concevable qu'elle doive son origine, ni au hasard, ni aux vaines imaginations de l'homme, ni à aucune autre cause qu'à l'auteur même de la nature. Dans tous les lieux où la philosophie a été cultivée, les plus habiles et les plus éclairés ont généralement fait profession de croire que l'immortalité de l'âme peut être démontrée par la considération de sa nature et de ses opérations. En effet, j'ai démontré clairement dans mon premier [2] discours qu'aucune des qualités connues de la matière, de quelque manière qu'on l'arrange, qu'on la divise et qu'on la compose, ne saurait produire le sentiment, la pensée et le raisonnement. D'un autre côté, tous les philosophes conviennent que la matière est composée de parties innombrables, divisibles, séparables, et la plupart du temps actuellement désunies. On ne saurait outre cela nier que les facultés de l'âme, étant aussi éloignées et aussi différentes des propriétés connues de la matière qu'il soit possible d'imaginer, ce ne soit pour le moins faire violence à la raison que de se figurer que les unes et les autres ont été communiquées à une seule et même substance par une puissance infinie. Il faut reconnaître enfin que c'est

---

[1] « Et primum quidem omni antiquitate, etc. » Cic., *Tusc. quæst.*, lib. I.

[2] Chap. VIII. Voyez aussi la lettre de l'auteur à M. Dodwel.

la chose du monde la plus absurde et la plus déraisonnable que de supposer que, comme la matière est nécessairement composée de parties innombrables, l'âme est pareillement un composé de connaissances innombrables; au contraire, il n'est rien qui soit plus conforme à la raison que de croire que le siége de la pensée est une substance simple qui ne peut être naturellement divisée, ni mise en pièces, comme il arrive manifestement à la matière. Or, de tous ces principes il suit que la dissolution du corps ne peut pas entraîner avec elle la dissolution de l'âme, et par conséquent que l'âme est immortelle de sa nature. C'est ce que la considération des facultés de penser, de sentir et de connaître, dont l'âme est revêtue, nous donne, ce semble, droit de conclure d'une manière au moins tout à fait probable. « Je ne saurais « m'imaginer, dit Cyrus à ses enfants, dans ce beau discours « qu'il leur fit quelques heures avant sa mort, comme Xéno- « phon le rapporte [1], je ne saurais m'imaginer que l'âme « vive tandis qu'elle est dans ce corps mortel, et qu'elle « cesse de vivre dès le moment qu'elle en est séparée. Je ne « saurais me persuader que l'âme, lorsqu'elle cesse d'être « unie au corps qui n'a point de sentiment, en soit elle-même « tout aussitôt privée; j'ai au contraire plus de penchant à « croire qu'alors l'esprit devient plus pénétrant et plus pur. » L'argument devient beaucoup plus fort quand on réfléchit sur les nobles facultés de l'âme, et sur les belles choses qu'elle est capable de faire en matière d'arts et de sciences. « Je « suis persuadé, dit Cicéron [2], qu'une nature telle qu'est

---

[1] Οὔτοι ἔγωγε, ὦ παῖδες, οὐδὲ τοῦτο πώποτε ἐπείσθην, ὡς ἡ ψυχὴ ἕως ἂν ἐν θνητῷ σώματι ᾖ, ζῇ· ὅταν δὲ τούτου ἀπαλλαγῇ, τέθνηκεν. — Οὐδέ γε ὅπως ἄφρων ἔσται ἡ ψυχὴ ἐπειδὰν τοῦ ἄφρονος σώματος διαχωρίζεται, οὐδὲ τοῦτο πέπεισμαι. Ἀλλ' ὅταν ἄκρατος καὶ καθαρὸς ὁ νοῦς ἐκκριθῇ, τότε καὶ φρονιμώτατον εἰκὸς αὐτὸν εἶναι. Cyrus apud Xenoph.

[2] « Quid multa? Sic mihi persuasi, sic sentio : cum tanta celeritas animorum sit, tanta memoria præteritorum, futurorum providentia,

« celle de l'âme, en qui se rencontre une rapidité si merveil-
« leuse, une mémoire si étendue des choses passées, et une
« si grande prévoyance de l'avenir, qui possède tant d'arts
« et tant de sciences, et qui a tiré de son fonds un si grand
« nombre d'inventions, je suis persuadé qu'une nature en
« qui toutes ces belles choses se rencontrent, ne saurait être
« mortelle. Se ressouvenir du passé, prévoir l'avenir, et em-
« brasser le présent, sont des choses sans contredit toutes di-
« vines, dit le même auteur dans un autre [1] endroit, et si ces
« facultés ne viennent pas de Dieu, jamais on ne pourra ex-
« pliquer par quel canal elles sont venues à l'homme. Encore
« que l'âme de l'homme, dit-il, dans le même ouvrage [2],
« soit invisible comme Dieu est invisible, cependant comme
« on connaît Dieu par ses ouvrages, ainsi on connaît l'origine
« et la vertu toute divine de l'âme par la faculté qu'elle a
« de rappeler les choses passées, par ses inventions, par la
« rapidité de ses pensées et par l'excellence des vertus qu'elle
« pratique. » Ensuite, parlant de la force et de la beauté de
cet argument, qui, par la considération des facultés et des
opérations merveilleuses de l'âme, prouve qu'elle est immatérielle et immortelle, il défie « le commun des philosophes
« (car c'est ainsi, dit-il, qu'il faut appeler ceux qui suivent
« d'autres principes que ceux que Platon, Socrate et leurs
« sectateurs ont suivis) de pouvoir tous ensemble rien dire
« de plus élégant que ce que ces grands hommes ont dit sur
« cet article, ni même d'en bien comprendre toute la finesse [3]. »

tot artes, tantæ scientiæ, tot inventa, non posse eam naturam, quæ
res eas contineat, esse mortalem. » Cic., *de Senect.*

[1] « Quod et præterita teneat, et futura provideat, et complecti possit
præsentia, hæc divina sunt : nec invenietur unquam, unde ad hominem
venire possint, nisi a Deo. » Id., *Tusc. quæst.*, lib. I.

[2] « Mentem hominis, quamvis eam non vides, tamen ut Deum ag-
noscis ex operibus ejus, sic ex memoria rerum et inventione et celeritate motus, omnique pulchritudine virtutis, vim divinam mentis
agnoscito. » Id., *ibid.*

[3] « Licet concurrant plebeii philosophi (sic enim ii qui a Platone,

CHAPITRE VIII.

Le plus grand obstacle à la croyance de l'existence des âmes après la dissolution du corps, et le précis de toutes les objections que les anciens épicuriens et quelques athées modernes qui leur ressemblent assez dans leur manière de raisonner, ont faites contre le dogme de l'immortalité des âmes humaines, revient à ceci. Ils ne sauraient, disent-ils, comprendre comment l'âme peut avoir aucune sensation, aucune perception, lorsqu'elle est séparée du corps, puisque le corps est évidemment le siége de tous les organes [1] des sens. Mais comprennent-ils mieux ou peuvent-ils mieux expliquer comment l'âme, tandis qu'elle est dans le corps, est capable de recevoir les sensations et les perceptions par la voie des organes des sens ? Ajoutez à cela [2] que cet argument qui porte en substance que l'âme ne peut avoir aucune perception lorsqu'elle est privée de toutes les voies de perception, que nous connaissons maintenant, cet argument, dis-je, est précisément le même que celui qu'un aveugle-né pourrait employer pour prouver qu'il n'y a point d'homme vivant qui puisse avoir aucune perception de la lumière ou des couleurs.

Socrate et ab illa familia dissident, appellandi videntur), non modo nihil unquam tam eleganter explicabunt, sed ne hoc quidem ipsum quam subtiliter conclusum sit intelligent. » ID., *ibid.*

[1] « — Si immortalis natura animai est,
Et sentire potest secreta a corpore nostro ;
Quinque, ut opinor, eam faciendum est sensibus auctam :
At neque. » LUCRET., lib. III, 624.

« Quod autem corpus animæ per se ? quæ materia ? ubi cogitatio illi ? quomodo visus ? auditus ? aut qui tangit ? qui usus ejus ? aut quod sine his bonum ? » PLIN., lib. III.

« Neque aliud est quidquam cur incredibilis videatur his animorum æternitas, nisi quod nequeunt qualis sit animus vacans corpore intelligere et cogitatione comprehendere. » CIC., *Tusc. quæst.*, lib. I.

[2] « Quasi vero intelligant qualis sit in ipso corpore. Mihi quidem naturam animi intuenti, multo difficilior occurrit cogitatio, multoque obscurior, qualis animus in corpore sit, quam qualis cum exierit. » ID., *ibid.*

Voyez ce que j'ai dit là-dessus dans mon premier discours sur l'existence de Dieu dans le chapitre XI.

Rien n'égalait le plaisir et le contentement que les plus sensés et les plus sages d'entre les païens sentaient à croire que leur âme était immortelle de sa nature. Cette pensée était leur plus ferme soutien au milieu des calamités auxquelles ils se trouvaient exposés, et surtout au milieu de celles que leur vertu leur attirait. Elle leur donnait de grandes espérances d'un heureux avenir. Elle leur servait enfin de puissant motif pour s'attacher à la pratique de toute sorte de vertus morales, et pour tenir leur corps toujours soumis à l'empire de la raison. Je dis, premièrement, que la pensée de l'immortalité de l'âme causait une satisfaction inexprimable aux plus sages du monde païen, témoin ce que dit Cicéron là-dessus : « Jamais, dit-il, personne ne m'arrachera
« l'espérance de l'immortalité [1]. Si je me trompe en croyant
« les âmes immortelles, je consens de tout mon cœur de ne
« point revenir de cette erreur; elle me plaît tant que, tan-
« dis que j'aurai un souffle de vie, je ne souffrirai pas qu'on
« me l'arrache [2]. » C'était leur plus ferme soutien au milieu des plus dures calamités, et surtout dans les souffrances auxquelles ils se trouvaient exposés à cause de leur vertu. « Dans cette persuasion, dit encore Cicéron, Socrate, ac-
« cusé d'un crime capital, ne se mit pas en peine d'avoir
« des avocats pour plaider sa cause, ni d'implorer la faveur
« de ses juges. Au contraire, ayant pu quelques jours avant
« sa mort s'échapper de la prison, il ne voulut pas profiter
« de l'occasion, et le dernier jour de sa vie fut employé à

---

[1] « Sed me nemo de immortalitate depellet. » Cic., *Tusc. quæst.*, lib. I.

[2] « Quod si in hoc erro quod animos hominum immortales esse credam, libenter erro; nec mihi hunc errorem, dum vivo, extorqueri volo. » Id., *de Sen.*

« Me vero delectat, idque primum ita esse, deinde etiam si non sit, mihi tamen persuaderi velim. » *Tusc.*

« raisonner sur cette matière [1] ; car son sentiment était qu'il
« y a deux chemins, deux états différents dans lesquels les
« âmes entrent au sortir de leurs corps : un état de bonheur
« pour les gens de bien, et un état de malheur pour les mé-
« chants, et c'est là-dessus que roula tout son entretien. »
J'ajoute, en troisième lieu, que la pensée de l'immortalité
de l'âme les remplissait de glorieuses espérances d'un heureux avenir. C'est ce qui paraît par ces belles paroles de
Cicéron, dans l'excellent Traité qu'il composa sur la Vieil-
lesse, dans le temps qu'il commençait lui-même à en sentir
les incommodités. « O l'heureux jour que celui où j'aurai le
« bonheur d'entrer dans la compagnie et dans l'assemblée
« des esprits, et où je sortirai [2] des embarras et de la confu-
« sion qui règne dans ce monde. » Enfin, je dis que cette
pensée leur fournissait un puissant motif à la pratique des
vertus morales, et qu'elle les animait surtout à mettre toute
leur étude à tenir leurs affections corporelles sous l'empire de
la raison. « Il faut, dit Platon, mettre toutes choses en œu-
« vre pour acquérir, dans cette vie, la vertu et la sagesse ;
« car la récompense est belle et l'espérance [3] grande. »
Dans un autre endroit, après avoir fait l'énumération des
avantages temporels que la vertu procure en ce monde :
« Nous n'avons pas encore, dit-il, fait mention des plus con-
« sidérables récompenses proposées à la vertu ; car qu'y
« a-t-il qui puisse être véritablement grand tandis qu'il est

---

[1] « His et talibus abductus Socrates, nec patronum quæsivit ad judi-
cium capitis, nec judicibus supplex fuit, et supremo vitæ die, de hoc
ipso multa disseruit, et paucis ante diebus cum facile posset educi e
custodia, noluit. — Ita enim censebat, itaque disseruit, duas esse vias,
duplicesque cursus animorum e corpore excedentium. » Cic., *Tusc.
quæst.*, lib. I.

[2] « O præclarum diem ! cum in illud animorum concilium cœtumque
proficiscar, et cum ex hac turba et colluvione discedam ! » Id., *de
Senect.*

[3] Χρὴ πάντα ποιεῖν ὥστε ἀρετῆς καὶ φρονήσεως ἐν τῷ βίῳ μετα-
σχεῖν· καλὸν γὰρ τὸ ἆθλον, καὶ ἡ ἐλπὶς μεγάλη. Plato, *in Phædone.*

« renfermé dans les bornes étroites du temps ? La plus
« longue vie n'est rien en comparaison de l'éternité[1]. »
« Toutes ces choses, dit-il encore, soit qu'on en considère
« le nombre, soit qu'on en considère la grandeur, ne sont
« rien en comparaison de celles qui sont réservées à l'homme
« après la mort[2]. » « Ceux qui se flattent, dit-il enfin[3], de
« gagner les prix de la lutte ou de la course, ou de tels
« autres jeux, se préparent au combat par l'abstinence.
« Pourquoi nos disciples, à qui une plus grande récompense
« est proposée, ne mettront-ils pas en usage tout ce qu'ils
« ont de force et de patience pour s'en rendre dignes ? »
Paroles toutes semblables à celles de l'apôtre saint Paul, I,
Cor. IX, 24. « Ne savez-vous pas que quand on court à la
« lice, tous courent bien, mais un seul remporte le prix ?
« Courez tellement que vous l'emportiez. Or, quiconque
« lutte vit de régime, et quant à ceux-là ils le font pour
« avoir une couronne corruptible, mais nous une incor-
« ruptible. »

2. Un second argument très-probable qu'on peut alléguer
en faveur de cet état à venir dont je parle, c'est ce désir
ardent de l'immortalité qui semble avoir été gravé par la
nature dans le cœur de tous les hommes. On s'intéresse,
malgré qu'on en ait, à l'avenir. Or, s'il n'y a point d'existence après cette vie, et si tout meurt avec le corps, les
créatures destituées de raison qui jouissent du bien présent
sans que la pensée de l'avenir les trouble et les inquiète,
sont plus heureuses, sans contredit, et plus favorisées de la

---

[1] Τί δὲ ἂν ἔν γε ὀλίγῳ χρόνῳ μέγα γένοιτο; πᾶς γὰρ οὗτός γε ὁ ἐκ παιδὸς μέχρι πρεσβύτου χρόνος πρὸς πάντα ὀλίγος πού τις ἂν εἴη. Plato, *de Repub.*, lib. X.

[2] Ταῦτα τοίνυν οὐδὲν ἐστι πλήθει οὐδὲ μεγέθει πρὸς ἐκεῖνα ἃ τελευτήσαντα ἑκάτερον περιμένει. Id., *ibid.*

[3] Οἱ μὲν ἄρα νίκης ἕνεκα πάλης καὶ δρόμων καὶ τῶν τοιούτων, ἐτόλμησαν ἀπέχεσθαι. — Οἱ δ' ἡμέτεροι παῖδες ἀδυνατήσουσι καρτερεῖν, πολὺ καλλίονος ἕνεκα νίκης. Id., *ibid.*, lib. VIII.

nature que les hommes ; car à quoi serviront aux hommes, dans cette supposition, la prévoyance et toutes les autres facultés qui les élèvent si fort au-dessus des bêtes, qu'à les remplir de chagrin, d'incertitude, de crainte et d'inquiétude pour des choses qui n'arriveront jamais ? Quelle apparence que Dieu ait donné aux hommes des espérances qui ne doivent être jamais remplies, des désirs qui n'ont aucun objet qui leur réponde, et des frayeurs inévitables pour des choses qui n'ont point de réalité ? C'est ce qui n'a point du tout de probabilité ?

3. La connaissance que tous les hommes ont de leurs actions ou le jugement intérieur qu'ils prononcent là-dessus, nous fournit une troisième preuve d'un état à venir. C'est ce que l'apôtre saint Paul exprime en ces termes : « Les gentils « n'ayant point la loi, font la loi à eux-mêmes. Ils montrent « l'œuvre de la loi écrite en leurs cœurs, leur conscience « rendant témoignage, et leurs pensées entre elles s'accu- « sant ou s'excusant. » Rom., II, 14, 13. En effet, il n'y a point d'hommes qui, après avoir fait quelque action de bonté, de courage et de générosité, ne s'applaudisse dans le fond de son âme de l'avoir faite. Il n'y a point d'homme, au contraire, qui ne se condamne lui-même et qui ne se fasse de secrets reproches lorsqu'il lui arrive de commettre des actions basses, vilaines, malhonnêtes et méchantes. Les premiers sont remplis de glorieuses espérances dans l'attente d'une récompense ; les autres sont dans une agitation continuelle, et tremblent dans la crainte d'une punition. Or, il n'est nullement probable que Dieu, qui ne fait rien en vain, ait donné à l'homme une âme qui prononce nécessairement sur elle-même un jugement qui ne doit jamais avoir aucune suite, et qui soit perpétuellement agitée dans l'appréhension d'une sentence qui ne doit jamais être mise en exécution.

4. Le dernier argument, enfin, que les lumières de la droite raison nous fournissent pour nous prouver un état à

venir de peines et de récompenses, est pris de la nature de l'homme, qui est évidemment une créature en état de rendre compte de ses actions, capable d'être jugée. On ne va pas demander raison de leur conduite à ces créatures dont les actions sont toutes déterminées par quelque chose qui est hors d'elles, ou par ce qu'on appelle le pur instinct. N'étant pas capables de recevoir de règle et de s'y conformer, il est évident qu'elles ne sont point responsables de leurs actions. Il n'en est pas de même de l'homme. Il trouve dans son propre fonds un principe libre ; il a le pouvoir de se déterminer à agir en conséquence des motifs moraux qui lui sont proposés ; il a enfin une règle suivant laquelle il doit se gouverner, et cette règle est la droite raison. Il peut donc rendre compte de toutes ses actions, et il faut nécessairement qu'il en réponde. Chaque homme, en effet, revêtu qu'il est d'une volonté naturellement libre, peut et doit conformer toutes ses actions à quelque règle fixe, et rendre raison de sa conduite. Toutes ses actions morales étant libres, sans compulsion et sans nécessité naturelle, procèdent ou d'un bon ou d'un méchant motif ; elles sont conformes à la droite raison, ou n'y sont pas conformes ; elles sont dignes de louange ou de blâme, de récompense ou de punition. Or, puisqu'il y a un Être suprême à qui nous sommes redevables de toutes nos facultés, et puisque dans le bon ou dans le mauvais usage que nous faisons de ces facultés consiste tout ce qu'il y a de bon ou de mauvais dans nos actions morales, nous avons toutes les raisons du monde de supposer que les principes, les motifs et les circonstances de ces actions seront soumis un jour à l'examen ; que nous serons jugés suivant l'observation ou la transgression de la règle qui nous a été prescrite, et que de là dépendra la sentence que le souverain juge du monde prononcera pour notre absolution ou pour notre condamnation. Sur ce fondement, les plus éclairés des anciens païens ont cru et enseigné qu'après la mort les actions de chaque homme passeraient par un examen exact et sévère, et qu'il serait absous ou condamné sans injustice ni partialité, selon qu'il aurait fait ou bien ou mal dans ce monde. Il est vrai que les poëtes avaient étrangement défiguré cette doctrine par les fables et les énigmes obscures dont ils l'avaient enveloppée; mais les plus sages d'entre les philosophes ne laissaient pourtant pas d'en avoir des idées assez saines et assez raisonnables. « Que personne, « dit [1] Platon, ne se flatte de pouvoir se soustraire à ce juge-« ment; car, quand vous descendriez jusqu'au centre de la « terre, ou que vous monteriez jusqu'au plus haut des « cieux, vous ne sauriez échapper le juste jugement des « dieux, soit pendant la vie, soit après la mort. » Paroles qui reviennent, peu s'en faut, à celles du Psalmiste, CXXXIX, 8, 9.

Ce sont là des arguments très-forts et très-solides qui rendent la vérité du jugement à venir tout à fait probable. Mais celui qui est pris des attributs moraux de Dieu est plus considérable, et vaut presque une démonstration.

[1] PLATO, *de Legib.*, lib. X.

LETTRE

DU DOCTEUR CLARKE

SUR

L'IMMATÉRIALITÉ DE L'AME ET SON IMMORTALITÉ
NATURELLE

LETTRE

DU DOCTEUR CLARKE,

SUR

L'IMMATÉRIALITÉ DE L'AME ET SON IMMORTALITÉ NATURELLE.

Monsieur,

Je suis persuadé que dans ma dernière réplique [1] j'ai mis la question qui nous divise dans un point de vue si clair, qu'il n'est plus nécessaire de l'agiter et de fatiguer nos lecteurs à cet égard. Mais voyant que vous avez imaginé une distinction nouvelle en apparence, à l'aide de laquelle vous cherchez toujours à éluder la force de mon argument, et que vous avez jugé à propos d'insister dessus, comme si vous croyiez réellement qu'elle a du poids et de la force, je vais, quoiqu'elle me paraisse extrêmement faible, tâcher de satisfaire au désir sincère que vous avez, dites-vous, de découvrir la vérité, en montrant, en peu de mots, la faiblesse et l'inconséquence de ce que vous avez avancé dans vos réflexions.

Pour prouver qu'il n'est pas possible que la pensée soit une qualité ou une puissance de la matière, j'ai dit que toutes les qualités ou puissances connues ou inconnues, qui sont dans la matière ou qu'on lui attribue ordinairement, doivent nécessairement être :

1°. Ou des qualités réelles vraiment et proprement inhé-

---

[1] Cette lettre fait partie d'une controverse sur la nature de l'âme, qui eut lieu entre Clarke et Dodwell.

rentes au sujet auquel on les attribue, comme la grandeur et le mouvement le sont à la matière. Ces qualités réelles sont toujours les sommes ou collections des puissances ou qualités de même genre, qui sont distinctement inhérentes aux différentes parties du sujet matériel ; ce qui n'étant pas vrai de la pensée, il est manifeste que la pensée ne peut pas être une puissance ou une qualité de cette espèce qui inhère dans un amas de parties ;

2°. Ou des qualités qui ne soient pas réellement inhérentes dans le sujet auquel on les attribue ordinairement, mais, en effet, des modes produits dans quelque autre sujet dans lequel ils résident, telles que sont les couleurs, les sons et tout ce qu'on appelle communément les qualités sensibles de la matière. Ces qualités n'existent en aucune façon dans ce sujet auquel on les attribue ordinairement, mais existent dans quelque autre sujet. Ceci n'étant point encore applicable à la pensée, il s'ensuit manifestement que la pensée ne saurait être une puissance ou qualité de cette espèce dans un sujet matériel ;

3°. Ou des qualités qui ne soient réellement inhérentes dans aucun sujet, et qui soient de pures notions abstraites, ou des dénominations extérieures servant à exprimer certaines idées complexes formées dans nos imaginations, ou certains effets généraux extrinsèques et relatifs, produits des amas particuliers de matière par des agents étrangers, ou certaines dispositions d'amas particuliers de matières requises pour produire ces effets ; tels sont le magnétisme, l'électricité, l'attraction, la réflexibilité, la réfrangibilité et autres choses semblables. Ces qualités n'existent réellement dans aucun sujet par voie d'inhérence proprement dite. Or, étant également impossible d'appliquer ceci à la pensée, il est manifeste que la pensée ne peut pas être non plus une puissance ou qualité de cette espèce dans un amas de matière.

Vous convenez que la pensée, pour les raisons que j'ai alléguées, ne saurait être une puissance ou qualité d'aucune de ces trois espèces ; mais vous distinguez à l'égard de la première espèce, et vous prétendez :

Qu'il y a des qualités réelles, vraiment et proprement inhérentes dans le sujet auquel on les attribue, qui cependant ne sont pas, de même que la grandeur et le mouvement, les sommes ou collections des puissances ou qualités de même genre, distinctement inhérentes aux différentes parties du sujet, et qu'ainsi la pensée, quoiqu'elle ne soit point une collection de puissances de même genre, peut néanmoins être une qualité réelle inhérente à la matière ;

Que les puissances numériques ou les modes particuliers et individuels sont du nombre de ces qualités réelles et inhérentes qui résident dans un amas de matière, sans inhérer distinctement dans ses différentes parties : en quoi elles sont opposées aux puissances génériques telles que la grandeur et le mouvement, que vous avouez être les sommes des grandeurs et des mouvements des différentes parties ;

Que, par exemple, le pouvoir que l'œil a de contribuer à l'action de la vue ; le pouvoir d'une horloge de marquer l'heure du jour ; le pouvoir qu'un instrument de musique a de produire en nous des sons harmonieux ; les figures particulières qui se rencontrent dans les corps, telles que la figure ronde ou carrée, et les modes particuliers du mouvement, sont autant de puissances numériques qui ne résultent d'aucunes puissances du même genre inhérentes aux parties de l'amas de matière, et que de même, par conséquent, la pensée, bien qu'elle ne soit pas une collection de puissances de même genre, peut néanmoins inhérer dans un amas de matière, comme un de ces modes numériques ou individuels de quelque puissance générique ;

Qu'en supposant ainsi que la pensée est un mode numérique de quelque puissance générique de matière, on peut concevoir que comme la rondeur d'un corps n'est pas la somme des rondeurs des parties, ni la figure carrée la somme des figures carrées des parties, ni le pouvoir qu'un instrument de musique a de produire un son harmonieux, la somme des puissances du même genre qui se rencontrent dans les parties considérées séparément, ni aucun mode particulier du mouvement, la somme des mêmes modes de mouvement qui se trouvent dans les différentes parties : aussi le sentiment intérieur qui est inhérent dans un amas de matière, peut cependant ne point être la somme des sentiments intérieurs des parties ;

Qu'ainsi l'argument tiré de ce que le sentiment intérieur n'est point formé de différents sentiments intérieurs, ne conclut pas plus contre la possibilité qu'il réside dans un amas de matière, que le même argument conclurait contre la possibilité de l'existence de la rondeur ou de tout autre mode numérique dans un corps.

Car la rondeur ne résulte pas plus de différentes rondeurs, que la pensée ou le sentiment intérieur résulte de différents sentiments intérieurs.

Et la rondeur diffère aussi spécifiquement des autres figures dont elle peut être composée, que le sentiment intérieur diffère d'un mouvement circulaire.

En sorte que la sensation peut être conçue exister dans les parties du corps d'un animal, justement comme la rondeur existe dans les parties qui composent un corps rond : chaque partie a autant de sensation, lorsqu'on la considère séparément, que chaque partie d'un corps rond a de rondeur ; et lorsque les parties sont exactement disposées, la pensée est produite en entier, de même que la rondeur est produite en entier, par l'union des parties.

Car le sentiment intérieur étant supposé être une puissance réelle numérique, telle qu'est la rondeur, il peut résulter de la composition de différentes qualités, de même que la rondeur résulte de différentes espèces de figures, et est par conséquent une nouvelle qualité dans le même sujet, d'un genre ou espèce différents de toutes les qualités prises ensemble qui composent le sujet.

C'est pourquoi, bien que le sentiment intérieur soit une qualité réelle, et différente de toutes les autres qualités connues ou inconnues, que l'on avoue être privées de ce sentiment, il peut cependant résulter de ces qualités qui, prises séparément, sont destituées de ce sentiment; de la même façon que la rondeur est une qualité réelle, spécifiquement différente des autres qualités destituées de rondeur, et cependant peut résulter ou être composée de ces qualités.

Que le sentiment intérieur, peut être particulièrement considéré comme un mode ou une espèce individuelle de mouvement.

Car de même qu'il suffit, pour composer la rondeur, de réunir différentes petites parties qui, prises séparément, sont destituées de rondeur; aussi, d'après cette supposition, il n'est pas nécessaire, par rapport au pouvoir, de penser qu'il intervienne autre chose que l'union de différentes petites parties qui sont destituées chacune en particulier de cette espèce de mouvement appelé pensée.

Voilà, si je ne me trompe, la substance de vos réflexions, et ce que vous avez avancé de plus fort.

J'y oppose les réponses suivantes :

Il est absolument impossible, et il y a une contradiction évidente à dire qu'aucune qualité réelle puisse être véritablement et proprement inhérente dans un amas de matière, sans qu'elle soit la somme ou la collection d'un nombre de puissances ou qualités qui résident distinctement dans les différentes parties de l'amas, et sans qu'elle continue d'être du même genre que le tout qui résulte d'elles. Car comme la substance d'un amas de matière n'est elle-même autre chose que la somme de ses parties, qui existent chacune distinctement et indépendamment de l'autre, et que le tout ne peut être que du même genre que les parties qui le constituent; aussi nulle puissance ou qualité de substance ne saurait être autre chose que la somme ou collection des puissances des différentes parties; et cette somme ou collection ne peut, à moins de créer quelque chose de rien, qu'être du même genre que les puissances qui la constituent. Si les parties de la substance sont similaires, alors l'amas lui-même est une substance uniforme ou homogène ; si les parties ne sont pas similaires, la substance est alors difforme ou hétérogène : mais elle ne cesse pas d'être du même genre ou des mêmes genres que les parties qui la composent. Pareillement, si les puissances des différentes parties de l'amas sont similaires, la puissance du tout sera une puissance simple et uniforme ; si les puissances des différentes parties sont dissimilaires, la puissance du tout sera une puissance composée et difforme, mais sera toujours nécessairement du même genre ou des mêmes genres que les puissances qui la composent. Puis donc que vous avouez que la pensée n'est pas une puissance composée d'une multitude de pensées, et qu'il est évident, comme je le montrerai amplement dans la suite, que nulles puissances destituées de pensées ne peuvent être du même genre que la puissance de penser, de telle sorte qu'elles en soient les parties, et que de leur union il en résulte le pouvoir de penser, il s'ensuit que la pensée n'est point du tout une puissance composée de parties, et par conséquent qu'elle ne saurait résider dans une substance qui est formée de parties distinctes et indépendantes, telles que l'on avoue que toute matière est.

Pour développer clairement tout cet argument, et en défendre le sens contre les objections et les prétendues preuves que vous avez alléguées au contraire, il faut observer que les termes *genre* et *espèce* et de même genre ou espèce, sont des termes fort équivoques et employés dans un grand nombre de significations, quoique, parmi les personnes qui cherchent la vérité, qui tâchent de s'exprimer avec le plus de clarté qu'il est possible, et qui cherchent à s'entendre l'un l'autre, ils ne produisent pas souvent d'erreurs considérables.

Par exemple, il est évidemment vrai que tous les cercles de quatre pieds de diamètre, sont d'un seul et même genre ou espèce ; c'est ce que les logiciens appellent *species specialissima*. Il est vrai, dans un autre sens, que tous les autres cercles quelconques sont de la même espèce ; dans un autre que toutes les figures curvilignes sont de la même espèce ; dans un autre que toutes les figures plates, soit rectilignes, soit curvilignes, en tant qu'opposées aux solides, sont de la même espèce ; et dans un autre, que toutes les figures quelconques, soit plates ou solides, sont du même genre ou espèce, en tant que distinguées du mouvement, de la pensée ou de toute autre chose d'un genre entièrement différent : c'est ce que les logiciens appellent *genus generalius*. Excepté cela, on ne peut dire en aucune façon, et le sens du discours ne serait ni vrai ni exact si l'on disait que la figure et le mouvement, ou la figure et la couleur, ou bien la figure et la pensée sont du même genre, parce qu'il n'y a rien de commun dans les idées de ces choses qui puisse les faire ranger ou comparer ensemble, si ce n'est qu'on les comprenne peut-être toutes sous la dénomination purement abstraite de qualité en général.

Pareillement, tous les carrés de deux pieds de diamètre sont spécifiquement différents de tous les carrés d'un pied de diamètre ; mais ils ne le sont pas dans le même sens ni dans le même degré que les uns et les autres le sont de parallélogrammes, et tous les parallélogrammes diffèrent spécifiquement de tous les carrés ; mais ce n'est pas de la même manière qu'ils diffèrent les uns et les autres des triangles, et tous les triangles diffèrent spécifiquement de toutes les figures quadrilatères ; mais ce n'est pas de la même manière que les uns et les autres diffèrent des sphères ou des cylindres ; et les sphères ou les cylindres diffèrent spécifiquement de toutes les figures rectilignes, mais ils n'en diffèrent pas de la même manière qu'ils diffèrent, et que toutes les autres figures diffèrent du mouvement, du goût et du son, ou comme la figure ou le mouvement diffèrent d'une pensée. Cela fait connaître en passant quelle vérité et quel sens il y a d'affir-

mor comme vous faites « que la rondeur est aussi spécifique-
« ment différente de toutes autres figures, que le sentiment
« intérieur est différent d'un mouvement circulaire; » c'est-
à-dire qu'un cercle diffère, supposons, d'une ellipse ou d'une
parabole, non-seulement autant qu'il diffère d'un cube,
mais même autant qu'il diffère de la raison d'un homme, ou
comme les logiciens s'exprimeront, que le *species specialior* diffère autant du *species* qui est immédiatement au-dessus de
lui, qu'il diffère du *genus generalissimum*, et non-seulement
autant, mais qu'il diffère encore de tout ce qui ne saurait
même être renfermé dans ce genre.

J'ajoute que toute couleur d'un bleu clair diffère spécifiquement de toute couleur d'un bleu obscur, mais elle n'en
diffère pas autant qu'elles diffèrent l'une et l'autre du jaune
ou de l'écarlate ; et l'écarlate diffère spécifiquement du bleu,
mais il n'en diffère pas autant que l'un et l'autre diffèrent
du son d'une trompette.

Faisons présentement l'application de ceci à notre question. Lorsque j'affirme que chaque puissance ou qualité
réelle qui est inhérente dans un amas de matière, doit nécessairement être la somme ou la collection des puissances
de même genre qui résident distinctement dans les différentes parties de cet amas, il est clair que par ce terme de
même genre, il ne faut point entendre le *species specialissima*, mais quelqu'une d'entre les *species generaliores;* par
exemple, quand je dis que la grandeur d'un pied cube d'or
est la somme ou la collection des grandeurs de ses parties,
je ne veux pas dire qu'elle est une collection de pieds cubes,
mais qu'elle est une collection d'autres grandeurs qui constituent un pied cube, et qui sont du même genre qu'elle,
dans le sens que toutes grandeurs sont du même genre et
peuvent être parties l'une de l'autre : or, grandeur et mouvement, ou grandeur et figure ne sont en aucun sens du même
genre et ne peuvent être parties l'un de l'autre : donc figure
ou mouvement ne saurait être partie d'une pensée.

De même, quand je dis que le nombre vingt est formé de parties de même genre que le tout, il est évident que je n'entends pas qu'il est formé de plusieurs vingtaines, mais qu'il est formé d'autres nombres qui sont de même genre que lui, dans le sens que tous nombres sont de même genre, et peuvent être parties l'un de l'autre. Or, nombre et son, ou nombre et couleur, ne sont en aucun sens de même genre et ne peuvent être parties l'un de l'autre; donc nombre ou figure, mouvement ou grandeur ne saurait être partie d'une pensée.

De même encore, quand je dis que la rondeur ou figure sphérique, ou toute autre figure d'un corps doit nécessairement être la somme des qualités de même genre inhérentes aux différentes parties, il est clair que je n'entends pas plus affirmer que la rondeur est formée de plusieurs rondeurs, que j'entends affirmer que le nombre de vingt est formé de plusieurs vingtaines, ou que le mouvement d'un pied cube de matière est formé des mouvements de plusieurs pieds cubes, mais que mon dessein est d'affirmer que la totalité d'une figure ronde doit être nécessairement formée de parties de rondeur qui sont toutes de même genre qu'elle; tout de même que les nombres qui font partie du nombre vingt sont de même genre que le tout, et que les mouvements des petites parties d'un pied cube de matière, qui sont parties du mouvement du tout, sont de même genre que le mouvement entier. Or figure et tout ce qui n'est pas figure, n'est en aucun sens du même genre; donc rien de ce qui est privé de figure ne saurait être partie de quelque figure que ce soit; rien de ce qui est en particulier privé de courbure ne saurait être partie d'une circonférence ronde, rien de ce qui est privé du degré particulier de courbure qui forme un cercle d'un certain diamètre déterminé, ne saurait être partie de la circonférence de ce cercle, et rien de ce qui est privé de pensée ne saurait être partie constituante d'une pensée.

De tout ceci il paraît clairement que votre distinction de

pouvoirs *génériques* et *numériques* ne sert de rien à votre cause; car les puissances que vous appelez numériques doivent aussi être nécessairement des collections de puissances de même genre que celles que vous appelez génériques. Il est aussi évident que la figure ronde d'un globe, j'entends sa superficie, est la somme des surfaces convexes de ses parties externes, et que sa figure solide est la somme de toutes ses parties solides prises ensemble et considérées comme autant de voussures concentriques ou telles autres figures qui peuvent être parties constituantes du contenu solide d'un globe; cela, dis-je, est aussi évident, qu'il est évident que le mouvement d'un globe est la somme des mouvements de ses parties; et la convexité extérieure de ses parties externes, ainsi que la rondeur concentrique de ses parties internes sont autant du même genre que la rondeur ou figure sphérique entière dont elles sont, pour ainsi dire, les pièces, que les mouvements ou grandeurs différentes et distinctes de ses parties sont du même genre que le mouvement ou la grandeur entière qu'elles constituent. Car pourquoi un demi-cercle ou l'arc d'un quart de cercle ne serait-il pas de même genre que la circonférence d'un cercle, et les figures rondes concentriques ou toutes autres figures qui peuvent être parties constituantes du contenu solide d'un globe, ne seraient-elles pas de même genre que la figure du globe, autant que le mouvement ou la grandeur des parties d'un pied cube de matière est de même genre que le mouvement ou la grandeur du pied cube entier?

Pour dire la vérité, nulles autres puissances que des puissances numériques ne doivent, à parler exactement, point du tout entrer en considération dans la question présente. Car les puissances génériques, en tant que génériques, ne diffèrent point des universaux, et n'existent que dans l'imagination qui considère et compare divers objets particuliers dans les individuels eux-mêmes, en qui seuls les puissances existent réellement; elles ne sont point générales, elles ne sont faites générales que quand on considère et que l'on compare ensemble les puissances particulières. Or, cette comparaison n'existe que dans l'idée; et par conséquent les puissances générales ou génériques n'existant réellement dans les choses que par notre moyen, n'ont réellement ni parties ni tout, et ne peuvent, à proprement parler, point du tout entrer en considération dans la question présente. Ce n'est point le mouvement ou la figure prise en général qui est formée de mouvement et de figures, mais c'est le mouvement ou la figure numérique et individuelle d'un corps qui est formée des mouvements et des figures de ses parties. Le mode numérique de mouvement du tout est toujours la somme des modes numériques de mouvement des parties : le mode numérique de la figure superficielle du tout est la somme des modes numériques de figure des côtés extérieurs de ses parties superficielles : et le mode numérique de figure solide du tout est la somme des modes numériques de figure solide de toutes les parties prises ensemble. Pareillement si la pensée pouvait inhérer dans un amas de matière, ce ne serait pas la pensée en général, mais toujours quelque pensée numérique particulière, qui serait le résultat des pensées des différentes parties.

Si vous répliquez que par puissances génériques vous n'entendez pas puissances générales ou universelles, qui n'ont point d'existence réelle (quoique vos expressions, quand vous mettez la figure au nombre des puissances génériques, par opposition à toute figure particulière, ne puissent guère présenter d'autre sens que ce sens absurde); si, dis-je, vous répondez que par puissances génériques vous n'entendez pas puissances générales, mais seulement ces sortes de puissances particulières qui sont sommes ou collections de puissances de même genre, par opposition à ces autres puissances ou qualités particulières qui ne sont pas sommes ou collections de puissances de même genre? je réponds qu'une semblable distinction ne se trouve point dans la nature, mais que toutes puissances ou qualités quelconques qui inhèrent dans un amas de matière, soit du nombre de celles que vous citez comme génériques, soit du nombre de celles que vous citez comme puissances numériques, sont également de la même manière sommes ou collections de puissances de même genre. Car, si, par ce terme de même genre ou espèce, vous entendez le *species specialissima*, ni l'une ni l'autre sorte de qualités, ni aucuns touts dans le monde ne sont dans ce sens collections de parties de même genre, n'étant pas plus vrai que la grandeur ou mouvement que vous appelez qualités génériques d'un pied cube de matière, sont formées de grandeurs ou mouvement de pied cube, qu'il est vrai que la rondeur que vous appelez qualité numérique d'un globe, est formée de rondeurs semblables. Mais si, par le terme de même genre, l'on entend, ainsi que le sens commun le requiert et que je l'ai expliqué ci-devant, le *species generalior*, alors les deux sortes de qualités et tous les touts imaginables sont collections de parties de même genre; étant également vrai et évident que la figure ronde d'un globe, la qualité numérique est, relativement à sa surface, formée des parties de surfaces sphériquement et concentriquement convexes; et relativement à son contenu solide, formée de figures rondes concentriques, ou de voussures sphériquement et concentriquement convexes, qui, étant parties de toute la surface sphérique ou de tout le contenu solide sphérique, sont respectivement du même genre qu'elle : comme il est vrai et évident que la grandeur d'un pied cube de matière; la qualité générique est formée de pouces cubes ou de toutes autres grandeurs qui, étant parties d'un pied cube, sont de même genre qu'elle.

Quand vous dites : « Si l'on attache une idée générique
« aux termes puissances de même genre, alors je conviens
« que les puissances connues de la matière ne sont autre
« chose que les sommes des puissances de même genre; c'est
« à-dire que la figure et le mouvement d'un corps (il eût
« été peut-être plus exact de dire la grandeur et le mouve-

« mont), est composée des figures et mouvements des gran-
« deurs et mouvements des parties : mais si les termes
« puissances de même genre sont pris numériquement, c'est
« à-dire comme puissances qui existent réellement, alors il y
« a des puissances inhérentes dans des amas de matière qui
« ne sont point les sommes des puissances de même genre.
« Par exemple, la rondeur d'un corps n'est point la somme
« des rondeurs des parties : » votre distinction est évidemment destituée de fondement, parce que dans le même sens que la rondeur d'un corps n'est pas la somme des mêmes rondeurs des parties (car, pour ce qui est des autre rondeurs, telles que les rondeurs innombrables concentriques, et les convexités extérieures de ses petites particules externes, elle en peut être et en est toujours la somme), dans le même sens, dis-je, que la rondeur d'un corps n'est pas la somme des mêmes rondeurs des parties, dans ce sens même il est vrai aussi que la grandeur et le mouvement d'un corps ne sont point composés des mêmes grandeurs et mouvements des parties. Au contraire, dans le même sens qu'il est vrai que la grandeur et le mouvement d'un corps sont composés des grandeurs et des mouvements, non les mêmes, mais différents des parties; dans ce même sens il est également vrai que la figure ronde numérique d'un corps, c'est-à-dire la figure ronde de sa surface, est la somme des rondeurs, par où j'entends les convexités ou rondeurs extérieures de ses parties superficielles; et sa figure solide est la somme de toutes ses parties solides prises ensemble, qui, selon que je l'ai dit ci-devant, peuvent être considérées comme autant de voussures concentriques, ou telles autres figures qui peuvent être parties constituantes du contenu solide d'un globe.

Et quand vous dites : « C'est une contradiction de faire le
« sentiment intérieur, la somme des sentiments intérieurs
« des parties, de même que c'est une contradiction de faire
« consister la rondeur dans les rondeurs des parties; » quoique vous n'eussiez pas de peine à accorder que « si le

« sentiment intérieur était une puissance générique sem-
« blable à la figure et au mouvement, elle serait pareillement
« la somme et le résultat des sentiments intérieurs des diffé-
« rentes parties, et ainsi qu'il y aurait autant de sentiments
« intérieurs distincts qu'il y a de particules de matière qui
« forment l'amas, ce que vous avouez être très-absurde. »
Quand vous ajoutez : « si le sentiment intérieur propre aux
« hommes est un mode de quelque puissance générique de la
« matière, il ne doit point être la somme des sentiments in-
« térieurs des parties. » Quand vous dites : « si le sentiment
« intérieur répondait à la figure et au mouvement, aux puis-
« sances génériques, il serait pareillement formé des senti-
« ments intérieurs des parties. » Lorsque vous dites : « le
« sentiment intérieur peut résulter de qualités qui, considé-
« rées séparément, sont destituées de sentiment intérieur, de
« la même manière que la rondeur est une qualité réelle
« spécifiquement différente d'autres qualités destituées de
« rondeur, et cependant peut être le résultat ou le composé
« de pareilles qualités. » Enfin quand vous dites : « le senti-
« ment intérieur n'est point un pouvoir qui réponde à la fi-
« gure et au mouvement, aux puissances génériques, que
« vous convenez consister seulement dans les figures et mou-
« vements des parties, mais il ressemble ou répond aux modes
« numériques de figures et de mouvement, » tout cela n'est
dit que pour amuser votre lecteur par des mots qui ne signifient rien. Car, premièrement, le sentiment intérieur,
comme j'aurai ci-après occasion plus particulièrement de
l'observer, est vraiment une puissance plus générique que la
figure ou le mouvement. En effet, la figure ne renferme sous
elle que des modes de figure, et le mouvement ne renferme
que des modes de mouvement; mais le sentiment intérieur,
comprenant sous lui tous les modes de la pensée, renferme
en lui-même les idées de tous les modes de figure et les
idées de tous les modes de mouvement et une infinité d'autre idées encore. Le sentiment intérieur étant donc une

puissance générique que l'on ne saurait comparer et qui est infiniment supérieure à la figure et au mouvement, il doit être, de votre propre aveu, la somme et le résultat des sentiments intérieurs des différentes parties, et ainsi il y aurait autant de sentiments intérieurs distincts qu'il y a de particules de matière qui forment l'amas, ce que vous convenez être très-absurde. Secondement, tâchons d'imaginer que le sentiment intérieur n'est pas une puissance ou qualité générique, mais en est une numérique, telle que la rondeur, et voyons ce qu'il suivra de là. Le sentiment intérieur, en général, ne peut pas plus être conçu comme une puissance numérique que la figure en général et le mouvement en général. Mais de même que la rondeur d'un globe est une qualité numérique de ce globe individuel, aussi vous pouvez seulement dire que le sentiment intérieur individuel que je trouve en moi dans tous les instants du temps, est un mode numérique de quelque puissance inhérente à cet amas de matière qui constitue mon cerveau : or, tout comme la rondeur individuelle d'un globe n'est effectivement point formée d'un nombre de rondeurs entières semblables, de même que le nombre cent n'est point formé de centaines, ni la grandeur d'un pied cube de pieds cubes, ni aucun tout que ce soit d'un nombre de touts semblables; qu'il est cependant nécessaire qu'elle soit formée de figures qui puissent être parties de rondeurs, parties mêmes qui aient ce degré numérique particulier de courbure ou rondeur, et qu'elle ne peut pas l'être de lignes droites ni d'aucunes figures qui ne soient pas, pour ainsi dire, morceaux de rondeur ou morceaux qui n'aient pas ce degré particulier déterminé de courbure ou rondeur : aussi le sentiment intérieur individuel que je trouve en moi dans tous les instants du temps, supposé que ce soit une qualité inhérente à un amas de matière, doit être formé, si ce n'est pas d'un nombre de sentiments intérieurs absolument les mêmes, du moins de puissances qui soient de même genre que ce sentiment intérieur numérique, autant que les arcs des cercles sont de même genre que toute la circonférence circulaire, ou que les parties des surfaces sphériquement et concentriquement convexes sont de même genre que toute la surface sphérique qui en est composée, c'est-à-dire qu'il faut qu'elle soit effectivement formée de différents sentiments intérieurs, mais toujours sentiments intérieurs seulement et non mouvements ou figures, ou toute autre chose, pas plus que la rondeur d'un cercle peut être formée de lignes droites ou de couleurs ou de sons ou de toute autre chose que de parties de rondeur circulaires; pas plus que la surface d'une sphère peut être formée d'autre chose que de petites surfaces qui aient chacune la même convexité sphérique et concentrique; pas plus qu'une substance étendue ou solide peut être formée d'autres parties constituantes que celles qui sont elles-mêmes parties de substance étendue ou solide. Il n'est nullement vrai comme vous l'affirmez que la rondeur est une nouvelle qualité d'un genre ou espèce différente de toutes les qualités componentes prises ensemble, ou qu'elle peut résulter ou être composée de qualités destituées de rondeur, puisque l'on ne peut affirmer d'aucune partie de l'arc d'un cercle qu'elle est entièrement destituée de courbure comme une ligne droite l'est; et, pareillement, il n'est nullement possible que le sentiment intérieur puisse résulter de qualités qui, prises séparément, sont destituées de toute sorte de sentiment intérieur, comme le mouvement ou la figure le sont. Il y a plus : chaque partie de la circonférence, non-seulement n'est pas entièrement destituée de rondeur, mais a réellement autant de rondeur ou de courbure, j'entends en degré, quoiqu'elle n'en ait pas autant en quantité, que tout le cercle lui-même en a, par la même raison qu'un cercle a autant de rondeur que vingt, ou qu'un pouce cube d'eau bouillante a autant de chaleur en degré que vingt, ou qu'un pied carré de surface blanche a autant de blancheur que vingt; et, par conséquent, le sentiment intérieur, si c'était une qualité qui répondît ou pût être comparée à la rondeur d'un cercle, devrait de même être composé de parties qui auraient chacune autant de sentiment intérieur en degré que le tout.

Les mêmes principes serviraient aisément à montrer l'absurdité de tout ce que vous avez encore avancé d'après votre exemple favori de la rondeur.

Vous dites que l'argument tiré de ce que le sentiment intérieur n'est pas formé de différents sentiments intérieurs ne conclut pas plus contre la possibilité que le sentiment intérieur réside dans un amas de matière, que le même argument conclurait contre la possibilité de l'existence de la rondeur dans un corps, qui n'est pas plus formée de différentes rondeurs, que la pensée ou le sentiment intérieur est formé de différents sentiments intérieurs, et qui diffère aussi spécifiquement des autres figures que le sentiment intérieur diffère d'un mouvement circulaire. Mais je crois avoir montré que les exemples ne sont pas semblables ; et que la rondeur n'est pas composée de qualités aussi différentes de la rondeur, que vous supposez que le sentiment intérieur est formé de qualités différentes du sentiment intérieur ; c'est-à-dire que la rondeur de toute la circonférence d'un cercle n'est pas aussi différente de la convexité des petits arcs dont elle est composée, ou la rondeur de tout un globe n'est pas aussi différente des petites parties sphériquement et concentriquement convexes des surfaces dont elle est composée, que le sentiment intérieur est différent d'un mouvement circulaire, ou d'un mouvement en carré, ou d'aucun mouvement en tout, ou d'aucune autre chose quelconque qui est entièrement privée de sentiment intérieur. Car la rondeur consiste uniquement en morceaux de rondeur, qui ne diffèrent d'elle spécifiquement, que dans le sens le plus borné du mot *spécifiquement;* ou plutôt ils ne diffèrent point du tout d'elle spécifiquement, si ce n'est en grandeur seulement, comme la partie diffère du tout ; n'y ayant guère d'exactitude à dire que le nombre vingt diffère spécifiquement du nombre dix, ou que trois cent soixante degrés ou soixante degrés diffèrent spécifiquement de vingt degrés ou dix degrés, ou de toute autre partie d'un même arc; chaque partie duquel a nécessairement, comme je l'ai dit ci-devant, justement autant de rondeur ou courbure en degré que tout l'arc ou tout le cercle lui-même en a; mais la pensée, si elle est formée de qualités entièrement privées de pensée, comme mouvements, figures et autres choses semblables le sont; elle doit être composée de qualités qui diffèrent génériquement d'elle dans le sens le plus étendu du mot *génériquement*. N'étant plus alors sous un genre commun, et n'ayant plus de ressemblance, l'une et l'autre n'ont plus rien de commun dans leurs idées; et, conséquemment, ne peuvent, dans aucun sens, être du tout comparées l'une avec l'autre, ou composées l'une de l'autre; pas plus que des cercles et des lignes droites, ou des couleurs et des sons, des nombres et des goûts, des figures et des mouvements, ou toutes autres choses dont les idées n'ont rien de commun ou de semblable entre elles.

Vous alléguez de plus en faveur de la rondeur aussi bien que de la pensée, que c'est une chose si éloignée d'être aussi certaine qu'une démonstration arithmétique, qu'une pareille puissance particulière est un tout plus gros que toutes ses parties que l'on démontre arithmétiquement qu'une puissance particulière, telle que la rondeur n'est qu'égale tout juste à toutes les parties dont cette rondeur est composée. Car, entre-t-il autre chose dans la composition de la rondeur qu'un assemblage de différentes petites parties destituées chacune séparément de rondeur, et autre chose forme-t-il la puissance de penser que l'union de différentes parties destituées chacune séparément de pensée? Mais ici encore votre comparaison ne sert de rien au sujet. Car quand vous demandez, entre-t-il autre chose dans la composition de la rondeur qu'un assemblage de petites parties, destituées chacune séparément de rondeur? si, par destituées chacune séparément de rondeur, vous entendez destituées chacune séparément de la même rondeur totale, alors votre assertion se réduit à ceci, que les parties de la rondeur ne sont pas un nombre des mêmes touts, ou que les différentes parties de la circonférence d'un cercle ne sont pas autant de mêmes circonférences totales. Et alors je réponds que les parties de la pensée, si elle était inhérente dans un amas de matière, ne seraient pas autant de mêmes pensées totales. Mais si vous voulez dire qu'une figure ronde est un composé des petites parties qui, prises séparément, sont destituées de toute rondeur, de toute courbure absolument; alors votre assertion est directement fausse, et une pareille rondeur serait un tout plus gros que toutes ses parties, de la même manière que j'ai dit que le sentiment intérieur serait, s'il était formé de mouvements ou de toutes autres qualités privées de sentiment intérieur, si vous imaginez que la pensée est formée de différents sentiments intérieurs innombrables, comme la rondeur de la circonférence d'un cercle est composée d'arcs convexes innombrables, il est vrai alors, et alors seulement que votre comparaison serait bonne; mais de supposer que la pensée est formée de puissances entièrement privées de sentiment intérieur, c'est la même chose que de supposer la circonférence d'un cercle composée de lignes droites destituées absolument de convexités; ou plutôt la même chose que de supposer cette circonférence composée de sons, ou de couleurs, ou de ce que l'on peut imaginer de plus éloigné de l'idée de rondeur; et c'est faire évidemment un tout plus gros que toutes ses parties, c'est-à-dire renfermant quelque chose différent de toutes ses parties prises ensemble, quelque chose de surplus; c'est même faire un pareil tout la somme de parties qui ne peuvent le composer ni en tout ni en partie, ce qui est une contradiction manifeste. Il est évident qu'un tout ne saurait différer de toutes ses parties en rien autre chose, si ce n'est uniquement dans le nom abstrait, la pure dénomination extérieure de sa qualité de tout, qui n'est rien du tout à la chose elle-même qu'une pure manière de concevoir, une pure liaison d'idées dans l'imagination de la personne qui contemple ou qui réfléchit sur ce tout. Si la pensée était la qualité d'un amas de matière, c'est-à-dire la somme ou totalité des puissances de ses parties, elle ne devrait pas différer des puissances distinctes de ses parties, autrement que l'idée de la rondeur d'un cercle diffère de l'idée de la rondeur de deux demi-cercles ou de quatre quarts de cercles joints ensemble; ou autrement que l'idée de deux fois six diffère de l'idée du nombre douze. Si donc la pensée était, comme vous le supposez, une composition ou résultat de différentes puissances, et de puissances qui fussent elles-mêmes entièrement privées de sentiment intérieur; la pensée serait ou une pure dénomination extérieure, et rien du tout réellement à la substance même pensante; de la même manière qu'une douzaine est un pur nom, et rien du tout qui diffère en soi réellement de douze unités; qui est ce que vous ne voulez pas affirmer, ou bien il faudrait qu'elle fût inévitablement un tout plus gros que toutes ses parties, c'est-à-dire renfermant toutes ses parties et la pensée outre cela; de même que la circonférence courbe d'un cercle contiendrait plus de courbure que toutes ses parties prises ensemble, si elle pouvait être composée de lignes qui n'auraient chacune, prises séparément, aucune courbure en tout, ou de même qu'un cube serait plus gros que toutes ses parties, s'il était composé de parties qui, prises séparément, n'auraient aucune grandeur en tout.

Si vous voulez, sur ce que je viens de dire, abandonner votre premier argument, et que, recourant toujours à de nouvelles comparaisons, vous alléguiez qu'une figure carrée supposée peut être composée de parties qui n'aient rien du carré; je réponds que le carré de la figure d'un corps est une pure dénomination extérieure, un pur acte de l'imagination par lequel elle compare, relativement ensemble, les extrémités d'une surface, la situation de quatre lignes droites au regard l'une de l'autre, et qui n'a proprement aucune existence réelle dans les choses mêmes, comme le sentiment intérieur est reconnu en avoir dans la substance pensante. On peut dire la même chose de toutes les autres qualités, dont l'essence consiste purement dans la comparaison relative de la situation ou des autres rapports des parties d'un corps l'une à l'égard de l'autre ; de pareilles qualités n'ayant réellement point d'existence numérique propre, ailleurs que dans l'idée. Et la rondeur elle-même, considérée de la même façon, peut, par un semblable moyen, fournir une juste réponse à l'argument que vous tirez de là.

Enfin vous affirmez que « la sensation est dans les parties « d'un animal, comme la rondeur est dans les parties qui « composent un corps rond ; chaque partie a autant de sen- « sation considérée séparément, que chaque partie d'un corps « rond a de rondeur ; et, lorsque les parties sont exactement « disposées, toute la pensée est formée comme toute la ron- « deur existe par l'union des parties. » Mais je me flatte que ce que j'ai dit ci-devant prouve suffisamment qu'une figure ou un mouvement destitué de sentiment ne saurait être partie d'une sensation ou partie d'une pensée, comme un demi-cercle ou un quart de cercle, est partie d'un cercle. D'affirmer le contraire, c'est-à-dire qu'une figure ou mouvement, qui est entièrement destitué de sentiment, peut ainsi être partie d'une sensation ; il est clair, comme je l'ai montré ci-devant, que c'est la même chose que si vous affirmiez qu'une ligne qui n'a nulle courbure peut être partie de la circonférence d'un cercle, de même que l'arc d'un quart de cercle l'est, ou que quelque chose qui n'a ni solidité ni extension peut cependant être une partie constituante d'une substance étendue et solide.

J'ai fait voir qu'aucune partie de la circonférence d'un cercle n'est entièrement destituée de rondeur. Si donc la sensation est, selon votre assertion, dans les parties d'un animal, comme la rondeur est dans les parties qui composent un corps rond ; et que chaque partie ait autant de sensation prise séparément, que chaque partie d'un corps rond a de rondeur ; il s'ensuivra, non pas ainsi que vous le voulez, que la sensation peut résulter d'une union de parties entièrement destituées de sentiment, car la circonférence d'un cercle ne peut être formée par l'union de lignes, ou la superficie d'une sphère par une réunion de surfaces, destituées entièrement de courbure; mais il s'ensuivra au contraire qu'il y a réellement quelque degré de sensation dans chaque partie de l'animal prise séparément; comme il est nécessaire qu'il y ait quelque degré de courbure dans chaque partie de la circonférence d'un cercle, ou de la surface d'une sphère. Et ainsi vous tombez inévitablement dans cette idée absurde, selon vous, « qu'il y a autant de sentiments intérieurs distincts, « qu'il y a de particules de matière qui constituent l'amas « pensant. »

J'appréhende que nos lecteurs ne soient suffisamment las de rondeur. Les autres exemples que vous citez pour prouver qu'une qualité ou une puissance inhérente dans un amas de matière, ne saurait être le résultat des puissances ou qualités de même genre qui résident dans les parties de l'amas, font encore moins à votre sujet; car il est très-clair, à l'égard de ces exemples et de tous les autres imaginables, qu'ils ne sont jamais et ne peuvent être autre chose que les sommes de puissances ou qualités du même genre particulier uniforme que le tout, lorsque le tout est simple et homogène, ou du même genre général que lui lorsqu'il est complexe et hétérogène. Et puisque vous avouez que ce n'est pas le cas de la pensée, il s'ensuit que la pensée ne peut être une puissance ou qualité qui réside dans un amas de matière.

Le pouvoir qu'une horloge a de marquer l'heure du jour, n'est pas à la vérité le résultat des mêmes puissances individuelles qui résident dans les différentes parties, et ne l'est pas plus que le nombre mille est le résultat d'une composition de mille, ou qu'aucun tout est un composé d'une multitude des mêmes touts; mais comme le nombre mille est la somme de beaucoup de nombres, et que l'on ne peut imaginer avec aucune raison qu'elle soit un composé de sons ou de couleurs; de même aussi le pouvoir numérique d'une horloge, qui n'est autre chose que mouvement et figure, ne saurait être le résultat d'aucunes autres qualités et puissances dans les parties que de celles qui sont elles-mêmes en particulier du même genre, suivant la manière ci-devant expliquée, savoir mouvements et figures. Et pareillement mon sentiment intérieur numérique actuel, s'il se réduisait à une qualité inhérente dans un amas de matière; quoiqu'il ne fût pas effectivement la somme d'une multitude des mêmes pensées individuelles, inhérentes dans les différentes parties distinctes de l'amas, devrait cependant être la somme de puissances dans les parties telles qu'elles seraient elles-mêmes en particulier du même genre, savoir, sentiments intérieurs ou pensées : cela étant également et par la même raison, impossible que mon sentiment intérieur fût le résultat de puissances dans les parties de mon cerveau, qui seraient, *toto genere*, différentes de la pensée et n'auraient rien dans leurs idées de commun ou de semblable avec elle, telles que sont la figure et le mouvement, et toutes les autres puissances destituées de sentiment intérieur; de même qu'il est impossible que le nombre mille ci-devant mentionné pût être un composé de sons ou de couleurs, ou de toute autre chose que nombres.

Le pouvoir qu'un instrument de musique a de produire des sons harmonieux, n'est pas à la vérité le résultat des mêmes puissances individuelles qui résident dans les différentes parties de l'instrument, pas plus que la circonférence d'un cercle est formée d'un nombre de mêmes circonférences totales; mais, comme la circonférence d'un cercle est la somme d'une multitude d'arcs convexes qui ont la même courbure, et qu'elle ne saurait être un assemblage de lignes droites, ou de corps cubiques ou d'arcs dont les courbures soient différentes; de même aussi l'harmonie produite par un instrument de musique, n'étant elle-même dans l'esprit qui la perçoit autre chose qu'un son; et relativement à l'instrument, à l'air et aux organes de la sensation, n'étant autre chose qu'un mouvement de parties, ne saurait être le résultat ou composé d'aucunes autres puissances, que de celles qui sont elles-mêmes en particulier du même genre dans ces différents sujets respectivement ; savoir dans l'esprit qui les conçoit également des sons, et dans l'instrument lui-même, dans l'air et dans les organes de la sensation des mouvements des parties. Et pareillement si le sentiment intérieur était une puissance inhérente dans un amas de matière, il ne pourrait être le résultat d'aucunes autres puissances dans les parties que « de quelques sortes de sentiment intérieur ; » par la même raison que la circonférence d'un cercle ne peut être, comme je l'ai observé ci-devant, un assemblage de lignes droites ou de corps cubiques, ni un son harmonieux un composé de couleurs, ou de toute autre chose que de sons.

Le pouvoir que l'œil a de voir, n'est pas différent de celui qui est dans les verres objectifs des télescopes, qui consiste à transmettre et à rompre les rayons de lumière au point de représenter l'image de l'objet dans le fond de l'œil ; et ce pouvoir n'est évidemment rien que la somme des puissances de même genre ; savoir, des puissances de transmettre et de rompre les rayons qui résident distinctement dans les différentes parties de l'œil ou du verre. Chaque partie de l'œil transmet et rompt les rayons, et ces rayons peignent diverses parties de l'image, et l'image entière ne diffère pas autrement de toutes les parties, ni ce que vous appelez le pouvoir numérique de l'œil entier, ne diffère pas des puissances singulières de toutes ses parties, autrement que l'idée d'une douzaine diffère de l'idée de douze unités, et si cette différence est aussi grande que celle qui se trouve entre l'idée de sentiment intérieur et l'idée de mouvement circulaire ou de tout autre mouvement, j'avoue que j'ai perdu l'entendement.

Mais il y a encore un malheur plus particulier dans l'exemple que vous avez choisi, du pouvoir que l'œil a de contribuer à l'action de la vue comme d'un pouvoir numérique d'un amas de matière, et dans votre assertion, « que la « division ou la variation de la moindre partie de l'œil fait « cesser entièrement la puissance qu'il a de contribuer à « l'action de la vue. » Car cela est si éloigné d'être vrai, excepté par accident seulement, à raison de la délicatesse et de la fluidité de la matière de l'œil, qu'au contraire, non-seulement chaque partie de l'œil, comme je viens de le dire, transmet et rompt les rayons, afin de peindre dans le fond les différentes parties de l'image de l'objet ; or la puissance de l'œil entier n'est rien de plus que la somme de ces transmissions et réfractions ; mais même en outre, chaque partie de l'œil a la même puissance que le tout, à la différence seulement du degré, de peindre au fond l'image entière de l'objet ; car, de même que chaque moitié de l'objectif rompu d'un télescope, ou de toute autre de ses pièces qui aura conservé le poli sur les deux surfaces, représentera distinctement l'objet entier avec moins de brillant et de lumière seulement que le verre entier ne le représenterait, de même aussi chaque partie de l'œil peint toutes les parties de l'objet entier ; et lors même que la moitié de l'œil, ou l'œil presque tout entier est couvert en sorte que vous regardez seulement par une pinule placée à droite ou à gauche, ou au milieu de la prunelle, l'objet entier ne laisse pas d'être aperçu distinctement, même par cette petite partie de l'œil ; et par conséquent la puissance de l'œil est la même dans le tout et dans chaque partie.

Ce qui vient d'être dit au sujet des divers exemples sur lesquels il vous a plu d'insister, peut avec très-peu de changement se dire également par rapport à toutes les autres puissances quelconques qui résident ou peuvent résider dans un amas de matière. En expliquant bien la nature de ces puissances l'on montrera même que vos propres exemples sont autant d'arguments sans réponse contre l'assertion que vous avez avancée pour les défendre.

Je me flatte que ceci suffit pour prouver contre vous en général, que chaque puissance ou qualité qui réside dans un amas de matière, doit nécessairement être la somme ou collection des puissances de même genre qui résident distinctement dans les différentes parties de l'amas ; et par conséquent, que toute puissance qui n'est point une collection de pareilles puissances, ce que vous avouez se trouver à l'égard du sentiment intérieur ou de la pensée, ne saurait être en tout une puissance ou qualité de la matière.

Ce n'est pas sans quelque répugnance, que vous semblez à la fin déterminer de quelle sorte de pouvoir générique de matière vous imaginez que la pensée est un mode numérique ; vous supposez que « le sentiment intérieur est un « mode du mouvement, vous parlez de la pensée comme « d'une espèce de mouvement ; » et vous croyez employer une expression plus propre quand vous indiquez une certaine « espèce de mouvement appelé pensée. »

Vous souhaitez à la vérité que « l'on ne vous impute pas « cela comme votre opinion, puisque vous prenez seulement « la liberté de le supposer. » Mais ce faux-fuyant vous est inutile, quand on prouve que vous admettez l'absurdité de l'idée ; car vous déclarez comme votre opinion positive, que « le sentiment intérieur, ou la pensée propre aux hommes, « est un mode de quelque puissance générique de la ma- « tière. » Vous ne voulez pas déterminer positivement ce que c'est que cette puissance générique, mais vous supposez qu'elle est mouvement ; or je m'imagine que vous supposez ce que vous jugez le plus probable, et ce que vous pensez pouvoir mieux servir au but que vous avez d'expliquer la nature de la pensée. Je m'en vais donc prouver que rien n'est plus absurde que de supposer que la pensée est un mode du mouvement. Le même argument ne prouvera pas moins fortement qu'il n'est pas possible que la pensée soit un mode de figure ou de toute autre propriété connue de la matière : il prouvera aussi qu'il n'est pas possible qu'elle soit un mode de quelque puissance inconnue de la matière qui en général est destitué de pensée; parce que toute puissance inconnue, destituée de pensée, est aussi différente de la pensée que le mouvement, ou la figure, ou toute autre puissance connue l'est par la même raison qu'une odeur ou un goût, ou toute autre qualité connue ou inconnue, qui n'est pas une couleur, ne doit pas plus nécessairement être du bleu ou de l'écarlate, que le son d'une trompette l'est. Quand j'aurai montré l'absurdité de votre supposition que la pensée est un mode du mouvement, j'aurai aussi montré l'absurdité de l'opinion que vous déclarez être la vôtre, savoir que le sentiment intérieur, ou la pensée propre aux hommes, est un mode de quelque pouvoir générique de la matière.

Or, pour prouver l'absurdité de supposer que le sentiment intérieur est un mode du mouvement, je propose les arguments suivants :

1°. Tout mode de quelque puissance ou qualité que ce soit, n'est autre chose que cette puissance ou qualité dont il est mode, en entendant cela avec quelque restriction en particulier; c'est-à-dire qu'il n'est qu'un exemple particulier de cette puissance ou qualité générale, qu'il n'est que la puissance ou qualité générale considérée sous telle et telle modification particulière. Le bleu et le rouge, et tous les autres modes de couleur, ne sont que différentes couleurs particulières, et ne peuvent renfermer rien dans leur idée au delà du genre de couleur. Le son aigu et grave ou tout autre mode de son, ne sont que différents sons particuliers, et ne renferment rien dans leur idée au delà du genre du son. La figure circulaire et tout autre mode de figure ne sont que différentes figures particulières, et ne peuvent rien renfermer dans leur idée, au delà du genre de figure. De même, tous les modes de mouvement ne sont autre chose que des mouvements purement particuliers et ne peuvent rien renfermer dans leur idée au delà du genre de mouvement. Or, si les idées simples sont le fondement de toute notre connaissance, et que la perception claire et distincte de la convenance ou disconvenance de ces idées soit la meilleure et la plus grande preuve de vérité à laquelle nos facultés soient capables d'arriver; alors il est aussi évident qu'aucune vérité dans le monde puisse l'être, qu'il n'est pas possible que le sentiment intérieur soit un mode de mouvement. Car j'ai une perception aussi claire et distincte que l'idée de sentiment intérieur renferme quelque chose en elle de différent et de plus que le genre de mouvement, que j'en ai qu'il renferme quelque chose de plus que le genre de figure. L'idée de sentiment intérieur est aussi totalement et génériquement différente de l'idée d'un mouvement circulaire, ou d'un mouvement elliptique, ou de tout autre mode de mouvement quelconque, qu'elle l'est de l'idée d'un cercle ou d'un cube ou de tout autre mode de figure quelconque. J'ai donc exactement la même certitude intuitive que le sentiment intérieur ne saurait être un mode de mouvement, que celle que j'ai qu'un cercle ou un cube n'est pas une pensée, ou qu'un son aigu n'est pas une couleur pourpre, ou qu'aucune chose dans le monde n'en est point une dont on puisse imaginer l'idée plus éloignée et plus différente du sentiment intérieur.

De supposer le sentiment intérieur un mode de mouvement, c'est réellement une plus grande absurdité si cela peut se dire, que ce n'en serait une de supposer la rondeur une propriété d'un carré; parce que l'idée du mouvement local et l'idée de la pensée, n'ayant point un genre commun, n'ayant rien en quoi elles puissent convenir ou être comparées ensemble, sont évidemment plus différentes l'une de l'autre que deux figures planes ne peuvent être, qui ont un genre commun; et il y a vraiment plus de ridicule à demander comme vous faites « qu'entre-t-il de plus dans la puis« sance de penser, que l'union de différentes petites parties, « dont chacune se trouve revêtue de cette espèce de mou« vement appelé pensée? » qu'il n'y en aurait à faire cette question : « qu'entre-t-il de plus dans la composition de la

« couleur écarlate, que l'union de différentes petites parties
« dont chacune est destituée de cette espèce de son appelé
« écarlate ? » parce que deux qualités sensibles ne sont pas
aussi différentes l'une de l'autre dans leurs idées, que l'idée
de sentiment intérieur est éloignée de l'idée de mouvement
local.

Le mouvement local ne saurait avoir d'autre effet dans
aucun amas de matière, que celui d'y produire une différente contiguïté de parties, chose que Locke lui-même, qui
n'avait nul préjugé contre la possibilité que la matière pensât,
reconnaît qu'il est très-absurde d'attribuer à la pensée. « De
« supposer, dit-il, que l'Être éternel pensant, ou tout être
« fini pensant, ne soit autre chose qu'un composé de petites
« parties de matière destituées chacune séparément de pen-
« sée ; c'est attribuer toute la sagesse et la connaissance de
« cet Être éternel, ou la sagesse ou la connaissance et toutes
« les puissances de l'être fini pensant à la contiguïté des
« parties. Mais rien ne saurait être plus absurde, car des
« particules de matière qui sont destituées de pensée ont
« beau être mises ensemble, il ne s'ajoute rien à elles par là
« qu'une nouvelle relation locale des parties, par laquelle
« il est impossible que la pensée et la connaissance leur
« soient communiquées. »

2°. Si la pensée était un mode ou une espèce de mouvement, il s'ensuivrait que tout mouvement serait quelque
degré ou espèce de pensée. Car le mouvement dans la chose
mue, si l'on excepte seulement la différence des degrés de
vitesse ou de lenteur, est une qualité similaire qui ne varie
point, toutes ses différentes déterminations, ou celles que
vous appelez ses modes et espèces, n'étant réellement rien
dans le corps même qui est mû, et n'étant que de pures
notions abstraites ou dénominations externes conçues uniquement dans notre imagination. Car, le mouvement dans
une détermination ou dans une autre, du nord au midi, ou
du midi au nord, est une chose purement relative et qui

n'apporte aucune différence réelle dans le corps mû; de façon que l'un de ces mouvements puisse être sentiment intérieur et l'autre ne le puisse pas. De même le mouvement circulaire, ou le mouvement en toute autre figure, n'est réellement et véritablement rien d'inhérent au corps même, qui diffère du mouvement en ligne droite. Car la détermination de tout corps qui se meut en cercle, n'est autre chose dans un point donné du temps, qu'une détermination de se mouvoir dans une certaine ligne droite; et dans un autre point donné du temps, de se mouvoir dans une autre ligne droite; en sorte que rien de semblable à un mouvement circulaire de quelque particule de matière que ce soit ne coexiste à la fois; mais tout mouvement est, étroitement et proprement parlant, une qualité similaire et uniforme, par où j'entends la progression d'un corps conformément à sa détermination, laquelle détermination est toujours en ligne droite, et fait que le corps avance en effet en ligne droite, quand il ne rencontre point de résistance; lorsqu'il rencontre de la résistance par intervalles, qu'il revient de nouveau successivement aux lignes droites dont il est détourné par cette résistance, et lorsqu'il trouve une continuelle résistance, qu'il avance dans la ligne courbe où le détour le porte continuellement. Or, tout mouvement curviligne pareil, soit circulaire, soit de toute autre espèce quelconque, n'est que l'idée d'un nombre de mouvements successifs d'un corps qui n'existent jamais à la fois, un pur être de raison, ou une pure opération de l'esprit, qui considérant le mouvement passé et futur, et réunissant le tout à l'aide de la mémoire et de l'imagination, appelle ce tout quelqufois d'un certain nom, quelquefois d'un autre. Comment donc aucun de ces modes de mouvement pourrait-il être la cause efficiente de la pensée, ou, suivant votre supposition, pourraient-ils être eux-mêmes pensée, puisqu'il est évident qu'ils ne sont que l'effet et la production de la pensée, c'est-à-dire des idées purement formées par l'imagination et la mémoire?

Ce qui vient d'être dit au sujet des modes de mouvement d'un seul corps, peut aisément s'appliquer aux modes de mouvement de tout nombre de corps, dans quelque amas ou composition que ce soit, étant évident que si la progression d'une particule de matière en ligne droite directement n'est point sentiment intérieur ou pensée, la même progression de vingt particules en droite ligne à la fois, ne saurait être non plus sentiment intérieur : la position de ces lignes au regard l'une de l'autre qui détermine le mode particulier de mouvement de tout l'amas, étant purement imaginaire, relative et comparative ; une fiction seulement de l'esprit ou de l'imagination, et rien qui existe réellement dans les corps eux-mêmes en aucun et même moment de temps.

Pareillement encore l'impulsion, ou le choc d'une particule de matière l'une contre l'autre est une chose similaire et la même dans tous les cas, à la différence seulement du degré ou quantité de force ; et ainsi devrait toujours être, et dans tous les cas, si jamais elle l'était dans un, quelque degré de pensée ; d'où il suivrait qu'il devrait y avoir autant de divers sentiments intérieurs inhérents qu'il y a de particules de cervelle ou d'esprits, ou de toute autre matière dans quelque amas que ce soit qui se heurtent continuellement l'un contre l'autre, qui est ce que vous ne voulez point affirmer.

3°. Si le sentiment intérieur était un mode ou une espèce de mouvement, alors le mouvement serait la puissance plus générique qui renfermerait sous elle la pensée, de même que le genre, pour m'exprimer avec les logiciens, renferme l'espèce. Mais il est évident, au contraire, ainsi que je l'ai observé ci-devant, que la pensée, quoique simple et non composée de parties, est, dans le sens dont il s'agit, une puissance infiniment plus générique que le mouvement ou la figure, ou toute autre puissance de matière ; et par conséquent elle ne saurait être un mode ou une espèce d'aucune de ces choses. Il y a autant d'idées de figures qu'il y a de figures, autant d'idées de mouvement qu'il y a de modes de mouvement, et autant d'idées d'autres choses qu'il y a de choses dans le monde auxquelles on puisse penser ; et toutes ces idées sont des modes, des sortes ou des espèces de pensée. Or, si la pensée est une puissance plus variée, plus étendue, plus générique que le mouvement, il est manifeste qu'elle ne saurait être un mode ou une espèce de mouvement, comme la rondeur est un mode ou une espèce de figure. Si la pensée est une puissance plus générique que la figure, le mouvement ou toute autre puissance de matière, si elle est une puissance aussi universelle que toutes les choses prises ensemble auxquelles on peut penser ; elle est certainement une puissance générique dans le plus haut degré et conséquemment si elle était en tout une puissance de matière, elle vous obligerait de vous précipiter dans l'absurdité que vous déclarez vouloir éviter. Car, de votre propre aveu « vous accorderiez volontiers que si le sentiment inté« rieur était une puissance générique comme la figure et le « mouvement, » elle ne l'est point comme la figure et le mouvement, mais elle est infiniment plus générique que l'une et l'autre, « elle serait pareillement la somme et le « résultat des différents sentiments intérieurs des parties ; « et ainsi il y aurait autant de sentiments intérieurs distincts « qu'il y aurait de particules de matière dont l'amas serait « composé ; ce que vous avouez être très-absurde. »

De même que la figure est le genre de toutes les espèces de figures, de même aussi l'idée de figure est le genre de toutes les idées des différentes espèces de figures : l'idée de mouvement est aussi le genre de toutes les idées de différentes espèces de mouvement ; l'idée de couleur est le genre des idées de toutes les espèces de couleurs ; l'idée de son est le genre de toutes les idées des différentes espèces de sons, et l'idée d'un animal est le genre des idées de toutes les espèces d'animaux. Les idées générales de figures, mouvement, couleurs, son, animal, etc., sont des puissances génériques de l'esprit, et la pensée est le *genus generalius* de toutes ces puissances. Avec quelle raison peut-on donc dire qu'elle est une des espèces inférieures ou un mode numérique de l'une de ces puissances?

4°. « Mais de plus, ou toutes les parties de cet amas de
« matière sont en repos, ou bien elles ont un certain mouve-
« ment qui fait qu'il pense. Si cet amas de matière est dans
« un parfait repos, ce n'est qu'une lourde masse privée de
« toute action, qui ne peut, par conséquent, avoir aucun
« privilége sur un atome.

« Si c'est le mouvement de ses parties qui le fait penser,
« il s'ensuivra de là que toutes ses pensées doivent être né-
« cessairement accidentelles et limitées ; car toutes les par-
« ties dont cet amas de matière est composé, et qui, par
« leur mouvement, y produisent la pensée, étant en elles-
« mêmes et prises séparément destituées de toute pensée,
« elles ne sauraient régler leurs propres mouvements, et
« moins encore être réglées par les pensées du tout qu'elles
« composent, parce que, dans cette supposition, le mouve-
« ment devant précéder la pensée et être par conséquent
« sans elle, la pensée n'est point la cause, mais la suite du
« mouvement, ce qui étant posé, il n'y aura ni liberté ni
« pouvoir, ni choix ni pensée ou action quelconque réglée
« par la raison et par la sagesse ; de sorte qu'un tel être
« pensant ne sera ni plus parfait ni plus sage que la simple
« matière toute brute, puisque de réduire tout à des mouve-
« ments accidentels et déréglés d'une matière aveugle, ou
« bien à des pensées dépendantes des mouvements déréglés
« de cette même matière, c'est la même chose, pour ne rien
« dire des bornes étroites où se trouveraient resserrées ces
« sortes de pensées et de connaissances qui seraient dans
« une absolue dépendance du mouvement de ces différentes
« parties. Mais quoique cette hypothèse soit sujette à mille

« autres absurdités, celle que nous venons de proposer suffit
« pour en faire voir l'impossibilité, sans qu'il soit nécessaire
« d'en rapporter davantage. Car, supposé que cet amas de
« matière pensant fût toute la matière ou seulement une
« partie de celle qui compose cet univers, il serait impossi-
« ble qu'aucune particule connût son propre mouvement ou
« celui d'aucune autre particule, ou que le tout connût le
« mouvement de chaque partie dont il serait composé, et
« qu'il pût, par conséquent, régler ses pensées ou mouve-
« ments, ou plutôt avoir aucune pensée qui résultât d'un
« semblable mouvement. » LOCKE, *Entendem. hum.*, livre IV,
chapitre 10, §. 17.

5°. Si la pensée était un mode ou une espèce de mouvement ; alors, de même que c'est une expression exacte de dire que la figure circulaire est une espèce de figure, la figure carrée une seconde espèce, la figure cubique une troisième et la figure elliptique une quatrième, de même aussi ce serait une expression exacte de dire que le mouvement circulaire est une espèce de mouvement, le mouvement en carré une seconde espèce, le mouvement en ellipse une troisième, et la pensée ou le sentiment intérieur une quatrième, et j'en appelle au sens commun de tous les hommes pour décider si je ne serais aussi bien fondé à ajouter qu'un arbre est une cinquième espèce, un syllogisme une sixième et une personnalité une septième, etc.

Si vous répondez à cela que vous n'entendez pas, quoique vous le disiez, que tout mouvement particulier soit lui-même pensée, mais que la pensée peut être le résultat de quelque mouvement particulier, je réponds avec Hobbes qu'aucun résultat de mouvement ne saurait jamais être une autre chose que pur mouvement, à la différence peut-être de la juxtaposition des parties ; sur quoi voyez ci-dessus p. 250, et, par conséquent, tous les arguments précédents tiennent également contre l'une et l'autre notion.

Quelques-unes de ces absurdités sont si grossières et cependant sont des conséquences si naturelles de l'idée que vous proposez, qu'il est difficile d'imaginer que vous ne les ayez pas aperçues; aussi essayez-vous enfin de les prévenir par une méthode très-efficace, une méthode à l'aide de laquelle vous pourrez, toutes les fois qu'il vous plaira, répondre à tous les arguments que l'on fera sur quelque question que ce soit, et vous débarrasser non-seulement de ce qui est démonstration, mais encore de la connaissance intuitive elle-même. Vous me dites que j'imagine que « le sentiment « intérieur est quelque autre chose que ce que vous soute- « nez qu'il est; que le terme de sentiment intérieur a un « autre sens quand vous vous en servez que quand je l'em- « ploie; » que vous vous en servez pour signifier « une puis- « sance numérique qui répond à la rondeur dans un corps, « ou au mouvement particulier à un amas de matière; » et que, quand je l'emploie, « il a rapport à une chimère ou « idée de mon invention. »

Je réponds à cela dans les termes de Locke, aussitôt que les idées « de blanc et de rond se présentent à l'esprit d'un « homme, il connaît infailliblement que ce sont là les idées « de blanc et de rond, et qu'elles ne sont pas d'autres idées « qu'il appelle rouge ou carré. »

Aussitôt que j'ai dans mon esprit l'idée que j'appelle sentiment intérieur, perception ou pensée, je crois que je connais infailliblement que c'est là l'idée que j'appelle ainsi, et qu'elle n'est pas une autre idée que j'appelle mouvement circulaire ou mouvement elliptique, ou mouvement soit d'une montre, soit de toute autre machine. Pour savoir à présent si l'idée que je forme du sentiment intérieur est une idée plus chimérique que celle que vous proposez, qui le réduit à un pur mode de mouvement, je m'en rapporte à ce que chaque homme trouve dans son propre esprit.

Les idées simples ne sauraient être définies ni décrites;

Quand une dispute en vient au point de se terminer, à mettre en question l'idée elle-même, il n'y a plus d'autre parti que d'appeler à l'idée que chacun a dans son propre esprit. Si j'affirme que ce papier est blanc, et que vous souteniez qu'il est rouge, nous ne pouvons nous réfuter ni l'un ni l'autre par des arguments, et il faut que nous en appelions au jugement du monde. Si un homme me dit que par couleur écarlate il n'entend pas l'idée chimérique que je me forme dans mon propre esprit, et que j'appelle de ce nom, mais que par là il entend seulement un certain mode numérique de son, je ne connais d'autre manière de le réfuter que d'en appeler aux propres idées d'un chacun. L'idée de sentiment intérieur que j'ai dans mon esprit me paraît une idée que je crois apercevoir clairement et distinctement être aussi différente que mon idée du son d'une trompette. Si quelque autre personne croit que l'idée qu'elle a du sentiment intérieur est la même que l'idée qu'elle a du mouvement circulaire ou de tout autre mode numérique de mouvement, je pense qu'il n'y a rien à faire avec elle, sinon de lui permettre d'avoir la satisfaction de continuer de penser ainsi tant qu'il lui plaira.

Ce que je viens de dire se réduit à affirmer que la pensée ne saurait être un pur mode de mouvement, parce que l'idée de la pensée et l'idée du mouvement, ou de chacun de ses modes n'ont pas la moindre ressemblance ou affinité entre elles. Cela ne prouve rien, me répondez-vous, à cause que l'idée que j'ai de la pensée est une pure chimère, et que l'idée que vous en avez est la même que vous avez de quelque mode numérique de mouvement. Je réplique : si cela ne prouve rien, il n'y a aucun argument dans le monde qui puisse prouver quelque chose. En effet, supposons que la chose dont on dispute soit de savoir si un carré est un cercle ou si le bleu est un goût, je soutiens que cela n'est pas possible, à cause que l'idée que j'ai d'un carré ne renferme rien en elle de cette rondeur qui constitue l'idée que j'ai d'un cercle, et que l'idée que j'ai du bleu ne renferme rien en elle qui ressemble à cette sensation qui constitue l'idée que j'ai d'un goût. Une autre personne ne peut-elle pas me répondre que cela ne prouve rien, parce que l'idée que j'ai d'un carré ou du bleu est une pure chimère, et que l'idée qu'elle a d'un carré est la même que celle qu'elle a d'une figure ronde, ou que l'idée qu'elle a du bleu est la même que celle qu'elle a d'un certain goût.

Pour conclure. Ce que je dis en repassant sur toute cette matière, j'ai de la peine à me persuader que vous ayez bien saisi votre propre raisonnement. Il est vrai que quelques personnes ingénieuses ont voulu dans ce siècle-ci soutenir que Dieu, par l'exercice immédiat de sa toute-puissance, pourrait communiquer la pensée à la matière, bien qu'il soit impossible que la pensée pût résulter naturellement d'aucune composition ou division de propriété des propriétés originelles de la matière. Par où je suppose que ces personnes ont voulu dire que la toute-puissance pourrait surajouter le pouvoir de penser à la matière disposée d'une certaine manière, et mise dans quelque espèce particulière de mouvement. Pour moi, je pense que l'argument tiré de la divisibilité de la matière prouve qu'elle n'est pas un sujet capable d'une pareille addition; que si elle ne l'est pas, de recourir alors à la toute-puissance divine pour lui faire produire une impossibilité, ce n'est pas exalter, mais détruire la puissance de Dieu, comme en effet toutes les idées contradictoires au sujet de quelques-unes de ses perfections, détruisent réellement et par l'événement toutes les idées que nous nous formons de Dieu, et ne produisent d'autre effet que de fournir aux profanes une occasion de se moquer de la religion. Cependant cette assertion, quoique des plus fausses, a l'apparence d'être fondée sur une sorte de modestie, dans l'idée de l'étendue inconcevable de la puissance divine. Mais qu'aucun mode de mouvement puisse être non pas une disposition ou qualification qui commence par rendre la matière capable de recevoir l'addition d'une semblable puissance, mais puisse être la pensée elle-même, quand on reconnaît d'ailleurs que toute la matière que l'on suppose dans cette sorte de mouvement est destituée de pensée, c'est une absurdité si extravagante, qu'on pourrait justement être étonné qu'elle entrât jamais dans le cœur d'aucun homme raisonnable, surtout dans un siècle où les connaissances philosophiques se sont aussi considérablement perfectionnées.

FIN.

TABLE DES MATIÈRES

CONTENUES

DANS LES ŒUVRES PHILOSOPHIQUES DE CLARKE.

	Pages.
INTRODUCTION	1

TRAITÉ DE L'EXISTENCE ET DES ATTRIBUTS DE DIEU.

Préface de l'auteur... 3

CHAPITRE PREMIER.
Des causes de l'athéisme..................................... 5

CHAPITRE II.
Ire Proposition. Que quelque chose a existé de toute éternité... 13

CHAPITRE III.
IIe Prop. Qu'un Être indépendant et immuable a existé de toute éternité... 16

CHAPITRE IV.
IIIe Prop. Que cet Être immuable et indépendant, qui a existé de toute éternité, existe aussi par lui-même................. 19

CHAPITRE V.
IVe Prop. L'essence de l'Être qui existe par lui-même est incompréhensible... 42

CHAPITRE VI.
Ve Prop. Que l'Être qui existe par lui-même est nécessairement éternel... 45

CHAPITRE VII.
VIe Prop. Que l'Être qui existe par lui-même doit être infini et présent partout.. 48

CHAPITRE VIII.

VIIe Prop. Que l'Être existant par lui-même doit nécessairement être unique.. 51

CHAPITRE IX.

VIIIe Prop. Que l'Être existant par lui-même est un Être intelligent... 55

CHAPITRE X.

IXe Prop. Que l'Être existant par lui-même doit être un agent libre... 66

CHAPITRE XI.

Xe Prop. Que l'Être existant par lui-même, la cause suprême de toutes choses possède une puissance infinie................. 78

CHAPITRE XII.

XIe Prop. La Cause suprême, l'Auteur de toutes choses, doit être infiniment sage... 112

CHAPITRE XIII.

XIIe Prop. La Cause suprême, l'Auteur de toutes choses, doit nécessairement posséder une bonté, une justice et une vérité infinies, et les autres perfections morales qui conviennent au souverain gouverneur et au souverain juge du monde............ 118

CHAPITRE XIV.

Conclusion du discours sur l'existence de Dieu..................... 129

LETTRES D'UN GENTILHOMME

DE LA PROVINCE DE GLOCESTER,

ÉCRITES AU DOCTEUR CLARKE,

AU SUJET DE SON TRAITÉ DE L'EXISTENCE DE DIEU.

Lettre Ire.. Page 135
Réponse à la Lettre Ire..................................... 140
Lettre II.. 143
Réponse à la Lettre II... 147

	Pages.
Lettre III.	148
Réponse à la Lettre III.	150
Lettre IV.	152
Réponse à la Lettre IV.	155
Lettre V.	157
Réponse à la Lettre V.	159
Fragment d'une lettre écrite à une autre personne qui, outre les objections précédentes, en avait encore proposé quelques autres.	161

LETTRES D'UN SAVANT DE CAMBRIDGE
AVEC LES RÉPONSES DE M. CLARKE.

Lettre Ire.	170
Réponse à la Lettre Ire.	172
Lettre II.	174
Réponse à la Lettre II.	175
Lettre III.	177
Réponse à la Lettre III.	178
Dernière Lettre.	180

LETTRE DE M. CLARKE

A un ecclésiastique, sur l'argument *a priori*, par lequel on prouve l'existence de Dieu.	181

DISCOURS SUR LES DEVOIRS IMMUABLES DE LA RELIGION NATURELLE.

CHAPITRE PREMIER.

Le dessein et le plan de ce discours.	191

CHAPITRE II.

Où l'on parle du déisme, et de quatre différentes espèces de déistes.	200

CHAPITRE III.

Ire Proposition. Que les mêmes relations différentes que diverses choses ont les unes avec les autres nécessairement et éternellement, et que la même convenance ou disconvenance de l'application de certaines choses à d'autres, ou de certaines relations à d'autres, suivant laquelle nous concevons que la volonté de Dieu se détermine toujours et nécessairement à agir selon les règles de la justice, de la bonté et de la vérité, et cela pour le bien de l'univers; que ces mêmes choses, dis-je, doivent déterminer toujours la volonté des êtres raisonnables subordonnés, les porter à conformer toutes leurs actions à ces règles en vue de procurer, autant qu'il est en eux, le bien public, chacun dans la situation particulière où il se trouve; c'est-à-dire qu'il résulte de ces différentes relations que les choses ont entre elles nécessairement et éternellement, qu'il est convenable et dans l'ordre de la raison que les créatures agissent d'une manière plutôt que d'une autre, et qu'elles sont obligées à la pratique de certains devoirs indépendamment d'aucune volonté positive ou d'aucun commandement exprès de Dieu, comme aussi antécédemment à toute espérance de profit et de récompense, ou à toute crainte de dommage et de punition, soit pour le présent, soit pour l'avenir, soit que ces récompenses et ces peines suivent naturellement de la pratique ou de la négligence de ces devoirs, soit qu'elles y aient été attachées en vertu d'un règlement positif.. 219

CHAPITRE IV.

Où l'on fait voir l'absurdité du système de Hobbes touchant l'origine du droit... 270

CHAPITRE V.

IIe Prop. Qu'encore que tous les êtres raisonnables soient obligés d'observer ces devoirs éternels de la morale, même indépendamment de la volonté positive de Dieu, et antécédemment au commandement qu'il en a fait, il y a pourtant une considération qui redouble l'obligation indispensable qui leur est imposée de les pratiquer; c'est que Dieu étant nécessairement juste et bon dans l'exercice de cette puissance infinie qu'il déploie dans le gouvernement de l'univers, il ne peut s'empêcher d'exiger positivement que toutes les créatures raisonnables soient pareillement justes et bonnes, à proportion des facultés qu'il leur a données, et des circonstances différentes dans lesquelles il les a placées, le tout fondé sur la nature des choses, sur les perfections de Dieu, et sur plusieurs autres raisons collatérales. C'est-à-dire que ces devoirs éternels de la morale, qui de leur nature sont réellement et toujours obligatoires, le sont aussi en vertu de la volonté expresse de Dieu et de sa loi immuable; de sorte que toutes les créatures raisonnables les doivent observer avec toute l'exactitude dont elles sont capables, par respect pour son autorité souveraine, aussi bien qu'en conformité à la raison naturelle des choses.. 286

CHAPITRE VI.

III° PROP. Qu'encore que toutes les créatures raisonnables soient dans une obligation indispensable d'observer les devoirs éternels de la morale, antécédemment à aucune vue de récompense ou de punition, c'est une nécessité pourtant qu'il y ait des récompenses et des peines affectées à l'observation ou à l'inobservation de ces devoirs. Car les mêmes raisons qui prouvent que Dieu est nécessairement juste et bon, et que sa volonté immuable, suivant laquelle il faut que tous les êtres se gouvernent, est toujours conforme aux règles de la justice, de l'équité et de la bonté, ces mêmes raisons, dis-je, prouvent aussi qu'il ne peut s'empêcher d'approuver la conduite des créatures qui l'imitent et qui lui obéissent en se conformant à ces règles, et qu'il doit au contraire désapprouver celles qui s'en éloignent. D'où il s'ensuit qu'il doit, de manière ou d'autre, en agir fort différemment avec elles à proportion de leur obéissance ou de leur désobéissance, et manifester son pouvoir absolu et son autorité suprême, en maintenant la majesté des lois divines, et en punissant ceux qui les transgressent, d'une manière qui réponde à sa qualité de juste gouverneur et d'arbitre souverain de l'univers.. 296

CHAPITRE VII.

IV° PROP. Qu'originairement la nature des choses et la constitution de l'univers sont telles, que l'observation des règles éternelles de la bonté et de la justice, tend, par une conséquence directe et naturelle, à rendre toutes les créatures heureuses; et l'inobservation de ces règles au contraire à les rendre malheureuses, par où la différence entre les fruits de la vertu et du vice, si raisonnable en elle-même et si nécessaire à la justification de la gloire de Dieu, est établie et mise hors de toute contestation; mais que le genre humain se trouve maintenant dans un état où l'ordre naturel des choses de ce monde est manifestement renversé, la vertu n'ayant pas à beaucoup près le privilége de rendre les hommes heureux, ce qui vient d'une corruption grande et générale, dont l'origine nous serait à peine connue sans le secours de la révélation. Qu'ainsi il est absolument impossible de concevoir que Dieu n'ait eu, en créant des êtres raisonnables, tels que sont les hommes, et les plaçant sur la terre, d'autre fin que de conserver éternellement une succession d'êtres d'aussi courte durée, dans ce triste état de corruption, de confusion et de désordre qu'on trouve aujourd'hui dans le monde où les règles éternelles du bien et du mal sont si mal observées, et où la gloire de Dieu et la majesté de ses lois sont la plupart du temps foulées aux pieds, puisque les gens de bien n'y reçoivent pas la récompense qui leur est due, ni les scélérats la punition qu'ils méritent. Ce qui doit faire conclure qu'au lieu d'une succession éternelle de nouvelles générations, telles qu'elles sont aujourd'hui, il faut nécessairement qu'un jour les choses changent entièrement de face, et qu'il y ait un état à venir où les punitions et les récompenses soient distribuées à qui elles sont dues; un état d'où tous les désordres et toutes les inégalités soient bannis, et où tout le système de la Providence, qui nous paraît maintenant si confus et si inexplicable à cause que nous n'en connaissons qu'une petite partie, soit mis en évidence et reconnu à tous égards digne d'une sagesse infinie, d'une justice et d'une bonté souveraine.................................. 300

CHAPITRE VIII.

De l'immortalité de l'âme et de quelques autres arguments qui prouvent aussi la certitude d'un état futur de peines et de récompenses... 311

LETTRE DU DOCTEUR CLARKE,

Sur l'immatérialité de l'âme et son immortalité naturelle.... 325

FIN DE LA TABLE.

DE L'IMPRIMERIE DE CHAPELET,
rue de Vaugirard, 9.

OEUVRES PHILOSOPHIQUES

DE

SAMUEL CLARKE

Paris. — Imp. de G. GRATIOT, 11, rue de la Monnaie

OEUVRES PHILOSOPHIQUES

DE

SAMUEL CLARKE

NOUVELLE ÉDITION

COLLATIONNÉE SUR LES MEILLEURS TEXTES

Et précédée d'une Introduction

PAR AMÉDÉE JACQUES

Professeur de Philosophie au Collége royal de Versailles

PARIS

ADOLPHE DELAHAYS, LIBRAIRE

RUE VOLTAIRE, 4 ET 6

1843

www.ingramcontent.com/pod-product-compliance
Lightning Source LLC
Chambersburg PA
CBHW071852230426
43671CB00010B/1310